权威·前沿·原创

**皮书系列为
"十二五""十三五"国家重点图书出版规划项目**

广州青年发展报告
（2016）

ANNUAL REPORT ON YOUTH DEVELOPMENT OF GUANGZHOU
(2016)

广州青年价值观比较研究

主　编 / 徐　柳　张　强
副主编 / 孙　柱　王婵娟　叶兴仁　涂成林
执行主编 / 邱服兵　涂敏霞

社会科学文献出版社
SOCIAL SCIENCES ACADEMIC PRESS (CHINA)

图书在版编目(CIP)数据

广州青年发展报告.2016:广州青年价值观比较研究/徐柳,张强主编.--北京:社会科学文献出版社,2016.9

(广州蓝皮书)

ISBN 978-7-5097-9690-0

Ⅰ.①广… Ⅱ.①徐… ②张… Ⅲ.①青年工作-研究报告-广州-2016 Ⅳ.①D432.6

中国版本图书馆CIP数据核字(2016)第215878号

广州蓝皮书
广州青年发展报告(2016)
——广州青年价值观比较研究

主　编／徐　柳　张　强
副主编／孙　柱　王婵娟　叶兴仁　涂成林
执行主编／邱服兵　涂敏霞

出 版 人／谢寿光
项目统筹／任文武　张丽丽
责任编辑／高振华　张丽丽

出　　版／社会科学文献出版社·皮书出版分社(010)59367127
　　　　　地址:北京市北三环中路甲29号院华龙大厦　邮编:100029
　　　　　网址:www.ssap.com.cn
发　　行／市场营销中心(010)59367081　59367018
印　　装／北京季蜂印刷有限公司

规　　格／开本:787mm×1092mm　1/16
　　　　　印　张:20　字　数:335千字
版　　次／2016年9月第1版　2016年9月第1次印刷
书　　号／ISBN 978-7-5097-9690-0
定　　价／79.00元

皮书序列号／B-2013-318

本书如有印装质量问题,请与读者服务中心(010-59367028)联系

版权所有 翻印必究

广州蓝皮书系列编辑委员会

丛书执行编委　（以姓氏笔画为序）

丁旭光　于欣伟　马正勇　王宏伟　王福军
邓成明　邓佑满　邓建富　叶牛平　朱名宏
危伟汉　刘保春　孙　玥　杨　秦　李文新
肖振宇　何镜清　邹采荣　汪茂铸　沈　奎
张跃国　张　强　陆志强　陈小钢　陈怡霓
陈浩钿　陈　爽　陈雄桥　欧阳知　周建军
屈哨兵　贺　忠　袁锦霞　顾涧清　徐　柳
徐俊忠　郭　凡　涂成林　桑晓龙　黄湘平
庾建设　彭高峰　董　晞　傅继阳　赖天生

《广州青年发展报告（2016）》编委会

主　　编　徐　柳　张　强

副 主 编　孙　柱　王婵娟　叶兴仁　涂成林

执行主编　邱服兵　涂敏霞

学术指导　沈　杰

本书编委　（以姓氏笔画为序）

　　　　　　王晓杰　方　韵　邓智平　丘昇龄　刘　兰
　　　　　　刘　念　刘思贤　刘梦琴　孙　慧　吴冬华
　　　　　　李　海　李超海　沈　杰　邱服兵　陆　峥
　　　　　　周理艺　巫长林　姚颂霖　赵道静　涂敏霞
　　　　　　萧婉玲　谭丽华

摘　要

《广州青年发展报告（2016）》由1篇总报告和11篇专题报告组成。本书从穗港澳青年的人生价值观、职业价值观、道德与法律意识、科技观、发展观、婚恋家庭观、志愿服务参与动机、社会信任、组织认同、幸福感等11个方面展开深入系统的实证性比较研究，从社会学、社会工作、心理学、教育学、犯罪学、政治学等多个学科视角，深入研究、分析当代穗港澳青年价值观的基本特征与差异，真实客观地反映了穗港澳青年价值观现状。

研究发现，大部分穗港澳青年具有健康向上的人生价值观，重视家庭和朋友；均重视自致因素在个人成功中的作用，广州青年最明显。在职业价值观方面，穗港澳青年均有较强的男女职业平等意识，港澳青年职业平等意识显著高于广州青年；在择业动机上，广州青年更加注重寻求工作中的个人发展机会，港澳青年则更加重视工作的稳定性与竞争的激烈程度。对道德与法律意识的研究发现，港澳青年对各种违德行为的接受程度高于广州青年，对各种有违于中国传统伦理道德的行为有着更高的开放度。三地青年科技观均积极正面，其中广州青年积极响应程度最高，对科技不良影响担忧最少。在环境保护与经济发展的问题上，大部分穗港澳青年认为环境保护应该优先，不能因为追求经济增速牺牲环境。在择偶观上，广州、香港青年均看重对方的性格，澳门青年较重视价值观；三地青年均认为"一个家庭两个孩"是理想的家庭模式；在性观念上，港澳青年对同性恋、卖淫、堕胎、离婚、婚前性行为等的接受程度均高于广州青年。在志愿服务参与动机方面，三地青年参与志愿服务更多表现为责任型的利他参与动机，但三地青年参与动机的具体选择各有侧重。在社会信任方面，三地青年对家人的信任程度最高，其次是熟人，对网友的信任度最低；广州青年对家人的信任程度高于港澳青年，港澳青年对熟人和网友的信任程度高于广州青年。在组织认同方面，穗港澳青年最乐于参与的团体是运动/娱乐团体、教育/艺术/音乐/文化团体、公益慈善团体；在参与率方面，广州青年的团体参与率最高,其次是澳门,香港最低。在幸福感方面,穗港澳青年在幸福重要程度排序与愉快感上存在地域、文化、心理差异,港澳青年安全感认可度均超过广州青年。

通过分析,我们可以看到,随着穗港澳三地经贸往来和经济互嵌的不断深化,三地青年的价值观呈现一致性;与此同时,受不同社会背景的影响,穗港澳青年的价值观又存在一定的差异。根据三地青年价值观的差异性,本书有针对性地提出了引导三地青年形成健康合理价值观的若干建议。

前　言

一　研究背景与目的

当前，内地与香港关系面临着新挑战。进入21世纪以来，随着中国经济的快速发展和综合实力不断提升，中国逐渐成为世界第二大经济体，在经济、科技、文化等方面取得了长足进步。中国不仅逐渐融入世界经济体系，而且在某些方面逐渐获得话语权和规则制定权。某种程度上，港澳的经济社会发展需要依赖中央的政策支持和经济合作，内地与港澳地位和关系的变化，对内地与港澳青年人群的影响也不容忽略。宏观的经济社会结构变迁必然会对内地和港澳青年的价值观产生重要影响，一方面，全球化时代的民主、自由、平等等价值观念逐渐深入人心，成为内地青年和港澳青年共享的价值理念，此外，内地和港澳青年均深受中华传统文化的影响，在文化传统、语言习俗、家庭价值等方面同宗同源；另一方面，"一国两制"的运行使内地和港澳地区在具体的政治体制、社会管理和经济发展等方面也存在差异。以问卷调查的方式了解穗港澳青年的价值观，既可以帮助我们跟踪和了解不同政治体制和社会背景下成长起来的青年价值观的异同，也可以帮助我们通过三地青年价值观的异同来更好地认识广州、香港和澳门这三座城市。

因此，通过本次专项调查可以实现以下目的。

（1）全面客观地记录穗港澳地区青年人群的价值观结构及变迁，为更好地了解三地青年和三座城市提供帮助。穗港澳地区青年在地理区位、文化传统、语言习俗、社会交往等方面具有较强的一致性，但在政治体制、社会管理等方面存在明显差异，使得研究和了解穗港澳地区青年价值观在人生观、事业观、法律观、道德观、科学技术观、婚恋家庭观、信任观、社会观等方面的表现可以呈现三地青年价值观的一般状态，也能够为三地青年的价值观比较提供

有效信息。在收集和比较三地青年人群价值观调查数据的基础上，还能够获得有关三地城市治理、社会参与、群体心态等信息。

（2）对价值观的研究有助于深化对"一国两制"的认识和不断完善治理体系。青年人群在价值观指引下的个体选择和行动取向，经过汇集、传播和扩散，可以形成整体性的社会潮流和发展态势，这种整体性的社会潮流和发展态势进一步被个体模仿、复制，并广为人知，从而推动社会层面的变革和转型。通过研究和比较穗港澳地区青年人群的价值观现状及发展态势，既可以评估"一国两制"的治理效果，又能够为今后提升中央在港澳地区的治理能力和完善治理体系提供经验借鉴。

二　研究对象

青年概念依国家（地区）、社会发展阶段、历史文化传统、部门管理等因素的差异而呈现较大差别。一般来说，年龄是界定和测量青年概念最直观易行且争议最小的操作化指标。即便如此，究竟采用何种年龄区间来测量和界定青年也存在争议，比如，联合国教科文组织将14~34岁界定为青年人口（1982年），世界卫生组织将14~44岁界定为青年人口（1992年），联合国人口基金将14~24岁界定为青年人口（1998年）；国家统计局进行人口普查时将15~34岁界定为青年人口，共青团的《团章》规定14~28岁为青年人口，中国青年联合会的《青联章程》将18~40岁界定为青年人口，香港、澳门和台湾将10~24岁界定为青年人口。

为了更好地调和国际组织定义、中国内地实际和港澳地区现实的差异，也为了最大限度地呈现穗港澳地区青年的当下面貌，更好地进行三地青年的区域性比较。本课题以年龄作为界定三地青年的基本依据，在年龄区间上采用国家统计局人口普查的界定方式，将穗港澳地区年龄介于15和34岁的人口纳入本次课题的研究范畴。

具体的调查对象选定过程中，我们将研究对象区分为三大群体，分别是中学生（指高中、中职、中专等中学青年）、大学生（含专科、高职、本科、研究生等高校青年）、在职青年（目前完成学历教育且进入劳动力市场的社会青年）。

三　研究概念

价值观作为本课题的主要概念，其界定主要参考世界价值观调查的定义。作为一个应用性概念，价值观既受到经济社会发展阶段的制约，也与科技文化的发展密不可分。不同的国家和地区、不同社会发展的阶段、不同宗教文化的族群，其对价值观的界定必然不同。

从价值观的内涵来看，价值观指信仰、激励、评价、判断和准则等内容。价值观不仅是与情感紧紧相扣的信仰，也是与人们为之努力奋斗的目标相关的激励机制；价值观作为人们区分是与非、美与丑、正确与错误等原则性的观念系统，通常充满情感，并为人的合法性行为提供指导；价值观超越了特定的行为、物体和局面，其作为一种标准指导人们对行为、政治、种族、经济等事物的选择和评价；并且，价值观会随环境改变合适目标，能够转移重心，作为生活中引导人们的准则。

从概念的外延来看，价值观作为社会发展的动力，通过引导人类生产和生活的顺利进行，进而在推动社会更新和人类进步的过程中发挥重要的作用。自工业革命以来，与经济增长、技术进步相匹配的"现代性"成为价值观的主流，并且在全球范围内扩散。这种经济主导型的价值观，期望透过"经济增长"、"技术干预"等方式解决地区发展差异、社会不平等、贫富差距和环境破坏等各种社会问题。随着全球化的广度和深度不断推进，单纯利用经济发展无法解决第三世界的人口过度增长问题，也不能缓解全球气候变暖、环境污染问题，民众关注的是教育医疗、社会保障、环境保护、食品药品安全等问题，而不仅仅是GDP和经济增长的问题。单纯的经济发展并非使所有人获益、民众的关注焦点和中心出现了转移和分化等问题开始出现，这种指向非经济目标的观念统称为"后物质主义"价值观。可见，价值观的外延，既包括看待经济增长、技术进步等"现代性"价值观，也包括个体安全、环境保护、社会保障等方面出现的"后物质主义"价值观。

四　抽样设计

本次调查采用配额抽样的方式，在穗港澳地区共调查2400份样本。样本计划配额如下：广州地区发放问卷 1000 份，香港发放问卷 800 份，澳门发放问卷 600 份，合计 2400 份。

首先按照穗港澳地区 15~34 岁人口规模进行调查样本配额，根据 2010 年第六次全国人口普查数据，2010 年广州市共有 15~34 岁人口 5521104 人，香港 2028974 人，澳门 177639 人，穗港澳三地 15~34 岁人口合计为 7727717 人，广州占比为 71.45%，香港占比为 26.26%，澳门占比为 2.29%。因此，按照穗港澳三地 15~34 岁人口占比情况进行配额，广州青年样本为 1715 份，香港为 630 份，澳门为 55 份（见表 1）。

表 1　穗港澳地区总样本配额情况

项目	15~34 岁人口总量（人）	占穗港澳 15~34 岁人口总量比例（%）	计算样本量（份）	实际样本量（份）
广州	5521104	71.45	1715	1000
香港	2028974	26.26	630	800
澳门	177639	2.29	55	600

此外，穗港澳三地按照 15~34 岁人口总量中学生样本比例和在职劳动人口比例进行配额，具体如表 2 所示。

表 2　学生样本和在业样本配额情况

项目	15~34 岁总人口	2010 年在校中学生总人数	2010 年在校大学生总人数	15~34 岁就业人口数
广州	5521104 人	107.32 万人	84.39 万人	
占 15~34 岁总人口比重		19.44%	15.28%	
样本量		194 份	153 份	653 份
香港	2028974 人	449737 人	68137 人	
占 15~34 岁总人口比重		22.17%	3.36%	
样本量		177 份	27 份	596 份
澳门	177639 人	38018 人	25539 人	
占 15~34 岁总人口比重		21.4%	14.38%	
样本量		128 份	85 份	387 份

因此，根据表 1 和表 2 的计算情况，可以得出表 3 结论。

表3 穗港澳三地不同青年群体的样本量分布情况

单位：份

项目	中学生样本量	大学生样本量	在职青年样本量	合计
广州	194	153	653	1000
香港	177	27	596	800
澳门	128	85	387	600
合计	499	265	1636	2400

最后，考虑到时间、经费、研究人群等特征，最后抽取样本时在计算样本的基础上进行了折中。在人口比例配额的基础上进行了微调，广州地区发放问卷1000份问卷，其中在职青年500份、大学生300份、中学生200份；香港发放问卷800份问卷，其中在职青年400份、大学生200份、中学生200份；澳门发放问卷600份问卷，其中在职青年300份、大学生150份、中学生150份。

五 调查过程

问卷调查研究于2015年6月开始，由广州、香港和澳门三地合作开展，具体承担机构为广州市穗港澳青少年研究所、香港中华基督教青年会和澳门基督教青年会。三个区域内按中学生、大学生和在职社会青年三大群体配额抽样与整群抽样相结合的方法进行调查。

广州市穗港澳青少年研究所
"穗港澳青年价值观研究"课题组
2016年6月

目 录

Ⅰ 总报告

B.1 广州青年价值观研究 …………………………… 沈 杰 谷 楠 / 001

Ⅱ 专题报告

B.2 穗港澳青年的发展观研究 …………………… 邓智平 赵道静 / 017
B.3 穗港澳青年的道德和法律意识研究 …………………… 刘 念 / 041
B.4 穗港澳青年人生价值观研究 ………………… 涂敏霞 刘艺非 / 066
B.5 穗港澳青年科技观研究 ……………………… 谭丽华 周理艺 / 096
B.6 穗港澳青年对社会团体的组织认同研究 …………… 巫长林 / 124
B.7 穗港澳青年性别关系与代际认知研究 ……………… 李超海 / 149
B.8 穗港澳青年社会信任状况研究 ……… 涂敏霞 藕 园 李 醒 / 170
B.9 穗港澳青年志愿服务参与动机研究 ………………… 吴冬华 / 192
B.10 穗港澳青年职业价值观研究 ………………………… 孙 慧 / 214
B.11 穗港澳青年婚恋家庭观研究 ………………… 刘梦琴 陆 峥 / 240
B.12 穗港澳青年幸福感研究 ……………………………… 刘思贤 / 257

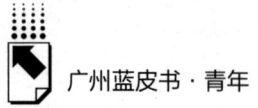

B.13 后记 …………………………………………………… / 292

Abstract …………………………………………………… / 294
Contents …………………………………………………… / 296

皮书数据库阅读使用指南

总 报 告
General Report

B.1
广州青年价值观研究

沈杰 谷楠*

摘　要： 当前广州青年正处于重要的战略机遇期，面临着全面建成小康社会、推动珠三角的优化发展以及巩固提升广州国家中心城市地位等关键节点。全面认识其价值观的现状、特点，对制定青年政策、促进青年全面发展、发挥其作为社会建设生力军的作用具有深远意义。从总体上看，广州青年表现出积极的政治价值观以及较高的社会道德和法制观念；社会价值观方面表现出传统、现代、后现代取向的复杂；人生价值取向上更加务实；择业观上主要考虑主体性因素；择偶观则追求精神层面的契合。广州应该从多方面入手，建构促进青年价值观不断优化的支持体系，促进青年的积极发展。

关键词： 青年　广州　价值观

---

* 沈杰，中国社会科学院青年人文社会科学研究中心研究员、中国青年政治学院青少年研究院研究员；谷楠，中国青年政治学院青少年工作系研究生。

"青年兴，则国家兴；青年强，则国家强；青年有希望，则未来的发展有希望。"当今，世界各国越来越重视青年工作发展，重视对青年资源的开发与保护。

改革开放三十多年来，我国社会主义建设事业取得了举世瞩目的成就，经济持续较快发展，GDP 的世界排名不断攀升，人们生活水平显著提高，国际影响力跃上新的台阶。这些骄人的成绩是与一代又一代人的不断探索和努力奋斗紧密相连的，其中洒满了青年的汗水与热血。

2016 年，我国发展又站在了新的历史起点上，标志着"十二五"规划的圆满完成和"十三五"规划的扬帆起航，标志着全面建成小康社会进入决胜阶段。全党、全社会正在为"十三五"规划的顺利开展和完成而努力，从实现中华民族伟大复兴、永葆生机与活力的高度，为青年一代积极创造各种有利条件，促进他们健康成长成才，实现全面发展。

一　广州青年成长的时代背景

1. 中国在全面建成小康社会道路上不断探索前行

李克强总理在第十二届全国人民代表大会第四次会议上所作的政府工作报告中指出，十八大以来，在以习近平同志为总书记的党中央领导下，面对错综复杂的国际环境和艰巨繁重的国内改革发展任务，坚持稳中求进的总基调，深化改革开放，实施一系列利当前、惠长远的重大举措，使"十二五"规划确定的主要任务全面完成。经济持续较快发展，国内生产总值年均增长 7.8%，经济总量稳居世界第二位，成为全球第一货物贸易大国和主要对外投资大国。结构调整取得积极进展，服务业在国内生产总值中的比重上升，基础设施水平全面提升，科技创新实现重大突破，全国居民人均可支配收入实际增长快于经济增速，人民生活进一步改善。

在充分看到成绩的同时，也应清醒地认识到，我国发展中还存在不少困难和问题。受全球贸易萎缩等因素影响，2015 年我国进出口总额出现下降，预期增长目标未能实现。投资增长乏力，一些行业产能严重过剩，部分企业生产经营困难，地区和行业走势分化，财政收支矛盾突出，金融等领域存在风险隐患。人民群众关心的医疗、教育、养老、食品药品安全、收入分配、城市管理等方面问题较多,严重雾霾天气在一些地区时有发生。

2016年是全面建成小康社会决胜阶段的开局之年,也是推进结构性改革的攻坚之年。综合分析各方面情况,我国发展面临的困难更多、更大,挑战更为严峻,要有迎接挑战的充分准备。从国际看,世界经济深度调整、复苏乏力,国际贸易增长低迷,金融和大宗商品市场波动不定,地缘政治风险上升,外部环境的不稳定、不确定因素增加对我国发展的影响不可低估。从国内看,长期积累的矛盾和风险进一步显现,经济增速换挡、结构调整阵痛、新旧动能转换相互交织,经济下行压力加大。实现经济社会发展的目标任务,要按照"五位一体"总体布局和"四个全面"战略布局,坚持发展的第一要务,坚持改革开放,坚持以新的发展理念引领发展,坚持稳中求进的总基调,适应经济发展新常态。实现"十三五"时期经济社会发展的良好开局,确保全面建成小康社会决胜阶段的良好开局。

2. 广东省以珠三角的优化发展为引擎推动经济社会进一步发展

"十二五"时期,面对复杂多变的国内外经济形势和艰巨的发展改革任务,广东省围绕"三个定位、两个率先"目标,坚持稳中求进的总基调,主动适应经济发展新常态,积极有效地应对各种困难和挑战,从而在稳增长、促改革、调结构、惠民生、防风险各项工作中取得重要进展,推动全省改革开放和现代化建设事业的稳步发展。[①]

当前广东经济社会发展中还存在不少问题和挑战,主要表现在:内外需求不足,经济面临较大下行压力;经济发展方式总体粗放,资源环境约束趋紧,推动经济转型升级任务艰巨;区域发展不平衡、城乡发展不协调,全面建成小康社会还存在短板指标;协调各方利益、维护社会稳定压力加大;政府职能转变亟待深化,作风建设任重道远。实现广东经济社会发展跃上新台阶必须坚持目标导向与问题导向相统一,采取更加有力的措施,加快解决主要问题。

广东省是我国改革开放的先行地,是我国重要的经济中心区域,在全国经济社会发展和改革开放大局中具有突出的辐射带动和先行示范作用。当前国内外经济形势发生深刻变化,广东省正处在经济结构转型和发展方式转变的关键

---

① 朱小丹:《2016年广东省政府工作报告》,广东省第十二届人民代表大会第四次会议,2016年1月25日。

时期，进一步的发展既面临严峻挑战，也孕育着重大机遇。加快珠三角世界级城市群的建设、更高层次上推进珠三角优化发展对促进广东省乃至全国发展都具有重要战略意义。因此，如何抓住机遇，加快推进珠三角国家自主创新示范区建设，形成分工互补的"1+1+7"区域创新格局；找准"稳增长"与"调结构"的结合点和平衡点，全力推进供给侧结构性改革攻坚；推进珠三角城市群一体化发展，加快打造世界级城市群，增强在全国乃至全球的集聚辐射功能和综合竞争力，以此为引擎推动经济社会发展再上新台阶，① 都是广东省面临的重大发展战略课题。

3. 广州作为国家中心城市地位进一步巩固提升

过去五年，面对错综复杂的国内外环境和繁重的改革发展稳定任务，广州适应经济发展新常态，全力以赴稳增长、促改革、调结构、惠民生、增后劲，圆满完成了"十二五"时期目标任务，国家中心城市地位进一步巩固提升。

在以下几个方面有突出表现：一是经济保持快速增长。连续27年位居国内城市第3位。人均生产总值突破2万美元，实现了新的跨越。产业结构明显优化，服务业增加值突破1万亿元。二是人民生活明显改善。5年来，政府财政投入民生社会事业8813亿元，是"十一五"时期的2.4倍。城乡常住居民可支配收入明显增长，年均增速分别为10.8%、12.4%。5年新增城镇就业人数211.54万人，成为全国创业先进城市。社会保障水平全面提升，民生发展指数连续两年全国城市排名第一。三是城乡面貌有新变化。巩固提升亚运成果，"天更蓝、水更清、路更畅、房更靓、城更美"取得新成效。市民对城市形象满意率比2010年提升16个百分点。四是国家中心城市功能不断强化。空港、海港、铁路港、信息港、城市路网等一大批重大基础设施建设全面提速。五是城市活力和影响力大幅提升。保持改革开放先行先试优势，推出系列改革举措，南沙新区、南沙自贸试验区、珠三角国家自主创新示范区、国家知识产权示范城市获批，国家新型城镇化、旅游综合改革等试点全面推进，4次荣登福布斯中国大陆最佳商业城市榜首。

"十三五"时期，广州将迎来重要战略机遇期。一方面，世界经济在深度

---

① 朱小丹：广东省实施《珠三角规划纲要》领导小组会议上的讲话。

调整中曲折复苏，进入国际贸易规则重塑和产业转型发展期。另一方面，国内经济发展进入新常态，经济发展方式加快转变，国家深入实施"一带一路"、自由贸易试验区、"中国制造 2025"、"互联网＋"、大数据等重大战略，为经济发展注入新动力。① 广州务实进取的氛围浓厚，努力推动广州国家中心城市建设水平全面提升，使广州在率先全面建成小康社会、率先基本实现社会主义现代化的实践中走在前列。

实现广州经济社会的跨越式发展，离不开广大青年发挥主观能动性，贡献智慧和力量。因此，深入基层、走进青年，想青年之所想，急青年之所急，及时发现青年问题，有效解决青年困难，努力为广大青年成长成才创造良好环境，促进青年实现全面发展，更好地发挥其建设社会主义事业生力军的作用，更有力地推动经济社会发展迈向新台阶。

二 横向比较下的广州青年价值观特征

作为全国经济社会发展领先的城市，广州吸引着来自全国各地的青年。青年人口数量随着全市人口总量的增加而增长，他们的社会流动性较强，人口结构更加多样，在促进城市发展中做出了重大贡献。然而，处于社会大转型中的广州青年，其世界观、人生观和价值观经历着演变和分化、矛盾和冲突，呈现复杂性、多样性的特征，其发展面临不少问题和挑战。

为了及时掌握广州青年的发展状况，广州市团校、广州市穗港澳研究所于 2015 年对广州青年的价值观进行了调查，同时，对香港、澳门青年的价值观进行了调查，从政治价值观、社会价值观、人生价值观、道德价值观、宗教与科学价值观、职业价值观、婚恋价值观等角度，与港澳青年比较，全面认识广州青年价值观的现状、特点，发现其中存在的问题，为青年政策的制定和优化提供参考依据。

1. 广州青年总体呈现积极的政治价值观，而参与积极性则有待提高

政治价值观是指社会成员对政治生活的看法，具体包括社会成员看待、评

---

① 陈建华：《2016 广州政府工作报告》，广州市第十四届人民代表大会第六次会议，2016 年 2 月 1 日。

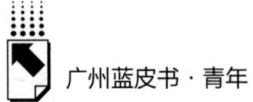

价某种政治系统及其政治活动的标准,以及由此形成的政治主体的价值观念和行为模式的选择标准。政治价值观是价值观体系的重要构成要素,国家认同、政治参与等方面则是其政治价值观的核心部分。青年是国家的未来和希望,是实现中国梦的生力军,其政治价值观的状况关系着中国未来的发展前景。

广州青年系统地接受正规的爱国主义、国民意识教育,同时也受到传统儒家家国情怀的传统价值观熏陶。改革开放三十多年来,我国社会主义事业取得了巨大的成就,综合国力和竞争力不断增强,国际地位和国际影响力日益提高,一个东方大国正在崛起,这些举世瞩目的成就极大地增强了他们的国家认同感、民族自豪感和公民责任感。相比之下,港澳青年更倾向于以"既是香港/澳门人,又是中国人"来表达自我身份,国家认同感相对较弱。

政治参与是民主政治的核心,也是现代政治系统良性运转的必要条件。公民的政治参与体现了公民对国家的权利和义务。全球化背景下,消费主义和大众文化的崛起,以及实用主义等思潮的多重影响,导致当代青年对政治持冷漠态度,政治参与意识薄弱、政治敏感度不高,从而导致政治参与行动的层次不高,不能充分体现青年的政治诉求以及青年在国家政治决策过程中的能动作用。三地青年政治参与程度不高,正是这种情况的一种反应。这促使我们对建设社会主义民主国家的进程进行深入思考和相关措施的出台。

2. 传统、现代、后现代取向交织的广州青年社会价值观

社会价值观是个体对社会的认识、态度及其可能的行动取向,也就是对人与人之间的关系、人与社会群体的关系以及人与自然的关系的认知、态度及其可能的行动取向。在社会价值观方面,青年的社会信任感、社会政策观念、社会参与观念、环境观念、性别观念等这几方面显得更为重要。

穗港澳三地青年的价值观存在一定程度的相似性。他们普遍具有较高的社会信任感,对所处社区环境安全程度以及对家人、朋友的信任都呈现较高水平。他们有较强的男女平等意识,普遍关心环保事业,注重社会软实力的建设。

处于开放社会的青年作为独立的个体更加活跃,他们通过各式各样的社会参与行动,从所得到的社会反应中规范自己的行为,同时又以自己的思想主张影响社会,最终促进自身的更全面的发展。青年的社会参与过程即青年的发展过程。21世纪成长起来的广州青年,参与的社会组织较为多元,他们对各类

社会组织均有涉猎，对运动/娱乐类团体、教育/艺术/音乐/文化团体以及公益慈善团体的参与热情较高。他们的参与动机也更加趋于成熟、理性。社交需要、服务社会、推动社会公益成为他们社会参与的最大动力。

现阶段，广州青年更加关注的是和谐的社会秩序、稳定的经济发展、打击犯罪行为、控制物价上涨这些"物质主义"层面的需求，而对于在重要的政府决策上有更多的发言权以及保障言论自由等"后物质主义"层面的需求关注度较低。这种情形，一方面说明，随着我国经济社会的发展，青年的民主权利在一定程度上得到较充分的保障；另一方面表明，青年对生存发展过程中个体生活保障方面的期望值较高。

由此可见，广州青年在社会价值观取向上体现出明显的传统、现代、后现代的复杂性，既保留传统社会血缘、亲缘关系的高人际信任，又强调现代社会性别平等，注重"物质主义"需求，又兼具环保优先、服务社会等典型的后现代社会的价值取向。

3. 广州青年的人生价值取向更加务实，但呈现内在矛盾性

人生观是对人生目的、意义、价值等的认识和根本态度，回答的是人生活在世界上有什么意义，以及应当怎样生活才有价值。它是个体价值观体系的核心部分，对其他价值观起着指导和制约作用，其具体表现是随着历史条件而变化的。对青年人生价值观的研究，可以达到感知社会现实的目的。

广州青年普遍觉得金钱是重要的，亦表示对金钱有所追求。然而，他们认为人生幸福的标准是身体健康、婚姻美满、心境平和。他们在强调个体本位的同时，亦希望能正确处理好个人与集体之间的利益关系，能为社会做出应有的贡献。

随着改革开放和市场经济的建立和发展，人们越来越多地参与到经济活动之中，与金钱的关系越来越紧密，对金钱的看法，金钱的获取、支配方式，与传统观念相比发生了很大变化，对金钱的追求度逐渐提升。另外，国内物价不断升高，大众的生活压力在增加，追求金钱的热情自然逐渐高涨。在追求物质财富的过程中，人们越来越异化为现代社会中活的机器，高强度、快节奏的生活造成越来越多的危害人们身心健康的都市病，从而重新唤醒人们对身心健康的关注。满足生存所必需的物质财富后，人们转而追求更高层次需求的满足，更多地关注身体健康、婚姻美满、心境平和等非物质层面的追求。青年群体作

为时代的风向标，社会变迁、价值观冲突，首先会在他们身上更加敏锐地体现出来。

在人生成就观方面，广州青年表现出一种努力拼搏、积极进取的价值取向。他们自信能够选择和掌握自己的生活，认为个人后天自致因素能够克服家庭背景等先赋性条件的不足获得成功。这反映出广州青年对当前的社会流动机制状况基本上持肯定态度，认为只要肯付出努力，培养优秀的才能，就能够获取成功，在当今的社会结构中实现合理的向上流动。同时也说明传统上基于先赋性因素的固化的社会结构在一定程度上有所松动。

4. 广州青年具有较高的社会道德和法治观念，但相对缺乏批判性思想

守法意识是法律意识中所包含的一个重要方面，公民的守法意识是衡量法治国家发展程度的重要准则，公民能够自觉守法对推进法治国家的建设具有至关重要的作用。

随着依法治国方略的实施，我国的法治建设取得了非常显著的成果，尤其是公民的守法意识的培育。整体来看，广州青少年整体上具有较高的法治意识，旗帜鲜明地反对违法犯罪行为。可以反映出广州青少年具备正面的法律价值取向，对有效遏制违法犯罪行为、形成遵纪守法的良好社会氛围有着积极的影响。但是，与港澳青年相比，广州青年的法律思想则相对缺乏批判性，即使认为法律不合理，大部分人也会选择积极主动地遵守，其中超过四成的人是因为认为守法是公民的责任而选择遵守，很小比例的人是因为怕被控告而遵守。而法律批判思维的培养对于促进法律的完善、提升公民自愿遵守法律的意愿、推动我国法制社会向纵深发展具有极其重要的意义。

整体而言，广州青年普遍崇尚社会主义伦理道德，尊重生命。然而，与港澳青年相比，广州青年的道德观呈现更多的传统特征，对目前社会中处于灰色地带的争议行为，所持态度相对保守。具体而言，他们对于婚前性行为、安乐死的接受程度较高，对于卖淫、堕胎、自杀等行为的接受程度较低。造成这种差异的原因可能是内地推崇传统文化的传播，弘扬社会主义核心价值观；而港澳由于特殊的历史背景和定位，其社会文化价值取向呈现多元化趋势，处在这种环境中的青年，其道德价值观念较内地青年更为开放。

5. 广州青年信教比例增加，但并未成为主流；他们对科技的认识更加客观

我国作为以无宗教信仰者为主的国家，信教人士比例小，但是，绝对数量

并不少,且有逐年上升的趋势,因此,不能忽视对人们信教现象的研究,尤其是青年群体。

由于我国社会的急剧转型,新的社会矛盾和社会问题随之产生,对青年的社会心理、价值观念、生活方式等方面产生了巨大冲击,由此引发的心态失衡与困惑导致越来越多的青年转而从宗教中寻求心理慰藉。广州青年的宗教信仰现象,就是一个具体表现。整体而言,穗港澳三地青年大部分没有宗教信仰,对于宗教在生活中的重要性持理性的态度。值得关注的是,与2014年"广州青少年发展状况调查"的数据相比,广州青年信教的比例增加了一倍左右,占31.3%。整体上普遍认为宗教对生活的重要性较低,因此,宗教信仰在广州青年中并未成为主流。具体而言,有宗教信仰的广州青年较集中地选择信仰佛教,选择信仰其他宗教的人分布较为零散。

当人类社会逐步进入信息化时代,科学技术对综合国力和社会发展的作用越来越大。穗港澳青年极高程度地认同科学技术在日常生活中的重要性,对科学技术的发展充满信心和希望。同时,他们并不盲目地崇拜科技,在肯定其积极作用的同时,也关注其负面效应。这表明当今青年对科技的评价更加客观、全面。

6. 广州青年在择业时倾向于主要考虑主体因素,强调自我价值的实现

青年正式迈向社会生活的起点是从就业开始的。从这个意义上讲,择业观念和心态是社会层面的观念和心态,而不是个体层面的观念和心态,因为开始择业的青年已不再是社会生活可以保持距离的旁观者,而是身心和利益牵涉于其中的参与者。① 因此,了解广州青年的择业观、职业观对我们从宏观的社会层面了解其思想观念与心态至关重要。

总体来看,穗港澳青年对职业有较为正确的认识,他们普遍认可职业在生活中的重要意义。反映出他们的就业意愿强烈,具有依托职业获得生活所需要的物质条件的基本意识,具有自食其力的独立意识。

在择业的考量上,三地青年倾向于根据自己的主观兴趣、个人才能等主体因素积极主动地进行职业选择。与以往的研究结果相比,广州青年对工资与职业稳定性的重视程度有所下降,不再盲目追求高工资、高福利,更加注重职业的主

---

① 沈杰:《青年对社会变迁的反应》,天津社会科学院出版社,2012,第148页。

观感受和愉悦度,择业观趋于实现个人价值。此情形表明,在迈向小康社会的今天,人们已经不再停留在将职业仅当作谋生手段的初级阶段,自我实现这种高层次的需要正在逐渐被人们意识到,并成为支配人们从业行动的首要动因。①

7. 广州青年择偶追求精神层面的契合,对未来家庭有一定程度的期望

在人的生命历程中,恋爱、婚姻占有重要位置,是青年面临的一个重大人生课题。作为中介环节的择偶过程受个人主观意愿、家庭利益乃至社会价值观念等多重因素的影响与制约,能够在很大程度上揭示社会发展的开放程度和现代化程度。择偶观作为个体对爱情、婚姻的本质及有关道德问题等所持的内在尺度,是其价值观在婚姻问题上的体现。

整体而言,广州青年择偶时对精神层面契合的追求超过了对生理特征因素和经济因素的强调。调查结果显示,广州青年在择偶时优先考虑的条件依次是对方的性格(46.8%)、道德品质(43.6%)、价值观(28.8%),相貌紧跟其后,所占比例为27.6%;而学历、户籍、职业、住房、个人收入等因素所占比例较低。这表明,广州青年正走出"经济爱情"的误区,开始追求纯粹爱情的婚姻。青年择偶标准的这种变化在一定程度上得益于广州经济社会良好的发展局面。根据2016年广州市政府工作报告,"十二五"期间广州经济保持快速增长,人均生产总值突破2万美元,城乡居民基本养老保险金人均增长89.41%,民生发展指数连续两年全国城市排名第一。社会物质生活条件不断改善,精神生活标准提高,人们开始追求婚姻生活质量的改善。于是,在恋爱择偶中,当事人逐渐呈现人本化的需求,即开始越来越注重人的情感、品质以及能力方面。②

家庭在个人生活中占据了极其重要的位置,是促进其成长、发展的基本单位。调查发现,广州青年普遍对未来家庭有很高的期许和憧憬,他们普遍认为家庭在自己的生活中很重要。受到逐渐宽松的生育政策的影响,青年群体表达出相对较强的生育意愿,超过六成表示理想的子女数目是两个。关于教养原则,青年群体也有自己的想法,他们认为责任感和独立性的培养是最重要的。

---

① 沈杰:《青年对社会变迁的反应》,天津社会科学院出版社,2012,第149页。
② 沈杰:《青年对社会变迁的反应》,天津社会科学院出版社,2012,第134页。

三 建构促进青年价值观不断优化的支持体系

广州作为改革开放的排头兵,在探索中逐渐积累经验,不断适应新变化、解决新问题,出现了经济社会发展的良好势头,取得了令人瞩目的成绩。青年作为一支独特的社会力量,在促进广州发展的过程中发挥了不可替代的主力军作用,从而不断激发着广州的活力与热情。

"十三五"是广州推进经济结构调整和产业转型升级,实施创新驱动发展战略,进一步提高国家中心城市功能的重要战略机遇期。就此而言,科学地认识青年特征尤其是价值观状况,及时地了解青年的需求,健全青年工作体系,完善青年政策,促进青年价值观的优化,促进积极的青年发展,具有十分重要的现实意义。"积极的青年发展",主要指以青年发展为目标制订的计划,它是近年来在一些国家和地区获得相当的经验性成果的青年政策模式之一。[1]

1. 与时俱进,树立青年发展本位的工作理念

知识经济时代的竞争本质上是人才的竞争,青年是最富有想象力、创造力和远大志向的群体,促进其全面发展对我国经济社会的发展、综合国力的提升具有至关重要的作用。一个具有长远发展战略视野的国家、一个正在走向伟大复兴的民族,必须密切地关注青年群体,与时俱进,树立青年发展本位的工作理念。

首先,青年应该在身心健康、教育水平、就业状况、恋爱婚姻、闲暇与消费状况、社会参与状况、人际交往状况等各个领域都实现全面发展。应该将全面发展的理念作为政府相关部门、青年工作机构等开展青年工作、青年研究的指导思想,从政治、经济、文化多方面入手,创造促进青年全面发展的条件。

其次,青年的发展应该是充满个体差异性、多样性的发展。尊重个体差异和不同,鼓励青年多样化发展。当今时代瞬息万变,各种新事物层出不穷,青年的价值观念和行为方式呈现多元化和复杂性的特征,与前几代

---

[1] 董小萍:《全球化与青年参与》,上海社会科学院出版社,2004,第158页。

青年相比具有鲜明的新群体特征。应该顺应时代潮流，以更加开放的心态看待青年群体的时代变迁，尊重青年的平等权和人格，尊重青年多样化的发展。

再次，将促进青年发展作为政府相关部门和青年工作机构开展青年工作、青年研究的根本目标，积极创造实现青年全面、多样性发展的条件。国家层面上，在物质支持、政策倾斜、思想引领上为实现青年的发展创造充分条件。个体层面上，尊重青年主体性地位，鼓励青年积极能动性的发挥，形成自由、民主的发展氛围，给予青年充分的话语权和行动空间。

2. 大力扶持青年教育事业的发展，满足青年多样化的教育需求

教育事关青年的未来、社会的发展、民族的振兴，因此，党和政府应该将教育事业的发展提升到战略高度，健全和完善青年教育的相关政策、措施。

首先，继续加大教育投入力度，完善扶贫助学体系，缩小城乡差距和区域差距。其次，广州作为我国经济发展最快的地区之一，吸引着来自全国各地数以万计的青年，不断涌入的流动人员成为广州人口的重要组成部分。受户籍制度的影响，流动人群尤其是农民工子女的受教育机会受到影响。因此，应该加强对非户籍人群的关怀，根据具体情况制定来穗人员随迁子女教育推进办法，保障其教育权利，确保其受教育机会、条件和教育质量。再次，鼓励和促进教育的多元化发展，建立民办与公办、正规与非正规、正式与非正式、全日制与非全日制等各种教育形式相互补充、衔接的开放教育环境，满足青年的多样化教育需求。在社会发展变革的大背景下，职业教育的长足发展对青年人力资源结构的调整、教育体系的改善具有重要意义，将是未来教育事业发展、变革的重点。2014年5月颁布的《国务院关于加快职业教育发展的决议》，是我国职业教育发展与变革具有标志性意义的文件，大力发展职业教育必须以此决议为指导，坚持专业课程设置、教育教学、考核评价等与社会需要、经济发展相适应，以促进青年就业为重点，以提升就业能力为关键目标，不仅培养受教育者的知识与技能，还需要培养其爱岗敬业的职业精神、职业素养；不仅提升就业能力，还要培养独立自主的、自食其力的职业精神。

3. 建立全面有效的青年就业创业政策体系

按照国际劳工组织的定义，就业是指一定年龄阶段内的人们为获取报酬或为赚取利润所进行的活动。① 就业对于青年来说具有至关重要的作用,一方面凭借职业获取报酬,满足基本的生存需求;另一方面就业是个人参与社会分工、创造价值、获得社会角色、实现个人价值的途径。因此,做好青年就业工作,建立全面有效的青年就业政策体系至关重要。

第一,强化就业服务,依托政府有关部门的资源和优势,广泛联合各大高校,协调劳动保障部门,建立多样性、社会化的青年职业技能培训基地,低价甚至无偿向青年提供多样化的技能培训项目,提高青年就业竞争力;创建青年就业服务中介平台,利用互联网信息技术及时发布就业信息,积极联合企业定期举办就业洽谈会、人才招聘会,促进青年就业。

第二,积极引导青年适应社会发展需要,结合劳动力市场需求,转变就业观念。一方面,新形势下,人才的评判不再以文凭作为唯一标准,更加强调专业知识、学习能力和技艺等全面综合素质。青年作为正在成长中的群体,其综合素质有待不断培养、提高。而青年对工资、福利、待遇的高期望值,与人才市场的实际待遇会存在差距,直接导致青年心理落差,错过就业机会,造成观念性结构失业。因此,有必要引导青年做好自我能力定位,合理评估自我市场价值,脚踏实地,在提高综合素质的同时追求理想的职业。另一方面,引导青年自觉放弃传统的追求"铁饭碗"、体制内就业的观念,积极投身社会主义市场经济洪流,树立多渠道、多形式的多元化就业观。尤其需要鼓励青年群体自主创业,以创业带动就业,以创业激发创新。加大对青年创业项目的政策、资源支持力度,扶持青年创业。

第三,完善青年就业创业权益的法律、法规及相关政策,为青年就业创业提供法制保障。相对于用人单位,青年往往缺少经验和信息,处于弱势地位,他们的权益需要法律、政策予以保障。一方面,发挥政府间接调控的作用,采用立法手段规范劳动力市场秩序,明确政府和企业在促进青年就业、创业方面的责任。另一方面,严格执法,加强执法监察,有效保障青年求职机会和过程的公平性,对青年的工资、福利等予以法制保障,对侵害青年就业权益的用工单位给予惩罚。

---

① 宋宗德:《缓解上海城镇青年就业压力的政府策略研究》,硕士学位论文,华东师范大学,2006。

4. 发挥青年的积极性，创新青年社会参与模式，拓宽青年社会参与机会和渠道

学者指出，社会参与是主体对社会的政治、经济、文化等各个方面现状与活动的关心、了解与行为投入。① 青年社会参与是实现青年价值的必然途径，也是促进经济社会发展的重要战略。因此，加快广州经济社会发展、强化国家中心城市功能、提升城市活力和影响力，都必须重视发挥青年的潜能与积极性，了解其社会参与现状、特点与影响因素，优化青年社会参与环境，拓宽青年社会参与的机会和渠道，促进青年广泛全面的社会参与。

第一，培育公共精神，促进公民意识的形成。受到传统文化中"熟人社会"、"集体取向"的影响，我国的社会参与更多地表现为自上至下被动式或者出于特定群体利益考量的"社会参与"，缺乏公民意识和公共精神。其结果直接导致人们对于超出"私人领域"之外的"公共领域"的冷漠，严重扭曲了社会参与的初衷。因此，促进青年社会参与，首先应该从培育公民意识、公共精神入手。公共精神的培育不是一蹴而就的，需要从日常社会生活入手，从方方面面加以渗透。学校正规教育应该担负起培育公共意识的重任，开设公民教育课程，培养学生的公民权利、义务意识；同时，大众传媒应该担负起社会责任，弘扬自愿、志愿、合作等与公共精神相符的价值观，形成良好的社会氛围。

第二，积极利用网络平台，创新社会参与模式。当前青年社会参与最常见的是"自上而下"的模式，由政府发起活动，号召青年参与，而较少体现出青年的自觉性、能动性。鼓励青年积极的社会参与，应该创新青年参与模式，将"自上而下"的政府号召与"自下而上"的青年自觉行为相结合，激发青年参与社会事务的热情。而信息社会的来临为青年社会参与模式的创新提供了可能性。一方面，有关方面可利用网络及时进行社会参与项目的信息公开、招募；另一方面，青年利用网络快速获取信息，聚集成群，实现交流，自觉、自愿地进行社会参与。

第三，鼓励青年社会组织发展，拓宽青年参与途径。当前，社会组织蓬勃发展，影响力不断扩大，填补了政府调控缺位、市场失灵留下的空白，成为社

---

① 戈玲：《试析当代青年价值观念变化对其政治倾向形成的影响》，《中国青年政治学院学报》2000年第2期。

会建设事业中一支重要的力量；同时，也可以构建出青年参与社会事务的新平台，为青年社会参与的实现提供更多的空间与选择，有利于拓展青年社会参与的广度和深度。因此，应该因势利导，做好青年社会组织的引导工作，营造有利于青年社会组织发展的社会氛围，鼓励其发挥组织青年、服务青年的作用，为青年的社会参与谱写新的篇章。

5. 加强对青年心理层面的关怀，纾解青年的精神负担，引导其健康发展

当前，我国正处于社会转型期，社会政治经济文化急剧变化，新旧事物交错杂陈，社会环境错综复杂。急剧变迁的客观环境给成长期的青年带来了巨大冲击和影响，从而产生了各种心理困扰和心理问题。一方面，价值取向、生活方式的多元化带来了青年思想上的冲突，引发了某些人生信仰、理想信念的危机。另一方面，青年面临的求学、就业、住房等生活压力日益增大，使其心理负担加重，焦虑、抑郁等各种心理问题影响甚至威胁着青年的健康。因此，亟须加强对青年心理层面的关怀，采取切实可行的措施，促进其健康发展。

第一，社会急剧转型带来的各种不确定因素的增多，价值观念的多元化，以及贫富差距、腐败现象等改革负面影响的不断出现，造成了青年心理失衡的加剧，引发了青年的心理迷茫、困惑。因此，引导青年心理健康发展的首要工作，就要从青年的认知、发展特点及规律出发，加强社会主义核心价值观教育、理想信念教育。引导青年树立正确的世界观、价值观、人生观，引导其正确看待社会改革和发展中出现的问题，从而做出恰当的行为反应。

第二，在经济社会快速发展的同时，也出现了青年求学、就业、住房、婚恋、养老等各方面生活压力的不断增大。正确地纾解压力可以转化为前进的动力，反之则会引发焦虑、抑郁等各种心理问题，影响心理健康。因此，应该采取积极的心理干预措施，纾缓青年的心理负担，使其形成积极向上、良好健康的心态。一方面，面对快节奏的社会生活、高压力的生存环境，青年难免会出现各种负面情绪，如果不加调节任其累积就会影响青年的心理健康。因此，要建立、健全为青年提供帮助的心理咨询、心理矫正服务，为青年提供有针对性的心理疏导，纾缓情绪，将压力转化为发展的动力。另一方面，提高青年的心理抗压力，努力增强其心理适应性。同样的压力源能给人造成多大的心理压力，在很大程度上是由自身抗压性决定的。现代心理研究表明，不同的个性特征对压力的应对方式和容忍程度不同。具有坚强意志品质的人，富有责任心、

进取心，遇事沉着、冷静，这样的人能够很好地调控自己的情绪，从而能够克服恐惧、紧张、焦虑等不良情绪的干扰。应该重点培养青年意志的独立性、果断性、坚定性以及自制性。当然，坚强意志品质的培养不是一朝一夕的事，需要家庭与学校以及青年自身在日常生活中不断地努力、积累。

第三，青年心理压力的纾解离不开社会支持尤其是保障系统的不断完善。青年心理压力过大的很大一部分原因是我国社会支持系统薄弱，尤其是社会保障的项目单一、范围狭窄、保障水平低等，从而造成了青年在生活中没有得到多样化的社会支持，个人超重前行，不堪压力。因此，尽快完善社会保障体系，尤其是住房、养老保险、医疗等社会保障水平的提升，对减轻青年负担、解决青年困扰问题、促进青年健康发展十分关键。

6. 进一步使青年调查研究工作制度化，让青年发展指标体系的监测产生更多成效

作为全国劳务输出重地的广州，青年人口数量多，占城市总人口的比例较大，流动性强，在人口结构上呈现多样化特征。这是推动地区经济发展的重要力量和希望所在。然而，处于社会加速转型期的青年群体面临着不少问题和挑战，他们的世界观、价值观、人生观日趋复杂、多元，他们身上既有中国青年的普遍性，又受地域环境的影响存在自身的独特性；既受到所生活社会的影响，又对所生活的环境施加影响。广州作为改革开放的前沿阵地，作为国内发展领先的城市，有必要进一步使青年调查研究工作制度化，让青年发展指标体系的监测产生更多成效。青年发展指标是对青年群体生存与发展状况进行度量的工具，划分为反映青年在经济社会发展各领域中的特征和状况等客观变量的统计指标，以及反映青年的价值观念、态度意愿、行为趋向以及青年对社会评价等主观变量的意向指标。青年发展指标的建立有助于及时把握青年的发展动态，获悉青年需求，发现现实问题，并预测青年发展趋势，为青年政策的制定提供科学依据，从而促进青年更好地发展。

制度化的以青年发展指标为重要研究工具的专业化、学科化的青年调查研究成果，不仅可以向媒体、社会公众提供关于青年发展的主观层面和客观层面的精确描述，而且通过长时段调查积累下来的系统化的监测资料可以成为学术研究的宝贵财富，更重要的是，关于青年的高质量研究成果可以为党政有关部门制定青年政策、形成青年工作的有效措施提供科学依据。

专题报告
Special Topics

B.2
穗港澳青年的发展观研究

邓智平 赵道静*

摘　要： 本报告依托青少年价值观调查问卷数据，从社会经济发展观和环境保护观两个层面分析当前穗港澳青年发展观的基本特征，并对三地青年发展观进行了对比分析。研究发现：穗港澳青年在不同的经济社会文化发展环境下形成了既具共性又有特性的发展观，大部分三地青年都认为环境保护应该优先，不能因为追求经济增速牺牲环境，但广州青年更看重社会稳定和经济发展，香港青年更看重言论自由和决策参与，澳门青年发展观多元化特征比较突出，选择相对较多的是"稳定的经济"。此外，报告还分析了未来三地青年发展观的趋势并提出了优化青年发展观的若干对策建议。

关键词： 青年　发展观　穗港澳

---

* 邓智平，广东省社会科学院哲学与宗教研究所副所长、副研究员、博士；赵道静，广东省社会科学院社会学与人口学研究所助理研究员。

一 研究背景

（一）发展观的基本概念和研究意义

"发展"本义是指生物个体从小到大、从不成熟到成熟的过程。被引入社会科学领域后，发展指的是一个特定社会发展阶段的变迁过程。根据社会存在决定社会意识的原理，有发展实践，在人们的观念意识中就存在对发展的认识和看法，于是发展观的概念应运而生。通常情况下，发展观具有广义和狭义两种理解。广义的发展观是指人们对一切形式的运动、变化的思想、观点、认识和看法，即移入人们头脑内部的并在人们的头脑中改造过、以观念形态出现的一切客观的变化发展过程[1]。狭义的发展观则是一种社会（与自然相对的社会）发展观，是关于人类和社会发展的本质、目的、内涵和要求的总体看法和根本观点，它决定了经济社会发展的总体战略和基本模式，对经济社会发展实践具有根本性、全局性的重大影响。从整个社会角度来看，发展观是一种全局意识；而从青年这个群体角度来看，青年发展观可以有两种理解：一是青年对社会发展的认识，一是社会对青年发展的认识。前者探讨的是青年对当下经济社会如何发展的看法和观点，后者探讨的是社会对青年群体如何发展的看法和观点。鉴于本书通篇基于青年价值观的角度，故本章所涉及的青年发展观指的是青年群体对社会经济发展的总体看法和根本观点。

在人类社会发展的历史长河中，国际上先后出现了多种发展观，如经济增长观、依附理论的发展观、基本需求的发展观、综合发展观、以人为中心的发展观及可持续发展观等。不同的发展观虽然对发展进程有着不同的认识，但探讨的基本问题都是"发展是什么、为什么发展、怎样发展、如何评价发展"等。我国改革开放以来，在推进社会主义现代化建设的过程中，根据不同时期经济社会发展面临的主要问题和矛盾，我们对发展观的选择也经历了从非均衡

---

[1] 范燕宁、邱耕田等：《邓小平发展理论与科学发展观》，首都师范大学出版社，2004，第90页。

的经济增长型发展观到协调发展观再到科学发展观的演进过程①。改革开放之初，邓小平基于我国处于社会主义初级阶段这一发展基点的准确定位，响亮提出"发展才是硬道理"，社会主义的根本任务是解放和发展生产力，中国解决所有问题的关键是靠自己的发展。世纪之交，以江泽民同志为核心的党的第三代领导集体站在新的历史方位，把发展提到了党执政兴国的第一要务的高度，阐明发展是贯穿"三个代表"重要思想的主题。十六大以后，以胡锦涛同志为总书记的党中央及时提出和全面贯彻科学发展观，系统阐述和提升了党的发展理论。科学发展观第一要义是推动经济社会发展，核心立场是以人为本，基本要求是全面协调可持续，根本方法是统筹兼顾，聚精会神搞建设，一心一意谋发展。十八大以来，以习近平同志为总书记的党中央把握当今世界经济正处于深度调整、中国经历新旧动能转化的时代大势，围绕国家治理体系和治理能力现代化，适应和引领经济发展新常态，协调推进"四个全面"战略布局，提出创新发展、协调发展、绿色发展、开放发展、共享发展，这五大发展理念升华了党的发展理论的新境界。② 作为党和国家接班人和建设者的青年，是全面建设小康社会的生力军，是中国特色社会主义事业的重要支柱③，青年发展观直接关系到经济社会未来发展成败。因此，了解和掌握青年发展观的现状十分必要。

基于广州毗邻港澳的地理位置，穗港澳三地间经济社会文化互动交流较为频繁，青年发展观相互影响的可能性很大，三地青年发展观应该存在很多相同之处；但在"一国两制"政策下，三地的体制机制、发展环境、发展状况以及发展路径均有差别，青年发展观也必然存在某些不同之处。因此，对比分析穗港澳青年发展观的共性和特性，对充分了解三地青年发展观现状具有重要意义，也能为三地未来经济社会发展提供理论依据和决策参考。

（二）对已有研究结果的回顾

发展观的研究由来已久，有很多文献对发展观的世界演变及中国发展观

---

① 朱先平：《新时期我们发展观的演变与现代化进程的推进》，《人民论坛》2013年第23期。
② 段华明：《从〈论十大关系〉到五大发展理念：党的发展理论的与时俱进》，《光明日报》2016年1月31日。
③ 张斌：《科学发展观与当代青年》，《内蒙古农业大学学报》（社会科学版）2010年第6期。

的演变进行了梳理和研究，特别是对当代我国的科学发展观的阐述。但专门针对青年发展观的研究还不多见，对青年发展观的研究多纳入青年价值观研究范围内，以问卷调查的形式呈现，涉及的内容多是青年对改革开放以来国家、社会、经济发展的看法和认识。比如，中国青少年研究中心曾调查过"您认为一个国家搞得好不好，最重要的标准是什么"，青年选择最多的是经济实力强，其次是社会安定。又如，1996年"迈向21世纪的中国青年"课题组对全国3万多名青年进行了一项"您对改革、发展、稳定三者关系的看法如何"的调查，结果显示青年普遍认同"稳定是基础，只有稳定才能改革和发展"。①

同样，针对穗港澳青年发展观的对比研究也不多见，虽然穗港澳青年及其价值观的对比研究已成为中国青少年研究，特别是广东地区青少年研究的一项常规化研究课题，但研究成果比较陈旧，对比研究中所涉及的青年发展观问题也十分有限，系统性研究青年对"发展是什么，为什么发展，怎样发展，如何评价发展"的看法和观点的文献还较为缺乏。

（三）分析方法

本研究依托于广州市穗港澳青少年研究所及"青少年价值观调查"课题组于2015年面向广州、香港、澳门三地青少年（15~34岁）开展的价值观问卷调查所获取的相关数据资料。该调查在穗港澳三地分别抽取了941名、726名和552名青年进行问卷调查，对穗港澳青年价值观的整体情况分析具有一定的代表性。

问卷主要调查了青年发展观的两个方面内容：一是青年的社会发展观，主要了解青年对当前社会经济发展中最重要和第二重要事项的选择，反映青年对经济社会发展的关注点，对"发展什么"问题的认识和看法；二是青年的环保观，主要了解青年对环境保护与经济增长之间发展关系的选择，反映青年的环保意识和发展态度，对"怎样发展"问题的认识和看法。

---

① 戈玲：《试析当代青年价值观念变化对其政治倾向形成的影响》，《中国青年政治学院学报》2000年第2期。

二 青年发展观的现状

(一)广州青年发展观的基本现状

根据问卷调查数据,广州青年发展观,无论是社会发展观还是环保观都保持较高的一致性。在社会发展观方面,青年对当前经济社会发展最重要的事项选择最多的是"维持国内秩序",占比达34.4%,第二重要的事项选择最多的是"稳定的经济",占比达25.6%;对"保障言论自由"和"在重要的政府决策上有更多的发言权"的选择最少,占比仅为5.5%和9.6%(见表1)。由此可见,在"发展什么"的问题上,广州青年重点关注的是社会稳定和经济发展,但社会参与、政治参与意识不足。

表1 广州青年对经济社会发展最重要和第二重要的事项的选择情况(N=931)

单位:%

选项	最重要	第二重要
维持国内秩序	34.4	15.2
在重要的政府决策上有更多的发言权	9.6	13.8
控制物价上涨	11.5	15.7
保障言论自由	5.5	9.7
稳定的经济	27.6	25.6
打击犯罪行为	11.5	20.1
合计	100.0	100.0

细化到不同性别、年龄、教育程度和职业的青年社会发展观,不同特征青年对经济社会发展最重要和第二重要的主要选择基本保持一致,但也存在某些细微差异。主要表现为:一是不同性别青年对除"维持国内秩序"和"稳定经济"外的其他备选项的重要性选择存在差异,尤其对"打击犯罪行为"的选择差异较为明显。在"最重要"问题的选择上,13.5%的女性选择了"打击犯罪行为",占比排在前三位;男性中有9.5%选择了"打击犯罪行为",占比仅高于"保障言论自由",排在倒数第二位。另外,女性对"控制物价上涨"的关注度高于男性,男性对"在重要的政府决策上有更多的发言权"的关注度高于女性。

二是不同年龄青年对"维持国内秩序"和"稳定经济"的首位排序有差异，25岁及以下青年认为第一重要的是"维持国内秩序"，而26岁以上的青年更加看重"稳定的经济"。其中最重要问题中"维持国内秩序"的选择占比，20岁及以下的青年为40.7%，21~25岁青年为36.5%，两比重均高于其对"稳定的经济"的选择（分别为22.0%和27.4%）。相反，在26岁以上青年"稳定的经济"的选择占比中，26~30岁为33.0%，30岁以上为37.5%，比重也均高于其对"维持国内秩序"的选择（分别为26.0%和22.7%）。三是不同受教育程度的青年对经济社会发展最重要的首位选择也有差异，除了大学本科青年外，学历越高青年越倾向于"稳定的经济"。比如，硕士及以上学历青年中有40.5%首选"稳定的经济"，而初中及以下学历青年中选择"稳定的经济"的仅为6.5%，反而选择"打击犯罪行为"的占了17.4%。四是不同职业身份青年对"稳定的经济"的重要性认识存在差异，还处于学生阶段的青年对"稳定的经济"选择占比要低于"维持国内秩序"，而从业青年普遍的更加重视"稳定的经济"对经济社会发展的影响（见表2）。综合上述分析，可以发现，广州青年的社会发展观状况与青年所处的人生阶段有很大相关，年龄越大、受教育程度越高、步入社会时间越长的青年往往对经济发展的关注度越高，因为他们面临更多的生存和生活问题，国家经济的发展与他们的日常工作生活有更为直接的关系。

表2 广州不同特征青年对经济社会发展最重要和第二重要的事项的选择情况

单位：%

特征	选项	维持国内秩序	在重要的政府决策上有更多的发言权	控制物价上涨	保障言论自由	稳定的经济	打击犯罪行为	合计
最重要	男	35.7	11.4	10.1	6.5	26.9	9.5	100
	女	33.0	7.7	12.9	4.5	28.3	13.5	100
第二重要	男	15.2	14.2	16.5	9.4	24.2	20.4	100
	女	15.1	13.4	14.9	9.9	26.9	19.8	100
最重要	20岁及以下	40.7	11.3	9.9	5.1	22.0	11.0	100
	21~25岁	36.5	8.4	10.6	6.6	27.4	10.6	100
	26~30岁	26.0	7.9	14.0	5.6	33.0	13.5	100
	30岁以上	22.7	10.2	14.8	3.4	37.5	11.4	100

续表

特征	选项	维持国内秩序	在重要的政府决策上有更多的发言权	控制物价上涨	保障言论自由	稳定的经济	打击犯罪行为	合计
第二重要	20岁及以下	15.3	12.8	13.6	9.1	28.4	20.7	100
	21~25岁	12.0	13.8	15.2	11.6	28.6	18.8	100
	26~30岁	18.2	15.4	20.6	8.4	19.6	17.8	100
	30岁以上	17.0	13.6	13.6	9.1	19.3	27.3	100
最重要	初中及以下	32.6	10.9	26.1	6.5	6.5	17.4	100
	高中(含中专、中技)	38.6	9.7	10.2	5.1	23.3	13.1	100
	大专	22.9	12.9	11.2	8.2	32.9	11.8	100
	大学本科	36.1	8.4	11.9	4.2	29.0	10.3	100
	硕士及以上	32.4	5.4	9.5	4.1	40.5	8.1	100
第二重要	初中及以下	10.4	8.3	16.7	6.3	31.3	27.1	100
	高中(含中专、中技)	14.1	12.0	17.1	6.0	27.8	23.1	100
	大专	13.6	11.2	19.5	11.8	21.9	21.9	100
	大学本科	16.7	15.1	14.6	11.6	25.9	16.1	100
	硕士及以上	17.3	22.7	9.3	5.3	20.0	25.3	100
最重要	中学生	39.4	11.2	9.6	3.7	21.8	14.4	100
	大学生	41.8	7.8	8.2	6.9	27.5	7.8	100
	从业青年	27.5	9.5	14.5	4.8	31.0	12.8	100
第二重要	中学生	15.5	11.8	14.4	6.4	28.3	23.5	100
	大学生	16.7	12.4	11.1	13.4	27.8	18.0	100
	从业青年	14.5	16.0	18.3	4.8	23.5	19.3	100

在环保观方面，广州青年的环保意识较强。71.4%的青年认可"环境保护优先"，即使因此有可能放慢经济增长速度和增加失业；不过也有占比不小的一部分青年（22.9%）认可"经济增长和增加就业优先"，即使因此有可能使环境遭到一些破坏；另外5.7%的青年表达了其他不同的看法，主要是认为经济增长和环境保护应该同时发展，同样重要（见图1）。可见，在"怎样发

展"的问题上,广州青年更多地持绿色发展观和可持续发展观。具体到不同性别、年龄、受教育程度和职业的青年,他们在环保观的选择上大方向一致,差别仅仅在于各类青年选择"环境保护优先"的比重大小。比如:女性(73.6%)比重高于男性(69.2%);30岁以上青年(79.1%)比重高于其他年龄青年;大专及以下学历青年比重高于大专以上,其中最高为大专(76.3%),最低为硕士及以上(65.8%);中学生(76.8%)比重高于从业青年(74.2%)和大学生(65.3%);等等(见表3)。

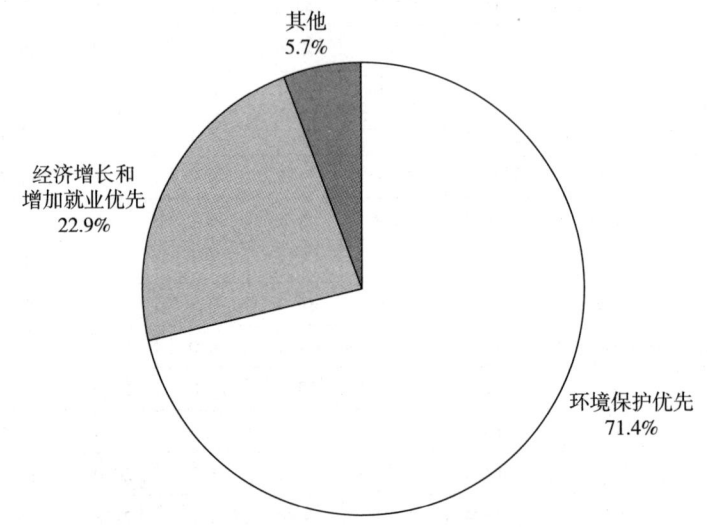

图1 广州青年对经济增长和环境保护的看法选择

表3 广州不同特征青年对经济增长和环境保护的看法选择

单位:%

特征		环境保护优先	经济增长和增加就业优先	其他	合计
性别	男	69.2	26.4	4.4	100
	女	73.6	19.4	7.0	100
年龄	20岁及以下	75.0	18.4	6.6	100
	21-25岁	64.7	27.8	7.5	100
	26-30岁	70.8	25.5	3.8	100
	30岁以上	79.1	19.8	1.2	100

续表

特征		环境保护优先	经济增长和增加就业优先	其他	合计
受教育程度	初中及以下	73.9	15.2	10.9	100
	高中(含中专、中技)	74.2	18.3	7.4	100
	大专	76.3	20.1	3.6	100
	大学本科	69.4	25.5	5.1	100
	硕士及以上	65.8	30.1	4.1	100
职业	中学生	76.8	13.5	9.7	100
	大学生	65.3	29.7	5.0	100
	从业青年	74.2	21.7	4.1	100

(二)香港青年发展观的基本现状

根据调查数据,香港青年在经济社会发展最重要的选择上更倾向于"保障言论自由"和"维持国家秩序",占比分别为24.1%和20.2%;其次是"在重要的政府决策上有更多的参与权",占比为18.0%;选择"稳定的经济"的青年占比为15.6%;而"控制物价上涨"和"打击犯罪行为"占比都约为11%。从"第二重要"的选择结果来看,选择"保障言论自由"、"稳定的经济"以及"在重要的政府决策上有更多的参与权"的青年仍然占有较大比重(见表4)。综合来看,相对于经济发展和国家秩序,香港青年对诸如言论自由、更多决策参与权等的政治权利更为关注,他们认为在"发展什么"的问题上,政治权利的发展要优先于社会稳定和经济增长。与过去相关调查研究结论相比,香港青年的社会发展观有明显转变。根据香港青年协会2009年的"青年价值观指标"调查,香港青年认为社会稳定比民主发展更为重要的被访者比例为63.3%,认为民主发展比经济发展更为重要的受访者为36.5%;同意个人自由比社会秩序重要的比例为19.7%[①]。

---

① 邓希泉:《〈新世纪中国青年发展报告(2000~2010)〉:回归以来香港青年发展报告之香港青年价值观指标》,中国青少年研究中心官网,2014年6月5日,http://www.cycs.org/kycg/qnyj/201504/t20150423_64072.html。

表4 香港青年对经济社会发展最重要和第二重要的事项的选择情况（N=718）

单位：%

选项	最重要	第二重要
维持国家秩序	20.2	11.7
在重要的政府决策上有更多的参与权	18.0	15.2
控制物价上涨	11.1	13.5
保障言论自由	24.1	22.7
稳定的经济	15.6	21.9
打击犯罪行为	11.0	14.9
合计	100.0	100.0

具体到不同特征青年的社会发展观，调查结果呈现更为复杂多样的状况，各类青年对国家秩序、经济发展和政治权利的重要性认识不尽相同。主要表现为：一是男性更关注政治权利的重要性，女性更关注国家的秩序。在最重要问题的选择上，香港男青年中26.2%选择"保障言论自由"，20.6%的选择"在重要的决策上有更多的参与权"，"稳定的经济"和"维持国家秩序"的占比排在第三和第四位；而女性22.9%选择"维持国家秩序"。二是以20岁为分界线，20岁及以下青年更重视国家秩序的稳定；20岁以上青年更重视言论自由和政策参与权，对维持国家秩序的重要性认识不高，尤其是26~30岁的青年中仅有7.0%认为维持国家秩序最重要，比重位序排在最后。三是受教育程度越高的青年对政治权利越关注，对维持国家秩序和稳定经济重要性关注度相对更低。在最重要的问题选择上，大专以下学历青年选择最多的是"维持国家秩序"；大专及以上学历青年选择最多的是"保障言论自由"，其次是"在重要的政府决策上有更多的参与权"，尤其是硕士及以上学历青年中33.3%都认为保障言论自由最重要。四是不同职业身份的青年，社会发展关注度各不相同，中学生最重视维持国家秩序（23.1%），大学生最重视保障言论自由（26.4%），从业青年最重视的是政府决策上有更多的参与权（28.4%）（见表5）。综合上述分析，可以发现，香港不同特征青年对经济社会发展的关注点游离在国家秩序和保障言论自由等政治权利之间，青年对两者孰轻孰重的选择基本以年龄为20岁和受教育程度为大专作为分界线，呈现一分为二的发展观现状。

表5　香港不同特征青年对经济社会发展最重要和第二重要的事项的选择情况

单位：%

特征	选项	维持国家秩序	在重要的政府决策上有更多的参与权	控制物价上涨	保障言论自由	稳定的经济	打击犯罪行为	合计
最重要	男	16.8	20.6	10.3	26.2	17.1	9.0	100
	女	22.9	15.9	11.8	22.4	14.4	12.6	100
第二重要	男	11.3	16.3	13.4	23.1	20.6	15.3	100
	女	12.1	14.4	13.6	22.4	22.9	14.6	100
最重要	20岁及以下	22.9	14.8	13.7	20.7	16.7	11.2	100
	21~25岁	17.9	23.1	5.6	30.3	11.3	11.8	100
	26~30岁	7.0	25.6	9.3	25.6	23.3	9.3	100
	30岁以上	11.5	23.1	11.5	34.6	15.4	3.8	100
第二重要	20岁及以下	12.8	13.7	13.7	21.0	22.7	16.1	100
	21~25岁	9.2	20.0	13.8	23.6	21.0	12.3	100
	26~30岁	11.6	14.0	9.3	41.9	14.0	9.3	100
	30岁以上	11.5	7.7	15.4	15.4	26.9	23.1	100
最重要	初中及以下	33.3	0.0	11.1	11.1	11.1	33.3	100
	高中（含中专、中技）	22.2	14.8	15.2	20.4	16.7	10.7	100
	大专	15.2	19.6	10.9	29.0	15.9	9.4	100
	大学本科	20.7	22.7	6.6	25.8	13.3	10.9	100
	硕士及以上	16.7	16.7	8.3	33.3	16.7	8.3	100
第二重要	初中及以下	22.2	44.4	11.1	11.1	11.1	27.1	100
	高中（含中专、中技）	13.0	14.1	15.6	17.4	18.5	21.5	100
	大专	9.4	16.7	18.8	21.0	25.4	8.7	100
	大学本科	12.5	15.7	7.8	29.8	22.4	11.8	100
	硕士及以上	0.0	8.3	0.0	41.7	41.7	8.3	100
最重要	中学生	23.1	13.7	16.1	18.8	15.7	12.5	100
	大学生	20.9	19.6	7.4	26.4	14.2	11.5	100
	从业青年	16.4	28.4	10.4	23.9	13.4	7.5	100
第二重要	中学生	14.5	13.7	14.5	17.3	20.4	19.6	100
	大学生	12.2	13.6	10.8	27.1	23.4	12.9	100
	从业青年	3.0	14.9	11.9	35.8	25.4	9.0	100

在环保观方面，67.5%的香港青年认可"环境保护优先"，即使因此有可能放慢经济增长速度和增加失业；27.3%的青年认可"经济增长和增加就业优先"，即使因此有可能使环境遭到一些破坏；另外5.2%的青年持其他看法，大体上表达的是环境保护、经济增长和就业应当同步发展（见图2）。从调查

结果上看香港青年普遍具有较高的环保意识，但也有近三成的青年更看重经济增长和就业增加。具体到不同性别、年龄、受教育程度和职业特征的青年环保观，调查结果显示各类特征青年环境保护意识均较高，但程度有些许差异。其中，女性环保意识稍高于男性；21~25岁青年环保意识高于其他年龄组青年，30岁以上青年环保意识相对更弱，且对环境与经济关系的选择分布最分散；初中及以下学历青年环保意识较其他学历青年高；大学生环保意识较中学生和从业青年更高一些（见表6）。

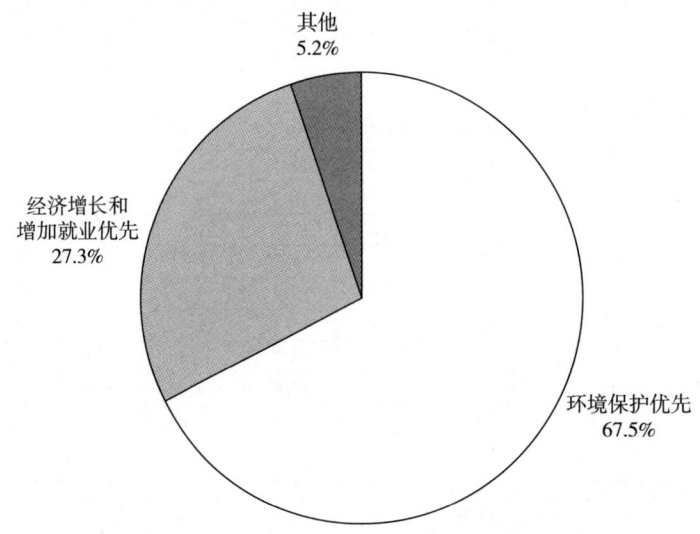

图2 香港青年对经济增长和环境保护的看法选择

表6 香港不同特征青年对经济增长和环境保护的看法选择

单位：%

特征		环境保护优先	经济增长和增加就业优先	其他	合计
性别	男	66.5	28.3	5.3	100
	女	68.4	26.6	5.1	100
年龄	20岁及以下	65.8	30.0	4.2	100
	21~25岁	72.3	22.1	5.6	100
	26~30岁	69.0	21.4	9.5	100
	30岁以上	59.3	29.6	11.1	100

续表

特征		环境保护优先	经济增长和增加就业优先	其他	合计
受教育程度	初中及以下	88.9	11.1	0.0	100
	高中(含中专、中技)	64.0	29.6	6.4	100
	大专	69.6	25.4	5.1	100
	大学本科	71.1	25.4	3.5	100
	硕士及以上	63.6	27.3	9.1	100
职业	中学生	63.2	31.2	5.5	100
	大学生	69.8	25.5	4.7	100
	从业青年	63.6	28.8	7.6	100

(三)澳门青年发展观的基本现状

根据调查数据,澳门青年的社会发展观多元化特征比较突出,青年在对经济社会发展哪个最重要的选择上的占比分布趋于平均,六个备选项都有超过10%的青年进行了选择。当然,澳门青年对"发展什么"的看法也有所偏重,选择相对更多的是"稳定的经济",占比20.5%;其次是"维持国家秩序",占比19.8%;另外的"打击犯罪行为"、"控制物价上涨"以及"保障言论自由"也有15%以上的青年进行了选择。在"第二重要"的选择上,"稳定经济"、"打击犯罪行为"和"保障言论自由"分列前三位(见表7)。综合来看,虽然澳门青年对"发展什么"问题有各自不同的看法,但"稳定的经济"还是最多人关注和重视的。

表7 澳门青年对经济社会发展最重要和第二重要的事项的选择情况(N=546)

单位:%

选项	最重要	第二重要
维持国家秩序	19.8	11.3
在重要的政府决策上有更多的参与权	11.7	13.5
控制物价上涨	16.1	15.3
保障言论自由	15.6	17.0
稳定的经济	20.5	24.2
打击犯罪行为	16.3	18.7
合计	100.0	100.0

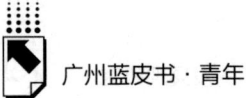

从不同特征青年的社会发展观情况来看，澳门各类青年对经济社会发展重要事项的选择也呈现多元化态势。主要表现为：一是性别差异明显，男性更重视政治权利，而女性更关注国家和社会秩序。澳门男青年对最重要事项的选择依次排序为"保障言论自由"（22.1%）、"稳定的经济"（20.3%）、"维持国家秩序"（17.1%），"打击犯罪行为"占比最小（9.2%）；女青年的选择前三位依次是"维持国家秩序"、"打击犯罪行为"和"稳定的经济"，最后两位才是"保障言论自由"和"在重要的政府决策上有更多的参与权"。二是不同年龄青年对经济社会发展关注点有所区别，其中20岁及以下青年更关注国家秩序、控制物价上涨和打击犯罪行为；21~25岁青年更关注稳定经济和保障言论自由；25岁以上青年更关注稳定的经济及国家秩序。三是各学历层次青年的社会发展观差异明显。在最重要的选择上，初中及以下首选"保障言论自由"，高中青年首选"控制物价上涨"，大专和大学本科首选"稳定的经济"，硕士及以上首选的是"稳定的经济"和"维持国家秩序"。四是不同职业身份的青年对经济社会发展重要性认识也不同，中学生认为国家秩序和打击犯罪最重要，大学生认为稳定经济和维持国家秩序最重要，从业青年则认为稳定经济和保障言论自由最重要（见表8）。

表8　澳门不同特征青年对经济社会发展最重要和第二重要的事项的选择情况

单位：%

特征	选项	维持国家秩序	在重要的政府决策上有更多的参与权	控制物价上涨	保障言论自由	稳定的经济	打击犯罪行为	合计
最重要	男	17.1	14.7	16.6	22.1	20.3	9.2	100
	女	21.4	9.7	15.7	11.3	20.8	21.1	100
第二重要	男	10.6	18.1	14.4	15.3	21.3	20.4	100
	女	11.1	10.8	15.9	17.8	27.1	17.2	100
最重要	20岁及以下	25.7	8.4	19.2	12.6	16.2	18.0	100
	21~25岁	15.6	11.6	15.2	19.6	21.0	17.0	100
	26~30岁	19.4	13.6	13.6	14.6	26.2	12.6	100
	30岁以上	19.6	19.6	15.7	9.8	21.6	13.7	100

续表

特征	选项	维持国家秩序	在重要的政府决策上有更多的参与权	控制物价上涨	保障言论自由	稳定的经济	打击犯罪行为	合计
第二重要	20岁及以下	14.5	10.9	17.0	15.2	23.0	19.4	100
	21~25岁	10.3	15.2	15.7	17.5	25.6	15.7	100
	26~30岁	6.9	14.9	7.9	20.8	26.7	22.8	100
	30岁以上	11.8	11.8	23.5	13.7	17.6	21.6	100
最重要	初中及以下	42.3	5.1	35.2	2.0	7.1	8.2	100
	高中(含中专、中技)	21.2	6.8	22.6	16.4	13.0	19.9	100
	大专	9.8	12.2	14.6	19.5	22.0	22.0	100
	大学本科	18.2	14.6	12.8	18.2	22.3	13.9	100
	硕士及以上	31.3	12.5	6.3	6.3	31.3	12.5	100
第二重要	初中及以下	10.2	28.1	11.2	30.1	12.2	8.2	100
	高中(含中专、中技)	8.9	10.3	16.4	18.5	26.7	19.2	100
	大专	12.5	15.0	25.0	17.5	12.5	17.5	100
	大学本科	10.3	17.2	10.3	16.8	24.9	20.5	100
	硕士及以上	12.5	6.3	18.8	12.5	43.8	6.3	100
最重要	中学生	29.1	4.7	21.3	10.2	13.4	21.3	100
	大学生	18.8	11.5	15.1	16.1	22.9	15.6	100
	从业青年	14.7	16.1	14.2	19.0	23.2	12.8	100
第二重要	中学生	12.6	9.4	19.7	15.0	25.2	18.1	100
	大学生	12.2	16.5	16.0	16.0	22.9	16.5	100
	从业青年	9.0	13.8	11.9	20.0	23.8	21.4	100

在环境保护方面，澳门青年更认可的是"环境保护优先"，即使因此有可能放慢经济增长速度和增加失业，同意这一说法的青年占比为70.1%；亦有24.9%的青年认可"经济增长和增加就业优先"，即使因此有可能使环境遭到一些破坏；5%的青年持其他看法，大体上认为经济增长和环境保护要同步发展（见图3）。由此可见，澳门青年也具有较强的环保意识。结合不同特征青年情况来看，澳门各类青年的环境意识在程度上也存在差异。在选择"环境保护优先"的占比中，男性比女性高，20岁及以下青年比其他年龄组高，初中及以下青年比其他学历青年高，中学生比大学生和从业

青年高。可见,年龄越小、受教育程度越低的青年,他们的环保意识反而越高(见表9)。

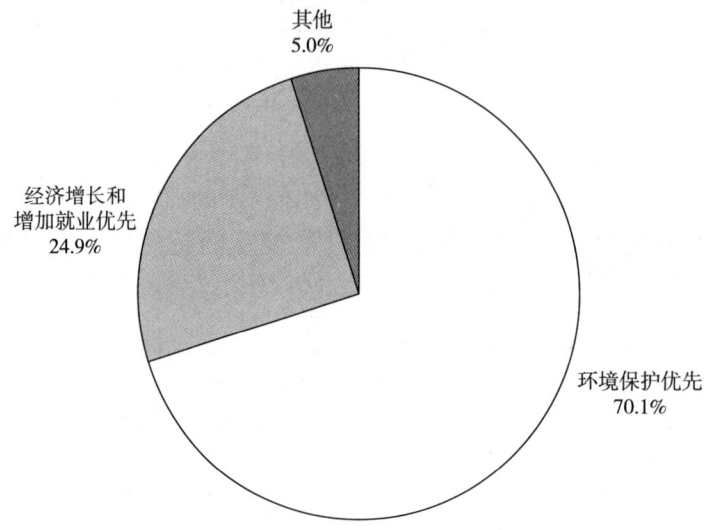

图3 澳门青年对经济增长和环境保护的看法选择

表9 澳门不同特征青年对经济增长和环境保护的看法选择

单位:%

特征		环境保护优先	经济增长和增加就业优先	其他	合计
性别	男	71.8	22.1	6.1	100
	女	68.8	26.8	4.4	100
年龄	20岁及以下	75.0	21.3	3.7	100
	21~25岁	66.1	27.8	6.2	100
	26~30岁	69.9	27.2	2.9	100
	30岁以上	72.3	19.1	8.5	100
受教育程度	初中及以下	82.3	13.5	4.2	100
	高中(含中专、中技)	71.5	23.6	4.9	100
	大专	68.3	26.8	4.9	100
	大学本科	69.2	26.4	4.3	100
	硕士及以上	75.0	18.8	6.3	100
职业	中学生	72.4	22.0	5.7	100
	大学生	72.0	24.9	3.1	100
	从业青年	67.1	26.7	6.2	100

三 青年发展观的特征比较及原因分析

（一）穗港澳青年发展观特征比较

通过对穗港澳三地青年发展观的现状分析，可以发现三地青年发展观既有趋同的共性方面，也存在特性的差异，表现为以下几个方面。

一是广州青年发展观一致性较高，港澳青年发展观多元化特征更明显。从对经济社会发展最重要的6个备选项的选择占比情况，我们发现，广州青年占比的分布呈现明显的两端分化情况，最高的34.4%与最低的5.5%之间，差距达到28.9个百分点；而港澳青年在6个事项的选择分布上更显得均衡一些，比如香港最高占比24.1%与最低的11.0%，差距为13.1个百分点；澳门青年的选择分布最为平均，最高占比与最低占比之间的差距仅为8.8个百分点。从曲线图上，可以清晰地看到广州青年社会发展观曲线走势最为陡峭，而港澳青年发展观曲线走势则平缓得多（见图4）。这表明，广州青年在"发展什么"的问题上持相同看法的人居多，对某项社会政策重要性的认识基本趋同；而港澳青年对"发展什么"问题有更加多元化的看法和观点。

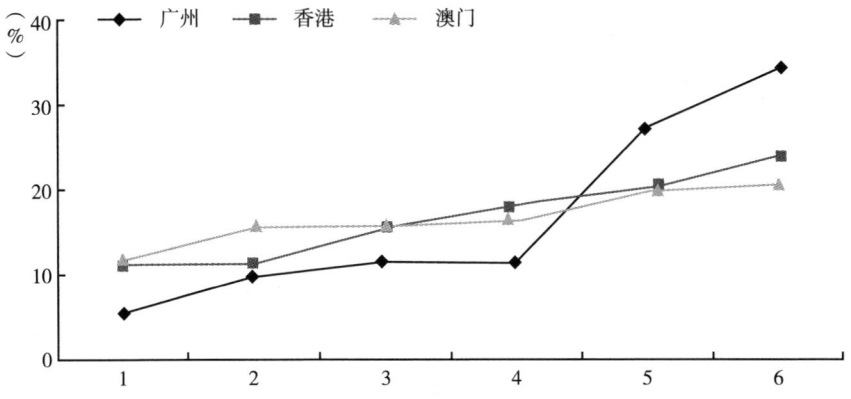

图4 穗港澳青年对经济社会发展最重要6个备选项选择占比情况

注：曲线根据各地青年选择占比大小排列，横坐标仅指有6个备选项，不对应相应的选项。

二是广州青年更偏重国家稳定和经济增长，而港澳青年，特别是香港青年对于政治权利的关注度更高。从前面的现状分析中，我们发现穗港澳三地青年对"发展什么"的回答有较明显的差别（见表10）。在对"维持国家秩序"和"稳定经济"等相关民生的社会政策抑或是"保障言论自由"和"在重要的政府决策上有更多的参与权"等政治权利哪个更为重要的看法上，广州青年与港澳青年反差明显。广州青年中仅有5.5%人关注"保障言论自由"的重要性，但香港青年对言论自由重要性的选择高达24.1%，澳门青年对此的选择也有15.6%。特别是青年中的大学生群体，这种反差愈加突出。其中："维持国家秩序"的重要性上，广州与港澳大学生差距达到20个百分点以上（穗41.8%、港20.9%、澳18.8%）；"保障言论自由"的重要性上，广州和港澳大学生差距也接近20%（穗6.9%、港26.4%、澳16.1%）；"在重要的政府决策上有更多的参与权"重要性上，广州与港澳大学生的差距达到10个百分点以上（穗7.8%、港19.6%、澳11.5%）。另外，在追求稳定的经济方面，广州与澳门青年看法一致性较高，而香港青年对与经济相关的事项关注度都不高，比如大学生中仅有14.2%认为稳定的经济最重要，仅有7.4%的大学生表示要控制物价上涨（见图5）。

表10　穗港澳青年对经济社会发展最重要和第二重要的事项的选择对比

单位：%

	广州		香港		澳门	
	选项	频率	选项	频率	选项	频率
最重要	维持国家秩序	34.4	保障言论自由	24.1	稳定的经济	20.5
第二重要	稳定的经济	25.6	保障言论自由	22.7	稳定的经济	24.2

三是在环保问题上，穗港澳三地青年普遍持有绿色发展观，但环保意识都有待进一步提升。在对环境保护和经济增长之间该如何取舍的发展问题上，穗港澳三地青年的看法都具有高度的趋同性。这一趋同性也被学者称为世界趋同性，这是由于在当前世界一体化和经济全球化的背景下，无论是发达国家还是发展中国家都需要面临同样的发展问题。由于如何理解环境保护与发展的关系已成为全球讨论的话题，这个共同关注焦点的存在导致了主体间价值目标的相对靠近，进而导致世界青年价值观的趋近。因此，穗港澳三地青年对环境保护

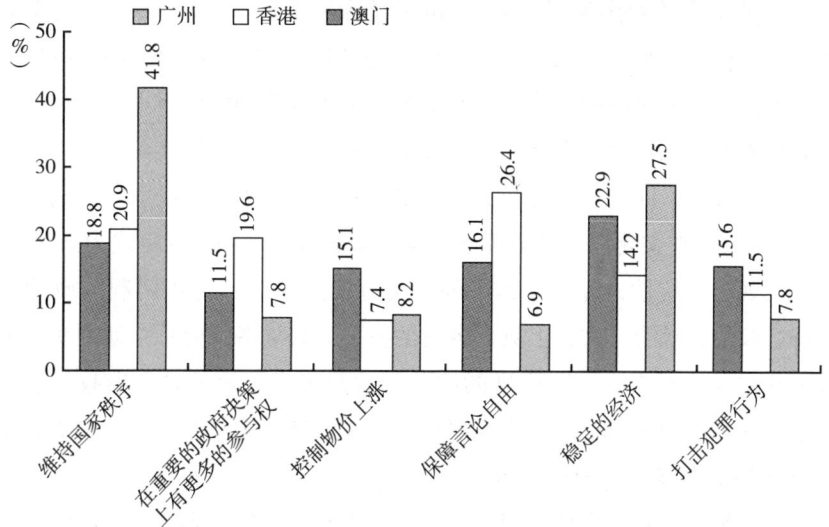

图5 穗港澳大学生对经济社会发展最重要事项的选择

具有同样的关注度也是世界发展的必然。

当然，我们需要看到，虽然三地青年都普遍持有环境保护优先的绿色发展观，但也有20%以上的青年还是认为应该以经济增长和增加就业优先，甚至不惜以破坏环境为代价。长期以来，为了发展GDP，我们已经付出了生态环境恶化的惨重代价，虽然近年来保护环境的意识和行动得到加强，但我国生态环境恶化的趋势还没有得到根本改变，耕地缩减、土地沙化、草原退化、滥伐森林、水土流失、水质、大气污染等问题依然存在，经济社会的可持续发展还面临很多难题和挑战。对于这个现状来说，七成青年意识到环境保护的重要性显然还是不够的，青年的环保意识和素质仍亟须强化和提升。

（二）关于青年发展观共性与特性的原因分析

观念是对社会环境的适应性反映。发展观的形成与其所处的经济、社会、政治、文化发展环境密切相关，穗港澳青年的发展观之所以存在共性和特性，也是源于各自所处发展环境的趋同和差异。

发展观上的共性，诸如环保意识和对稳定经济重要性的关注等，一是源于世界趋同性的必然。环境污染和气候变化已经引起全世界的关注，青年作为时代先锋，对环保更加敏感；同时，在市场经济条件下，稳定的经济与每个人的生活息息相关。二是源于三地文化本源的一致性。穗港澳三地地理位置趋近，自古以来传承的都是岭南文化。虽然受某些历史因素和特殊因素的影响，但是文化的同根性和认同性并没有改变。其中最突出的特点是同族、同语言、同民俗、同生活方式、同伦理观念和文化性格，并在此基础上形成思维定式和观念倾向的趋同①。在文化同源的前提下，发展观和价值观的趋同也成为必然。

发展观上的特性，究其原因不外乎穗港澳三地在"一国两制"政策背景下经济、政治、社会、文化上具有各自的特征。有学者就曾总结穗港澳三地青年价值观差异的原因为"有限度的改革开放与完全开放的自由港政策、单一的岭南文化和中西文化交融的多元混合型文化、社会主义意识形态和资本主义意识形态"②，具体来看有以下方面。

一是三地经济社会发展状况及趋势存在差异。相较于港澳地区经济先行发展而言，包括广州在内的国内大部分城市的经济社会发展起步都稍晚一些，当香港在20世界60年代开始处于亚洲四小龙经济腾飞期时，广州还处于计划经济时代。虽然改革开放以来，广州经济社会也持续高速发展，成为国家中心城市，但与港澳还有一定差距。广州给自己设定的"十三五"经济社会发展主要目标也是稳中求进，使经济发展提质增效等。因此，在经济社会发展形势和"十三五"规划指引下，广州青年对社会稳定和经济增长的关注度必然很高。对于香港，长期以来的经济繁荣反而使得青年对这种状况有适应性和认同感，尽管目前香港经济竞争力也较过去大不相同，但青年对经济的关注度并不高，很有可能是香港青年把就业等归到政治问题。澳门近年来经济受多种因素影响连续下滑，目前正处在高速增长期向中高速平稳增长期过渡阶段，经济的下滑使得澳门青年有了很大的危机感，因此会对"稳定的经济"有更多关注。

二是不同的文化氛围直接影响青年发展观。虽然说穗港澳三地在文化底蕴上是同根同源的，但文化也是不断发展和变迁的，三地青年生活所处的文化氛围存在较大差别，因此也导致了不同的社会发展观。对广州青年来说，影响他

---

① 夏泉、章琰：《港澳回归后穗港澳大学生"国家民族观念"比较研究》，《澳门研究》2006年第37期。

② 夏泉、章琰：《港澳回归后穗港澳大学生"国家民族观念"比较研究》，《澳门研究》2006年第37期。

们最深远的是广府文化。广府文化作为一种原生型感性世俗文化,其基本特征就是重商、开放、务实,广府人与重商传统相适应,政治意识淡薄,经济意识浓厚,学术上讲究经世致用而不尚空谈,因此广州青年对社会稳定和经济增长这类务实的民生政策更加看重,对于政治性的社会参与反而更不积极。对于香港青年来说,由于长期处于港英殖民教育下,港人普遍缺乏祖国知识教育和民族情感的培育,因此港人的国家和民族认同感要淡薄一些,对"维持国家秩序"这类问题自然就不会重视。另外,受到西方式民主、自由价值观的影响,部分青年学生对西方选举民主盲信盲从,尤其是2014年的"占中"事件对香港青年影响很大,因此有占总体24%的青年,特别是青年大学生更关注保障言论自由和更多决策参与权。对于澳门青年,虽然和香港一样,处于中西方文化交融的氛围影响下,但与香港不同的是,澳门大众政治文化很少受葡萄牙文化控制,澳门学者刘羡冰就指出"四百年来,西方思想在澳门与东方传统伦理道德相遇,而没有造成破坏性的文化影响",因此澳门青年发展观更为多元均衡。

四 结论、预测与对策

(一)研究结论

综合上述的分析,我们可以发现,穗港澳经济社会文化发展环境的共性和特性,造就了三地青年群体在发展观上的共性和特性并存的基本态势。三地青年在诸如环保等世界趋同性问题上的认识和看法具有共性,在"怎样发展"上都能持有科学的、可持续的发展观;但由于各自受到不同发展环境的影响和制约,看待"发展什么"的问题,会有各自的侧重点和关注点,广州青年因为追求务实发展,更加重视国家秩序和稳定经济,但社会参与意识不足;香港青年受西方文化影响,追求政治权利,更希望有言论自由和政策参与权,但对国家的认同和关注却不足;澳门青年介于穗港青年之间,他们既看重经济发展也对其他社会政策和政治权利表示关心。

另外,三地青年的发展观随着青年所处人生阶段的不同,表现出不同的特征。年龄越大、受教育程度越高、步入社会时间越长的广州青年往往对经济发展的关注度越高;香港青年以年龄为20岁和受教育程度为大专作为分界线,对国家秩序和政治权利的重要性持不同的看法；澳门各类青年的发展观虽然更多元化，但也基本呈现年龄越大、受教育程度越高，对稳定经济越重视的态势。

（二）未来一个时期的趋势预测

习近平总书记曾强调，"青年最富有朝气、最富有梦想，青年兴则国家兴，青年强则国家强"，"历史和现实都告诉我们，青年一代有理想、有担当，国家就有前途，民族就有希望，实现我们的发展目标就有源源不断的强大力量。中国梦是历史的、现实的，也是未来的；是国家的、民族的，也是每一个中国人的；是我们的，更是青年一代的。中华民族伟大复兴终将在广大青年的接力奋斗中变为现实"。青年一代是未来中国发展的动力和源泉，是实现国家发展目标的强大力量，青年当前和未来该如何和会怎样建设我们的国家都取决于他们将形成的发展观如何。从调查对象的年龄来看，很显然，青年发展观的形成在很大程度上受到国家发展观（即科学发展观）的影响。科学发展观自2003年提出以来，在理论界和实践界都引起强烈反响，受到包括港澳同胞的全中国人民的接受和认同，并指引中国在过去十多年间不断强大和崛起，对全世界都影响深远。

因此，我们相信在未来一个时期内，青年发展观的趋势将表现为：一是青年发展观必将朝着更为科学和合理的方向发展，特别是党的十八届五中全会提出创新发展、协调发展、绿色发展、开放发展、共享发展的五大发展理念将是这一代青年发展观的标杆。二是穗港澳三地青年发展观的共性和特性也将继续存在，随着价值观的多元化发展趋势，青年的发展观将继续保持整体大局意识上的趋同与发展细节相关问题上的多元化思考并存的发展态势。三是随着穗港澳的互动交流不断深化，三地青年发展观相互影响效能必然增加，青年发展观也将由过去的片面性向全面性发展。

（三）若干建议

习近平指出，展望未来，我国青年一代必将大有可为，也必将大有作为。广大青年要勇敢肩负起时代赋予的重任，把理想信念建立在对科学理论的理性认同上，建立在对历史规律的正确认识上，建立在对基本国情的准确把握上，永远紧跟党高高举起中国特色社会主义伟大旗帜；增强知识更新的紧迫感，如饥似渴地学习，勇于到条件艰苦的基层、国家建设的一线、项目攻关的前沿去经受锻炼、增长才干，不断提高与时代发展和事业要求相适应的素质和能力。基于国家对青年发展的期望和寄语，青年要认清时代发展的方向，把握发展的趋势，培养先进积极、向上的发展态度，努力形成更加科学合理的发展观。这需要国家、政府、社会、青年自身多方面的努力。

一是引导青年正确认识和树立五大发展理念。要通过学校教育、社会教育、媒介教育等多方位全覆盖的大力宣传和普及党的发展理论，特别是牢固树立并切实贯彻创新、协调、绿色、开放、共享发展理念，帮助青年全面把握五大发展理念的深刻内涵和精神实质，把党的最新发展理论内涵注入青年价值观之中，提高青年对发展观的认知程度和认同程度，用五大发展理念统筹发展全局，衡量和检验发展实践，增强思想自觉和行动自觉，不断促进广大青年的健康成长，推动我国经济社会发展不断迈上新台阶。

二是引导青年正确认清当前和未来国家发展形势，把握未来发展的机遇和挑战。发展观是关于"发展是什么，为什么发展，怎样发展，如何评价发展"的看法和观点，青年只有认清了这几个问题，才能形成科学合理的发展观。因此，要引导青年积极参与社会实践，了解国情、省情、民情，树立符合时代需要和国家要求的价值观念。青年也只有让自己的知识结构和专业发展符合国家的发展趋势，才能更容易找到自己的用武之地，施展自己的才能，实现个人发展与社会发展的有机统一。

三是引导青年强化社会责任意识，增强国家民族认同感。增强当代青年的社会责任意识，不仅是祖国发展、民族振兴的需要，也能够促进青年群体自身的成熟与完善。要积极引导青年广泛参与当地经济社会发展实践、参与志愿服务等公益活动、参与青年权益维护，自觉地将自己与国家的富强、民族的振兴紧紧联系在一起，积极投身实现中华民族伟大复兴的中国梦的实践中，主动、自觉地为社会、国家和整个民族的兴旺做出应有的贡献。

四是引导青年增强社会参与意识，鼓励青年多参与社会治理。创新社会治理体制是党的十八届三中全会提出的新要求、新部署。在新的社会治理格局中，社会治理主体多元化，党委领导是根本，政府主导是关键，社会协同是依托，公众参与是基础。多元社会主体合作共治是社会治理走向现代化的重要标志。青年一代是国家重要的社会治理主体，要承担起社会治理主体的角色，首先要有参与社会治理的意识。然而在调查中，我们发现广州青年相比较港澳青年而言，他们的社会参与、政治参与意识并不强，因此要充分发挥共青团、青联组织联系青年的桥梁和纽带作用，引导各领域青年有序参与政治。充分发挥青年在民主参与、民主监督的作用，注重听取和吸纳青年组织和青年代表的意见与建议。建立与各界青年领袖的日常联系，定期开展共青团和人大代表、政协委员面对面活动，畅通青年群体利益诉求的表达渠道。扩大青年政治参与的比例，提高人大、政协中青年代表的比例。

五是引导青年实现经济发展与环境保护协同推进，提升青年环保意识和能力。习近平曾强调"一定要生态保护优先，扎扎实实推进生态环境保护，像保护眼睛一样保护生态环境，像对待生命一样对待生态环境，推动形成绿色发展方式和生活方式"。青年是祖国的未来和希望，也是未来环境的主人。顺应历史潮流，要求当代中国青年必须勇敢地承担起环境保护的历史重任。首先，青年要积极主动地学习和掌握环境保护相关的法律法规知识，大力宣传环保法规，积极倡导和宣传绿色环保理念，鼓励社会上更多的人行动起来，大家共同努力，加快实现天常蓝、水常清、草常绿的梦想。其次，青年要积极践行环保理念，树立起强烈的环保意识，将生态文明建设视为自身职责，将生态文明意识体现到整个学习、工作和生活行为的各个方面和全过程，率先养成绿色生活方式。再次，青年要学习和借鉴世界有关国家和地区环境保护的成功经验，坚持在吸收中创新，在借鉴中发展，在发展中成熟。最后，青年要把环境保护作为终身的目标，时时注重环保知识和理解能力的提升，处处践行环保行为，更加积极地参加基层环保调研等社会实践活动，不断增加环保认知和理解，增强参与环境保护的责任感、紧迫感和认同感。

六是引导青年吸纳中西方文化精髓，加强穗港澳三地间经济社会文化交流。当前和未来，中西文化交流交融交锋将进一步加深，要组织更多的青年在国内、国际开展经济社会文化交流，树立开放包容的心态，引导我国青年广泛吸纳中西优秀文化精髓，相互了解，相互促进。穗港澳三地经济社会文化交流由来已久，要充分利用三地便利的地理位置和同文同种的优势，加强三地青年文化交流，组织更多广州青年走出去，树立国际眼光和全球视野，组织更多港澳青年来内地学习考察交流，增加他们对中华传统文化和改革开放伟大成就的认识，强化他们对国家和民族归属感、认同感和荣誉感。

B.3 穗港澳青年的道德和法律意识研究

刘 念*

摘 要: 提升青年的道德和法律意识是我国青年道德和法律教育工作的重点。以广州、澳门、香港三地青年为研究对象,通过比较三地青年对违德、违法行为的接受程度及守法意识,研究发现,目前港澳青年相较于广州青年,其整体上对各种违德行为的接受程度高于广州青年,对各种有违于中国传统伦理道德的行为有着更高的开放度;三地青年对违法行为的接受程度皆较低,青年整体法律服从意识较强,但香港青年守法意识方面与广州、澳门青年存在显著差异,大部分香港青年表示不会遵守不合理的法律,并希望通过抗争能够改变不合理的法律。结合穗港澳三地的社会异同,从社会环境、家庭、法治氛围和公正司法等方面提出了提升青年道德和法律意识的对策建议。

关键词: 青年 道德意识 法律意识 守法意识

一 青年道德、法律意识的基本概念

(一)基本定义、理论视野和分析方法

道德和法律都是调节、规范和约束人的行为的规则体系,两者之间既有显

---

* 刘念,广州大学公共管理学院社会学系讲师,研究方向为青少年犯罪、司法社会工作。

著的区别，又有紧密的联系。道德是一种社会意识形态，它是人们共同生活及其行为的准则与规范，一般诉诸人的内心自觉；法律是国家的产物，为实现统治和管理国家，通过国家强制力进行确立，并成文明示的，对全体社会成员具有普遍约束力的一种特殊行为规范（社会规范）。

道德一般诉诸人的内心自觉，而法律则通过国家强制力进行保障，社会道德往往具有和体现了丰富的法律思想，而法律又以社会公认的道德规范为基础。道德意识是道德内化于个体在其知（认知）、情（情感）、意（意志）上的心理体现，一般认为，道德意识是指人们在实践活动中形成的各种道德观念、规范、原则以及思想理论体系，它是个人道德素质的重要组成部分。个体的道德意识通过其道德选择和道德行为来呈现，个体通过与他人的关系互动来认识自我，进行道德选择，发展道德行为，同时选择和行为反过来又会巩固个体的道德认同感，进而提升其道德意识。个体道德意识的发展是个体从儿童到成人持续进行的过程，从青少年个体成长的视角来进行观察，儿童、少年的道德意识水平处于"他律"阶段，尚未达到成熟的"自我"意识的心理水平，大多通过父母、教师的道德要求来实现。青年时期是一个人道德意识由"他律"向"自律"转变的关键时期，随着青年主体自身的成熟，父母、教师外在的权威形式逐渐转换为青年内心的某种觉悟和信念，青年开始有意识地、自觉地服从自己，朋友、社会评价占据了青年价值结构的中心位置。青年能否将道德规范内化、将理智活动与意志活动进行统一、通过理智与意志对"欲望"情愿进行有效的制约，将直接决定青年道德意识水平的高低，并通过道德行为呈现。

关于何为法律意识，目前学界并没有统一的定义。一般认为，法律意识是社会意识的一种，是人们对于法（特别是现行法）和有关法律现象的观点和态度的总称。对于法律意识的具体阐释，苏联学者主要从法权观念出发，认为法律意识即人们对法权观念的总和，法权观念则是对社会成员权利义务、某些行为合法与否、法律是否公正公平认识的集合体。西方学者较少对法律意识的概念进行界定，而往往从法律意识的属性、结构、影响因素等相关方面进行论述，法律意识涵盖对法律的情感、认知、评价和信仰等的内心体验和态度，包括了法律认知、法律服从、法律运用、法律评价和法律期待五大方面的结构。青年阶段是个体认识、了解法律的重要时期，青年人法律意识水平的高低将极大地影响其将来出现守法/违法行为可能性的高低。

青年是社会重要的生力军,当前我国青年道德和法律教育工作的重点是提升青年的道德和法律意识,更好地引导青年内化社会道德和法律规范,促使青年能够自觉地运用道德和法律来评价和调节自身的行为。穗港澳三地同受岭南文化圈的影响:在语言上以粤语为社会主要交往语言,在经济上同为发达市场经济,在生活上人员往来频繁区域交往密切,三地之间具有一定的社会相似性。但同时,穗港澳三地存在着巨大的社会差异,在政治制度、社会结构、法律体系、经济发展上差异显著。香港地区一直以法治为其社会的核心价值,强调法治精神的延续和传承,注重向青年一代传递和灌输守法意识,大力进行普法宣传教育;澳门地区是多元文化影响下的"移民社会",其不同于香港国际金融中心的地位,而一直以博彩业闻名于世,同时澳门主权从未割让与他国,长期以来在民间,其主导的政治价值取向为内地政治格局和文化,在讲求法治的同时亦十分重视中国传统的人情社会。香港、澳门至回归后,皆制定了基本法,作为本地区最高法源性依据。两地对大陆皆有着极为复杂的感情,他们认同中国文化,遵循中国传统道德,但另一方面亦对大陆社会存有异见,对大陆常见诸公众的违德、违法深感不耻。广州是我国大陆改革开放的前沿地区,经过近40年的社会经济高速发展,特别是对法律知识的大力宣传、对法治观念的着力培养,广州市政府逐渐将法治作为提升城市核心竞争力的保障,全面推进依法治市,使法治精神深入人心;同时,广州青年亦深受港澳社会文化影响,向往法治社会,并有意识地内化法治观念、运用法律思维来应对社会生活情境。

青年的道德和法律意识水平是社会整体发展的重要指标,穗港澳三地由于文化同源、地缘相近,存在着一定的趋同性;但同时由于三地政治制度相异、经济水平不同、社会发展阶段有差别,三地青年对相应的社会道德和法治观念亦存在着较大的差异。通过比较分析三地青年道德和法律意识上的异同,将有利于在三地发展更加具有针对性的道德和法律教育,提升三地整体的青年道德、法律意识水平,提高青年道德和法律素质,进一步促进青年的全面发展,并维护社会的有序稳定发展。

有鉴于此,本文运用广州市穗港澳青少年研究所开展的"穗港澳青年发展价值观比较研究"的调查数据从以下几个方面进行研究探讨。

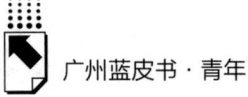

(1) 探究现阶段广州、香港、澳门三地青年道德意识和法律意识现状。

(2) 比较三地青年道德意识和法律意识水平的差异和特征。

(3) 指出三地青年道德意识和法律意识出现差异的原因。

(4) 提出提升三地青年道德意识和法律意识的对策。

由于道德和法律意识皆包含非常丰富的内涵，考虑到研究经费所限和研究重点所需，本文仅对青年道德意识的一个方面、法律意识的两个方面进行测量和分析。

(1) 青年道德意识指青年的道德服从意识，主要为青年对一种违反社会公认道德的行为（违德行为），其态度或接受程度。

(2) 青年法律意识，包括两个方面：第一，青年法律服从意识。与道德服从意识相类似，指青年对一种违反法律规定的行为（违法行为）的接受程度。第二，青年守法意识，指当青年遇到认为不合理的法律或法例时，他们会如何处理，是否依旧会遵守该项法律。

在分析、比较三地青年道德和法律意识信息的同时，本文亦针对三地青年的基本人口社会学资料（年龄、性别、婚姻状况、收入水平、社会阶层等）与道德、法律意识之间的关联，进行了相应的探讨。通过细化研究对象，使三地青年的比较更加具有针对性，并深入探讨社会、法律、道德协同发展的问题。

（二）文献回顾

对于青年人道德、法律意识现状的研究，国内学者将青年涵盖在青少年这一群体之中，主要集中于中学生和大学生群体展开。在依法治国背景下，史宝中对在校中学生的道德意识现状行了翔实的调查，从中学生社会交往、公共卫生、公共秩序、公共财产、他人人身安全及网络中的道德行为这五大方面进行探讨，认为中学生在自觉履行约定俗成的道德经验和行为习惯方面有所欠缺。史宝中、崔娜指出近年来青少年思想道德现状有下滑的趋势，一部分青少年的行为介于道德和法律之间，虽然尚未达到违法的程度，但实际上已处于高危违法犯罪行为的边缘。杜泽宇和王美君分别针对兰州和武汉在校大学生的法律意识展开研究。目前在校大学生对法律基础知识的了解和把握程度较高，在法律服从、法律应用方面能较理性地考虑问题，选择比较合适的处理方式；但对法律的评价和期待不高，法律的权威性需要进一步得到加强。

要提升青少年的道德意识和法律意识，家庭、学校、社会环境皆有着十分重要影响和作用。刘晞平、俞世伟认为需要协调社会教育的功能结构，整合以个人为中心的教育价值观与以社会为中心的教育价值观，这是构建青少年主客观统一的道德意识结构、提升青少年道德意识的根本途径。道德培养和道德意识的提升，将有利于提升青少年的法律意识，因此不能只强调以法律规范来约束青少年行为，还应注重道德规范的内化作用。同时，亦有研究指出，青年人自身的教育程度、职业地位的高低与其道德、法律意识的高低呈正相关关系。

在加强青少年道德和法律意识的各个系统中，家庭教育发挥着至关重要的作用，青少年对家庭的依赖性和信任度高，需要充分运用家庭在道德、法律教育中的作用，规范青少年言行。此外，大众传媒的宣传导向和内容、法制环境的健全程度、平等意识和融合观念是否深入社会并被广大社会成员所接受等，皆会影响青少年整体道德、法律意识的现状。

内地与香港、澳门青年道德、法律意识的比较研究，早在20世纪90年代就已有开展。1994年中国社科院社会学研究所、广州市穗港澳青少年研究所、香港青年协会及香港大学社会研究中心曾联合对北京、广州和香港青年的道德和法律意识进行调研，研究表明在道德观念和法律意识上，受地域文化、社会政治制度和经济发展水平的影响，三地青年存在一定的差异，如在道德文化上，香港和广州青年更倾向于中庸，而北京青年则偏好采取极端态度；在守法意识上，法律对香港青年约束更强些，广州青年则最弱，可见在20世纪90年代大陆在法治建设的过程中，法律的权威依然受到多种条件的限制。2011年，魏美梅、陈瑞贞对穗港澳三地大学生的法治意识开展了专项调查，香港大学生守法意识、司法信心等方面在三地中为最高。近年来，香港社会出现了一些泛政治化的社会无序现象，如2013年的"占中"事件，香港青年学生是"占中"事件中的主力和急先锋，其中所出现的一系列暴力行为严重扰乱了香港社会的正常秩序，侵犯了广大市民的合法权益。实际上，青年道德和法律意识现状会随着社会变迁而产生变化，内地（广州）社会改革的持续深化、澳门经济社会的积极转型都将影响当地青年的道德和法律意识水平。

综上，本文是以往穗港澳青年道德、法律意识研究的延续，在社会变迁与道德、法律变迁的理论视角下，本文将对穗港澳三地14～39岁的青年开展问卷调查，进行相应的统计分析，进而结合三地社会现状提出有针对性的研究对策。

二 青年道德和法律意识的现状

本次调研整体上共获取穗港澳三地有效青年（14～39岁）样本2219人，但其中在青年道德和法律意识模块，有9份问卷缺失值严重，予以剔除，本文有效青年样本量为2210人（广州青年938人，香港青年721人，澳门青年551人）。

对青年道德意识、法律意识的测量，分别采用上文中所提及研究定义：道德意识指青年对违德行为（包括过分的福利要求、婚前性行为、堕胎、离婚、同性恋、自杀和安乐死）的接受程度；法律意识指青年对违法行为（包括逃票、家庭暴力、暴力行为、卖淫、逃税、偷窃和贿赂）的接受程度。青年对各种违德、违法行为的接受程度皆采用10分量表的形式进行选择，其中1分代表"完全不能接受"，10分代表"完全能接受"，分数越低表示青年对社会道德越倾向于保守、对法律越倾向于服从。将个体各种违德或违法行为接受程度分值进行相加得到其违德、违法行为总分①，为方便比较将个体违德、违法行为总分除以行为类别数得到个体违德、违法行为接受程度均值。

此外，本文中青年法律意识还包括了青年守法意识：当认为某条法律不合理时是否会遵守；如果青年依旧遵守该条法律，则说明青年越按照法律办事、守法程度较高。下文将分别对广州，香港和澳门三地青年的道德、法律意识进行分析。

（一）广州青年道德和法律意识

面对各种违德行为，广州青年对婚前性行为和安乐死的接受程度最高，其均值得分皆在5分以上（见表1），表明广州青年整体上接受（不反对）婚前性行为和安乐死。对于堕胎（3.12）和自杀（2.47），广州青年接受程度最低。与安乐死（在巨大痛苦下被迫放弃生命）相比，堕胎和自杀则是一种逃

---

① 7种违德行为接受程度内部一致性系数（Cronbach's Alpha）为0.766，7种违法行为接受程度内部一致性系数（Cronbach's Alpha）为0.819。

避现状的主动放弃生命的行为，广州青年对此行为接受程度较低。此外，广州青年对于离婚（4.54）、同性恋（4.27）、过分的福利要求（4.22）有一定的接受程度，表明目前广州青年较为注重追求自己的幸福，而对明显与中国传统道德不符的行为，有着不同的看法。

将各种违德行为接受程度得分进行相加，得到违德行为总分；用总分除以行为类型总数，得到个体违德行为接受程度均值。由表1可见，广州青年整体上违德行为接受程度均值为4.17，对各个违反社会道德的行为偏向于"不接受"，广州青年整体道德意识倾向于接受中国传统社会道德约束，对各种违德观念并不接受。

表1 广州青年道德意识

违德行为类型	接受程度[a]	
	均值（M）	标准差（SD）
婚前性行为	5.32	2.996
安乐死	5.26	3.095
离婚	4.54	2.778
同性恋	4.27	3.125
过分的福利要求[b]	4.22	2.608
堕胎	3.12	2.409
自杀	2.47	2.205
违德行为总分[c]	29.20	12.13
违德行为均值	4.17	1.73

注：a. 接受程度分值区间为1~10分，表示从完全不能接受到完全能接受的程度。违法行为接受程度同，不再累述。b. 过分的福利要求指向政府要求自己无权享受的福利。c. 违德行为总分10分为最低分，70分为最高分，分数越高表示青年对违德行为的接受程度越高，其道德意识水平越低。违法行为总分解释同，不再累述。

广州青年对各种违法行为的接受程度普遍偏低，未有接受程度超过4分的违法行为出现（见表2）。整体上，广州青年对各种违法行为的接受程度较低，其总分均值仅为2.15，较为强烈地不接受各种违法行为、服从法律的规范性约束。相比较而言，逃票和卖淫是广州青年接受程度较高的两类违法行为，其均值分别为3.19和2.48；最不能接受的违法行为为家庭暴力和偷窃，其均值分别为1.67和1.66。需要注意的是，广州青年对逃税、贿赂的接受程度要远高于对偷窃的接受程度，从违法行为侵害的对象来看，逃税、贿赂侵害的是国家和集体利益，而偷窃一般直接侵害的是个体利益，可见相比于集体利益，广州青年对侵害个体利益的行为更加不能容忍。

表2　广州青年法律意识——法律服从

违法行为类型	接受程度	
	均值（M）	标准差（SD）
逃票	3.19	2.533
卖淫	2.48	2.296
逃税	2.17	1.804
贿赂	2.03	1.778
暴力行为	1.88	1.710
家庭暴力	1.67	1.585
偷窃	1.66	1.469
违法行为总分	15.08	9.185
违法行为均值	2.15	1.312

注：暴力行为指家庭暴力之外，针对其他社会成员出现的暴力行为，并导致他人受伤。

除了具有较好的法律服从意识外，当认为某条法律不合理时，551名广州青年依旧会遵守该条法律，占广州青年样本总量的60%左右。"守法是市民的责任"是广州青年遵守不合理法律的最重要考量，占551名广州青年中的44.8%。此外在551名广州青年中，有27.6%的比例是因为感到"无能为力"而不得不遵守，超过1/4的广州青年是由于避免因不守法而出现的各种问题，选择"会遵守"。在377名不会遵守不合理法律的广州青年中，46.9%认为不合理的法律就不应该遵守；33.7%认为法律是可变的，自己不遵守该条法律，说明这条法律需要修改，而自身的反对行为则有助于推动法律的改变；接近10%"不遵守"是为了显示自己反对的态度；约9%认为法律缺乏威慑性，不遵守该条法律也不会有什么后果。

法律一旦制定出台，既具有强制性，法治的特点即是依法办事，而不以个人的意愿为转移。34.8%的广州青年认为因严格遵守法律的规定，不认同法律可以灵活变通；但亦有1/3（35.4%）的广州青年认为法律可以灵活变通，倾向于有选择性地遵守法律。整体上看，广州青年对法律权威性有一定的正向认识,大部分广州青年会遵守相应的法律即使是那些被认为是不合理的法律;但亦有相当一部分广州青年不认同法律的强制性,需要引起足够的重视,以提高其守法意识(见表3)。

表3 广州青年法律意识——守法意识

守法意识	频数($N=928$)[a]	百分比(%)	显著度(p)
遵守认为不合理的法律			
会	551	59.4	<0.001****
守法是市民的责任	240	44.8[b]	
因为我无能为力改变法例	148	27.6	
避免社会出现问题	80	14.9	
不然会被控告	58	10.8	
其他(怕麻烦、存在即合理等)	10	1.9	
不会	377	40.6	
不应该遵守不合理的法律	164	46.9	
有助于改变这条法律	118	33.7	
显示我反对这条法律	33	9.4	
即使不遵守都不会有什么后果	31	8.9	
其他(进行建议、个人修养)	4	1.1	
遵守法律可以灵活变通[c]			0.074[n.s.]
不认同	317	34.8	
非常不认同	82	9.0	
比较不认同	235	25.8	
一般	271	29.8	
认同	322	35.4	
比较认同	261	28.7	
非常认同	61	6.7	

注:n.s. = 不显著; * = $p<0.05$;** = $p<0.01$;**** = $p<0.001$。下同。
a. 在该题中有10名广州青年拒绝回答。
b. 此列百分比为选择"会/不会遵守认为不合理法律"青年类别之中各种原因的百分比。
c. 在该题中有28名广州青年拒绝回答。

(二)港澳青年道德和法律意识

由表4可见,澳门青年对于同性恋和婚前性行为的接受程度最高,其均值分别为6.4和5.9，在可以接受范围内；堕胎和自杀的接受程度最低，其均值分别为3.63和3.08，基本不可接受。澳门青年对违德行为接受程度均值为4.91，表明澳门青年道德意识介于保守和开放之间。

表4　澳门青年道德意识

违法行为类型	接受程度	
	均值(M)	标准差(SD)
同性恋	6.40	2.730
婚前性行为	5.90	2.633
安乐死	5.52	2.748
离婚	5.38	2.612
过分的福利要求	4.45	2.126
堕胎	3.63	2.344
自杀	3.08	2.304
违德行为总分	34.35	11.580
违德行为均值	4.91	1.654

由于港澳地区在法例设置上提供性服务（独立住所不超过二人）[①]不算犯法，如一楼一凤；在澳门从事色情行业的妇女既不能送入监狱，也不能驱逐出境，因而澳门青年对卖淫的接受程度最高，其均值为4.96（见表5），处于可接受范围。暴力行为，特别是家庭暴力，最为澳门青年所无法容忍，其接受程度最低，均值为1.98。澳门青年整体上违法行为接受程度均值为2.73，对违法行为基本不能接受。

43.9%的澳门青年会遵守不合理的法律，"守法是市民的责任"和"因为我无能为力改变法例"而遵守是其中最为重要的两条理由（见表6）。仅有不到1/5（17.6%）的澳门青年认为法律应该严格遵守，而不是看情况进行变通；而有接近2/5（38.0%）的澳门青年认同遵守法律可看情况而灵活变通。

---

① 见香港法例第200章117条。

表5　澳门青年法律意识—法律服从

违法行为类型	接受程度	
	均值(M)	标准差(SD)
卖淫	4.96	2.522
逃票	3.31	2.134
逃税	2.45	1.838
偷窃	2.19	1.707
贿赂	2.11	1.686
暴力行为	2.10	1.755
家庭暴力	1.98	1.676
违法行为总分	19.09	9.476
违法行为均值	2.73	1.354

表6　澳门青年法律意识——守法意识

守法意识	频数($N=542$)[a]	百分比(%)	显著度(p)
遵守认为不合理的法律			
会	238	43.9	0.005 **
守法是市民的责任	92	39.0	
因为我无能为力改变法例	58	24.6	
不然会被控告	46	19.5	
避免社会出现问题	34	14.4	
其他(怕麻烦、存在即合理等)	6	2.5	
不会	304	56.1	
不应该遵守不合理的法例	146	48.7	
有助于改变这条法律	64	21.3	
显示我反对这条法律	57	19.0	
即使不遵守都不会有什么后果	26	8.7	
其他(进行建议、个人修养)	7	2.3	
遵守法律可以灵活变通			
不认同	93	17.6	<0.001 ****
非常不认同	13	2.5	
比较不认同	80	15.2	
一般	234	44.4	
认同	200	38.0	
比较认同	168	31.9	
非常认同	32	6.1	

香港青年对于各项违德行为的接受程度，大体与澳门青年相同：同性恋和安乐死在香港青年中接受程度最高（见表7），堕胎和自杀，接受程度最低。其中对同性恋行为，香港青年接受程度均值为6.28，表明其基本可以接受同性恋行为。对于各项违法行为，香港青年对于卖淫的接受程度最高，其均值为4.72，远高于其他违法行为类型（见表8）；其次香港青年对逃票和逃税，亦有一定的容忍度，其均值分别为2.96和2.57。偷窃和家庭暴力是香港青年接受程度最低的两种行为。在守法意识方面（见表9），如果认为法律不合理，有431名的香港青年表示不会去遵守该法律，其比例占样本中香港全部青年的60.4%。431名不会遵守不合理法律的香港青年中，约60%认为不合理就不应该遵守，约22%觉得有助于改变该条法律，12.2%为了反对而反对。与大量香港青年不会遵守不合理法律相一致，接近一半（47.9%）的香港青年认同遵守法律可以灵活变通，不认同的仅为14.5%。

表7　香港青年道德意识

违法行为类型	接受程度	
	均值（M）	标准差（SD）
同性恋	6.28	2.774
安乐死	5.67	2.568
离婚	5.66	2.547
婚前性行为	5.47	2.626
过分的福利要求	4.01	2.092
堕胎	3.98	2.303
自杀	3.48	2.329
违德行为总分	34.56	11.251
违德行为均值	4.94	1.607

表8　香港青年法律意识——法律服从

违法行为类型	接受程度	
	均值（M）	标准差（SD）
卖淫	4.72	2.372
逃票	2.96	1.917
逃税	2.57	1.820
暴力行为	2.23	1.700

续表

违法行为类型	接受程度	
	均值(M)	标准差(SD)
贿赂	2.13	1.647
偷窃	2.09	1.590
家庭暴力	2.01	1.594
违法行为总分	18.72	9.106
违法行为均值	2.67	1.301

表9 香港青年法律意识——守法意识

守法意识	频数($N=721$)	百分比(%)	显著度(p)
遵守认为不合理的法律			
会	283	39.6	<0.001 ****
守法是市民的责任	99	36.1	
因为我无能为力改变法例	71	25.9	
不然会被控告	62	22.6	
避免社会出现问题	39	14.2	
其他(怕麻烦、存在即合理等)	3	1.1	
不会	431	60.4	
不应该遵守不合理的法例	253	59.5	
有助于改变这条法律	92	21.6	
显示我反对这条法律	52	12.2	
即使不遵守都不会有什么后果	23	5.4	
其他(进行建议、个人修养)	5	1.2	
遵守法律可以灵活变通			
不认同	104	14.5	<0.001 ****
非常不认同	25	3.5	
比较不认同	79	11.0	
一般	269	37.6	
认同	343	47.9	
比较认同	271	37.8	
非常认同	72	10.1	

三 穗港澳青年道德和法律意识比较

(一)穗港澳青年道德意识的特征比较

将穗港澳三地青年对各种违德行为的接受程度进行横向对比(见表10),三地青年对各种违德行为接受程度排序大致相同:如堕胎和自杀在三地青年中都是接受程度最低的行为类型,三地青年都对安乐死有较高的接受度,但也存在一些不同之处。广州青年对婚前性行为的接受程度最高,对同性恋接受程度均值则仅为4.27,尚处于不能接受的程度;而香港和澳门青年则是对同性恋的接受程度最高,其均值分别为6.28和6.40,基本可以接受。从总体上来看,广州青年违德行为接受程度均值最低,为4.17;其次为澳门青年,均值为4.91;香港青年对各种违德行为接受程度最高,其均值为4.94。运用SNK分析,以三地青年违德行为均值为指标进行分组,使组间差异显著、组内差异不显著,广州青年单独分为一组,香港和澳门青年则为一组。表明,广州青年对于各种违德行为接受程度显著低于港澳青年,一方面可以解读为广州青年比港澳青年更加保守,受到社会道德特别是中国传统道德更加强的约束;另一方面从道德意识水平来说,毕竟社会上大部分人对违德行为有着强烈的负面情感,青年接受违德行为的程度低,即表明其可能出现的行为不会受到社会大众的反感和排斥,从这个层面上来说,广州青年道德意识水平优于港澳青年。

表10 穗港澳青年道德意识特征比较

违德行为类型	接受程度均值(M)			F值	p值
	广州	澳门	香港		
婚前性行为	5.32	5.90	5.47	7.664	<0.001 ****
安乐死	5.26	5.52	5.67	4.433	0.012 *
离婚	4.54	5.38	5.66	39.969	<0.001 ****
同性恋	4.27	6.40	6.28	136.149	<0.001 ****
过分的福利要求	4.22	4.45	4.01	5.513	0.004 **
堕胎	3.12	3.63	3.98	27.587	<0.001 ****
自杀	2.47	3.08	3.48	41.952	<0.001 ****
违德行为均值	4.17	4.91	4.94	54.787	<0.001 ****

（二）穗港澳青年法律意识的特征比较

穗港澳三地青年对各种违法行为的接受程度排序基本一致，三地青年皆对逃票、卖淫和逃税的接受程度较高，对家庭暴力和偷窃行为的接受程度最低（见表11）；但对于卖淫行为，港澳青年的接受程度要显著高于广州青年，这可能是香港和澳门地区对卖淫行为特殊的法律设置导致其在法律观念上并不认为卖淫是不可接受的。总体上看，广州青年对违法行为接受程度最低，其均值为2.15，香港青年次之，澳门青年接受程度最高。运用SNK分析，以三地青年违法行为均值为指标进行分组，广州青年单独分为一组，香港和澳门青年则为一组，可见，广州青年在法律服从方面的意识要显著高于港澳青年。

在守法意识方面，面对认为不合理的法律，广州青年遵守的意愿最高，而香港青年则大部分不会去遵守，其不会遵守的意愿最高；同样，广州青年不认同法律可以灵活变通、严格守法的比例显著高于港澳青年，从这两个方面来看，广州青年的守法意识要显著高于港澳青年。

表11 穗港澳青年法律意识特征比较——法律服从 & 守法意识

违法行为类型——法律服从/守法意识	接受程度均值（M）			F值/x^2值	p值
	广州	澳门	香港		
逃票	3.19	3.31	2.96	4.015	0.018 *
卖淫	2.48	4.96	4.72	265.147	<0.001 ****
逃税	2.17	2.45	2.57	10.283	<0.001 ****
贿赂	2.03	2.11	2.13	0.896	0.408 [n.s.]
暴力行为	1.88	2.10	2.23	8.811	<0.001 ****
家庭暴力	1.67	1.98	2.01	11.544	<0.001 ****
偷窃	1.66	2.19	2.09	24.579	<0.001 ****
违法行为均值	2.15	2.73	2.67	46.120	<0.001 ****
遵守认为不合理的法律[a]					
会	59.4	43.9	39.6	70.631	<0.001 ****
不会	40.6	56.1	60.4		
遵守法律可以灵活变通[a]					
不认同	34.8	17.6	14.5	117.695	<0.001 ****
一般	29.8	44.4	37.6		
认同	35.4	38.0	47.9		

注：a. 此处为百分比。

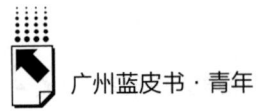

（三）穗港澳青年道德、法律意识的影响因素比较分析

以青年违德行为接受程度均值为因变量，以青年所在区域（广州、港澳）①、性别（男、女）、受教育程度（高中及下、大专及以上）、父亲和母亲受教育程度（高中及以下、大专及以上）、婚姻状况（未婚、已婚）、现在身份（中学生、大学生、全职工作、失业/无业）、家庭收支状况（收入大于支出、收入与支出持平、收入小于支出）、家庭所属阶层（中下层、中层、中上层）和青年年龄为自变量，进行方差分析。在进行方差分析前，对青年违德行为和违法行为接受程度均值，依据 bloom 计算方法进行标准正态变换，使其数据符合方差分析正态性要求。

由表 12 可见，在控制其他变量的情况下，区域、受教育程度对青年违德行为接受程度依然有显著影响，其他因素则无显著影响，R Square = 0.060。从方差分析中剔除对青年违德行为无显著影响的因素，并计算区域和受教育程度影响系数的大小，其模型拟合劣度检验（Lack of Fit Tests）为 0.822。由表 13 可见，以港澳地区青年为参照对象，广州青年违德行为接受程度要低于港澳青年；以青年大专及以上教育水平为参照对象，高中及以下教育水平的青年对违德行为接受程度更低。比较区域和受教育程度系数，区域对青年违德行为接受程度的影响（$r = -0.445$）要强于受教育程度（$r = -0.229$）的影响。区域代表着广州与港澳之间的不同的社会结构和特征，青年人在社会中生活中必受到其巨大的影响；青年受教育程度越高越容易接受新的事物和文化，这两方面都对青年的道德意识，特别是那些有违于中国传统道德规范要求行为的接受程度有着显著的影响。

以青年违法行为接受程度均值为因变量，以各种可能影响青年违法行为接受程度的因素为自变量，进行方差分析。由表 14 可见，在控制其他变量的情况下，区域、性别和青年人现在的身份，对其违法行为接受程度有显著的影响，其模型拟合劣度检验（Lack of Fit Tests）为 0.612。相比较而言，区域依然是影响青年违法行为接受程度最重要的因素；其次为性别，在同等的情况

---

① 对青年违德行为均值的 SNK 分析，广州青年为一组，港澳青年为一组。违法行为均值方差分析中区域划分同上。

表12 青年违德行为接受程度方差分析（1）

自变量	青年违德行为接受程度				
	平方和(SS)	自由度(df)	均方(MS)	F值	显著度(p)
区域	66.673	1	66.673	73.987	<0.001 ****
性别	1.363	1	1.363	1.513	$0.219^{n.s.}$
受教育程度	5.760	1	5.760	6.392	0.012 *
父亲受教育程度	0.030	1	0.030	0.033	$0.855^{n.s.}$
母亲受教育程度	1.670	1	1.670	1.853	$0.174^{n.s.}$
婚姻状况	0.751	1	0.751	0.833	$0.361^{n.s.}$
现在身份	1.748	3	.583	0.647	$0.585^{n.s.}$
家庭收支状况	5.114	2	2.557	2.838	$0.059^{n.s.}$
家庭所属阶层	0.214	1	0.214	0.237	$0.626^{n.s.}$
年龄	2.984	1	2.984	3.312	$0.069^{n.s.}$

R Square = 0.060

表13 青年违德行为接受程度方差分析（2）

自变量	青年违德行为接受程度			
	B	SE	t值	显著度(p)
区域				
广州	-0.445	0.042	-10.589	<0.001 ****
港澳	0^a	.	.	.
受教育程度				
高中及以下	-0.229	0.043	-5.295	<0.001 ****
大专及以上	0	.	.	.

注：a. 港澳青年为参照组，下同。

下，男青年与女青年对违法行为有着不同的接受程度；最后为青年现在的身份（见表15）。区域的参数估计值 $r=-0.574$，表示以港澳青年为参照对象，在同等情况下，广州青年对违法行为接受程度要显著低于港澳青年。性别的参数估计值 $r=0.277$，表明男性比女性对违法行为有着更高的接受度。以无业/半失业青年为参照对象，其对违法行为的接受程度最低，中学生（$r=0.163$）、大学生（$r=0.247$）和全职工作（$r=0.264$）的青年对违法行为的接受程度逐级上升。

表14　青年违法行为接受程度方差分析（1）

变量	青年违法行为接受程度				
	平方和(SS)	自由度(df)	均方(MS)	F值	显著度(p)
区域	114.398	1	114.398	140.832	<0.001****
性别	30.932	1	30.932	38.079	<0.001****
受教育程度	0.031	1	0.031	0.038	0.846 n.s.
父亲受教育程度	0.248	1	0.248	0.305	0.581 n.s.
母亲受教育程度	2.748	1	2.748	3.383	0.066 n.s.
婚姻状况	0.012	1	0.012	0.015	0.903 n.s.
现在身份	12.920	3	4.307	5.302	0.001**
家庭收支状况	2.309	2	1.155	1.421	0.242 n.s.
家庭所属阶层	0.020	1	0.020	0.025	0.874 n.s.
年龄	0.003	1	0.003	0.003	0.955 n.s.

R Square = 0.094

表15　青年违法行为接受程度方差分析（2）

变量	青年违德行为接受程度			
	B	SE	t值	显著度(p)
区域				
广州	-0.574	0.045	-12.867	<0.001****
港澳	0	.	.	.
性别				
男	0.277	0.040	6.937	<0.001****
女	0	.	.	.
现在身份				
中学生	0.163	0.074	2.192	0.028*
大学生	0.247	0.072	3.445	0.001**
全职工作者[a]	0.264	0.081	3.249	0.001**
无业/半失业者[b]	0	.	.	.

注：a. 全职工作包括：管理/行政人员（公务员、企业经理级行政级人员、私营企业主）、专业技术人员（教师、律师、会计、社会工作者等）和简单体力劳动者（工人、农民、营业员、保安等）。

b. 无业/半失业者包括：全职家庭主妇/家庭照顾者、无业/失业人员、自由职业者。

此外，考虑到全职工作青年分布工作类型和工作收入①之间有差别，依据工作性质不同分为三类型：管理/行政人员、专业技术人员和简单体力劳动者；青年收入水平分为：中低收入水平和中高收入水平。以全职工作青年的工作类型和收入水平为自变量，仅对全职工作青年的违法行为接受程度进行方差分析，由表16可见，工作类型并无显著影响，但青年的收入水平对其违法行为接受程度有显著影响。以中低收入水平为参照，中高收入青年对违法行为的接受程度要显著低于中低收入者。从紧张理论来看，无论青年做什么工作，收入水平是其达成一定社会目标的重要体现，如果青年收入达不到一个合理的预期水平（中低收入水平），则容易使青年产生"紧张"，进而增加其通过非法手段来增加收入的概率，更容易接受违法行为，其法律意识特别是服从法律规范的意识水平较其他社会成员要低。

表16 全职工作青年违法行为接受程度方差分析

变量	青年违德行为接受程度			
	B	SE	t 值	显著度(p)
工作类型				
管理/行政人员	0.042	0.162	0.263	0.793[n.s.]
专业技术人员	0.111	0.162	0.688	0.492[n.s.]
简单体力劳动者	0			
收入水平				
中高收入水平	-0.270	0.137	-1.975	0.049*
中低收入水平	0			

四　结论与对策

（一）结论及预测

综合上述分析可见，目前广州青年较为遵守社会的道德规范，对各种违德

---

① 全职工作青年收入划分依据当地居民收入水平划定。广州：每月收入5000元及以下为中低收入水平；5000元以上为中高收入水平。香港和澳门地区：15000元及以下为中低收入水平；15000元及以上为中高收入水平。

行为接受程度不高，整体道德意识水平较高。港澳青年相比较于广州青年，其整体上对各种违德行为的接受程度高于广州青年，对各种有违于中国传统伦理道德的行为有着更高的开放度。具体而言，堕胎和自杀在三地青年中都是接受程度最低的行为类型，三地青年都对安乐死有较高的接受度；但港澳青年对同性恋的接受程度不仅显著高于广州青年，而且是港澳青年最能接受的行为。

广州青年对各种违法行为的接受程度较低，服从法律制度的安排，即使面对青年所认为不合理的法律时，大部分青年依然能够严格遵守法律规定，按照法律规范自身行为。法律服从意识和守法意识较强。港澳青年对各种违法行为的接受程度亦较低，三地青年对逃票、卖淫和逃税的接受程度皆较高，对家庭暴力和偷窃行为的接受程度都是最低的。澳门青年在守法意识上与广州青年类似，对不合理的法律，大部分澳门青年选择遵守，亦不认为法律可以灵活变通。香港青年在守法意识方面与广州、澳门青年存在显著差异，特别是对于不合理的法律，大部分香港青年表示不会遵守，并希望通过抗争能够改变不合理的法律。

整体上来看，广州青年在道德意识和法律意识上与港澳青年有显著不同，而香港和澳门青年在道德意识和法律意识上皆较为接近。如果将穗港澳青年看作一个整体，青年受教育程度会影响其道德意识现状，青年受教育程度越高越容易接受新的事物和文化，对各种违德行为接受程度更高，思想亦更加开放。性别和青年目前的身份则会影响其法律意识的水平：男性青年比女性青年对各种违法行为有着更高的接受程度，实际上性别因素一直对青年犯罪行为的产生有着重要的影响。较为特别的是，无业/半失业者相比于中学生、大学生和全职工作者，对各种违法行为的接受程度最低，后三者对违法行为的接受程度则呈逐级递升的趋势，全职工作者法律服从意识则最差。在此，并不能说参加全职工作会降低青年的法律意识，其可能的解释为：首先，青年全职工作者由于工作原因更容易实际接触各种违法行为，如逃税、贿赂等，一定程度上对此种违法行为已经"习以为常"，故而有着更高的接受程度。其次，与本次调研所采用问卷的题目设置存在着一定的关联。调研所采用问卷，对违法行为的设置集中于与经济相关联的行为，如逃票、逃税、贿赂等。青年处于无业/半失业状态，社会活动较少且较少有机会出现逃税、贿赂等，对与经济相关联的违法行为无实际的感受，自然有着较低的接受程度。

对于全职工作的青年，工种之间的不同并不会影响其法律意识水平，而真正对其有影响的是青年的收入水平，相比于当地的经济水平，处于中低收入水平的青年比中高收入水平者对违法行为有着更高的接受程度，低收入者其服从法律规范的意识较差。

在控制其他因素（性别、受教育程度、父/母受教育程度、婚姻状况、现在身份、家庭收支状况、家庭所属阶层、年龄）的情况下，青年的道德意识（违德行为接受程度）和法律意识（违法行为接受程度）水平皆受到其所属区域（广州、港澳）的显著影响，区域甚至是影响青年道德意识和法律意识最为重要的因素。可以说，目前处于同一"层次水平"的青年，广州地区的青年比港澳地区青年有着更强的遵守社会传统道德和法律规范的意识。

在以往的研究中，广州与香港青年的中国传统道德意识基本一致，皆倾向于中间态度；在法律意识方面，无论是在法治观念、守法意识还是司法信心上，香港青年皆优于广州和澳门青年。本次调研所发现的三地青年道德意识和法律意识的不同变化，结合区域这一最为重要的影响因素，从穗港澳三地社会发展现状可见端倪。一方面，目前广州地区在青少年中大力推进中国优秀传统文化的教育和宣传、弘扬中国传统道德、回归对家庭的重视[1]，一定程度上强化了广州青年对中国传统道德的接受和遵守程度，故而对各种违反传统社会道德的行为，广州青年比澳门、香港青年有着更低的接受程度。另一方面，广州近5年来社会政治稳定、法治建设逐步规范和完善、普法教育的积极开展[2]等，都有利于提升广州青年的法律意识，推动广州青年将法律规范内化而自觉遵守。相比较，香港地区2012年爆发了"反国教运动"——香港特别行政区政府推行"德育及国民教育科"遭遇大规模抵制，2013年出现以香港青年学生为主体的"占中"运动，所产生的不良效应一直影响香港社会至今，冲击和破坏了香港的法治精神。以2011年调研数据为参照，面对一条不合理的法例时，仅有12.7%的香港青年表示会拒绝遵守法例，而5年后这一比例上升至60.4%（见表9）。香港社会的不稳

---

[1] 如近年来广州各级学校开展"校园经典阅读"的活动，见广州市教育局网站（http://www.gzedu.gov.cn/）。

[2] 见广州普法网（http://www.gzpf.gov.cn/）各项活动宣传。

定和泛政治化，实质上在鼓励香港青年在法不责众的理念下，进行"集体犯法"的行为，故而对违法行为的接受程度在现阶段要高于广州和澳门青年。澳门历来受到香港社会风气和社会变动的极大影响，可以预测如果香港社会持续进行"占中"式的动荡，港澳青年服从法律的意识仍将会有继续降低的倾向。

（二）对策建议

如果将穗港澳青年看作一个整体，三地青年目前道德意识均值为4.60，法律意识均值为2.47，表明三地青年整体对违德行为接受处于一种中间状态，对违法行为的接受程度较低。青年个体的道德意识与法律意识之间存在着高度的正相关，皮尔逊相关系数 $r=0.492$（$p<0.001$），可见青年的道德意识水平会极大地影响青年对法律规范的遵守程度。结合上述研究结论，要持续提高三地青年的道德和法律意识水平，有如下建议。

1. 净化社会环境，形成良好的社会道德和法律环境

社会风气和社会环境对于青年良好的道德意识和法律意识的培养具有十分重要的作用。青年易受到社会不良风气和环境的影响，盲目地形成从众行为。以同性恋为例，三地青年对此种有违于中国传统伦理道德的行为皆有着较高的接受度。实质上，青少年时期个体对于婚恋的认识尚未成熟，极易受到社会大环境，特别是受到新奇观念或时尚潮流的影响。在此，本文并不探讨同性恋行为的合理性问题，但不可否认，媒体或社会舆论对于同性恋行为的过度宣传及唯美化的描述，在部分青少年中形成"同性恋是一种时尚"的意识和"好玩"的社会风气，进而导致青少年以一种尝试的心态去进行此种行为。青年良好的道德和法律意识必须依赖于良好的社会风气引导，需要不断加强崇尚真善美的社会环境建设，消除当今社会存在的影响青年良好的道德和法律意识形成的不利因素。

2. 回归家庭，充分发挥家庭的正功能

家庭是社会的基本构成元素，对于稳定青年的生活、规范其行为、树立其积极的社会生活态度有着积极的影响。青年人正处于恋爱和组建家庭的重要时期，对自身行为负责、对配偶尊重、对家庭生活的正向认识，以及对家庭稳定的维系，是青年所需培养和努力达成的。值得关注的是，三地青年目前对于婚

前性行为和离婚的接受程度皆较高,虽然青年有决定自己行为和婚姻方式的自由,但对于婚前性行为的随意和离婚决定的不慎重,将不利于家庭的稳定,亦不利于青年个体成长发展的稳定,进而降低青年的道德和法律意识水平。目前,我国社会转型所带来的巨大冲击,无论是广州还是港澳地区,皆经历着家庭逐渐核心化的结构性变化,同时青年所在家庭中科学教育的缺失,使家庭所具有的传统教育、引导、扶助、控制功能逐渐弱化。促使青年人回归家庭,充分发挥家庭所应具有的正功能,对提升青年整体的道德和法律意识有着十分重要的作用。

3. 强化社会治安综合治理,营造浓厚的法治氛围

目前三地青年对违法行为整体上接受程度较低,但针对某些违法行为,如逃票、卖淫、逃税等,三地青年有着较高的"容忍"度;特别是对于男性青年,其接受程度更高。虽然本次调研所列举违法行为并非严重的恶性暴力犯罪,但亦已属于违法行为(广州主要指违反《治安管理处罚条例》)。"恶小"行为如不加以制止,极易发展成严重犯罪行为。强化社会治安的综合治理,明确传递给青年违法必究的信号;同时在社会中进行相应的普法教育和宣传,营造浓厚的法治氛围,把法律知识和法律能力的培养作为青年教育培养的重点来抓,使青年能够知法、懂法、守法,积极关注法律现象,运用法律思维。

4. 公正司法,塑造青年的法律情感

在净化社会环境、树立法律至上权威的同时,青年真正遵守法律与否,与其对法律的尊重和了解有着紧密的关联。实际上三地青年在守法意识——对认为不合理法律的遵守方面,皆有不小比例的青年表示不会遵守,特别是香港地区青年大部分皆不会遵守认为不合理的法例。一方面,法律条文的制定是经过极其严肃、严谨、科学的程序,法律条文内容本身即是对社会大众利益的一种维护和保障,青年可以通过不同的合法渠道表达自身的意见或建议,但绝不能简单地不去遵守,甚至是通过不遵守法律条文来表达对该法律条文的反对,青年不遵守法律规定对于整个社会的法治建设是完全无所裨益的。另一方面,反思青年为何会认为某些法律不合理?其中重要的原因在于:①法律制定程序上不严谨。②青年不了解某些法律背后的精神,缺乏相应的法律情感。因此,任何社会法律的制定,必须坚持合情合理的原则,充分听取和征询包括青年在内

的社会大众的建议，经过充分咨询、讨论和审议，法律才能赢得青年的尊重和信赖，使青年自觉遵守法律的规定。

参考文献

曾云翔：《谈谈电视媒体提高青少年道德法律意识的实践与创新》，《新闻知识》2013年第4期。

杜泽宇：《兰州市大学生法律意识调查研究报告》，硕士学位论文，兰州大学，2008。

古丽努尔·麦麦提江：《论青少年法律意识培养》，《法制与社会》2013年第16期。

广州日报：《让法治提升广州核心竞争力——学习贯彻市委十届六次全会精神》，《广州日报》2015年1月31日。

纪素华：《家教中的法律意识与青少年犯罪的预防》，《青少年犯罪问题》2003年第6期。

江雪松：《香港青年学生的法治意识考察——"占中"乱象引发的思考》，《中国青年研究》2015年第3期。

黎安国、金炎：《中西文化融合中的香港青年社会法律意识》，《当代青年研究》1994年第Z1期。

李春玲：《京穗港青年比较研究系列——主题二：法律与道德》，《青年研究》1994年第11期。

刘旺洪：《法律意识论》，法律出版社，2001。

刘晞平、俞世伟：《青少年道德意识的新变化及德育对策调试》，《当代青年研究》2009年第6期。

鲁明明：《青少年公共道德意识与法律意识的相关及教育对策研究》，硕士学位论文，天津师范大学，2013。

史宝中：《依法治国背景下青少年道德意识现状研究》，硕士学位论文，沈阳师范大学，2011。

史宝中、崔娜：《青少年法律意识与道德意识嬗变的现状与对策》，《新课程学习》（学术教育）2010年第12期。

苏慧丽：《浅析问题少年与青少年法律意识的培养》，《法制与经济》（下旬）2012年第1期。

田露：《浅谈学校德育对青少年法律意识的培养》，《考试》（教研）2011年第2期。

王美君：《武汉市大学生法律意识调查报告》，硕士学位论文，兰州大学，2009。

魏美梅、陈瑞贞：《香港大学生法治意识及法律普及教育探讨——基于穗港澳三地大学生法治意识比较调查》,《青年探索》2011年第6期。

吴军民:《澳门青年参政意识的历史发展及现实启示》,《青年探索》1999年第5期。

俞世伟:《青少年道德意识的新变化及社会教育对策的调适》,《青年研究》1992年第7期。

张积家、王惠萍:《青少年法律意识发展的研究》,《心理科学》1996年第4期。

朱勇、徐南:《青少年法律意识提升途径探析》,《云南警官学院学报》2010年第6期。

Cowan, D. (2004). Legal consciousness: some observations. *The Modern Law Review*, 67 (6), 928–958.

Ewick, P., & Silbey, S. S. (1991). Conformity, contestation, and resistance: An account of legal consciousness. *New England Law Review*, 26, 731.

Hirsh, E., & Lyons, C. J. (2010). Perceiving discrimination on the job: legal consciousness, workplace context, and the construction of race discrimination. *Law & Society Review*, 44 (2), 269–298.

Merry, S. E. (1990). *Getting justice and getting even: Legal consciousness among working-class Americans*. Chicago: University of Chicago Press.

Silbey, S. S. (2005). After legal consciousness. *Annual Review of Law and Social Science*, 1, 323–368.

Singh, J. P., Grann, M., & Fazel, S. (2011). A comparative study of violence risk assessment tools: A systematic review and metaregression analysis of 68 studies involving 25,980 participants. *Clinical Psychology Review* (31), 499–513.

B.4
穗港澳青年人生价值观研究

涂敏霞 刘艺非*

摘 要： 本报告以穗港澳青年为研究对象，从若干主要方面对其人生价值观进行了探索性的比较分析。结果显示穗港澳青年人生价值观有如下一些共同特征：最重视家庭和朋友，此外也将休闲置于较重要的地位；有着较理性的金钱观；以身体健康作为幸福感主要来源；均重视自致因素在个人成功中的作用。与此同时，三地青年人生价值观也存在一些差异，例如对工作和休闲的重要性评价不同，对金钱追求的倾向存在差异，对自致因素认同程度存在差异等。此外，结果还显示不同特征的青年群体在人生价值观某些方面存在差异。基于以上分析，本报告亦提出相应对策建议。

关键词： 人生价值观 穗港澳青年 比较研究

一 青年人生价值观的基本概念

（一）基本定义、理论视野和分析方法

1. 基本定义

价值观是研究青年发展最重要的指标之一，价值观是指人区分好坏、美

---

* 涂敏霞，广州市穗港澳青少年研究所副所长、教授，研究方向为青少年教育、青少年工作、志愿服务；刘艺非，中山大学中国公益慈善研究院助理研究员。

丑、益损、正确与错误，及符合或违背自己意愿等的观念系统，通常是充满情感的，并为人的正当行为提供充分的理由。价值观作为一个内涵极广的概念，还包含了多个子范畴，如人生价值观、社会价值观、道德价值观等。虽然人生价值观只是价值观的一个组成部分，却是最重要的组成部分，它是关于人的价值和生活意义的基本观点和看法，因而直接支配和调节着人的思想和行为，制约着他的生活方式和活动范围。

对青年的人生价值观现状及趋势的研究具有深远意义。习近平同志曾指出，青年的价值取向决定了未来整个社会的价值取向，而青年又处在价值观形成和确立的时期，抓好这一时期的价值观养成十分重要。社会意识对社会起着不可忽视的反作用，青年在掌握社会权力之后，其价值观也将演变为社会主流的价值观，并转化为对国家社会发展实质性的影响。因此，把握青年群体的人生价值观，在一定程度上也是把握国家、民族价值观的发展趋势。

2. 理论视野和分析方法

价值观是一个涉及多学科的研究主题，不同学科对价值观探究的侧重点有所不同，杨宜音对此作了简要的归纳，如哲学关注价值观所反映的主体和客体之间的关系；伦理学关注价值观对人的行为的规范性；人类学关注价值观表达的文化特征；教育学关注影响价值观形成和改变的个体社会化过程及其教育干预；经济学关注人类经济行为的深层心理原因和类型；社会学关注社会结构及社会变迁对价值观的影响；社会心理学则关注价值观的心理结构、过程、功能及其测量。整体而言，价值观研究从哲学角度探讨最多，其次是心理学及社会学等角度的探索较多；此外，大量的研究是理论分析和经验总结，这部分研究在数量上要大大多于实证性研究。本报告希望更多从社会学的角度出发，以实证的方式，更关注不同社会环境特征以及个人人口学特征等结构性因素与青年人生价值观之间的关系。

广州市穗港澳青少年研究中心从 2010 年开始每隔两年对广州市青年群体的价值观状况进行趋势调查，而 2015 年的调查范围首次从广州一个城市扩展到广州、香港及澳门三个城市，在三地分别抽取一定比例的学生及社会青年样本，运用问卷进行调查研究。穗港澳作为大珠三角地区发展水平较高的城市，对青年群体人生价值观的研究对大珠三角乃至全国具有一定的启示作用，三地在地缘、传统文化上的亲和性使三地青年的人生价值观很可能存在一定共性；另外，经济、政治制度和社会环境的差异也使得三地青年的人生价值观可能有着各自的独特性。

（二）已有研究结果的回顾

以广州和港澳地区特别是香港的青年进行价值观比较的研究自20世纪90年代已经出现，主要以此了解回归前夕香港青年的价值观现状及与中国大陆青年的融合程度到底如何。一般以穗港，或者加上京、沪等大城市相互比较，例如对以上城市青年个人与社会观念、法律道德观念、国家与民族观念、择业取向、家庭观念等。至澳门回归后，澳门青年也被一些学者纳入到比较研究的范畴当中，穗港澳三地由此成为青年研究常见的比较对象。例如，对三地青年消费模式、压力释放及形式、欺凌行为以及法治意识的比较研究等。尽管已有研究从价值观的不同侧面进行比较，但综合而言，首先在很多方面穗（或者说内地）港澳青年存在相同或相近的价值取向，例如在一些家庭观念上，这是由共同的民族传统文化所造成的，而特定的人生阶段也使得青年们即使处于不同地区也会面临相同的现实问题，产生相似的价值取向；其次，由于所处的经济、社会制度及所受意识形态影响的不同，各地青年的价值取向也存在不少差异，例如在特定的职业选择观念、国家民族观念上。但总体来看，我们并不能从绝对意义上认为中国内地青年和港澳青年必定存在差异，如已有研究也显示在一些问题上广州和港澳地区青年的取向与内地其他大城市相比更接近的情况。另外，已有研究多以大学生为研究对象，以包括就业青年在内的穗港澳三地青年为对象的研究并不多见，而目前也没有专门围绕青年价值观中人生价值观方面的较成体系的研究。

本报告希望同时以穗港澳三地青年为对象，了解其人生价值观的相同及相异之处，在青年人生价值观比较研究方面进行一些尝试。本报告希望对以下问题进行探索性的研究：第一，穗港澳青年的人生价值观呈现什么基本特征？第二，穗港澳青年人生价值观有什么共同点和各自的独特之处？第三，社会环境和青年的特定个人特征与其人生价值观之间存在什么关系？

二 青年人生价值观的现状

（一）广州青年人生价值观的基本现状

1. 重要事物评价

什么是人生中的重要事物？对这个问题的不同回答，体现了不同的人生价值取向和追求，以金钱作为人生追求的人会把金钱视为重要事物，而毕生追求事业成功的人会将事业视为重要事物。基于这样的假设，本次调查专门选取了几项人生中的典型事物，了解受访青年对其的重要程度评价。为便于比较，对重要程度评价作如下赋值：很重要=5、重要=4、一般=3、不太重要=2、很不重要=1。

结果显示，广州青年在"家庭"上的评分均值达到4.87，这表明家庭在广州青年的生活中充当着极其重要的角色。位列第二的是"朋友"，均值为4.49。有意思的是，广州青年对"工作"与"休闲时间"的重要性评价相等，平均得分为4.09，说明了广州青年在注重工作的同时同样重视休闲娱乐，在生活中期望兼顾两者。在对"钱财"的重要性评价上，广州青年的评分均值为4.03，即整体而言广州青年认为钱财在生活当中是比较重要的东西，但不及家庭、朋友、工作和休闲娱乐等。相对而言，广州青年对"政治"及"宗教"的重视程度并不高（见图1）。

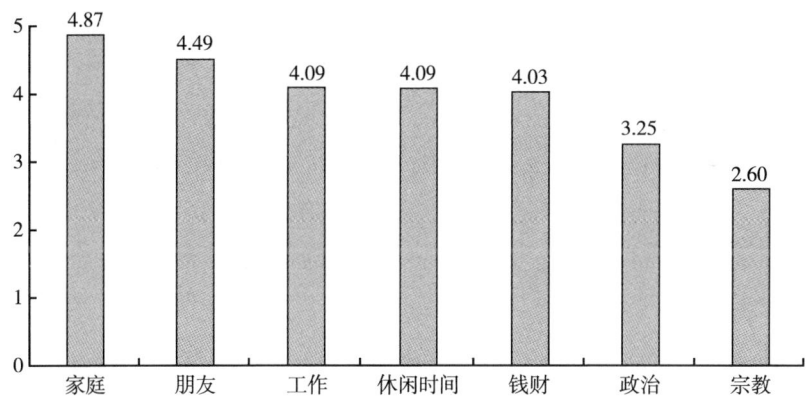

图1 广州青年对生活中重要事物的评价

比较不同性别广州青年在这个问题上的情况，我们可以看到，尽管总体上两者态度差异不大，但值得注意的是，在大部分项目上女青年的重要性评分均高于男青年，其中女青年在"家庭"及"工作"上的重要性评价同时高于男青年（见图2）。①

---

① 由于篇幅所限，本报告将选择性地呈现某些与人生价值观有明显关系的青年特征及其关系。

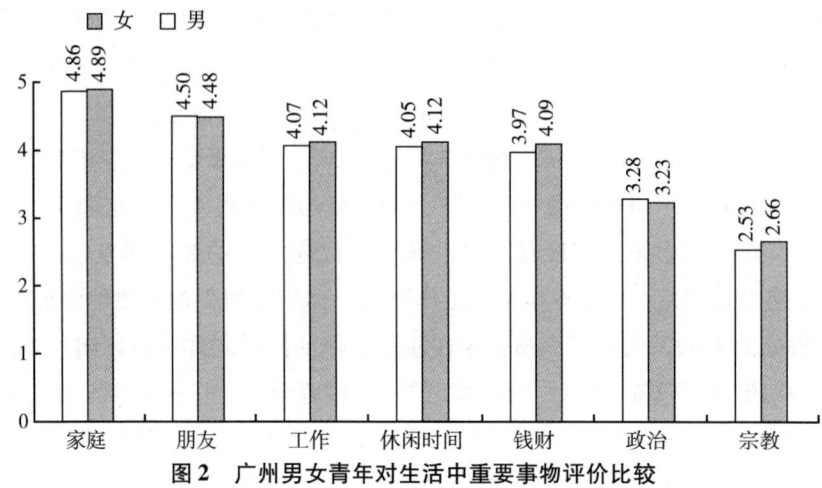

图 2　广州男女青年对生活中重要事物评价比较

另外，相关分析显示，年龄的增长与其对生活中重要事物的认同度存在一定的相关性，年龄越大的广州青年，对"家庭"、"工作"、"钱财"及"宗教"在生活中的重要性评价也会越高，相反，对"朋友"、"休闲时间"、"政治"的重要性评价则有所下降（见图3）。

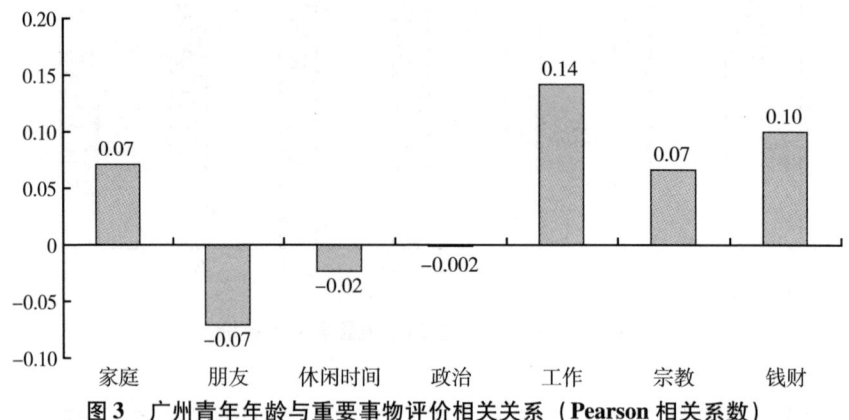

图 3　广州青年年龄与重要事物评价相关关系（Pearson 相关系数）

不同婚姻状况青年群体对重要事物评价亦有差异。① 我们发现，在广州青年中不论是对"工作"还是"家庭"的重要性评价上，已婚青年的评价得分

---

① 在此我们将青年的婚姻状况分为未婚（包括未婚及同居）、已婚（包括已婚及分居）两类，离异状态（包括离婚及丧偶）的青年由于样本量非常小，在此暂且作为缺失值处理。

均高于未婚青年。这暗示了广州青年中已婚青年群体可能面临着家庭和工作的双重压力（见图4）。

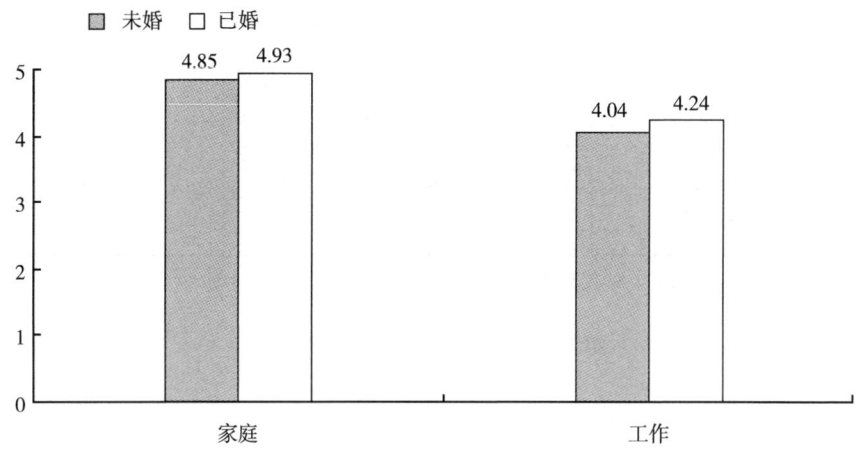

图4　广州不同婚姻状况青年对"家庭"及"工作"重要性评价比较

2. 对金钱的追求倾向

市场经济的发展使得金钱越来越成为人们生活乃至生命中不可或缺的东西，穗港澳作为市场经济发展水平较高的城市，生活在其中的青年对金钱保持何种态度？是否将金钱作为人生中的唯一追求？针对这个问题，本次调查特地考察受访青年对"当今社会人的最大追求就是赚钱"这一说法的同意程度，以了解青年群体人生价值观中对金钱的追求程度。

结果显示，广州青年的态度集中在"一般"，比例为31.75%，同时，"不同意"方向的态度比例比"同意"方向更大，反映出广州青年总体上更倾向于否定该说法（见图5）。

我们发现，尽管广州女青年对"钱财"的重要性评价高于男青年，但女青年对金钱的追求倾向却不如男青年强烈。整体上看，广州女青年的金钱观比男青年更为理性，在重视金钱的同时把金钱当作唯一追求的倾向相对较低（见图6）。

随着年龄的增长，广州青年的金钱观亦会逐渐趋于理性，可以看到年龄的增长与对"钱财"的重要性评价呈现正相关的同时，对"当今社会人的最大

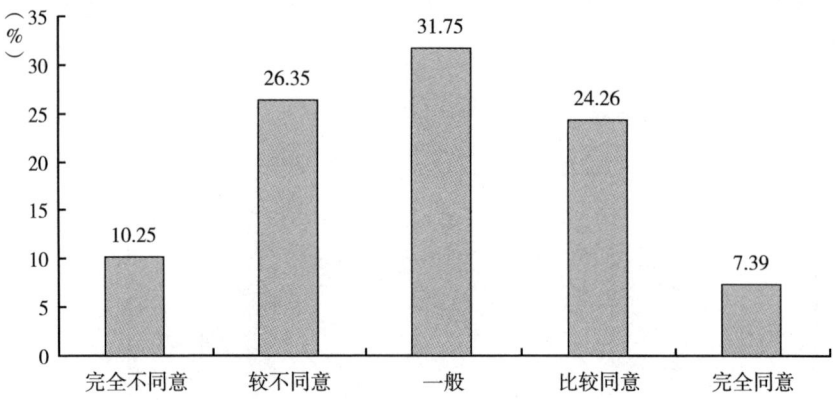

图5　广州青年对金钱的追求倾向

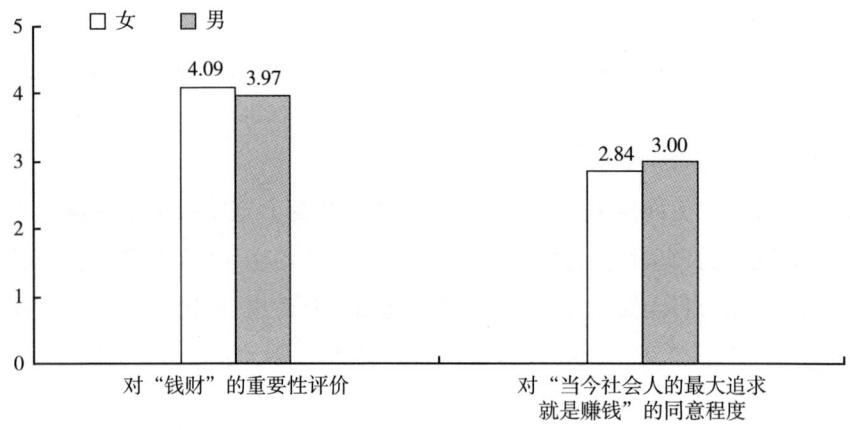

图6　广州男女青年金钱观念比较

注：在此对选项进行如下赋值：完全同意=5、比较同意=4、一般=3、较不同意=2、完全不同意=1，下同。

追求就是赚钱"的同意程度则呈现负相关，即年龄越大的广州青年尽管对"钱财"越看重，但同时亦越能理性看待金钱，不将追求金钱作为人生唯一目标（见图7）。

通过比较发现，受教育程度也可能是影响广州青年金钱观念的一个重要因素，与年龄的情况类似，受教育程度越高的广州青年对"钱财"的重要性评

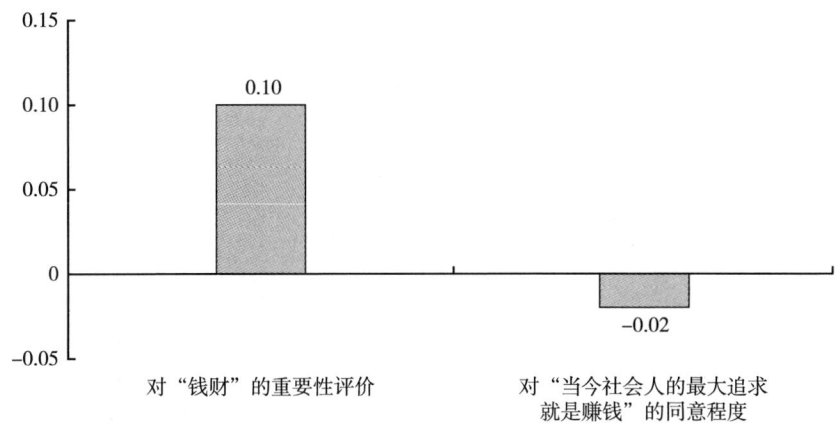

图7　广州青年年龄与金钱观的相关关系（Pearson 相关系数）

价越高，但同时对金钱的追求倾向越低，说明受教育程度的提高很可能有助于青年形成更理性的金钱观念（见图8）。

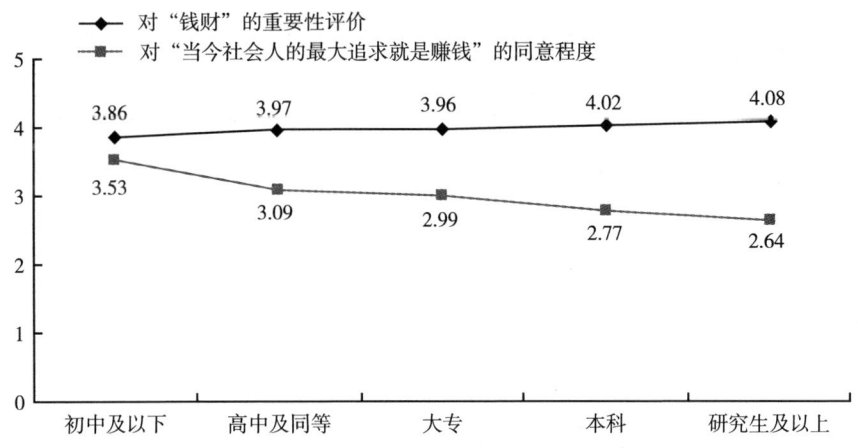

图8　不同受教育程度广州青年金钱观念比较

此外，我们发现广州青年中，已婚青年不论是对金钱的重视程度还是对金钱的追求倾向均高于未婚青年，这也暗示广州青年在婚后经济上的压力会增大，由此对经济的需求比婚前更加强烈（见图9）。

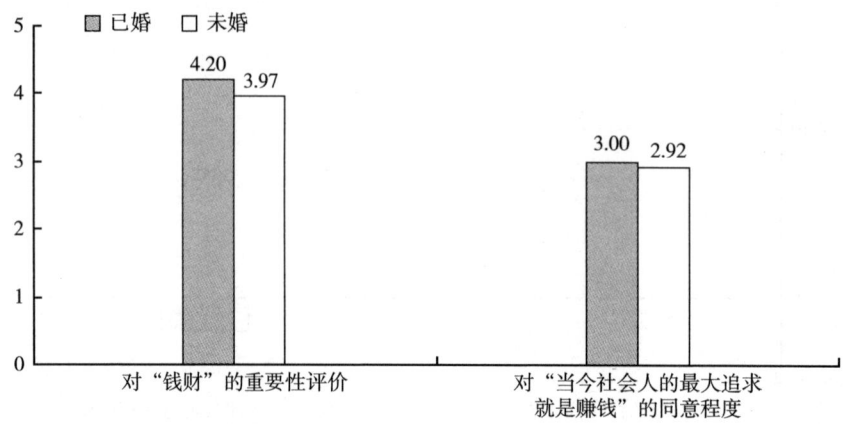

图9　不同婚姻状况广州青年金钱观念比较

3. 幸福生活的标准

对幸福生活主要标准的认知也是人生价值观的重要方面，是人生价值追求的一个反映。本次调查延续了往期调查的内容，考察三地青年们对"幸福生活首要标准"的态度，题目中列举了十余项幸福生活的标准，要求受访对象选择其中三项，并按照重要性排序。在此我们主要关注青年群体心目中的"首要标准"。

结果显示，和往年调查结果类似，"身体健康"依然是广州青年选择比例最大的幸福生活首要标准，达到43.71%，远高于其他的因素。"家庭生活美满"是广州青年另一个幸福生活重要标准，选择比例为20.53%，这再一次表明家庭不但是广州青年生活中的重要事物，家庭生活的质量也是广州青年重要的幸福感来源。再者，"平和的心境"也是广州青年相对重视的标准，比例为7.95%（见图10）。

4. 人生成就观

人生成就观是指人们对人生要取得成功主要取决于何种因素的理解，造就成功的因素整体上可分为先赋因素和自致因素两大类，前者包括家庭环境、个人生理等先天决定的条件；后者包括个人才能、教育水平、专业技能等可通过后天努力获取的条件。对这个问题的回答反映了人们对如何实现人生价值的看法。本次调查也同样延续了往期调查关于人生成就观的看法，让受访青年选择其认为造就人生成功最重要的因素。

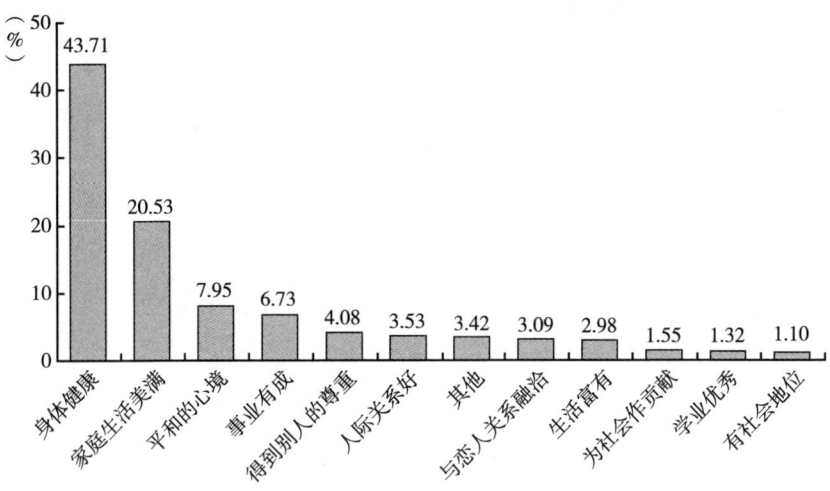

图 10　广州青年对幸福生活标准的评价

注:"家庭生活美满"包括"婚姻美满"和"子女孝顺";"事业有成"包括"事业成功"和"有一份喜欢的工作",下同。

广州青年在态度结构上认同"个人努力"是造就人生成功最重要因素的比例达到 44.35%;而"个人才能"则位列第二,比例为 27.28%;还有 11.20% 的广州青年认为"人际关系"是造就成功最重要的因素(见图 11)。

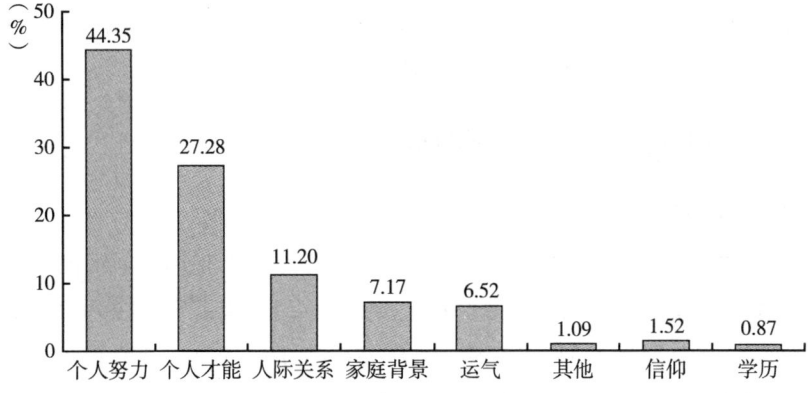

图 11　广州青年人生成就观

我们进一步将"个人努力"、"个人才能"、"学历"归入自致因素，其他先赋因素（如家庭背景）以及不能完全通过个体控制的因素（如运气、人际关系、信仰等）归入"非自致因素"。可以发现，广州青年整体上对自致因素的认同程度更高，达到73.3%（见图12）。

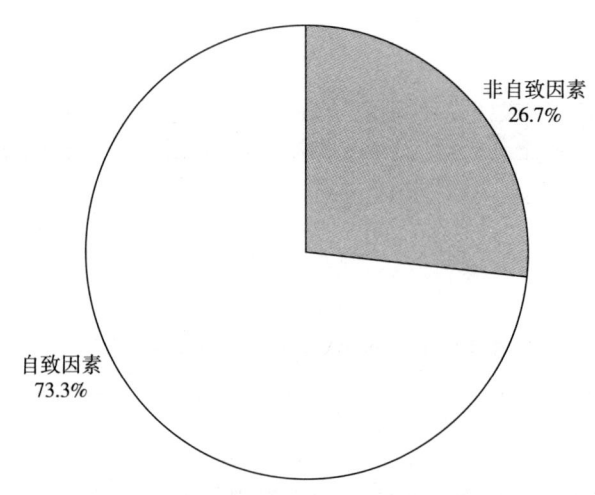

图12　广州青年对人生成就中不同类型因素的认同程度

注："自致因素"包括"个人努力"、"个人才能"和"学历"；非自致因素包括"运气"、"人际关系"、"家庭背景"和"信仰"；"其他"作为缺失值，下同。

另外，我们发现在广州青年中女青年与男青年相比，对人生成功中自致因素的认同程度更高，反映了当下广州女青年有着更强的自我效能感，更倾向于认为通过自身可以控制的因素能够获取成功（见图13）。

（二）港澳青年人生价值观的基本现状

1. 重要事物评价

在对生活中重要事物的评价上，港澳青年的排序是相同的。港澳青年在"家庭"上的重要性评分同样是最高的，分别为4.57及4.64；位列第二的同样为"朋友"，分别为4.34及4.42。与广州青年不同的是，港澳青年在重要性评分上排在第三、四位的分别是"休闲时间"和"钱财"，而"工作"则排在以上两者之后，平均得分亦均低于4，说明在港澳青年的观念当中休闲娱乐

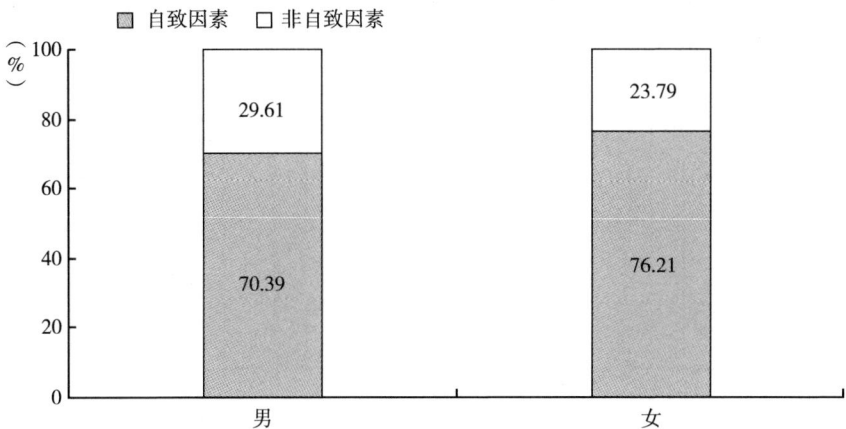

图13　不同性别的广州青年人生成就观比较

和钱财在生活中比工作更重要。同样地，港澳青年对"政治"与"宗教"的重要性评价不如上述几类事物（见图14）。

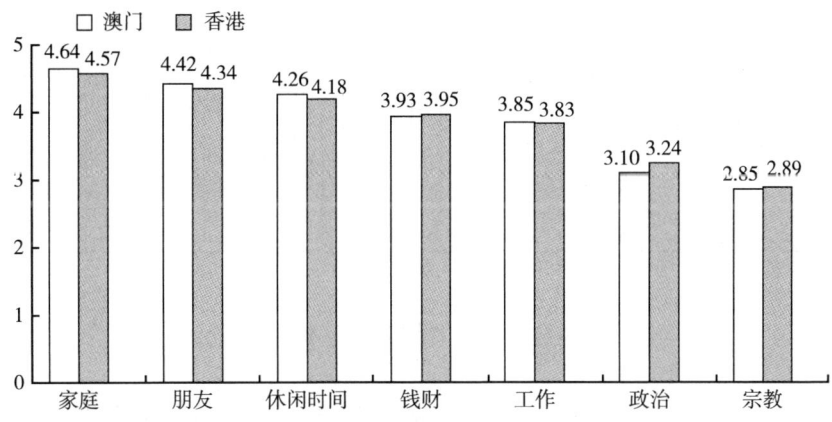

图14　港澳青年对生活中重要事物的评价

在港澳青年中，可以看到除了"政治"以外，女青年对各事物重要性评分几乎都高于男青年。值得关注的是和广州青年一样，女青年在"家庭"和"工作"上的重要性评分均不低于男青年。女青年希望兼顾工作和家庭生活的价值取向普遍存在于穗港澳地区（见图15和图16）。

年龄的增长与重要事物评价之间也存在一定关系，对于港澳青年而言，对

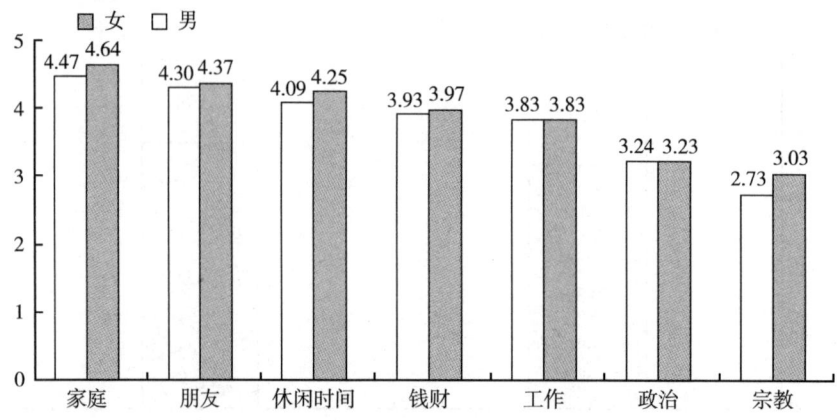

图 15　不同性别香港青年对重要事物评价比较

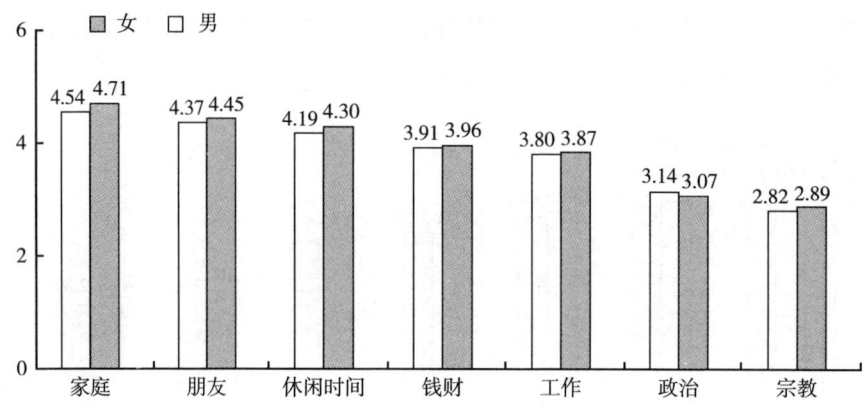

图 16　不同性别澳门青年对重要事物评价比较

"家庭"、"工作"、"钱财"的重要性评价随着年龄的增加而上升；对"朋友"、"休闲时间"的重要性评价则随着年龄的增加而下降，这与广州青年的情况非常接近。对"政治"和"宗教"的评价在港澳青年中存在差异。随着年龄增长，香港青年更重视"政治"，对"宗教"的关注会降低，对澳门青年而言则相反（见图17）。

与广州青年不同，对港澳青年而言，已婚群体对"家庭"的重要性评价高于未婚青年，而对"工作"的重要性评价则低于未婚青年，在一定程度上表明港澳已婚青年在婚后回归家庭的意愿更强，把家庭生活置于更加重要的位置，也

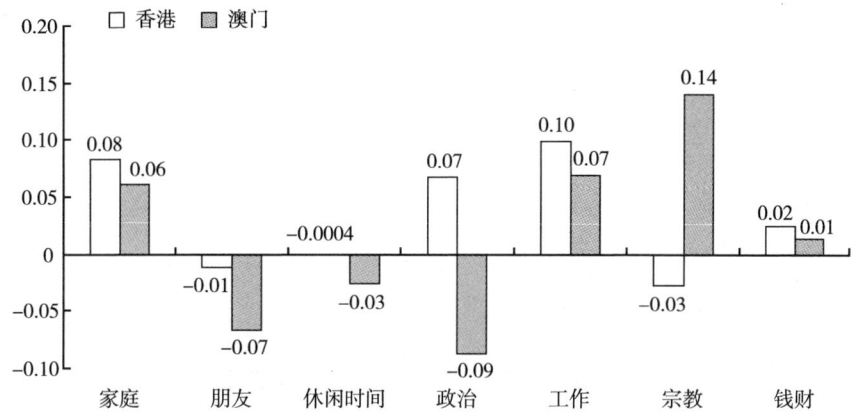

图17　港澳青年年龄与重要事物评价相关关系（Pearson 相关系数）

说明了港澳已婚青年的工作条件和状态相比广州青年而言更能够支撑起维持家庭生活质量的任务，为已婚青年把更多时间和精神放回家庭创造了条件（见图18）。

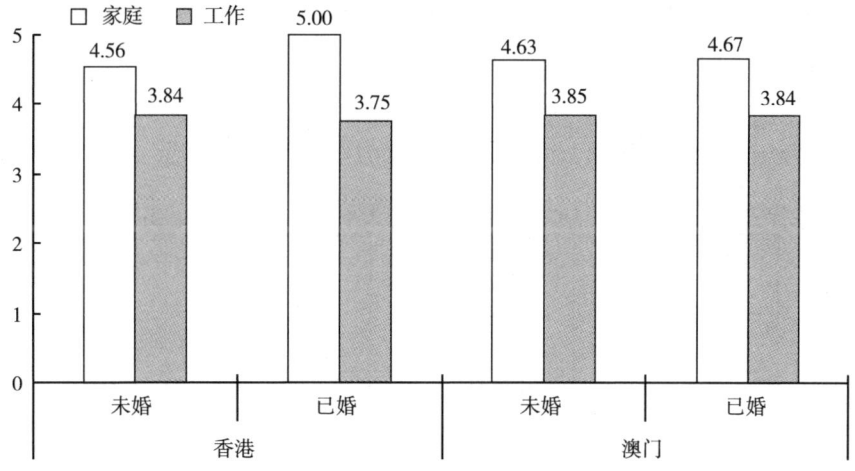

图18　不同婚姻状况港澳青年对"家庭"及"工作"重要性评价比较

2. 对金钱的追求倾向

在对"当今社会人的最大追求就是赚钱"这一说法的评价上，可以看到澳门青年的态度集中在"一般"，比例为37.15%，而香港青年则集中在"比较同意"，比例达到42.70%。另外，港澳青年对该说法的态度结构总体上均向"同意"的方向倾斜。可见，港澳青年整体有着较强的金钱追求倾向（见图19）。

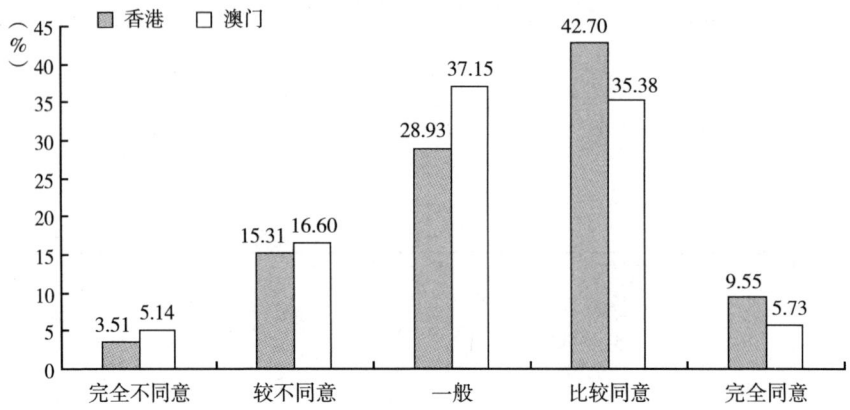

图 19　港澳青年的金钱追求倾向

同样地，我们发现在港澳青年当中，女青年相对于男青年有着更理性的金钱观，具体可以看到港澳女青年在对"钱财"的重要性评价更高的同时，对"当今社会人的最大追求是赚钱"的同意程度更低。可见，这个现象普遍存在于穗港澳地区的女青年中（见图20）。

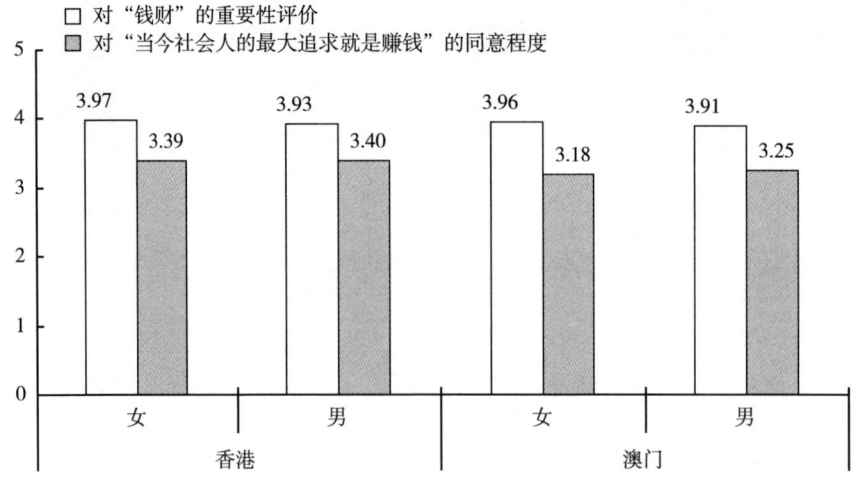

图 20　不同性别港澳青年金钱观比较

对港澳青年而言，年龄的增长同样也是促进其形成理性金钱观的一个因素，结果显示，和广州青年一样，年龄的增长在令港澳青年对"钱财"的重要性评价提高的同时，也会令其对"当今社会人的最大追求就是赚钱"的同意程度降低（见图21）。

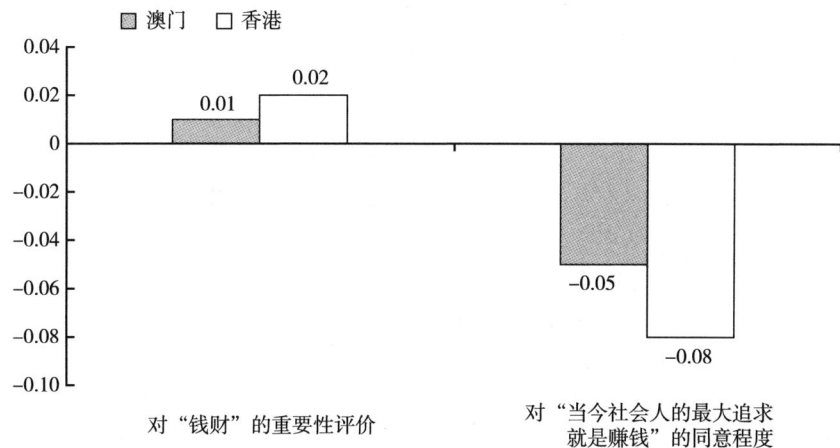

图21　港澳青年年龄与金钱观的相关关系（Pearson 相关系数）

在受教育程度与金钱观念的关系上，我们发现港澳青年随着受教育程度的提升，对"钱财"的重要性评价大致上呈现上升趋势，但在对金钱的追求倾向上则有所不同，澳门青年随着受教育程度的提升，对金钱的追求倾向呈现下降趋势，但香港青年则呈现先降后升的趋势，本科学历的青年对金钱的追求倾向最低（见图22和图23）。

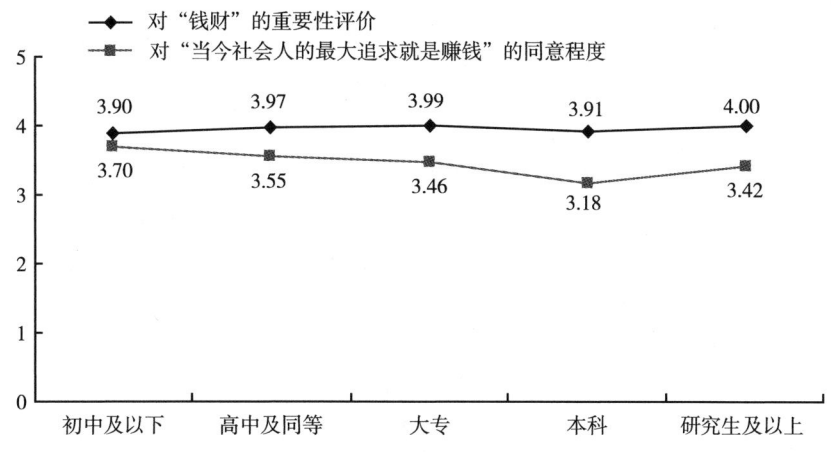

图22　不同受教育程度香港青年金钱观念比较

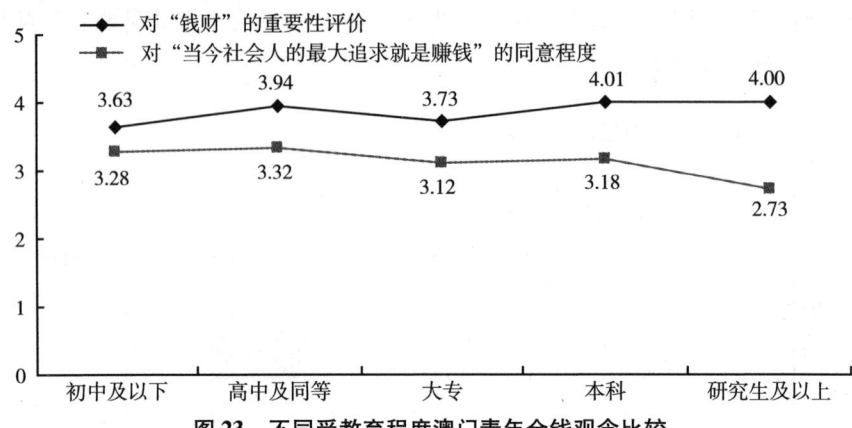

图23 不同受教育程度澳门青年金钱观念比较

我们发现,在香港青年中,已婚青年对金钱的重要性评价高于未婚青年,但对金钱的追求倾向则低于未婚青年。而在澳门青年中,已婚青年则在两种态度上均低于未婚青年。综合来看,港澳青年在婚后对金钱的追求倾向均比婚前有所下降,这种情况与广州青年存在差异(见图24)。

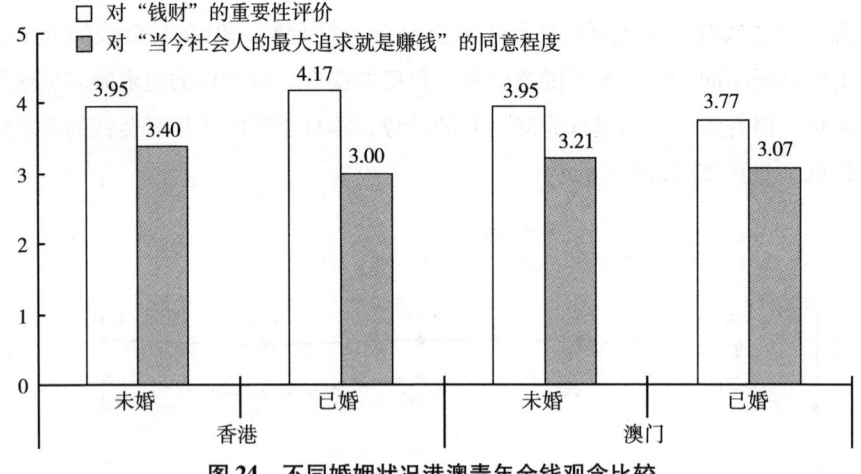

图24 不同婚姻状况港澳青年金钱观念比较

3. 对幸福生活的评价标准

在对幸福生活标准的评价上,港澳青年选择比例最大的首要标准同样为"身体健康",分别达到37.99%及46.70%。"事业有成"和"人际关系好"是香港青年选择比例第二、第三位的标准,比例分别为12.29%及11.73%。

而对澳门青年而言，另外两个较重要的标准为"家庭生活美满"及"人际关系好"，选择比例分别为16.67%和9.34%（见图25）。

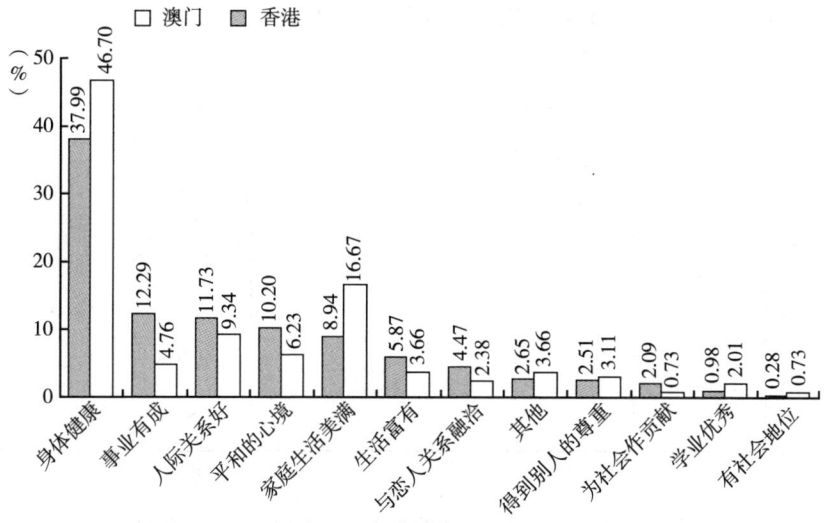

图25　港澳青年对幸福生活标准的评价

4. 人生成就观

在人生成就观上，港澳青年的态度结构类似，选择比例前三位的同样是"个人努力"、"个人才能"以及"人际关系"。可以看到香港青年对"个人努力"的重视程度最高，比例达到46.63%，而澳门青年则为39.25%。另外，澳门青年对"人际关系"的作用的认同程度高于"个人才能"（见图26）。

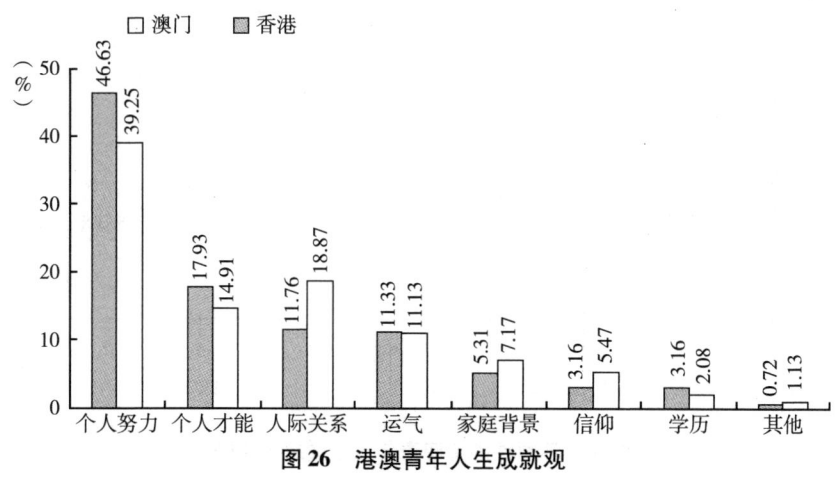

图26　港澳青年人生成就观

综合地看，港澳青年整体上亦更认同自致因素在人生成功中的作用，香港青年对自致因素的选择比例为68.21%；而澳门青年则为56.87%。相比之下，澳门青年中有更多认同非自致因素的作用（见图27）。

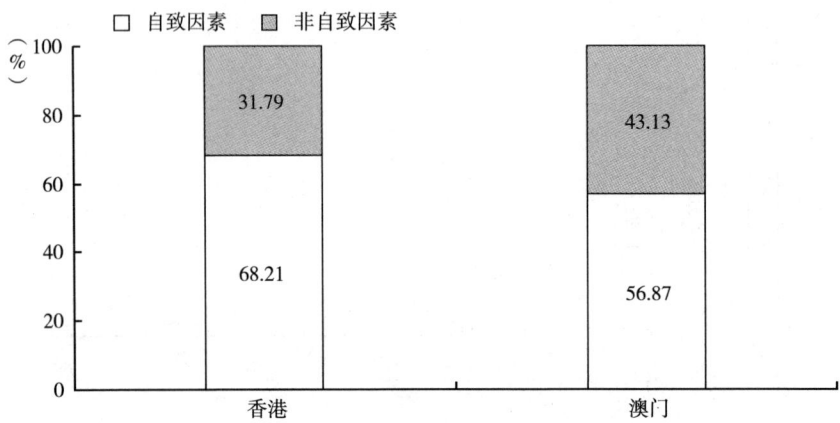

图27　港澳青年对人生成就中不同类型因素的认同程度

性别因素是可能影响港澳青年人生价值观的一个因素，通过比较发现，不论是香港还是澳门，女青年对自致因素在人生成功中的认同程度均高于男青年，在香港青年中这个差距更是达到了10个百分点（见图28）。

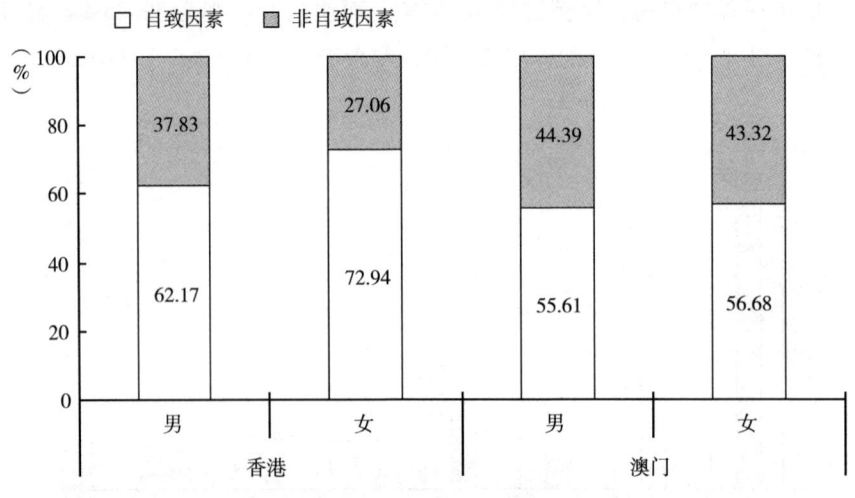

图28　不同性别港澳青年人生成就观比较

三 青年人生价值观的比较

（一）三地青年人生价值观的特征比较

1. 重要事物评价：三地青年均最重视家庭和朋友，广州青年比较重视工作与金钱

比较三地青年的情况，我们可以看到，三地青年对"家庭"的重视程度均最高，其次为"朋友"，但可以看到港澳青年在"家庭"和"朋友"的平均值上均低于广州青年。另外，广州青年对"工作"及"钱财"的评价高于港澳青年，而对"休闲时间"的评价则低于港澳青年，也反映了广州青年对工作及金钱的重视程度强于港澳青年。这暗示了广州青年在生活中可能承受着更大的经济压力，并更需要通过工作的收入来减轻这种压力。同样地，三地青年对"政治"与"宗教"的重要性评价均较低（见图29）。

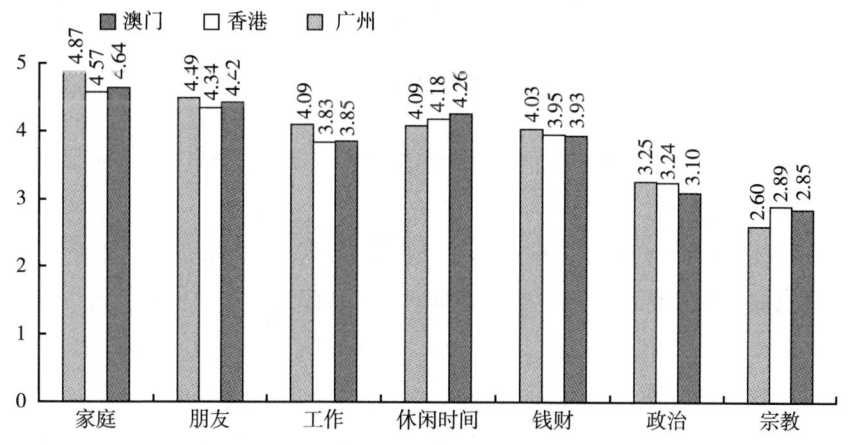

图29 三地青年对生活中重要事物的评价比较

2. 对金钱的追求倾向：广州青年较低，香港青年较强烈

综合三地青年对"当今社会人的最大追求就是赚钱"这一说法的评价，

可以看到广州青年尽管对"钱财"的重视程度较高,但对此说法的认同程度比港澳青年低,澳门青年次之,而香港青年最高。这反映了港澳青年尤其是香港青年的"拜金"倾向整体强于广州青年。这可能与港澳地区市场化发展程度目前依然高于中国大陆地区密切相关,商业逻辑盛行的社会环境在一定程度上强化了港澳地区青年对金钱多寡作为个人成功的判断标准的认同感,从而使港澳青年把金钱放在人生目标更为突出的位置,而广州青年则可能更倾向于把金钱作为维持生活的基本条件(见图30)。

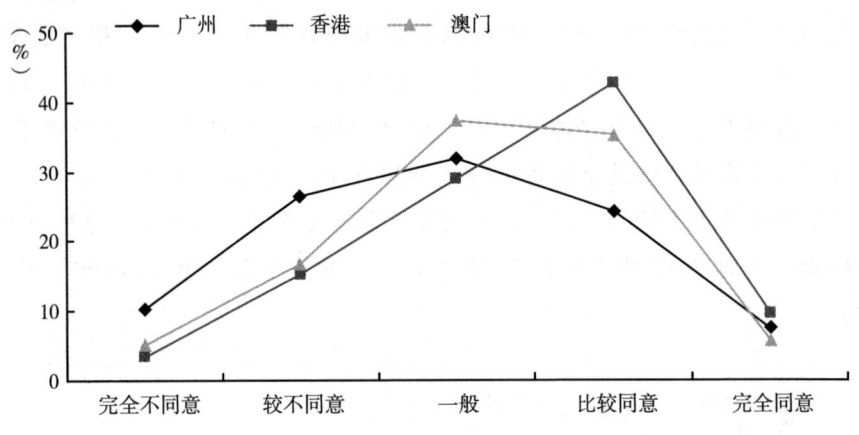

图30 三地青年对金钱的追求倾向比较

3. 幸福生活首要标准:三地青年均最重视身体健康,香港青年在幸福生活标准上多元化取向较强

通过比较可以发现,三地青年以"身体健康"作为幸福生活首要标准的比例均远高于其他标准,其中澳门青年对此的认同度最高。再者,可以看到香港青年的幸福标准更具有多元化的特征,选择比例在10%以上的标准有4个,而穗、澳青年则分别只有2个。这种对幸福生活标准的多元取向,能使青年对幸福的寄望不局限于现实生活中的少数方面,对幸福感的增强具有一定积极作用(见表1)。

4. 人生成就观:三地青年均首选自致因素作用,广州青年最明显

通过比较可以发现,三地青年对自致因素作用的认同比例均超过一半,其中广州青年对自致因素的认同比例最高,香港青年次之,澳门青年最低。整体

表1　三地青年对幸福生活首要标准评价比较（前5位）

单位：%

次序	广州		香港		澳门	
	标准	比例	标准	比例	标准	比例
第1位	身体健康	43.71	身体健康	37.99	身体健康	46.70
第2位	家庭生活美满	20.53	事业有成	12.28	家庭生活美满	16.67
第3位	平和的心境	7.95	人际关系好	11.73	人际关系好	9.34
第4位	事业有成	6.73	平和的心境	10.20	平和的心境	6.23
第5位	得到别人尊重	4.08	家庭生活美满	8.94	事业有成	4.76

而言，港澳地区青年对诸如家庭背景、运气等非自致因素在个人成功当中的作用存在更强烈的认同感（见图31）。

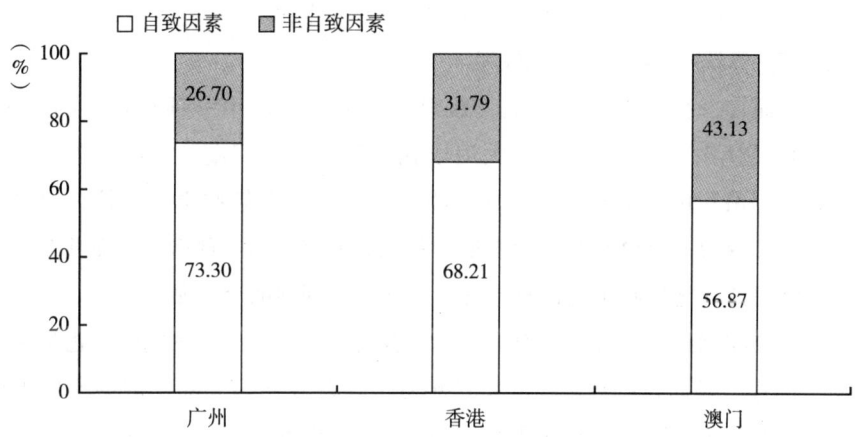

图31　三地青年人生成就观比较

（二）穗港澳青年人生价值观存在的问题与原因分析

1. 部分青年对休闲的重视程度高于工作

对青年群体而言，家庭和朋友都是其生活中最重要的事物，这是青年社会化过程中两个重要的主体，具有普遍的规律。同时我们发现，除了以上两者，青年群体对休闲时间的重要性评价也是非常高的，结果显示港澳青年对休闲时间的重视程度甚于工作，广州青年则把两者置于同等地位。

对休闲娱乐问题应当用科学的眼光去看待，休闲活动的增加首先是社会经济发展水平提升的一个重要体现，属于更高层次的需求。再者，它也是青年成长的重要环节，刘庆庆等指出，休闲娱乐活动是青年成长过程的实践载体之一，在愉悦青年身心、陶冶青年情操、改善青年教育、促进青年健康成长等方面具有重要的社会功能。新媒体的兴起也为青年的休闲生活带来了重要的客观条件。而青年休闲消费市场的扩大对社会经济也起着极大的推动作用。

但在看到休闲娱乐对青年发展的重要性的同时，也需警惕两个问题，一是在青年阶段对休闲的过度追求很可能是在多元价值观交错的社会环境之下受到享乐主义价值观影响所致，若不加以控制将影响其正常的学习和工作；二是青年群体这种对休闲的需求也可能是当下生活中存在巨大压力的一个反映，家庭、工作、学习等多重压力致使青年需要找到宣泄的途径，从而更迫切地渴望寻找休闲娱乐的机会，这也是需要注意的一个可能性。

2. 部分青年对金钱追求倾向较强

整体而言，受访青年群体把"钱财"也视为生活中一项较重要的事物，与此同时，对"当今社会人的最大追求就是赚钱"的问题，受访青年群体多集中在"一般"的中立态度上。这表明尽管穗港澳青年们重视金钱，但可能更多地将其视为追求更高的生活质量、获取更大成就的一种途径，而并非其人生的最终目的，这反映了受访青年普遍具备一种理性的金钱观。

但需要注意到受访青年在对上述说法普遍保持中立态度的同时，也呈现一定的"同意"倾向，特别是在港澳青年身上体现较明显。除了因为不同地区市场化及商业化程度不同所导致的对成功的评价标准不同之外，另一个可能的原因是不同地区社会不平等的现状。根据国家统计局公布的相关数据，2016年我国居民收入基尼系数呈现下降趋势，居民收入差距正在缩小，广州和澳门的情况亦大致如此，相比之下，香港的社会不平等程度却有扩大的迹象。例如，近年相关调查显示，逾半数受访者表示目前香港社会向上流动的机会并不足够，其中以年轻、具有大专学历、来自基层的男性群体为甚；也有调查显示每六名香港年轻人就有一人是"月光族"，29%的年轻人最大梦想为买楼，虽然与此前相比有所下跌但仍是年轻人五大梦想之首。贫富差距的扩大以及对向上流动困难增加的感知，使香港青年对改善自身经济条件产生了更迫切的需求，而财富的增加是解决这些现实问题最直接的途径，这也可能导致了香港青年较强的金钱追求倾向。

3. 部分青年较强调非自致因素在个人成功中的作用

整体而言，受访青年群体依然认为在取得成功的过程中个人努力、个人才能等完全自致的因素所起的作用更大，这也是当下穗港澳地区较开放和自由的社会环境在青年人生价值观上的主观反映，即绝大部分青年意识到其所身处的社会环境的流动机制总体上是畅通的，通过自身后天的努力和学习到的知识技能可以获取更高的社会地位。而在普遍认可个人努力和才能的同时，我们也发现，受访青年对"人际关系"在个人成功中的作用也具有较高的认同度。"关系"历来是中华传统文化中的要素，以致"拉关系"、"找关系"等话语和做法也深入到人们的日常生活不同情景当中。更深层次而言，利用人际关系的实质是对自身社会网络和社会资本的运用，在工作和生活中重视人际关系的建立在某种意义上能有效地提高效率并达到目标。而这种对人际关系的维持甚至更发挥着情感性而非仅仅工具性的功能，从很多青年把人际关系好看作幸福感重要来源的结果可以看到。

不过对青年群体而言，过分强调人际关系在个人成功中的作用，在一定程度上容易弱化对个人努力和个人技能等内因的重视，形成过分依赖关系投机取巧的倾向；其次则容易令本应发挥情感功能的亲情、友情、爱情等关系出现工具化、功利化、庸俗化的趋势，青年群体的这种价值取向值得关注。

另外，结果显示澳门青年对非自致因素作用的强调与穗港青年相比明显更高，这可能与澳门地区较独特的产业结构和社会环境有关，吴伟东等指出澳门以博彩业为主的产业单一化趋势正不断加剧，澳门青年的就业选择面临着产业单一化的约束，博彩业的特点是高工资、低技术、低学历、低门槛，为在校学习的青年学生创造了一批"低技能、高工资"的就业岗位，提供了一条无须获得优秀学业成绩也可以获得高回报的出路。这样的现实环境可能削弱了澳门青年通过自身努力追求知识和技能增长取得更高层次成就的动力，而更愿意通过更早进入职场换取短期内更大的经济利益。

四 结论及对策建议

（一）基本结论

本报告以穗港澳青年为调查对象，从生活中重要事物的评价、对金钱的追求倾向、对幸福生活的评价标准以及人生成就观四个主要方面比较三地青年的人生价值观基本状况。本次调查有如下基本结论。

第一，在对生活中重要事物的评价上，三地青年对"家庭"的重视程度均最高，说明三地青年均有着非常强烈的家庭观念。另外，调查显示，三地青年对"休闲时间"的重要性评价均进入前三位，相比之下，广州青年对"休闲时间"的评价则低于港澳青年，对"工作"及"钱财"的重要性评价高于港澳青年，也反映了广州青年对工作及金钱的重视程度强于港澳青年，换句话说即对经济的需求更强烈。在不同人口学特征群体上，结果显示三地女青年在"家庭"和"工作"上的重要性评分均不低于男青年；年龄与对各重要性事物评价的关系在三地虽略有差异，但随着年龄增长，三地青年对家庭、工作及钱财的重要性评价均会不断提高；但可以看到，广州已婚青年不论是对"工作"还是对"家庭"的重要性评价得分均高于未婚青年，港澳青年则不同，青年婚后在对"家庭"重要性评价增加的同时，对"工作"的重要性评价却是降低的。

第二，在金钱观上，调查结果显示港澳青年尤其是香港青年对金钱的追求倾向整体强于广州青年。在不同人口学特征群体上，三地结果均显示女青年相对于男青年有着更理性的金钱观，在对"钱财"的重要性评价比男青年更高的同时，对"当今社会人的最大追求是赚钱"的同意程度更低；同时，随着年龄的增长，三地青年的金钱观也会更趋于理性；受教育程度与金钱观的关系在三地中存在差异，穗、澳青年随着受教育程度的提升更趋向于形成更理性的金钱观；此外，广州已婚青年不论是对"钱财"的重要性评价还是对金钱的追求倾向均高于未婚青年，但对港澳已婚青年而言，尽管对"钱财"的重要性评价强于未婚青年，但对金钱的追求倾向却比未婚青年弱。

第三，在对幸福生活的评价标准上，三地青年将"身体健康"作为幸福生活首要标准的比例均位列第一，且比例明显高于其他标准，可见三地青年对健康生活有着强烈的追求，并以此作为幸福感的主要来源。再者，我们发现相对于穗、澳青年，香港青年对幸福生活评价具有更多元化的特征，不将幸福感的来源局限在少数方面，我们认为这种多元化的取向对青年幸福感的提升有积极意义。

第四，在人生成就观方面，整体而言三地青年中绝大部分均认可个人努力、个人才能等自致因素在个人成就中所起的作用，其中广州青年对自致因素的认同比例最高，澳门青年最低。相对而言，港澳地区青年对家庭背景、运气等非自致因素在个人成功当中的作用存在更强烈的认同感。此外，结果还显示，三地女青年有着强烈的自我效能感，对自致因素的认同感均高于男青年，由此可见女性社会角色转变及社会地位的提高的客观现实正在女青年的人生成就观中有着鲜明的体现。

（二）对策建议

1. 穗港澳青年对休闲娱乐的需求将不断提高，需为青年提供压力释放渠道，引导青年建立健康休闲观

本次调查显示，青年群体对休闲时间的重要性评价非常高，整体上并不低于对工作的重要性评价。对于生活在穗港澳这种社会经济发展水平较高城市的青年，随着生活水平的提高、休闲娱乐设施的增加以及新媒体普及范围的继续扩大，对休闲娱乐的需求不断提高；另外，生活、工作、学习等多重压力的增加，也将令青年在主观上产生休闲娱乐的需求，通过休闲娱乐释放压力，我们预期，以上种种因素将令青年对休闲的价值评价继续提高。

对此，青年工作者需要客观看待这个问题，首先需要面向处于不同阶段的青年群体，在其所在的社区有针对性地开展受青年欢迎且具有休闲娱乐性质的活动，例如体育竞技活动、婚恋交友活动等，更可与公益活动相结合，为青年释放压力提供渠道的同时创造社会效益。另外，需要引导青年建立正确、健康的休闲娱乐观，倡导适当、有益身心的休闲娱乐，并协调休闲娱乐与工作、家庭、学习之间的关系，避免休闲娱乐观向享乐主义观的方向演变。

2. 青年对金钱的重视程度将不断提高，需引导青年形成理性金钱观

本次调查显示穗港澳青年整体上表现出一种认为金钱重要但不把金钱作为唯一目的理性金钱观，但不同地区情况有所差异，港澳青年对金钱的追求倾向较强。随着大城市消费水平的不断提高以及青年群体面临成家立业之后的经济压力，我们预期穗港澳青年对金钱的重视程度将不断提高，但与此同时，我们认为随着高等教育的普及范围扩大，接受更多教育的青年对社会价值与个人价值之间的关系将有更深刻的认识，人生价值观也会产生深刻的变化，因此，把追求金钱作为人生最大追求的价值倾向在今后很可能会有所削弱。

对此，继续对青年进行理性金钱观的引导具有必要性。除了通过就业、创业服务在客观上减轻青年的经济负担之外，应继续在青年群体中开展志愿服务和慈善捐赠活动，令青年在提供服务和参与活动的过程中潜移默化地提升公民素养，接受公益慈善理念的熏陶，对社会需求和自身应担负的社会责任形成更加深刻的理解，避免陷入狭隘的金钱观中。

3. 对自致因素的认同度会不断提升，需要建立模范榜样为青年树立正面的人生成就观

本次调查显示，穗港澳青年整体上更认同个人努力、才能等自致因素在个人成功当中所起的作用，这是青年所身处的社会阶层及流动客观状况在青年人生价值观中的主观反映。因此，我们预期从穗港澳地区整体上来看，青年们将生存于一个社会不平等现状不断减弱、社会流动渠道更畅通的环境之下，从而青年对自致因素的作用认同度会不断提高，但同时不同地区的变化可能存在差异。例如，对澳门地区的青年而言，其成就观价值取向还受到当地产业结构的重要影响，在短期内澳门青年对非自致因素的强调可能依然会保持在相对较高的水平。

对此，青年工作者应当有意识地在青年群体当中树立更多通过自身努力获得成功的先进模范榜样，例如企业家、政治家、运动员、影视明星等受青年欢迎的社会知名人士，以讲座、培训等形式，由这些人亲身介绍自己取得成功的历程和经验，借助这些社会名人的影响力，引导青年群体形成更积极的个人成就观，削弱其过于依赖先赋因素和其他非自致因素取得成功的心理倾向。

4. 家庭观念依然强烈，需要将家庭纳入青年服务工作当中

本次调查反映了穗港澳青年有较强烈的家庭观念，家庭不但是生活中最重要的事物，也是幸福感的一个重要来源。青年群体正处于求学时期或职业生涯的起步阶段，自身所拥有的经济、社会资本往往较为薄弱，对家庭的依赖性依然较强；另外，自幼受到家本位的传统文化影响，家庭在青年心目中扮演着非常重要角色。可以预期，在未来穗港澳青年的人生价值观中，强烈的家庭观念将仍然存在。

因此，在引导青年人生价值观的过程中，需要继续重视对青年群体良好家庭环境的构建工作，避免单纯把青年个人作为服务对象，而需要将青年的家庭成员纳入到服务的视野中。对不同年龄的青年群体应有不同的侧重点，对低年龄段的青年，应重点引导其与父母、兄弟姐妹形成良好家庭关系；对已婚青年，则应重点开展关于夫妻、子女关系维持的服务与教育。

5. 女青年兼顾家庭及工作，通过自致因素取得成就的期望将增强，需要为女青年提供实现自我价值的条件

本次调查显示穗港澳地区女青年对家庭和工作的重视程度并不低于男青年，同时也比男青年更强调通过自致因素造就自身的成功。女青年已经表现出逐渐摆脱传统社会角色、努力兼顾家庭和工作的期望。可以预期，在未来女青年的这种期望将会更强烈，特别是通过自身的能力追求工作和事业的成功将在女青年人生价值观中占据越来越重要的位置。

对此，我们建议有必要开展专门针对女青年的就业及创业服务，特别是为更多女青年的创业提供优惠政策，如创业资金资助、提供场地设备等措施。通过促进女青年就业和创业，提升女青年的自尊和自我效能感，实现女青年的自我价值，并间接推动社会性别平等意识的普及。

6. 广州已婚青年的家庭及工作双重压力将增大，需要关注已婚青年的压力疏导问题

本次调查显示，广州已婚青年在家庭及工作上均明显比未婚青年更加重视，对钱财的重要性评价和对金钱的追求倾向也比未婚青年更强烈。随着诸如穗港澳地区大城市生活成本的不断攀升，对大部分出身于一般市民阶层的青年而言，稳定的工作对于积累经济基础以维持家庭正常生活具有不可或缺的意义，对刚成家的青年夫妻而言尤为重要。我们预期在今后一段时间里，广州已婚青年对家庭以及工作两者的重视程度整体上依然会高于未婚青年，对经济资源的需求程度也会不断增加，甚至这种差距还会进一步扩大。

针对这种结果，我们建议青年工作者需特别重视对已婚青年工作和家庭双重压力的疏导。为青年夫妻家庭提供就业和创业方面的服务，例如根据不同家庭的特点提供个性化的就业信息发布以及就业技能培训；另外，青年夫妻家庭的一个压力往往来源于对子女的抚育问题，因此，幼年子女入学前的托管、教育服务也是已婚青年服务的另一个需要重点开发的环节。

参考文献

杜淑冰、谢惠娟：《穗港青年"国家与民族"观念比较研究》，《青年探索》1999年

第 2 期。

黄成荣、袁志文：《穗港澳三地青少年欺凌行为比较与社群福祉观辅导应对》，《青年探索》2010 年第 6 期。

黄希庭、郑涌等：《当代中国青年价值观研究》，人民教育出版社，2005。

金盛华、辛志勇：《中国人价值观研究的现状及发展趋势》，《北京师范大学学报》（社会科学版）2003 年第 3 期。

李春玲：《京穗港青年比较研究系列——主题二：法律与道德》，《青年研究》1994 年第 11 期。

刘钧演、陈冀京、涂敏霞等：《穗港澳青少年消费模式比较研究报告》，《青年探索》2006 年第 5 期。

刘庆庆、杨守鸿、陈科：《新媒介对青年休闲娱乐的影响研究》，《重庆大学学报》（社会科学版）2012 年第 1 期。

刘永芳、钟毅平：《价值观的心理学涵义及其心理内容分析》，《湘潭师范学院学报》（社会科学版）1997 年第 5 期。

陆春：《都市青年的职业志向——关于京沪穗港青年择业取向的比较与分析》，《青年研究》1997 年第 9 期。

沈杰：《京穗港青年比较研究系列——主题三：国家与民族》，《青年研究》1995 年第 1 期。

涂敏霞、杨喜添、吴冬华等：《穗、港、澳青少年压力释放及形式的比较研究》，《中国青年研究》2008 年第 12 期。

魏美梅、陈瑞贞：《香港大学生法治意识及法律普及教育探讨——基于穗港澳三地大学生法治意识比较调查》，《青年探索》2011 年第 6 期。

吴伟东、郭腾军：《产业结构与青年的就业选择——对 9 名澳门青年的深度访谈分析》，《中国青年研究》2012 年第 3 期。

习近平：《青年要自觉践行社会主义核心价值观》，《人民日报》2014 年 5 月 5 日，第2 版。

谢惠娟：《穗港青年家庭观的比较研究》，《青年探索》2001 年第 3 期。

徐华春、郑涌、黄希庭：《中国青年人生价值观初探》，《西南大学学报》（社会科学版）2008 年第 5 期。

杨宜音：《社会心理领域的价值观研究述要》，《中国社会科学》1998 年第 2 期。

张仁寿、黄小笙、吕寒：《基于千户调查的广州城乡居民基尼系数分析》，《南方农村》2012 年第 4 期。

中国社会科学院社会学研究所青少年研究室等：《京穗港青年比较研究系列——主题一：个人与社会》，《青年研究》1994 年第 6 期。

《2015 年中国基尼系数为 0.462 创 12 年来最低》，http://www.ce.cn/xwzx/gnsz/gdxw/201601/19/t20160119_ 8372526. shtml。

《澳门居民总收入情况》,http://hm.people.com.cn/big5/n/2014/1204/c391081-26148846.html;

《香港基尼系数高企贫富差距拉大近2成在困线下》,http://finance.sina.com.cn/china/dfjj/20140905/015820217572.shtml。

《香港贫富差距愈见拉阔年轻人常埋怨"上位难"》,http://www.chinanews.com/ga/2013/03-05/4614976.shtml。

《香港梦是什么?29%香港青年认为是买楼》,http://finance.sina.com.cn/world/20150930/173623392667.shtml。

# B.5
穗港澳青年科技观研究

谭丽华 周理艺*

摘 要： 本文对穗港澳三地青年科技观进行比较分析，三地青年科技观念积极正面。广州青年积极响应程度最高，对科技不良影响担忧最少；香港青年科技观积极响应程度以及对科技不良影响担忧居第二位；澳门青年积极响应程度居第三位；对科技不良影响担忧居第一位。研究认为广州科技进步速度较快的环境，促进了广州青年积极正面科技观的加快形成，同时广州青年需要了解STSE（科学、技术、社会与环境）资讯，提高对科技与社会及环境影响的认知。

关键词： 穗港澳 青年 科技观 比较

在科技上天入地、互联网资讯即刻传递的时代里，青年群体对科学技术的响应是快速积极的。穗港澳地区青年享受科技带来的便利生活的同时，是如何看待科学和技术的，还未见系统调查研究。本次调查将分析比较穗港澳青年科技观状况，反映科学与技术对穗港澳青年价值观念影响，并探索三地青年科技观异同的原因。

一 青年科技观的基本概念

1. 基本定义、理论视野和分析方法

本文中的科技观是指对科学（Science）与技术（Technology）的观念

---

* 谭丽华，广州市穗港澳青少年研究所助理研究员、社会学博士，主要研究方向是青年与青年组织；周理艺，广州市穗港澳青少年研究所研究助理。

(views)，科技观念折射人们的价值取向。从新中国建立伊始"超英赶美"，到改革开放引进外国生产线，再到21世纪提倡科学发展观至今，60多年我国对科学与技术赶超发展孜孜以求，这一历程影响着人们对科学与技术的观念。在这一历史背景下，我国的科技观研究在马克思主义理论框架下得到较多讨论，形成以马克思主义科技观当代发展为线索的科技观研究。在哲学领域，作为与马克思主义科技观比较研究的哈贝马斯科技观研究也得到较深入研究。在交叉学科研究中，涉及科技与社会生活多个方面的研究较为广泛，例如科技观与生态环境研究等。十多年来的社会学领域，在科学素养理论视野下积累了一些采用社会学分析方法针对青年群体科技观的研究。

本文沿着对青年群体科技观的科学素养研究，采用数据分析方法，以穗港澳青年群体为对象，讨论青年对科技的正面影响、负面影响、在日常获取科技资讯是否重要等方面的认同状况。选取了五个问题讨论穗港澳青年科技观念当中科技改善生活、科技为青年提供机会、科技依赖影响信仰、科技影响善恶观念、了解科技的重要性等主要方面的状况，这五个问题分别是：科学和技术使我们的生活更健康、更便利、更舒适；科学和技术使我们的下一代有更多的机会；我们对科学的依赖太多了，而不再依赖和相信信仰；科学的一个负面影响是改变了人们对好坏善恶的观念；在日常生活中了解科学是不重要的。

2. 已有研究结果回顾

2000年以后，有调查对湖北、上海等城市青年、大学生所做的科技观研究对了解十多年来青年科技观状况有借鉴意义。其中，唐美玲通过对湖北省289份城镇青年公民科学素养状况调查问卷的分析，描述了现阶段城镇青年对科学技术的认知、科学技术对社会生活影响的状况。邓蕾的研究在描述和分析《上海青年发展状况调查（2013年）》数据后发现，城市青少年的科技观中既包含人与自然协调发展的价值取向，又沿袭了征服、控制、利用自然的传统思维；科技观的形成和巩固不仅受到性别、世代、社会经济地位及政治取向等个人因素的影响，还与城市发展理念、环境污染体验等因素有关，反映了青年科技观念形成和巩固的复杂因素。已有研究描述了青年科技认知及其影响的基本情况，对青年科技观的影响因素作了个体与社会面向的挖掘。而这些研究并没有跨出内地，在内地城市与港澳这样差异性可能更大的城市中进行比较，本文所做的穗港澳青年科技观比较即是这样的尝试。

二 青年科技观现状

1. 广州青年科技观基本现状

（1）对科技正面影响的认同度高

在关于科技观的五个看法中，广州青年对"科学和技术使我们的生活更健康、更便利、更舒适"这一看法的认同度最高（均值=7.58），其次是"科学和技术使我们的下一代有更多的机会"这一看法（均值=7.48）。广州青年对"在日常生活中了解科学是不重要的"这一看法的认同度是最低的（均值=2.84）。通过这三个看法认同度的对比，我们可以得知，广州青年认同科技对自己的生活的好处、便利，认同科技对人类未来发展的积极影响（见表1）。

（2）对科学影响信仰和善恶观念持中立态度

对于"我们对科学的依赖太多了，而不再依赖和相信信仰"和"科学的一个负面影响是改变了人们对好坏善恶的观念"两个看法，广州青年是持中立的态度（均值分别为5.23和5.15）。由此可见，广州青年对科学对信仰的影响和科学对善恶的观念的影响保持中立态度，认为科学和技术对于"信仰"和"善恶观念"是中性的影响。综上所述，广州青年认同科学技术对人类生活和未来发展具有积极意义，而对科学技术对信仰、善恶的影响保持中性。

表1 广州青年科技观情况

	N	极小值	极大值	均值	标准差
科学和技术使我们的生活更健康、更便利、更舒适	939	0	10	7.58	2.190
科学和技术使我们的下一代有更多的机会	938	0	10	7.48	2.037
我们对科学的依赖太多了，而不再依赖和相信信仰	936	0	10	5.23	2.352
科学的一个负面影响是改变了人们对好坏善恶的观念	938	0	10	5.15	2.371
在日常生活中了解科学是不重要的	939	0	10	2.84	2.160

（3）青年重视了解科学，对科技有信心

对广州青年关于科技五种看法认同度进行双变量Pearson相关分析，有以下发现:青年对"科学和技术使我们的生活更健康、更便利、更舒适"的认同度与"科学和技术使我们的下一代有更多的机会"的认同度存在显著的正相关关系,而且两者的相关关系强(相关系数=0.760)。我们可以得知,广州青年高度认同科技使我们这一代的生活更健康、更便利、更舒适,同时也让他们高度相信科技会让下一代有更多的机会。由现代科技的成效带动他们对科技未来的信心。

对"科学和技术使我们的生活更健康、更便利、更舒适"、"科学和技术使我们的下一代有更多的机会"两种看法的认同度,分别与"在日常生活中了解科学是不重要的"看法的认同度存在显著的负相关(相关系数分别是-0.282和-0.245)。由此我们认为,青年体会到了科技在生活中的作用以及对科技未来的信心,确信了解科技在他们生活中具有重要意义(见表2)。

(4)广州青年对科技依赖度越高,对信仰依赖度越低

"科学和技术使我们的生活更健康、更便利、更舒适"、"科学和技术使我们的下一代有更多的机会"两种看法的认同度与"我们对科学的依赖太多了,而不再依赖和相信信仰"看法的认同度存在显著的正相关关系(相关系数分别是0.117和0.118),即广州青年对科技的认同度越高,他们对科技的依赖也会越强,对信仰的依赖和相信会降低。但是因为相关系数不高,所以影响较小。虽然目前广州青年对"科技对信仰的影响"持中立的态度。但是如果未来广州青年对科技的认同逐渐变成依赖,那么广州青年的价值信仰会受到一定程度的冲击。

"我们对科学的依赖太多了,而不再依赖和相信信仰"、"科学的一个负面影响是改变了人们对好坏善恶的观念"两种看法的认同度与"在日常生活中了解科学是不重要的"看法的认同度呈显著正相关关系(相关系数分别是0.206和0.274)。由此,我们知道,如果青年认同科技对"信仰"和"善恶观念"有负面的影响,那么他们对了解科技的重要性认知也会下降。

由以上的相关分析,我们可以得出广州青年对科技观认知的一个简单模型:广州青年对科技积极作用的认识和信任会导致青年逐渐依赖科技,逐渐依赖科技可能会导致青年信仰下降,青年信仰的下降反过来影响青年对了解科技重要性。

表2　广州青年科技观相关性

	科学和技术使我们的生活更健康、更便利、更舒适	科学和技术使我们的下一代有更多的机会	我们对科学的依赖太多了,而不再依赖和相信信仰	科学的一个负面影响是改变了人们对好坏善恶的观念	在日常生活中了解科学是不重要的
科学和技术使我们的生活更健康、更便利、更舒适					
科学和技术使我们的下一代有更多的机会	0.760**				
我们对科学的依赖太多了,而不再依赖和相信信仰	0.117**	0.118**			
科学的一个负面影响是改变了人们对好坏善恶的观念	-0.021	0.005	0.372**		
在日常生活中了解科学是不重要的	-0.282**	-0.245**	0.206**	0.274**	

注:* $p<0.05$,** $p<0.01$。

(5)青年的宗教信仰、教育、职业、健康等个人因素与对科学"改善生活、带来机会"正面影响认同度相关

广州青年对"科学和技术使我们的生活更健康、更便利、更舒适"的认同度与青年的宗教信仰、自身受教育程度、职业身份、身体健康状况4个个人因素具有显著的相关关系,与父亲受教育程度1个家庭因素有显著的相关关系。

在广州青年中,没有宗教信仰的青年更加认同此看法(均值7.69 > 均值7.46),学历程度较高的青年,对此看法的认同度也会较高,如硕士学历的学生对此认同度最高(均值=8.38)。身体健康的青年对此看法的认同度最高

(均值=7.87)。在职业身份方面，公务员、中学生群体对此看法的认同度较高（均值分别是8.36和7.93）。另外，家庭因素中，父亲的受教育程度也会影响到广州青年对此看法的认同度，父亲受教育程度中等的家庭对此认同度相对较高。

综上所述，广州青年对"科学和技术使我们的生活更健康、更便利、更舒适"的认同度相对比较集中，表明大多数青年都支持此看法，宗教信仰、自身受教育程度、职业身份、身体健康状况以及家庭因素会使青年对科技的认同有所差异。

广州青年对"科学和技术使我们的下一代有更多的机会"的认同度与青年的宗教信仰、自身受教育程度、职业身份、身体健康状况4个个人因素具有显著的相关关系。

在广州青年中，没有宗教信仰的青年更加认同此看法（均值7.61＞均值7.25），学历程度较高的青年，对此看法的认同度也会较高，如硕士学历的学生对此认同度最高（均值=8.28）。身体健康的青年对此看法的认同度最高（均值=7.76）。在职业身份方面，公务员、中学生群体对此看法的认同度较高（均值分别是8.27和7.82）。

综上所述，广州青年对"科学和技术使我们的下一代有更多的机会"的认同度相对比较集中，表明大多数青年都支持此看法，宗教信仰、自身受教育程度、职业身份、身体健康状况会使青年对科技的认同有所差异。

表3 科技观正面影响与各因素的相关检验（广州）

	科学和技术使我们的生活更健康、更便利、更舒适	科学和技术使我们的下一代有更多的机会
	T检验	T检验
性别	1.602	0.209
婚姻状况	1.890	0.785
是否生育子女	1.600	0.683
是否有宗教信仰	3.749**	2.423*
	Pearson 相关	Pearson 相关
年龄	0.040	0.027
收入	−0.034	−0.032

	科学和技术使我们的生活更 健康、更便利、更舒适	科学和技术使我们的 下一代有更多的机会
	ANOVA 检验	ANOVA 检验
父亲受教育程度	2.454*	1.983
母亲受教育程度	1.101	1.288
自己受教育程度	3.560**	2.948*
职业身份	2.660**	2.767**
家庭阶层	0.936	0.532
身体健康状况	3.444*	6.052**

注：* $p<0.05$，** $p<0.01$。

（6）青年的宗教信仰、教育、职业、健康等个人因素与对科学依赖及对"信仰、善恶观念"影响认同度相关

广州青年对"我们对科学的依赖太多了，而不再依赖和相信信仰"的认同度与青年的婚姻状况、是否生育子女、年龄、自身受教育程度、职业身份 5 个个人因素存在显著的相关关系。

统计显示，已有婚姻经历或生育子女的青年对此看法的认同度更高。也即是说，有婚姻家庭的广州青年会更加担心依赖科学会影响到信仰。

广州青年对"科学的一个负面影响是改变了人们对好坏善恶的观念"的认同度与青年的宗教信仰、自身受教育程度 2 个个人因素具有显著的相关关系。

而且越低龄青年的认同度会增加，高学历、公务员等职业群体对此看法的认同度较高。所以，年轻、高学历、固定工作的社会在职青年会更加担心依赖科学对信仰的冲击。

广州青年对"科学的一个负面影响是改变了人们对好坏善恶的观念"的认同度与青年的受教育程度、宗教信仰 2 个个人因素具有显著的相关关系。统计显示，没有宗教信仰的青年对此看法的认同度比有宗教信仰的青年低，另外，学历越高的青年对此看法的认同度越低。由此可见，没有宗教信仰、学历越高的广州青年不太担心科学会改变人们的好坏善恶观念。

表 4　科技观负面影响与各因素的相关检验（广州）

	我们对科学的依赖太多了,而不再依赖和相信信仰	科学的一个负面影响是改变了人们对好坏善恶的观念
	T 检验	T 检验
性别	1.383	-0.578
婚姻状况	-3.181**	0.536
是否生育子女	-2.882**	0.535
是否有宗教信仰	0.824	-2.302*
	Pearson 相关	Pearson 相关
年龄	-0.076*	0.035
收入	-0.060	0.015
	ANOVA 检验	ANOVA 检验
父亲受教育程度	0.369	1.518
母亲受教育程度	1.271	1.407
自己受教育程度	2.422*	7.165**
职业身份	1.839*	1.094
家庭阶层	0.588	1.041
身体健康状况	2.800*	0.126

注：* $p<0.05$，** $p<0.01$。

（7）个体受教育程度、母亲受教育程度与家庭阶层影响对"了解科学重要性"认同度

广州青年对"在日常生活中了解科学是不重要的"的认同度与青年的自身受教育程度、母亲受教育程度、家庭阶层具有显著的相关关系。

学历越高的广州青年对"在日常生活中了解科学是不重要的"的认同度越低，即学历越高的广州青年越赞成在日常生活中了解科学的重要性。从家庭阶层的视角看，家庭状况越好的家庭对此看法的认同度越高，即家庭情况越好的家庭，科学不重要的认识会有所提高。而母亲教育程度对这一认同也有显著影响，可见母亲在家庭教育中起到重要作用。

表5 "了解科学是否重要"与各因素的相关检验(广州)

	在日常生活中了解科学是不重要的
	T检验
性别	1.060
婚姻状况	-1.418
是否生育子女	-0.478
是否有宗教信仰	-1.736
	Pearson 相关
年龄	-0.002
收入	-0.028
	ANOVA 检验
父亲受教育程度	0.372
母亲受教育程度	2.530*
自己受教育程度	2.414*
职业身份	0.834
家庭阶层	2.873*
身体健康状况	1.267

注：* $p<0.05$，** $p<0.01$。

2. 港澳青年科技观基本现状

（1）香港青年科技观基本现状

①香港青年对科技正面影响的认同度高

通过数据发现，在关于科技观的五个看法中，香港青年对"科学和技术使我们的生活更健康、更便利、更舒适"这一看法的认同度最高（均值=7.53），其次是"科学和技术使我们的下一代有更多的机会"这一看法（均值=7.12）。同时，香港青年对"在日常生活中了解科学是不重要的"这一看法的认同度是最低的（均值=3.87）。根据这三个看法的认同度的对比得知，香港青年认同科学技术对生活、人类未来发展的积极影响。

②对科学依赖影响信仰与善恶观念持中立态度

对"我们对科学的依赖太多了，而不再依赖和相信信仰"和"科学的一个负面影响是改变了人们对好坏善恶的观念"两个看法，香港青年是持中立的态度（均值分别为5.62和5.13）。由此可见，香港青年对"科学对信仰的影响"和"科学对善恶的观念的影响"保持中立态度，认为科学和技术对信仰和善恶观念是中性的影响（见表6）。

与广州青年相同的是，香港青年认同科学技术对人类生活和未来发展具有积极意义，而对科学技术对信仰、善恶的影响保持中性认识。

表6 香港青年科技观情况

	N	极小值	极大值	均值	标准差
科学和技术使我们的生活更健康、更便利、更舒适	723	2	10	7.53	1.445
科学和技术使我们的下一代有更多的机会	723	1	10	7.12	1.630
我们对科学的依赖太多了，而不再依赖和相信信仰	722	1	10	5.62	2.027
科学的一个负面影响是改变了人们对好坏善恶的观念	723	1	10	5.13	1.985
在日常生活中了解科学是不重要的	722	1	10	3.87	1.993

③对科技保有信心，重视了解科学

对香港青年关于科技五种看法认同度进行双变量 Pearson 相关分析，有以下发现。

香港青年对"科学和技术使我们的生活更健康、更便利、更舒适"的认同度与"科学和技术使我们的下一代有更多的机会"的认同度存在显著的正相关关系，而且两者的相关关系强（相关系数＝0.628）。与广州青年相同，香港青年高度认同科技使我们这一代的生活更健康、更便利、更舒适，同时也让他们高度相信科技会让下一代有更多的机会。

"科学和技术使我们的生活更健康、更便利、更舒适"、"科学和技术使我们的下一代有更多的机会"两种看法的认同度与"在日常生活中了解科学是不重要的"看法的认同度存在显著的负相关（相关系数分别是 －0.194 和 －0.102）。因此，我们可以做出解释，由于青年体会到科技在生活中的作用以及对科技未来的信心，而让他们确信了解科技在他们生活中具有重要意义。

与广州青年不同的是，香港青年对"科学和技术使我们的生活更健康、更便利、更舒适"、"科学和技术使我们的下一代有更多的机会"两种看法的认同度与"我们对科学的依赖太多了,而不再依赖和相信信仰"看法的认同度不具有显著的正相关关系(相关系数分别是 0.053 和 0.055)。所以,香港青年对科学技术的正面认识,不会依赖科学技术而造成对信仰的冲击(见表7)。

④认同科技对信仰与善恶观念负面影响的青年,其对了解科学重要性认知也下降

香港青年对"我们对科学的依赖太多了,而不再依赖和相信信仰"、"科学的一个负面影响是改变了人们对好坏善恶的观念"两种看法的认同度与"在日常生活中了解科学是不重要的"看法的认同度呈显著正相关关系(相关系数分别是 0.251 和 0.436)。因此,我们知道,如果青年认同科技对信仰和善恶观念有负面的影响,那么他们对了解科技的重要性认知也会下降。

表7 香港青年科技观相关性

	科学和技术使我们的生活更健康、更便利、更舒适	科学和技术使我们的下一代有更多的机会	我们对科学的依赖太多了,而不再依赖和相信信仰	科学的一个负面影响是改变了人们对好坏善恶的观念	在日常生活中了解科学是不重要的
科学和技术使我们的生活更健康、更便利、更舒适					
科学和技术使我们的下一代有更多的机会	0.628**				
我们对科学的依赖太多了,而不再依赖和相信信仰	0.053	0.055			
科学的一个负面影响是改变了人们对好坏善恶的观念	-0.063	-0.010	0.372**		
在日常生活中了解科学是不重要的	-0.194**	-0.102**	0.251**	0.436**	

注:** 表示 $p<0.01$。

⑤宗教信仰、年龄、身体健康状况及家庭因素，能影响对科技的正面认同

香港青年对"科学和技术使我们的生活更健康、更便利、更舒适"的认同度与青年的宗教信仰、年龄、身体健康状况3个个人因素具有显著的相关关系，与家庭阶层这一家庭因素有显著的相关关系。

在香港青年中，没有宗教信仰的青年比有宗教信仰的青年更认同此看法（均值7.63＞均值7.34）。同时，年龄越小的青年对此看法的认同度也越高（Pearson系数＝－0.090）。另外，身体健康状况良好的青年的认同度高于身体健康状况不好的青年。

受家庭状况的影响，香港青年对科技影响生活的认同度也有所不同。统计显示，认为自己家庭处于中高阶层的香港青年对"科学和技术使我们的生活更健康、更便利、更舒适"的认同度是最高的。

由此看出，香港青年更加集中地、普遍地认同"科学和技术使我们的生活更健康、更便利、更舒适"。但是没有宗教信仰、年龄较小、家庭情况良好的健康青年，他们对此看法的认同度会更加高。

香港青年对"科学和技术使我们的下一代有更多的机会"的认同度与青年的年龄、职业身份、身体健康状况3个个人因素具有显著的相关关系，与家庭阶层这一家庭因素有显著的相关关系。

在香港青年中，年龄较小的青年群体对"科学和技术使我们的下一代有更多的机会"的认同度较高（Pearson系数＝－0.149）。在职业身份方面，公务员、专业技术人士、企业经理及行政人员等群体对此看法的认同度高出总体情况。身体健康状况好的香港青年对此看法的认同度高于身体健康状况不好的青年，认为自己身体状况很好的青年，对此看法的认同度最高（均值＝7.57）。

受家庭状况的影响，香港青年对科技影响生活的认同度也有所不同。统计显示，认为自己家庭处于中高阶层的香港青年，对"科学和技术使我们的下一代有更多的机会"的认同度最高。

综上所述，香港青年普遍认同"科学和技术使我们的生活更健康、更便利、更舒适"。但是年龄较小，家庭情况良好的健康青年对此看法的认同度会更高，公务员、专业技术人士、企业经理及行政人员等职业也更加认同此看法（见表8）。

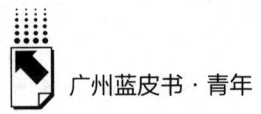

表8　科技观正向影响与各因素的相关检验（香港）

	科学和技术使我们的生活更健康、更便利、更舒适	科学和技术使我们的下一代有更多的机会
	T检验	T检验
性别	1.422	-1.082
婚姻状况	-0.040	-1.063
是否生育子女	0.171	-1.677
是否有宗教信仰	2.555*	1.591
	Pearson相关	Pearson相关
年龄	-0.090*	-0.149**
收入	0.005	-0.073
	ANOVA检验	ANOVA检验
父亲受教育程度	0.376	0.745
母亲受教育程度	1.091	1.539
自己受教育程度	2.317	4.552
职业身份	1.594	3.239**
家庭阶层	2.408*	2.824*
身体健康状况	8.493**	6.522**

注：* $p<0.05$，** $p<0.01$。

⑥年龄影响对"科技影响信仰"的认知

香港青年对"我们对科学的依赖太多了，而不再依赖和相信信仰"的认同度与青年的年龄具有显著的相关关系。统计发现，在香港，年龄越大的青年，他们对此的看法认同度越高（Pearson相关系数＝0.081）。所以，年龄大的青年会更加担心依赖科学会给他们的信仰带来冲击。

⑦生育状况、宗教信仰影响对"科学改变善恶观念"的认知

香港青年对"科学的一个负面影响是改变了人们对好坏善恶的观念"的认同度与青年是否生育子女、宗教信仰2个个人因素具有显著的相关关系。没有生育子女的青年会更加相信负面影响改变了人们对好坏善恶的观念，同时有宗教信仰的青年较担心科学会改变了人们的善恶观念。我们可以看出，在香港青年中，有宗教信仰的单身青年可能会更加关注科学对人们已有的善恶观念的负面影响（见表9）。

表9 科技观负面影响与各因素的相关检验（香港）

	我们对科学的依赖太多了,而不再依赖和相信信仰	科学的一个负面影响是改变了人们对好坏善恶的观念
	T 检验	T 检验
性别	1.407	-1.427
婚姻状况	0.977	0.551
是否生育子女	1.786	1.972*
是否有宗教信仰	-0.778	-2.375*
	Pearson 相关	Pearson 相关
年龄	0.081*	0.007
收入	-0.077	-0.035
	ANOVA 检验	ANOVA 检验
父亲受教育程度	1.661	0.518
母亲受教育程度	0.882	1.616
自己受教育程度	0.603	1.079
职业身份	0.906	1.124
家庭阶层	0.774	0.571
身体健康状况	1.308	0.124

注：* $p<0.05$，** $p<0.01$。

①宗教信仰影响对了解科学的认同

香港青年对"在日常生活中了解科学是不重要的"的认同度与青年的宗教信仰存在显著的相关关系。据统计发现，没有宗教信仰的香港青年对此看法的认同度低于有宗教信仰的青年（均值3.76＜均值4.12）。这可能由于没有宗教信仰的青年会更加相信科学在生活中的重要性（见表10）。

表10 "了解科学是否重要"与各因素的相关检验（香港）

	在日常生活中了解科学是不重要的
	T 检验
性别	-0.593
婚姻状况	-1.089
是否生育子女	-0.342
是否有宗教信仰	-2.219*

续表

	在日常生活中了解科学是不重要的
	Pearson 相关
年龄	-0.006
收入	-0.054
	ANOVA 检验
父亲受教育程度	1.657
母亲受教育程度	2.167
自己受教育程度	1.295
职业身份	1.018
家庭阶层	0.869
身体健康状况	1.960

注：* $p<0.05$，** $p<0.01$。

(2) 澳门青年科技观基本现状

①澳门青年对科技正面影响的认同度高

在关于科技观的五个看法中，澳门青年对"科学和技术使我们的生活更健康、更便利、更舒适"这一看法的认同度最高（均值=6.76），其次是"科学和技术使我们的下一代有更多的机会"这一看法（均值=6.56）。澳门青年对"在日常生活中了解科学是不重要的"这一看法的认同度是最低的（均值=3.95）。从这三个看法的认同度的对比得知，澳门青年认同科学技术对生活、人类未来发展的积极影响。

②中立态度看待科学信仰与善恶观念的影响

对"我们对科学的依赖太多了，而不再依赖和相信信仰"和"科学的一个负面影响是改变了人们对好坏善恶的观念"两个看法，澳门青年是持中立态度的（均值分别为5.70和5.66）。与广州青年和香港青年相同，澳门青年对"科学对信仰的影响"和"科学对善恶的观念的影响"保持中立态度，认为科学和技术对信仰和善恶观念有中性的影响。澳门青年认同科学技术对人类生活和未来发展具有积极意义，而对科学技术对信仰、善恶的影响保持中性认识（见表11）。

表 11 澳门青年科技观情况

	N	极小值	极大值	均值	标准差
科学和技术使我们的生活更健康、更便利、更舒适	552	1	10	6.76	1.760
科学和技术使我们的下一代有更多的机会	551	1	10	6.56	1.760
我们对科学的依赖太多了,而不再依赖和相信信仰	551	1	10	5.70	2.105
科学的一个负面影响是改变了人们对好坏善恶的观念	552	1	10	5.66	1.964
在日常生活中了解科学是不重要的	552	1	10	3.95	1.895

③对科技保有信心,重视了解科学

对澳门青年关于科技五种看法认同度进行双变量 Pearson 相关分析,有以下发现。

青年对"科学和技术使我们的生活更健康、更便利、更舒适"的认同度与"科学和技术使我们的下一代有更多的机会"的认同度存在显著的正相关关系,而且两者的相关关系强(相关系数 = 0.758)。澳门青年高度认同科技使我们这一代的生活更健康、更便利、更舒适,也高度相信科技会让下一代有更多的机会。

"科学和技术使我们的生活更健康、更便利、更舒适"、"科学和技术使我们的下一代有更多的机会"两种看法的认同度与"在日常生活中了解科学是不重要的"看法的认同度存在显著的负相关(相关系数分别是 -0.146 和 -0.086)。由于澳门青年体会到科技在生活中的作用以及他们科技未来的信心,而让他们确信了解科技在他们生活中具有重要意义。

④对科技认同度越高依赖性越强,对信仰依赖性越低

同时,"科学和技术使我们的生活更健康、更便利、更舒适"、"科学和技术使我们的下一代有更多的机会"两种看法的认同度与"我们对科学的依赖太多了,而不再依赖和相信信仰"、"科学的一个负面影响是改变了人们对好坏善恶的观念"两种看法的认同度都存在显著的正相关关系。即澳门青年对科技的认同度越高,他们对科技的依赖也会越强,对信仰的依赖和相信会降低,而且会改变他们的善恶观念。虽然目前澳门青年对"科技对信仰的影响"、"科技对善恶

观念"是持中立态度的,但是如果未来澳门青年对科技的认同逐渐变成依赖,那么澳门青年的信仰以及善恶观念会受到一定程度的影响。

⑤越认同科学依赖对信仰与善恶观念影响,其了解科技重要性的认知越低

"我们对科学的依赖太多了,而不再依赖和相信信仰"、"科学的一个负面影响是改变了人们对好坏善恶的观念"两种看法的认同度与"在日常生活中了解科学是不重要的"看法的认同度存在显著正相关关系(相关系数分别是0.206和0.341)。由此,我们知道,如果青年认为科技对信仰和善恶观念有负面的影响,那么他们对了解科技的重要性认知也会下降。澳门青年认识到科技的积极作用,依赖科技使他们担心信仰以及善恶观念的改变。这个担心也会导致澳门青年对科技产生负面的看法(见表12)。

表12 澳门青年科技观相关性

	科学和技术使我们的生活更健康、更便利、更舒适	科学和技术使我们的下一代有更多的机会	我们对科学的依赖太多了,而不再依赖和相信信仰	科学的一个负面影响是改变了人们对好坏善恶的观念	在日常生活中了解科学是不重要的
科学和技术使我们的生活更健康、更便利、更舒适					
科学和技术使我们的下一代有更多的机会	0.758**				
我们对科学的依赖太多了,而不再依赖和相信信仰	0.154**	0.181**			
科学的一个负面影响是改变了人们对好坏善恶的观念	0.105*	0.111**	0.484**		
在日常生活中了解科学是不重要的	-0.146**	-0.086*	0.206**	0.341**	

注:* $p<0.05$,** $p<0.01$。

⑥个体因素、父亲教育程度与家庭阶层影响对科技改善生活的认同

澳门青年对"科学和技术使我们的生活更健康、更便利、更舒适"的认同度与青年的性别、是否生育、宗教信仰、收入、自己受教育程度、职业身份、身体健康状况7个个体因素存在显著的相关关系,与父亲受教育程度、家庭阶层这两个家庭因素存在显著的相关关系。

在澳门青年中,男性青年比女性青年更加认同科学技术使我们的生活更健康、更便利、更舒适(均值6.96>均值6.62);没有生育子女的青年比有生育子女的青年更认同此看法(均值6.80>均值6.13);没有宗教信仰的青年比有宗教信仰的青年更认同此看法(均值6.92>均值6.54)。同时,高收入的青年群体对此看法的认同度更高(Pearson系数=0.110)。在学历方面,大学本科学历的澳门青年对此看法的认同度是最高的(均值=6.96)。在职业身份方面,社会在职青年对此看法的认同度会高于中学生和大学生,尤其是公务员、专业技术人士、职员等群体对此看法的认同度是超出青年的均值。另外,身体健康状况良好的青年的认同度高于身体健康状况不好的青年。

受家庭状况的影响,澳门青年对科技影响生活的认同度有所不同。认为自己家庭处于中等阶层的澳门青年,以及父亲受教育程度是大专的澳门青年对此看法的认同度最高(均值分别是7.00和7.18)。

综上所述,在澳门青年中中产阶层的在职社会青年,如公务员、专业技术人士对科技会更加认同,这些青年群体收入会较高,而且学历水平较高,另外家庭环境良好、没有宗教信仰、身心健康状况良好等情况也影响到他们对科技的认同度。

⑦已生育青年更认同"科学和技术使我们的下一代有更多的机会"

澳门青年对"科学和技术使我们的下一代有更多的机会"的认同度与青年是否生育、宗教信仰、自己受教育程度、职业身份、身体健康状况5个个人因素存在显著的相关关系,与父亲受教育程度、家庭阶层1个家庭因素有显著的相关关系。

在澳门青年中,没有生育子女的青年比有生育子女的青年更认同此看法(均值6.62>均值5.79);没有宗教信仰的青年比有宗教信仰的青年更认同此看法(均值6.70>均值6.37)。自身受教育程度高的澳门青年对此看法认同度更高,其中大学本科学历的澳门青年对此认同度最高(均值=6.68)。在职业身份

方面，公务员、专业技术人士、职员等群体对此看法的认同度高出总体情况。身体健康状况良好的澳门青年对此看法的认同度高于身体健康状况不好的青年。

同样，家庭状况也会影响到青年对此看法的认同度。统计显示，中等家庭阶层的青年对此看法的认同度是最高的（均值=6.78），而父亲学历是大专的澳门青年对此看法的认同度最高（均值=7.53）。

综上所述，在澳门青年中中产阶层的在职社会青年，如公务员、专业技术人士会更加认同"科学和技术使我们的下一代有更多的机会"，这些青年自身学历水平较高。另外，家庭环境良好、没有宗教信仰、身心健康状况良好等情况也影响到他们对科技的认同度（见表13）。

表13 科技观正向影响与各因素的相关检验（澳门）

	科学和技术使我们的生活更健康、更便利、更舒适	科学和技术使我们的下一代有更多的机会
	T检验	T检验
性别	2.219*	1.914
婚姻状况	0.001	1.927
是否生育子女	2.324*	2.815**
是否有宗教信仰	2.480*	2.189*
	Pearson相关	Pearson相关
年龄	0.027	-0.044
收入	0.110*	0.041
	ANOVA检验	ANOVA检验
父亲受教育程度	2.223*	2.683*
母亲受教育程度	1.773	1.651
自己受教育程度	4.402**	2.733*
职业身份	2.127*	1.809*
家庭阶层	5.139**	2.919*
身体健康状况	4.512**	6.999**

注：* $p<0.05$，** $p<0.01$。

⑧家庭阶层、个人教育、个人健康影响着对科技与信仰、善恶观念的认知

澳门青年对"我们对科学的依赖太多了，而不再依赖和相信信仰"的认

同度与青年的家庭阶层存在显著的相关关系。据统计发现，高等阶层青年或中等阶层青年对此的看法会更高，尤其中层家庭青年和中下层家庭青年对此看法的认同度高于其他阶层的青年（均值分别是5.82和5.76），下层阶层青年对此看法的认同度较低。由此可以看出，中层阶层的澳门青年会担心依赖科学会对他们的信仰产生冲击。

澳门青年对"科学的一个负面影响是改变了人们对好坏善恶的观念"的认同度与青年的自身受教育、身体健康状况2个个人因素存在显著的相关关系。从受教育的角度来看，初中学历的澳门青年对此看法的认同度最高（均值=6.20），而硕士及以上的澳门青年对此看法的认同度较低（均值=4.81）。从身体健康状况的角度来看，身体健康很好的澳门青年对此看法的认同度是最高的（均值=6.13），而自认为身体健康状况一般的青年对此看法的认同度较低。由此可以看出，受教育程度较低、身体健康良好的澳门青年会更加担忧科学会改变人们的善恶观念，这个群体以中学生为主（见表14）。

表14 科技负面影响与各因素的相关检验（澳门）

	我们对科学的依赖太多了，而不再依赖和相信信仰	科学的一个负面影响是改变了人们对好坏善恶的观念
	T检验	T检验
性别	0.325	1.873
婚姻状况	-0.344	0.447
是否生育子女	1.662	1.886
是否有宗教信仰	1.676	0.499
	Pearson相关	Pearson相关
年龄	0.026	-0.006
收入	-0.001	-0.004
	ANOVA检验	ANOVA检验
父亲受教育程度	1.129	1.966
母亲受教育程度	1.519	0.640
自己受教育程度	0.783	2.311*
职业身份	1.471	1.549
家庭阶层	3.396**	1.479
身体健康状况	1.773	5.338**

注：* $p<0.05$，** $p<0.01$。

⑨年龄、收入、职业、家庭阶层影响澳门青年对了解科学的认知

澳门青年对"在日常生活中了解科学是不重要的"的认同度与青年的年龄、收入、职业身份、家庭阶层存在显著的相关关系。

澳门青年对"在日常生活中了解科学是不重要的"的认同度与其年龄、收入存在显著的负相关关系。统计发现，年龄越大的青年对此看法的认同度会越低（Pearson相关系数＝－0.157），即年龄大的青年比年龄小的青年更认同了解科技在生活中的重要性。另外，收入越高的青年对此看法的认同度会越低（Pearson相关系数＝－0.122），即收入高的青年比收入低的青年更认同了解科技在生活中的重要性。

不同职业身份、家庭阶层的澳门青年对"在日常生活中了解科学是不重要的"的认同度存在显著的差异。从职业身份来看，自雇/自由职业者对此认同度最高（均值＝7.50），其次是机台及机器操作员及装配员（均值＝5.00），公务员对此的认同度最低（均值＝2.48）。所以，在职业身份中，公务员群体更认识到科技在生活中的重要性；从家庭阶层来看，认为自己家庭是上层阶层的澳门青年对此看法的认同度是最高的（均值＝6.67），下层阶层青年对此的认同度也稍高（均值＝4.29）。

综上所述，澳门青年中，年龄越大、收入越高、公务群体会更加认同科技在生活中的重要性，而年龄小、收入低、自雇/自由职业者或者一线产业工人对科技生活的重要性认同就会较低（见表15）。

表15 "了解科学是否重要"与各因素的相关检验（澳门）

	在日常生活中了解科学是不重要的
	T检验
性别	0.017
婚姻状况	0.677
是否生育子女	1.431
是否有宗教信仰	0.004
	Pearson相关
年龄	－0.157**
收入	－0.122*

续表

	在日常生活中了解科学是不重要的
	ANOVA 检验
父亲受教育程度	0.545
母亲受教育程度	1.133
自己受教育程度	3.667
职业身份	2.718**
家庭阶层	2.427*
身体健康状况	1.252

注：* $p<0.05$，** $p<0.01$。

三 穗港澳青年科技观比较

1. 穗港澳青年科技特征比较

（1）穗港澳青年科技观趋同：认同科技正向影响，对科技负面影响认同度较低，对了解科技重要性认同度较高

穗港澳青年科技观呈现趋同特征。对于"科学和技术使我们的生活更健康、更便利、更舒适"，三地青年对此观点的认同度存在显著的差异。广州青年对此看法的认同度最高（均值 = 7.58），其次是香港青年（均值 = 7.53），最后是澳门青年（均值 = 6.76）。说明三地青年中，广州青年更加认同科学和技术使我们的生活更健康、便利和舒适。

对于"科学和技术使我们的下一代有更多的机会"看法的认同度，经分析，三地青年存在显著的差异。广州青年对此看法的认同度最高（均值 = 7.48），其次是香港青年（均值 = 7.12），最后是澳门青年（均值 = 6.56）。广州青年更加相信科学和技术使我们下一代有更多的机会，对科技未来更有信心。

对于"我们对科学的依赖太多了，而不再依赖和相信信仰"看法的认同度，三地青年存在显著的差异。澳门青年对此看法的认同度最高（均值 = 5.70），其次是香港青年（均值 = 5.62），最后是广州青年（均值 = 5.23）。澳门青年更加认同依赖科学和技术会影响对信仰的相信和依赖。

对于"科学的一个负面影响是改变了人们对好坏善恶的观念"看法的认同

度，据统计，三地青年存在显著的差异。澳门青年对此看法的认同度最高（均值=5.66），其次是广州青年（均值=5.15），最后是香港青年（均值=5.13）。澳门青年更加担心科学技术对好坏善恶的观念的负面影响。

对于"在日常生活中了解科学是不重要的"看法的认同度，据统计，三地青年存在显著的差异。澳门青年对此看法的认同度最高（均值=3.95），其次是香港青年（均值=3.87），最后是广州青年（均值=2.84）。澳门青年更加认为在日常生活中了解科学是不重要的。

为了解广州、香港、澳门三地青年科技观的总体情况。我们对以上五种观念的认同度进行赋分相加，从1~10分表示从不同意到同意的10个程度。再将五种观念的认同值进行相加，"科学和技术使我们的生活更健康、更便利、更舒适"、"科学和技术使我们的下一代有更多的机会"两种看法是正向相加，"我们对科学的依赖太多了，而不再依赖和相信信仰"、"科学的一个负面影响是改变了人们对好坏善恶的观念"、"在日常生活中了解科学是不重要的"三种看法认同值进行反向相加。最终可得出从5分到50分对科技的认同总值。认同总值分数越高代表对科技的认同度越高。

通过计算三地青年科技观的总值，我们得到广州青年科技观总值均分为34.8，而香港青年科技观总值均分为33.0，澳门青年科技观总值均分为31.0。经ANOVA单因素方差分析发现，三地青年的科技观总值存在显著的差异，广州青年科技观总值最高，其次是香港青年的科技观总值，澳门青年的科技观最小。因此，我们可知道广州青年对科技认同最高，香港次之，澳门青年对科技的认同感在三地青年中最低。

表16　三地青年对科技认同总值比较

地区	均值±标准差	ANOVA单因素方差分析
广州	34.8±6.580	
香港	33.0±5.452	73.118**
澳门	31.0±5.347	

注：*p<0.05，**p<0.01。

(2)广州青年对科技的正向影响认同度最高，香港居于第二，澳门青年最关注科技的负面影响通过上述数据，广州、香港、澳门三地青年都关注到科学技术的积极影响：使我们的生活更加健康、便利、舒适，并给下一代带来更多的机会。三地青年对科学和技术的负面影响：影响信仰和善恶观念认同度较低。三地青年科技观的差异可能是：广州青年和香港青年会比澳门青年更加认同科学技术的正面影响，而澳门青年会比广州青年和香港青年更加认同科学技术的负面影响。广州青年对科学技术最信任，其次是香港青年，澳门的科学技术观认同度稍低于广州和香港两地的青年（见表17）。

表17 三地青年科技观比较

	地区	均值 ± 标准差	ANOVA 检验
科学和技术使我们的生活更健康、更便利、更舒适	广州（N = 939）	7.58 ± 2.190	38.181**
	香港（N = 723）	7.53 ± 1.445	
	澳门（N = 552）	6.76 ± 1.760	
科学和技术使我们的下一代有更多的机会	广州（N = 938）	7.48 ± 2.037	43.176**
	香港（N = 723）	7.12 ± 1.630	
	澳门（N = 551）	6.56 ± 1.760	
我们对科学的依赖太多了，而不再依赖和相信信仰	广州（N = 936）	5.23 ± 2.352	10.301*
	香港（N = 722）	5.62 ± 2.027	
	澳门（N = 551）	5.70 ± 2.105	
科学的一个负面影响是改变了人们对好坏善恶的观念	广州（N = 938）	5.15 ± 2.371	11.904**
	香港（N = 723）	5.13 ± 1.985	
	澳门（N = 552）	5.66 ± 1.964	
在日常生活中了解科学是不重要的	广州（N = 939）	2.84 ± 2.160	73.415**
	香港（N = 722）	3.87 ± 1.993	
	澳门（N = 552）	3.95 ± 1.895	

注：* $p < 0.05$，** $p < 0.01$。

（3）广州青年更愿意了解科学

基于对科技正面影响和负面影响的不同认同程度，对"在日常生活中了解科学是不重要的"看法的认同度，三地青年存在显著差异。澳门青年对此看法的认同度最高（均值 = 3.95），其次是香港青年（均值 = 3.87），最后是广州青年（均值 = 2.84）。澳门青年更加认同在日常生活中了解科学是不重要的。

(4) 不高不低，不疾不徐：香港青年科技观呈现均衡稳定的特点

香港青年对科技的正面评价低于广州高于澳门。对"科学和技术使我们的生活更健康、更便利、更舒适"看法的认同度，香港青年是7.53，低于广州青年对此看法的认同度，高于澳门青年对此看法的认同度。对"科学和技术使我们的下一代有更多的机会"看法的认同度，香港青年的均值是7.12，低于广州青年对此看法的认同度，高于澳门青年对此看法的认同度。香港青年对科技的负面影响评价低于澳门而高于广州。对"我们对科学的依赖太多了，而不再依赖和相信信仰"看法的认同度，香港青年是5.62，低于青年对此看法的认同度，高于广州青年的认同度。可见在广州与澳门之间，香港青年科技观念是稳定均衡的。

2. 青年科技观的问题与原因分析

(1) 广州青年对科技心存畏惧，影响其了解科技的主观能动性

广州青年科技观数据呈现一个特点：对科技正面影响认同度高，对科技不良影响认同度也高，同时对科技不良影响认同度越高，对了解科技的重要性认同度越低。这可能是由于青年在认识到科技力量的同时，感到科技不可把控而畏惧，从而降低了了解科技的主观能动性。

(2) 学校与社会缺乏科技观辅导课程，应试压力可能是潜在的指挥棒

教育水平等个体因素、教育程度等父辈因素以及家庭阶层等家庭因素对青年科技观塑造有影响。在个人因素、父辈因素和家庭因素等方面程度相对较低的青年在科技观塑造上受到较少的正向引导。在这一现状下，当前学校和社会相关科技观辅导课程较为缺失，使青年缺少了从学校和社会资源弥补科技观教育的机会。学校和社会缺乏科技观教育供给，可能与我国的应试体系有关，在应试体系内，学校难以提供充足的科技教育，社会也缺乏科技教育的市场需求。

四 结论、建议与预测

(一) 研究结论

穗港澳青年科技观以趋同为主流，三地青年科技观呈现积极正面的面貌。穗港澳青年科技观的主要差异体现在对科技的积极响应程度的不同，广州最

高，香港次之，澳门居第三位。其中，广州青年积极响应的程度最高，这可能与广州以及内地近年科技发展和科技应用快速升级的影响有关，可见科学环境日益优化和青年科学素养日益提升将相互促进。与此同时，广州青年对环保问题、科技弊端等科技问题可能还缺乏更深更广的思考，而家庭、学校和社会能提供的相关科技观辅导课程较为有限。

（二）对策建议

为优化广州青年进一步提升科学素养与创新能力的环境，研究提出以下建议。

1. 以"互联网+"方式加大青年科普投入力度，扩大科普范围，提升科普水平

为进一步促进青年优化科技观念，参与科学技术发展，建议加大科普投入力度，扩大科普范围，为青年提供更前沿、更尖端的科普知识，用生动有趣、应用性强的、与青年学习工作与生活相关度高的科普方式促进青年科技素质、科技观念和环保意识的提升。

2. 增加青年参与科学技术竞赛、创新创业的途径，让青年参与科技事务成为时尚的、与青年人生发展方向相关的选择

当前，我国创新和创业的政策支持力度大，为青年投身创新创业的环境不断优化。在已有优良环境下，建议继续增加青年参与科学技术竞赛、创新创业的途径，让青年参与科技事务成为时尚的、与人生发展方向相关的选择。

3. 加强 STSE 教育，让广州青年科技素养和综合素养同步发展

相对于港澳青年，广州青年对科技认同、乐观拥抱的同时，对科技与信仰、科技与善恶观念的担忧也较少。广州青年这一认知状况所体现的对信仰问题、道德价值问题关注和思考较少，需要提前注意。建议针对青年科技素养培育时要注重引入对信仰与道德价值的思考、讨论和引导。英美等国的 STSE（Science, Technology, Society, Environment）教育课程，重视采用多种授课方式，讨论科技、社会与环境的冲突和融合问题，广州在这方面仍然欠缺，需要加快补上青年 STS 教育引导的课程。

（三）广州青年将加快提升科学素养和创新能力

从全国科技水平发展与进步来看，我国科学技术门类全、进步快，三十多年来持续处于高速发展，极大地提升综合国力，改善人民生活水平，优化青年成长环境。从广州科技发展与进步来看，广州地处南疆，占据改革开放优势，科技发展处于全国领先水平，轻工业和高科技行业获得巨大发展，科技与社会生活融合度高，使得年轻人处于科技日新月异的社会环境中发展，既给他们的学习生活、工作创业带来便利，也极大地促进了他们对国家与社会、对自身成长的信心和希望。本次调查数据也表明，广州青年对科学技术的认同度高出港澳门水平，这是对广州科技环境与青年科技成长环境优化的直接反应。这样的环境将促进广州青年领先提升科学素养。基于以上分析，研究预测在全球科技与互联网通信高速发展和我国加大创新创业鼓励政策促进下，广州青年将与港澳青年一同加快提升科学素养和创新能力，而广州青年科学素养及创新能力提升有望获得更快、更大、更深度的进展。

参考文献

刘吉发：《当代马克思主义科技观的多维透视》，西北大学出版社，2002。

姚水红、任新钢：《科技发展诱发的生态环境负效应及其制度改善》，《科技进步与对策》2007年第12期。

邓蕾：《大学生的生态科技观及对其环保意识的影响——来自上海的调查》，《山东青年政治学院学报》2014年第3期。

邓蕾、黄洪基：《城市青少年的生态科技观：现状及影响因素——基于上海市的调查》，《中国青年研究》2014年第8期。

唐美玲、风笑天：《当代青年的科技观——对湖北省289份城镇青年科学素养状况调查问卷的分析》，《山东省青年管理干部学院学报》（青年工作论坛）2002年第4期。

蔡扬眉、风笑天：《城市青年的科学素养——对湖北省289位青年的调查分析》，《青年探索》2002年第3期。

邓希泉、风笑天：《当代青年的科技观分析》，《山东省青年管理干部学院学报》（青年工作论坛）2003年第1期。

杨雪英、朱凌云：《当代西方人文主义科技观对我们的启示》，《人文杂志》2002年第 2 期。

张智萍：《哈贝马斯科技观研究》，硕士学位论文，兰州大学，2012。

倪伟波：《哈贝马斯与马克思科学技术观比较》，《自然辩证法研究》2008 年第 12 期。

糜洛施、曹明富：《我国 STSE 教育研究文献综述》，《科学教育》2011 年第 3 期。

B.6
穗港澳青年对社会团体的组织认同研究

巫长林*

摘　要： 青年对社会团体的参与状况侧面反映了青年对社会的参与度，从穗港澳青年生活中比较常接触到的宗教/教会团体、运动/娱乐团体、教育/艺术/音乐/文化团体、工会、政党团体、专业协会、公益慈善团体、消费者组织等八大社会团体出发，分析穗港澳青年参与社会团体的状况，进而比较穗港澳青年的社团参与状况。调查发现，第一，穗港澳青年最乐于参与的是运动/娱乐团体、教育/艺术/音乐/文化团体、公益慈善团体；第二，穗港澳青年最不愿意参与的是工会、政党团体、消费者组织；第三，广州青年的团体参与率最高，其次是澳门青年，最低的是香港青年。针对穗港澳青年组织认同存在的问题，也提出了相应的建议。

关键词： 组织认同　社会团体　穗港澳青年

一　青年组织认同的基本概念

（一）基本定义、理论视野和分析方法

组织认同的基本定义一般是指组织成员以组织为中心寻求一致性的心理表

---

* 巫长林，广州市穗港澳青少年研究所研究实习员，主要研究方向为青年工作。

现及其过程,具有两大特性:反映的是组织成员自我概念(self-concept)与组织之间的一种关系;以组织成员自我为中心,按照其本人的自我标准对自我身份的确认与寻求①。具体而言,孙健敏等认为组织认同的结构包括以下9个维度:归属感、身份感知、成员相似性、个体与组织的一致性、组织吸引力、组织参与、感恩与效忠、人际关系、契约关系②。组织认同的前因可归纳为个体特性、组织特性和环境特性三类;组织特性又集中表现为组织形象、组织氛围、工作特性和文化特性;组织认同的结果主要表现为对合作意图、满意度、基于组织的自尊(OBSE)、组织公民行为(OCB)和离职意图的影响③。

组织认同的理论主要包括社会身份理论和自我分类理论,它们是用来解释组织认同影响因素和作用机制的主要理论框架。根据社会身份理论,组织认同可以使个体对社会环境进行认知区分,使他们可以用一种系统的方法来界定周围其他的人。自我分类理论是社会身份理论的延伸,它弥补了社会身份理论缺乏对社会提示信号在个体认同过程中作用的考虑。人们将自己和其他人进行对比的方式以及将自己置于什么样的社会领域决定了他们的认同层次④。国外早期的组织认同研究主要运用自我类化理论(self-categorization theory)和社会身份理论(social identity theory),着重从"为什么"和个体或组织单方面相对静态地研究组织成员对组织的认同问题。但近十年来,有学者开始运用符号互动理论(symbolic interactionism theory)和自我叙事理论(self-narrative theory),从"如何"以及组织与个体互动的角度来研究组织认同问题⑤。

本文的分析方法主要是比较分析法,在分别对穗港澳三地青年组织认同现状的定量分析基础之上,比较分析穗港澳三地青年组织认同差异,进而探讨穗港澳青年组织认同的问题及原因。

---

① 王彦斌:《社会心理测量中降低主观性偏差的方法探索:一项关于组织认同的测量思路与量表设计及其结果》,《社会》2007年第6期。
② 孙健敏、姜铠丰:《中国背景下组织认同的结构:一项探索性研究》,《社会学研究》2009年第1期。
③ 宝贡敏、徐碧祥:《组织认同理论研究述评》,《外国经济与管理》2006年第1期。
④ 李淑敏、李虹、时勘:《组织认同研究的重要发现及新进展》,《学术界》2014年第11期。
⑤ 孙敏:《西方组织认同互动视角研究前沿探析》,《外国经济与管理》2011年第5期。

（二）已有研究结果的回顾

青年参与组织的动机何在？王鹏认为当代青年参加自组织的动因存在四个方面的机理逻辑：结社权利与结群基本需求的反映、寻求陌生人社会中的精神寄托、职业之外的生活追求、多元化时代下的青年利益诉求①。刁宇翔等研究发现，大学生更偏向于参加具有沟通娱乐、分享共同经历的高校网络青年自组织，更加重视彼此感情上的沟通和兴趣上的契合，更偏向于参加有利于提高自身生活质量、有利于情感交流的团体；对于工作类、利益互惠类的团体兴趣较低、选择较少②。童潇认为青年自组织参与社会建设呈现一种有所选择的"趣缘型"和"事业型"的结社结合，是从"个人丛化"的角度，主动地介入社会事务，用以满足个体的"群际"交流功能和个体在力所能及范围内，对社会的一种主动性的责任感③。

对于组织认同作用的研究，曾武成等发现组织认同是影响回流青年职工行为选择的重要因素，组织认同感越强，外出国企青年职工越倾向选择回流④。归纳而言，青年人参与青年组织或其他民间组织，一是可以增进青年人和青年人之间、青年人和其他社会群体之间的互信；二是可以建立起青年人的规范意识，促进青年人的自主管理意识和自治意识的提升，从而有利于社会规范的遵守；三是能够形成某种网络关系，促进信息的交流⑤。

而关于组织认同的青年群体间差异研究，李春玲认为年龄、文化程度、户籍身份、职业差异对青年组织参与状况有影响⑥。孟利艳通过对全国12个省市青年的调研表明：随着体制化、社会化、知识化、城市化与经济收入的提

---

① 王鹏：《青年参加自组织的动因分析》，《中国青年研究》2014年第7期。
② 刁宇翔、熊健汝：《高校大学生网络青年自组织参与状况及建设对策研究》，《重庆大学学报》（社会科学版）2015年第6期。
③ 童潇：《青年自组织参与社会建设：行动特征、驱动因素及社会后果——以上海城市自生性青年民间组织为例》，《中国青年研究》2012年第5期。
④ 曾武成、邓志强：《后单位时代回流国企青年职工的组织认同与单位意识：基于湖南省C市的实证分析》，《青年研究》2013年第2期。
⑤ 苏媛媛：《青年组织与社会资本》，《中国青年研究》2011年第12期。
⑥ 李春玲：《青年组织参与状况及影响因素分析：基于2014年北京青少年调查》，《中国青年研究》2015年第11期。

升,青年对共青团持有越来越高的期望,对共青团的认同呈现反方向的降低趋势①。

关于穗港澳青年组织认同的相关研究,目前还是比较缺乏的,因此本研究是基础性的研究,为未来穗港澳青年组织认同的研究提供参考。

综上所述,已有研究主要是从团体组织的角度出发,分析组织认同程度差异的影响因素、组织认同的维度、组织认同的原因、组织认同的作用等宏观研究,对组织成员间对组织认同的差异的微观研究相对不足。因此,本文从组织成员的角度出发,进行成员内部间组织认同差异的比较分析,以穗港澳三地青年群体为对象进行社会团体参与方面的比较研究。

二 穗港澳青年组织认同的现状

青年的组织参与状况是青年组织认同的重要指标,本文依据穗港澳三地青年问卷调查结果来进行分析。问卷调查的组织包括宗教/教会团体、运动/娱乐团体、教育/艺术/音乐/文化团体、工会、政党团体、专业协会、公益慈善团体、消费者组织等八大社会团体,调查问穗港澳青年是不是这个团体的成员,是积极参加团体活动成员,还是一般成员。下文主要依据此项调查数据结果来分析穗港澳青年组织认同的现状。

(一)广州青年组织认同的基本现状

广州青年对社会团体的参与度较高,各社会团体的参与率差异大。青年最积极参与的三大团体为运动/娱乐团体、教育/艺术/音乐/文化团体、公益慈善团体,参与率分别为64.6%、57.8%、41.9%;参与意愿最低的三大团体为宗教/教会团体、专业协会、工会,参与率分别为16.8%、32.3%、33.9%。广州青年在社会团体中,主要扮演"一般成员"角色,少数扮演"积极成员"角色。积极成员占参与者最多的是运动/娱乐团体,占35.9%;积极成员占参与者最少的是工会,仅占16.8%(见表1)。

---

① 孟利艳:《青年的共青团、社区、非政府组织认同与参与的对比分析:基于全国12个城市的一项调研》,《中国青年研究》2013年第3期。

表1　广州青年组织认同的基本现状

单位：%

项目	积极成员	一般成员	不是成员	参与率	积极成员占参与者比重
宗教/教会团体	4.1	12.7	83.2	16.8	24.4
运动/娱乐团体	23.2	41.4	35.4	64.6	35.9
教育/艺术/音乐/文化团体	17.1	40.7	42.2	57.8	29.6
工会	5.7	28.2	66.1	33.9	16.8
政党团体	7.7	31.9	60.4	39.6	19.4
专业协会	7.7	24.6	67.7	32.3	23.8
公益慈善团体	10.7	31.2	58.1	41.9	25.5
消费者组织	8.0	27.5	64.5	35.5	22.5

1. 广州男青年团体参与积极性比女性高，且男女青年参与类型侧重点不同

因变量社会团体参与状况是有序变量，使用曼恩－惠特尼U检验法对不同性别青年对于社会团体参与程度是否存在显著性统计差异进行了分析。表2结果表明，不同性别的广州青年参与运动/娱乐团体、工会、公益慈善团体的程度存在显著差异，男性青年更倾向于参与运动/娱乐团体、工会等团体，女性青年更倾向于参与公益慈善团体。男性比女性更积极参与的团体中，运动/娱乐团体的男性参与率为68.7%，女性为60.6%；工会的男性参与率为37.5%，女性为30.2%。女性比男性更积极参与的公益慈善团体，女性参与率为45.7%，男性38%（见表2）。

表2　广州男女青年参与社团的差异程度

单位：%

项目		积极成员	一般成员	不是成员	P值	U值
运动/娱乐团体	男	26.8	41.9	31.3	0.002	95424
	女	19.7	40.9	39.4		
工会	男	6.8	30.7	62.5	0.015	97705
	女	4.6	25.6	69.8		
公益慈善团体	男	7.3	30.7	62.0	0.004	97054
	女	14.0	31.7	54.3		

2. 20~30岁的广州青年是社会团体的主力军，30岁及以上的青年参与率高于20岁以下的青年

使用克鲁斯卡尔－华利斯检验法对不同年龄对于广州青年社会团体参与程度是否存在显著性统计差异进行了分析，表3结果表明，不同年龄段的广州青年参与宗教/教会团体、教育/艺术/音乐/文化团体、工会、政党团体、专业协会、公益慈善团体、消费者组织具有显著差异，总体而言，20～30岁青年的参与率最高，其次是30岁及以上，最低的是20岁以下。具体而言，宗教/教会团体、工会随着青年年龄的上升，青年参与率也逐渐增高；政党团体、专业协会、公益慈善团体的参与率，20～30岁青年最高，其次是30岁及以上，最低的是20岁以下；消费者组织、教育/艺术/音乐/文化团体的参与率，20～30岁青年最高，其次是20岁以下，最低的是30岁及以上。

表3 不同年龄段广州青年的团体参与率

单位：%

项目	20岁以下	20~30岁（含20岁）	30岁及以上	P值
宗教/教会团体	12.9	17.2	23.2	0.018
工会	17.9	37.4	51.4	0.000
政党团体	31.7	44.0	38.1	0.003
专业协会	21.9	38.7	28.6	0.000
公益慈善团体	31.7	49.8	32.1	0.000
消费者组织	38.1	37.3	23.7	0.005
教育/艺术/音乐/文化团体	59.2	60.9	43.6	0.005

3. 大专学历广州青年最热衷参与社会团体，不同学历青年的参与类型和程度不同

使用克鲁斯卡尔－华利斯检验法对不同学历状况对于广州青年社会团体参与程度是否存在显著性统计差异进行了分析，表4结果表明，不同学历的广州青年参与宗教/教会团体、工会、公益慈善团体、专业协会、消费者组织具有显著差异，总体而言，大专学历青年的参与率最高，高中学历青年的参与率最低，高学历青年更倾向于参与工会、公益慈善团体和专业协会，低学历青年更倾向于参与宗教/教会团体、消费者组织。

表4 不同学历广州青年的团体参与率

单位：%

项目	初中	高中	大专	本科	硕士及以上	P值
宗教/教会团体	20.0	14.1	24.1	14.5	13.5	0.037
工会	33.3	24.3	47.0	35.2	26.7	0.000
公益慈善团体	40.0	33.6	48.2	46.0	36.0	0.006
专业协会	29.5	21.4	38.8	35.6	32.0	0.000
消费者组织	54.5	42.7	40.6	28.2	22.7	0.000

注：由于广州青年受教育水平普遍较高，小学及以下样本仅为个位数，样本过少，不作分析。

4. 未婚青年比已婚青年参与积极性高，但已婚青年更积极参与工会

使用曼恩－惠特尼U检验法对不同婚姻状况对于广州青年社会团体参与程度是否存在显著性统计差异进行了分析，表5结果表明，不同婚姻状况的广州青年参与教育/艺术/音乐/文化团体、工会、公益慈善团体具有显著差异，未婚青年更积极参与教育/艺术/音乐/文化团体、公益慈善团体，已婚青年更积极参与工会。

表5 广州不同婚姻状况青年参与社团的差异程度

单位：%

项目		积极成员	一般成员	不是成员	P值	U值
教育/艺术/音乐/文化团体	已婚	14.7	36.5	48.8	0.027	65149.5
	未婚	18.4	41.6	40.1		
工会	已婚	12.2	40.0	47.8	0.000	51381.5
	未婚	3.7	24.1	72.2		
公益慈善团体	已婚	8.6	26.3	65.1	0.017	64169
	未婚	11.8	32.4	55.8		

5. 有孩子会降低广州青年参与社会团体的积极性，但会提高青年对工会的认同

使用曼恩－惠特尼U检验法对有无孩子状况对于广州青年社会团体参与程度是否存在显著性统计差异进行了分析，表6结果表明，青年是否有孩子对参与教育/艺术/音乐/文化团体、工会、政党团体、专业协会、公益慈善团体具有显著影响，没有孩子青年的参与积极性比有孩子青年更高。没有孩子青年更积极参与教育/艺术/音乐/文化团体、政党团体、专业协会、公益慈善团体，有孩子青年更积极参与工会。

表6 广州有无孩子状况青年参与社团的差异程度

单位：%

项目		积极成员	一般成员	不是成员	P值	U值
教育/艺术/音乐/文化团体	有	14.3	33.5	52.2	0.009	54036
	没有	17.6	42.5	40.0		
工会	有	10.8	36.9	52.2	0.000	48651
	没有	4.5	26.5	69.0		
政党团体	有	7.6	24.1	68.4	0.046	55028
	没有	7.7	33.3	59.0		
专业协会	有	5.0	20.8	74.2	0.046	55501
	没有	8.1	25.5	66.4		
公益慈善团体	有	8.8	25.6	65.6	0.040	55300
	没有	11.1	32.4	56.6		

6. 在职青年和大学生团体参与积极性较高，而中学生参与积极性较低

使用克鲁斯卡尔－华利斯检验法对不同职业青年对于社会团体参与程度是否存在显著性统计差异进行了分析，表7结果表明，不同职业状况的广州青年参与宗教/教会团体、工会、政党团体、专业协会、公益慈善团体具有显著差异。宗教/教会团体、工会、政党团体的参与率，在职青年最高，其次为大学生，最低的是中学生；专业协会、公益慈善团体的参与率，大学生最高，其次为在职青年，最低的是中学生。

表7 不同职业状况广州青年的团体参与率

单位：%

项目	中学生	大学生	在职	P值
宗教/教会团体	10.6	15.4	20.8	0.004
工会	16.6	22.5	51.1	0.000
政党团体	32.8	39.3	43.6	0.017
专业协会	18.1	40.0	33.3	0.000
公益慈善团体	25.9	53.4	41.7	0.000

注：无业或失业青年仅为4名，样本量过少，不作分析。

7. 家庭阶层对广州青年参与社会团体有影响，中高层参与率最高

使用克鲁斯卡尔－华利斯检验法对不同家庭阶层广州青年对于社会团体参

与程度是否存在显著性统计差异进行了分析,表8结果表明,不同家庭生活水平的广州青年参与宗教/教会团体、工会、消费者组织存在显著差异,总体上,中高层青年参与率最高,下层青年参与率高于或者与中层、中下层青年持平。

表8 不同家庭阶层广州青年的团体参与率

单位:%

项目	高层	中高层	中层	中下层	下层	P值
工会	37.5	38.6	26.9	42.5	38.2	0.000
宗教/教会团体	12.5	37.3	13.0	19.3	17.6	0.000
消费者组织	37.5	52.5	35.7	31.4	38.2	0.017
教育/艺术/音乐/文化团体	62.5	67.8	59.8	52.9	57.5	0.043

(二)香港青年组织认同的基本现状

香港青年对社会团体的参与态度偏好突出,社会团体参与度呈现"冷""热"两极。青年最积极参与的三大团体为运动/娱乐团体、教育/艺术/音乐/文化团体、公益慈善团体,参与率分别为49.3%、48.7%、37.6%;参与意愿最低的三大团体为政党团体、工会、消费者组织,参与率分别为7.3%、8.7%、12.1%。香港青年在社会团体中"积极成员"比重较少,"一般成员"比重较大。积极成员占参与者最多的是宗教/教会团体,占29.4%;积极成员占参与者最少的是专业协会,仅占11%(见表9)。

表9 香港青年组织认同的基本现状

单位:%

项目	积极成员	一般成员	不是成员	参与率	积极成员占参与者比重
宗教/教会团体	9.2	22.1	68.7	31.3	29.4
运动/娱乐团体	13.7	35.6	50.7	49.3	27.8
教育/艺术/音乐/文化团体	12.9	35.9	51.3	48.7	26.5
工会	1.3	7.4	91.4	8.7	15.1
政党团体	1.4	5.9	92.7	7.3	19.2
专业协会	1.4	11.3	87.3	12.7	11.0
公益慈善团体	9.8	27.8	62.4	37.6	26.1
消费者组织	1.8	11.3	87.9	12.1	14.9

1. 香港男青年比女青年更积极参与社会团体，男性参与率将近女性的2倍

使用曼恩-惠特尼U检验法对不同性别香港青年对于社会团体参与程度是否存在显著性统计差异进行了分析，表10结果表明，不同性别的香港青年参与运动/娱乐团体、专业协会、工会、政党团体存在显著差异，这些团体男性青年比女性青年更积极参与。专业协会参与率，男性为17.1%，女性为9.1%；工会参与率，男性为12.4%，女性为5.6%；政党团体参与率，男性为10.3%，女性为4.8%；运动/娱乐团体参与率，男性为55.6%，女性为44.2%。

表10 香港男女青年参与社团的差异程度

单位：%

项目		积极成员	一般成员	不是成员	P值	U值
专业协会	男	2.5	14.6	82.9	0.001	58306
	女	0.5	8.6	90.9		
工会	男	2.2	10.2	87.6	0.001	59408.5
	女	0.5	5.1	94.4		
政党团体	男	2.5	7.8	89.8	0.005	60093.5
	女	0.5	4.3	95.2		
运动/娱乐团体	男	17.4	38.2	44.4	0.001	55072
	女	10.7	33.5	55.8		

2. 香港青年的年龄越高则参与率越高，20~30岁青年最积极参与教育/艺术/音乐/文化团体参与率

使用克鲁斯卡尔-华利斯检验法对不同年龄香港青年对于社会团体参与程度是否存在显著性统计差异进行了分析，表11结果表明，不同年龄段的香港青年参与工会、专业协会、教育/艺术/音乐/文化团体存在显著差异，青年的年龄对参与团体具有正向影响，青年的年龄越大则社会团体的参与率越高。工会的参与率，20岁以下青年为5.8%，20~30岁青年为11.2%，30岁及以上青年为22.7%；专业协会的参与率，20岁以下青年为7.6%，20~30岁青年为18.5%，30岁及以上青年为26.8%；教育/艺术/音乐/文化团体的参与率，20岁以下青年为47.1%，20~30岁青年为52%，30岁及以上青年为45.5%。

表 11 不同年龄段香港青年的团体参与率

单位：%

项目	20岁以下	20~30岁(含20岁)	30岁及以上	P值
工会	5.8	11.2	22.7	0.002
专业协会	7.6	18.5	26.8	0.000
教育/艺术/音乐/文化团体	47.1	52.0	45.5	0.033

3. 受教育程度对香港青年参与社会团体具有正向影响，参与率随着受教育程度的提高而增大

使用克鲁斯卡尔－华利斯检验法对不同学历香港青年对于社会团体参与程度是否存在显著性统计差异进行了分析，表12结果表明，不同学历的香港青年参与工会、公益慈善团体、消费者组织存在显著差异，总体而言，受教育程度越高，青年团体的参与率越高。工会团体的参与率，随着青年受教育程度从高中上升到硕士及以上，参与率逐渐递增（大专除外）；公益慈善团体的参与率，最高的是初中文化程度青年，其次为大学本科学历青年，再次为大专学历青年，后面是硕士及以上学历青年，最低的是高中学历青年。消费者组织的参与率，最高的是初中文化程度青年，其次是硕士及以上青年，再次是大专青年，接着是高中青年，最低的是本科青年。

表 12 不同学历香港青年的团体参与率

单位：%

项目	初中	高中	大专	本科	硕士及以上	P值
工会	25.0	6.7	9.5	7.8	16.7	0.006
公益慈善团体	50.0	25.4	43.8	47.7	33.3	0.000
消费者组织	37.5	12.4	16.1	10.2	18.2	0.017

注：由于香港青年受教育水平普遍较高，小学及以下样本仅为个位数，代表性较弱，不作分析。

4. 香港在职青年社会团体的参与率最高，中学生参与积极性较低

使用克鲁斯卡尔－华利斯检验法对不同职业香港青年对于社会团体参与程度是否存在显著性统计差异进行了分析，表13结果表明，不同职业状况的香港青年参与工会、专业协会、公益慈善团体存在显著差异，工会的参与率，最高的是在职青年（19%），其次是大学生（8%），最低的是中学生（7.1%）；

专业协会团体的参与率，最高的是在职青年（26.2%），其次是大学生（13.4%），最低的是中学生（8.3%）；公益慈善团体的参与率，最高的是大学生（48.3%），其次是在职青年（38.1%），最低的是中学生（25.4%）。

表13 不同职业状况香港青年的团体参与率

单位：%

项目	中学生	大学生	在职青年	P值
工会	7.1	8.0	19.0	0.034
专业协会	8.3	13.4	26.2	0.002
公益慈善团体	25.4	48.3	38.1	0.000

注：无业或失业青年仅为18名，样本量过少，不作分析。

5. 家庭经济状况对香港青年参与社会团体具有正向影响，参与率随生活条件改善而提高

使用克鲁斯卡尔-华利斯检验法对不同家庭经济状况香港青年对于社会团体参与程度是否存在显著性统计差异进行了分析，表14结果表明，不同家庭生活水平的香港青年参与工会、消费者组织、运动/娱乐团体、教育/艺术/音乐/文化团体、政党团体、专业协会存在显著差异，家庭阶层对青年参与团体具有正向影响，随着家庭阶层的提高，参与率也逐渐增高；然而，家庭生活处在下层青年的参与率较高，高于或者与中层、中下层青年持平。

表14 不同家庭阶层香港青年的团体参与率

单位：%

项目	高层	中高层	中层	中下层	下层	P值
工会	62.5	14.6	6.2	7.5	9.5	0.000
消费者组织	62.5	14.6	13.0	11.2	13.1	0.001
运动/娱乐团体	100	46.3	54.6	45.9	45.2	0.011
教育/艺术/音乐/文化团体	100	61.0	51.7	46.1	40.5	0.004
政党团体	62.5	19.5	5.0	4.5	10.7	0.000
专业协会	62.5	14.6	10.5	9.9	21.4	0.000

（三）澳门青年组织认同的基本现状

澳门青年各类社会团体的参与率差异较小，青年参与各类社会团体较为均

衡。青年最积极参与的三大团体为运动/娱乐团体、教育/艺术/音乐/文化团体、公益慈善团体，参与率分别为52.1%、46.3%、31.6%；参与意愿最低的三大团体为政党团体、消费者组织、工会，参与率分别为12.6%、20.3%、20.9%。澳门青年在各类社会团体中主要扮演"一般成员"，各类团体中"积极成员"的比重差异较大。积极成员占参与者最多的是运动/娱乐团体，占32.4%；积极成员占参与者最少的是工会，仅占7.2%（见表15）。

表15 澳门青年组织认同的基本现状

单位：%

项目	积极成员	一般成员	不是成员	参与率	积极成员占参与者比重
宗教/教会团体	8.4	21.3	70.3	29.7	28.3
运动/娱乐团体	16.9	35.2	47.9	52.1	32.4
教育/艺术/音乐/文化团体	12.6	33.6	53.7	46.3	27.2
工会	1.5	19.4	79.1	20.9	7.2
政党团体	1.8	10.8	87.4	12.6	14.3
专业协会	4.9	18.3	76.8	23.2	21.1
公益慈善团体	6.2	25.4	68.4	31.6	19.6
消费者组织	2.6	17.7	79.7	20.3	12.8

1. 澳门男青年更积极参与运动/娱乐团体，但也有将近五成女青年参与运动/娱乐团体

使用曼恩－惠特尼U检验法对不同性别澳门青年对于社会团体参与程度是否存在显著性统计差异进行了分析，统计结果表明，澳门男女青年在参与运动/娱乐团体方面存在显著差异，$P=0.004$，$U=30152.5$，其他类型团体则不存在显著差异。运动/娱乐团体的男性青年积极成员占20.6%，一般成员占39%，参与率为59.6%；女性青年积极成员占14.7%，一般成员占32.6%，参与率为47.3%。

2. 澳门未婚青年比已婚青年更积极参与政党团体，但两者参与差距不大

使用曼恩－惠特尼U检验法对不同婚姻状况澳门青年对于社会团体参与程度是否存在显著性统计差异进行了分析，统计结果表明，不同婚姻状况的澳门青年参与政党团体方面具有显著差异，$P=0.009$，$U=9325.5$，未婚青年比已婚青年更积极参与。政党团体的参与率未婚青年为11.8%，其中积极成员

1.5%，一般成员 10.3%；已婚青年为 9.6%，其中积极成员 1.9%，一般成员 7.7%。

3. 澳门有孩子青年比没有孩子青年更积极参与宗教和政党团体，且相差近一倍

使用曼恩－惠特尼 U 检验法对有无孩子状况对于澳门青年社会团体参与程度是否存在显著性统计差异进行了分析，统计结果表明，澳门青年有无孩子状况对参与宗教/教会团体（P＝0.000，U＝6831.5）、政党团体（P＝0.009，U＝8390.5）具有显著影响，有孩子青年比没有孩子青年更积极参与。宗教/教会团体的参与率，有孩子青年为 56.4%，其中 23.1% 为积极成员，33.3% 为一般成员；没有孩子青年为 27.8%，其中 7.3% 为积极成员，20.5% 为一般成员。政党团体的参与率，有孩子青年为 25.6%，其中 7.7% 为积极成员，17.9% 为一般成员；没有孩子青年为 11.7%，其中积极成员为 1.4%，一般成员 10.3%。

4. 澳门大学生比较积极参与社会团体，失业或无业青年则参与贫乏

使用克鲁斯卡尔－华利斯检验法对不同职业状况对于澳门青年社会团体参与程度是否存在显著性统计差异进行了分析，表 16 结果表明，不同职业状况的澳门青年在参与宗教/教会团体、运动/娱乐团体、教育/艺术/音乐/文化团体、工会、政党团体、专业协会、消费者组织方面存在显著差异。总体而言，大学生的参与率最高，其次是中学生，再次是在职青年，最低的是无业或失业青年。

表 16 不同职业状况澳门青年的团体参与率

项目	中学生	大学生	在职青年	无业或失业	P 值
宗教/教会团体	26.0	31.4	29.9	24.2	0.002
运动/娱乐团体	54.0	53.6	52.0	37.5	0.015
教育/艺术/音乐/文化团体	53.5	46.4	43.4	36.4	0.014
工会	20.6	23.8	16.9	15.2	0.033
政党团体	14.4	16.6	6.2	12.1	0.000
专业协会	19.2	23.8	27.7	3.0	0.006
消费者组织	22.2	25.3	13.6	18.2	0.038

5. 家庭生活水平对澳门青年参与社会团体具有正向影响，参与率随着生活水平的提高而逐渐上升

使用克鲁斯卡尔－华利斯检验法对不同家庭阶层状况对于澳门青年社会团

体参与程度是否存在显著性统计差异进行了分析，表 17 结果表明，不同家庭生活水平的澳门青年在参与宗教/教会团体、工会、运动/娱乐团体、教育/艺术/音乐/文化团体、政党团体、专业协会、消费者组织方面存在显著差异，总体而言，家庭阶层对青年参与团体具有正向影响，随着家庭阶层的提高，参与率也逐渐增高；然而，家庭生活处在下层青年的参与率较高，高于或者与中层、中下层青年持平。

表 17 不同家庭阶层澳门青年的团体参与率

单位：%

项目	高层	中高层	中层	中下层	下层	P 值
宗教/教会团体	33.3	35.3	28.5	26.0	60.7	0.002
工会	66.7	29.4	20.0	17.5	35.7	0.033
运动/娱乐团体	33.3	72.7	53.5	44.7	75.0	0.015
教育/艺术/音乐/文化团体	100	58.8	46.2	40.9	67.9	0.014
政党团体	66.7	15.2	12.7	8.0	32.1	0.000
专业协会	66.7	32.4	22.9	18.6	42.9	0.006
消费者组织	66.7	26.5	21.4	15.5	28.6	0.038

三 穗港澳青年组织认同的比较

（一）穗港澳青年社会团体参与状况的比较

1. 三成左右港澳青年参与宗教团体，广州青年仅为一成多

第一，香港青年参与宗教/教会团体的比例最高，占 31.3%；其次是澳门青年，占 29.7%；最低的是广州青年，参与人数占 16.8%。第二，参与宗教/教会团体的青年中，积极成员占参与者比例最多的是香港青年，占 29.4%；其次是澳门青年，占 28.3%；最少的是广州青年，占 24.4%。第三，广州青年宗教/教会团体的参与率为 16.8%，其中积极成员 4.1%，一般成员 12.7%；香港青年宗教/教会团体的参与率为 31.3%，其中积极成员 9.2%，一般成员 22.1%；澳门青年宗教/教会团体的参与率为 29.7%，其中积极成员 8.4%，一般成员 21.3%（见表 18）。

表18 三地青年宗教/教会团体参与状况

单位：%

项目		积极成员	一般成员	参与率	积极成员占参与者比重
广州	频数	38	118	16.8	24.4
	地区中的比重	4.1	12.7		
香港	频数	66	159	31.3	29.4
	地区中的比重	9.2	22.1		
澳门	频数	46	117	29.7	28.3
	地区中的比重	8.4	21.3		

2. 三地青年都热衷于参与运动/娱乐团体，过半数青年都有参与其中

第一，广州青年参与运动/娱乐团体的比例最高，占64.6%；其次是澳门青年，占52.1%；最低的是香港青年，参与人数占49.3%。第二，参与团体组织的青年中，积极成员占参与者比例最多的是广州青年，占35.9%；其次是澳门青年，占32.4%；最少的是香港青年，占27.8%。第三，广州青年运动/娱乐团体的参与率为64.6%，其中积极成员23.2%，一般成员41.4%；香港青年运动/娱乐团体的参与率为49.3%，其中积极成员13.7%，一般成员35.6%；澳门青年运动/娱乐团体的参与率为52.1%，其中积极成员16.9%，一般成员35.2%（见表19）。

表19 三地青年运动/娱乐团体参与状况

单位：%

项目		积极成员	一般成员	参与率	积极成员占参与者比重
广州	频数	215	383	64.6	35.9
	地区中的比重	23.2	41.4		
香港	频数	98	255	49.3	27.8
	地区中的比重	13.7	35.6		
澳门	频数	92	192	52.1	32.4
	地区中的比重	16.9	35.2		

3. 穗港澳青年参与教育/艺术/音乐/文化团的比例较高，港澳有四成多青年参与，广州将近六成青年参与

第一，广州青年参与教育/艺术/音乐/文化团体的比例最高，占57.8%；其次是香港青年，占48.8%；最低的是澳门青年，参与人数占46.2%。第二，

参与团体组织的青年中，积极成员占参与者比例最多的是广州青年，占29.6%；其次是澳门青年，占27.2%；最少的是香港青年，占26.5%。第三，广州青年教育/艺术/音乐/文化团体的参与率为57.8%，其中积极成员17.1%，一般成员40.7%；香港青年教育/艺术/音乐/文化团体的参与率为48.8%，其中积极成员12.9%，一般成员35.9%；澳门青年教育/艺术/音乐/文化团体的参与率为46.2%，其中积极成员为12.6%，一般成员为33.6%（见表20）。

表20 三地青年教育/艺术/音乐/文化团体参与状况

单位：%

项目		积极成员	一般成员	参与率	积极成员占参与者比重
广州	频数	159	379	57.8	29.6
	地区中的比重	17.1	40.7		
香港	频数	92	256	48.8	26.5
	地区中的比重	12.9	35.9		
澳门	频数	69	184	46.2	27.2
	地区中的比重	12.6	33.6		

4. 穗澳青年参与工会比例较高，不到一成香港青年参与工会

第一，广州青年参与工会的比例最高，占33.9%；其次是澳门青年，占20.9%；最低的是香港青年，参与人数占8.7%。第二，参与团体组织的青年中，积极成员占参与者比例最多的是广州青年，占16.9%；其次是香港青年，占14.9%；最少的是澳门青年，占7.2%。第三，广州青年工会的参与率为33.9%，其中积极成员5.7%，一般成员28.2%；香港青年工会的参与率为8.7%，其中积极成员1.3%，一般成员7.4%；澳门青年工会的参与率为20.9%，其中积极成员1.5%，一般成员19.4%（见表21）。

5. 近四成广州青年参与政党团体，港澳青年参与率则不到两成

第一，广州青年参与政党团体的比例最高，占39.6%；其次是澳门青年，占12.6%；最低的是香港青年，参与人数占7.3%。第二，参与团体组织的青年中，积极成员占参与者比例最多的是广州青年，占19.4%；其次是香港青年，占19.2%；最少的是澳门青年，占14.3%。第三，广州青年政党团体的参与率为39.6%，其中积极成员7.7%，一般成员31.9%；香港青年政党团体的参与率为7.3%，其中积极成员1.4%，一般成员

5.9%;澳门青年政党团体的参与率为12.6%,其中积极成员1.8%,一般成员10.8%(见表22)。

表21 三地青年工会参与状况

单位:%

项目		积极成员	一般成员	参与率	积极成员占参与者比重
广州	频数	52	259	33.9	16.9
	地区中的比重	5.7	28.2		
香港	频数	9	53	8.7	14.9
	地区中的比重	1.3	7.4		
澳门	频数	8	106	20.9	7.2
	地区中的比重	1.5	19.4		

表22 三地青年政党团体参与状况

单位:%

项目		积极成员	一般成员	参与率	积极成员占参与者比重
广州	频数	71	296	39.6	19.4
	地区中的比重	7.7	31.9		
香港	频数	10	42	7.3	19.2
	地区中的比重	1.4	5.9		
澳门	频数	10	59	12.6	14.3
	地区中的比重	1.8	10.8		

6. 三成多广州青年参与专业协会,澳门两成多青年参与,香港仅有一成多青年参与

第一,广州青年参与专业协会的比例最高,占32.3%;其次是澳门青年,占23.2%;最低的是香港青年,占12.7%。第二,参与团体组织的青年中,积极成员占参与者比例最多的是广州青年,占23.8%;其次是澳门青年,占21%;最少的是香港青年,占11%。第三,广州青年专业协会的参与率为32.3%,其中积极成员为7.7%,一般成员为24.6%;香港青年专业协会的参与率为12.7%,其中积极成员1.4%,一般成员11.3%;澳门青年专业协会的参与率为23.2%,其中积极成员4.9%,一般成员18.3%(见表23)。

7. 三成多港澳青年参与公益慈善团体,广州青年参与率则达到四成多

第一,广州青年参与公益慈善团体的比例最高,占41.9%;其次是香港青年，占37.6%；最低的是澳门青年，参与人数占31.6%。第二，参与团体组织的青年中，积极成员占参与者比例最多的是香港青年，占26.1%；其次是广州青年，占25.5%；最少的是澳门青年，占19.6%。第三，广州青年公益慈善团体的参与率为41.9%，其中积极成员10.7%，一般成员为31.2%；香港青年公益慈善团体的参与率为37.6%，其中积极成员9.8%，一般成员27.8%；澳门青年公益慈善团体的参与率为31.6%，其中积极成员6.2%，一般成员25.4%（见表24）。

表23　三地青年专业协会参与状况

单位：%

项目		积极成员	一般成员	参与率	积极成员占参与者比重
广州	频数	71	228	32.3	23.8
	地区中的比重	7.7	24.6		
香港	频数	10	81	12.7	11.0
	地区中的比重	1.4	11.3		
澳门	频数	27	100	23.2	21.0
	地区中的比重	4.9	18.3		

表24　三地青年公益慈善团体参与状况

单位：%

项目		积极成员	一般成员	参与率	积极成员占参与者比重
广州	频数	99	289	41.9	25.5
	地区中的比重	10.7	31.2		
香港	频数	70	199	37.6	26.1
	地区中的比重	9.8	27.8		
澳门	频数	34	139	31.6	19.6
	地区中的比重	6.2	25.4		

这一调查结果，与之前调查情况是比较一致的，据澳门青年指标2014年社会调查结果显示，澳门青年在过去6个月参与志愿服务率为24.6%，剩下75.4%的青年都没有参与志愿服务。而青年没有参与志愿服务的前三项原因是没有时间、没有途径/没有相熟的服务机构和没有人陪同，分别占整体的72.53%、35.20%和27.12%[1]。

---

[1] 圣公会澳门社会服务处：《澳门青年指标2014社会调查报告书》，2015年3月。

8. 穗澳青年参与消费者组织的比例较高，香港仅为一成多青年参与

第一，广州青年参与消费者组织的比例最高，占 35.5%；其次是澳门青年，占 20.3%；最低的是香港青年，参与人数占 13.1%。第二，参与团体组织的青年中，积极成员占参与者比例最多的是广州青年，占 22.5%；其次香港青年，占 13.6%；最少的是澳门青年，占 12.8%。第三，广州青年消费者组织的参与率为 35.5%；其中积极成员为 8%，一般成员为 27.5%；香港青年消费者组织的参与率为 13.1%，其中积极成员为 1.8%，一般成员为 11.3%；澳门青年消费者组织的参与率为 20.3%，其中积极成员为 2.6%，一般成员为 17.7%（见表 25）。

表 25 三地青年消费者组织参与状况

单位：%

项目		积极成员	一般成员	参与率	积极成员占参与者比重
广州	频数	74	255	35.5	22.5
	地区中的比重	8.0	27.5		
香港	频数	13	81	13.1	13.6
	地区中的比重	1.8	11.3		
澳门	频数	14	97	20.3	12.8
	地区中的比重	2.6	17.7		

9. 澳门青年什么团体都没有参与的比重最大，香港青年的比重最小

第一，对于调查问卷中列出的八大团体，什么团体都没有参与的青年一共 438 名，占调查样本的 19.7%，说明还是存在一部分青年对团体的参与兴趣较低。第二，澳门青年中什么团体都没有参与的青年比例最高，占 24.8%；其次是香港青年，占 22%；最少的是广州青年，占 15%（见表 26）。

表 26 什么团体都没有参与的青年比较

单位：%

项目	频率	有效百分比	占该地样本青年百分比
广州	141	32.2	15.0
香港	160	36.5	22.0
澳门	137	31.3	24.8
合计	438	100.0	19.7

10. 近七成多的穗港澳青年至少有参与一个团体，港澳参与差异不大

第一，对于调查问卷中列出的八大团体，至少有参与一个团体的青年一共1713名，占调查样本的77.2%，说明团体在青年生活中影响大，青年对团体的参与程度较高。第二，广州青年中至少有参与一个团体的青年比例最高，占81%；其次是香港青年，占75.6%；最少的是澳门青年，占72.8%（见表27）。

表27 至少有参与一个团体的青年比较

单位：%

项目	频率	有效百分比	占该地样本青年百分比
广州	762	44.5	81.0
香港	549	32.0	75.6
澳门	402	23.5	72.8
合计	1713	100.0	77.2

（二）穗港澳青年组织认同的问题及原因比较

1. 近两成穗港澳青年对社会团体的兴趣较低，什么团体都没有参与

本次调查，对于调查问卷中列出的宗教/教会团体、运动/娱乐团体、教育/艺术/音乐/文化团体、工会、政党团体、专业协会、公益慈善团体、消费者组织八大团体，什么团体都没有参与的青年一共438名，占调查样本的19.7%，说明存在近两成青年对团体的参与兴趣较低。这一方面，可能是由于社会团体对青年的吸引力不够，青年不愿意参与；另一方面，与当前一部分青年比较"宅"，不愿意参与社会活动有关。

2. 港澳青年对政治类团体较为冷漠，工会和政党团体的参与度较低

穗港澳青年最不愿意参与的团体是工会和政党团体，说明青年对政治类团体缺乏一定的参与兴趣。香港青年对工会的参与率为8.7%，政党团体的参与率为7.3%，远远低于香港青年对其他团体的参与率。澳门青年对工会的参与率为20.9%，政党团体的参与率为12.6%。这一冷漠现象与香港青年街头政治的热情反差巨大，说明港澳青年对政治类团体的冷漠并不代表他们对所有政治事务都冷漠，只是参与政治的方式不同，只是对政治类团体的认同程度较低。

3. 穗港澳青年参与宗教组织活动较高，宗教组织在青年中的影响力较大

香港青年参与宗教/教会团体的比例达31.3%，澳门青年参与率为

29.7%，广州青年参与率为16.8%，说明存在较高比例的青年拥有宗教信仰。据澳门青年指标2014年社会调查结果显示，澳门宗教信仰价值观方面，有37.23%受访青年对"追求宗教信仰是意义不大"表示不同意。他们有54.95%认为"有宗教信仰不是迷信的表现"，而且认同"宗教信仰能作心灵寄托"和"导人向善"的分别占54.74%和40.11%。这反映受访青年对宗教信仰存在正面态度，而且他们的认同比率也随着年龄增长相对增加①。另一项关于广州青年的宗教信仰调查结果显示，近一成多广州青年信仰宗教，有宗教信仰的青年更多是为了寻求一种精神慰藉②。

4. 穗港澳青年组织认同的原因比较

青年参与社会团体的动机是多元的，据《广州青年发展报告（2014~2015）》调查，青年参加社会组织的原因主要集中在社交的需要、自我认同的需要、工作需要三个方面，首先是出于社交的需要，参加社会组织可以"更多接触一些志趣相投的人"，占61.7%；其次是自我认同的需要，"锻炼自己，展示才能，得到别人的承认"占42.2%；再者是出于工作之需，"对自己的工作有所帮助"占29.7%③。

第一，社会团体的发展环境影响了青年的参与程度，青年参与社会团体的门槛越低参与度越高。广州社会团体的发展环境是较为严格的，成立社会团体必须有业务主管部门；有多数发起者拥护的负责人和一定数量的会员；有办事机构和固定的办公或联络地址等。据广州市社会组织管理局官方网站资料显示，截至2016年3月，广州社会团体名单共有1138个④。香港社会团体的发展环境较为宽松，香港法令第151章《社团条例》是香港管理社团机构的基本法令。香港主管社团的政府机构是香港警务署社团管理处，该机构管理着在香港所有社团的注册申请、备案、运营、更改、监管、注销。香港社团注册和豁免社团注册均不收取任何费用，注册社团申请一般在12个工作日之内就能

---

① 圣公会澳门社会服务处：《澳门青年指标2014社会调查报告书》，2015年3月。
② 涂敏霞、李超海、巫长林、吴冬华、孙慧：《当代青年信仰：朝向主流与代际分化》，《青年学报》2015年第3期。
③ 吴冬华：《广州青年参与发展研究》，魏国华、张强主编《广州青年发展报告（2014~2015）》，社会科学文献出版社，2015年第143页。
④ 广州社会组织信息公示平台，http：//gznpo.gzmz.gov.cn：8080/home/pubbase/xxgsAllShzz?MainDjzh=&MainMC=。

办妥。便利的申请和注册条件使得香港社团遍地开花，免税激励也是重要原因之一①。据香港警务处社团事务处提供资料显示，截至2016年1月，香港社团名单内共有36666个注册或豁免注册的社团②。澳门社会团体的发展环境较为优越，李刚指出"澳门社团发展非常快，回归初期，社团只有1700个，回归15年，社团已经有6400个，所以澳门是一个社团社会，各种社团广泛参与各项澳门事务对澳门的发展十分有利"③。据潘冠瑾研究，澳门2008～2010年，以青年群体为主体或服务宗旨的社团将近30个，且并不包括学术、专业、宗教等13类涉及青年群体的社团。④

第二，集体主义与个体理性主义对青年参与社会团体选择有影响，广州青年的集体主义意识较为浓厚，对社会团体的参与意识较高，港澳青年的个体理性主义意识较为浓厚，对社会团体参与的选择差异明显。广州青年社会团体的参与度高，集体主义教育是重要的影响因素，集体主义意识鼓励青年积极参与社会团体活动。因此，广州青年不仅在公共事务领域的政治类团体、公益慈善团体、消费者组织等社会团体中的参与比例较高，而且在个体私人领域的运动/娱乐团体、教育/艺术/音乐/文化团体等的参与比例也较高。香港、澳门青年的社会团体参与度较低，个体理性主义是重要的影响因素，港澳青年对社会团体的参与态度偏好突出，社会团体参与度呈现"冷""热"两极，他们积极参与运动/娱乐团体、教育/艺术/音乐/文化团体、公益慈善团体，相对消极参与政党团体、工会、消费者组织。

四 结论与建议

（一）结论

第一，青年的兴趣爱好直接影响社会团参与状况，青年参与社会团体主要

---

① 张明敏：《香港社团管理模式调查》，《公益时报》2013年1月29日。
② 香港警务处社团事务处，http://www.police.gov.hk/ppp_tc/11_useful_info/licences/list_of_societies.html。
③ 唐佳蕾、李刚：《澳门同胞都能参与澳门政治社团数量15年增3倍》，中国网，2014年12月9日。
④ 潘冠瑾：《1999年后澳门社团发展的状况、问题与趋势前瞻》，《中共杭州市委党校学报》2013年第3期。

基于自身的理性选择，符合自身发展的需要。三地青年最乐于参与的社会团体是运动/娱乐团体，近六成青年参与，说明青年对运动和娱乐充满兴趣，显示出青年对体育锻炼的重视和娱乐化倾向；另外，三地青年最不愿意参与的社会团体是政治类的团体，仅两成多的青年参与。这种现象主要是由于部分青年对政治表现出冷漠，参与的兴趣不高。

第二，集体意识和组织动员影响着青年组织参与意愿，穗港澳青年的组织认同状况差异显著。广州青年的团体参与率最高，其次是澳门，最低的是香港青年。广州青年除了宗教/教会团体之外，调查所列的七大团体所占的比例都是最高；澳门青年在运动/娱乐团体、工会、政党团体、专业协会、消费者组织的参与率高于香港；香港青年仅在宗教/教会团体的参与率最高，在教育/艺术/音乐/文化团体、公益慈善团体的参与率高于澳门。广州青年乐于参与社会团体，与集体主义教育和社会团体的组织动员能力是分不开的；而港澳青年的个体主义意识较为强烈，对社会团体的参与动力较弱。

第三，穗港澳青年具有较强社会团体参与意识，七成以上青年港澳青年有参与社会团体，八成多广州青年有参与社会团体。澳门青年中什么团体都没有参与的青年比例最高，占24.8%；其次是香港青年，占22%；最少的是广州青年，占15%。反之，广州青年中至少有参与一个团体的青年比例最高，占81%；其次是香港青年，占75.6%；最少的是澳门青年，占72.8%。

（二）建议

1. 以参与社会治理激发社会团体活力，提升青年参与社会团体率

调查发现，近两成穗港澳青年对社会团体的兴趣较低，什么团体都没有参与。激发社会团体活力，提高社会团体对青年的吸引力，是社会团体作为组织生存下去的前提。穗港澳三地青年对兴趣类社会团体参与的热情和程度较高，一方面是这类社会团体切合青年的发展利益，另一方面是这类社会团体是青年自发参与，甚至是自发组织的团体，团体的活力较高。因此，要激发社会团体的活力，需从社会团体内部着手，建立健全组织内部架构，以服务青年为出发点设计团体活动。此外，社会团体是推进国家治理体系和治理能力现代化的重要主体和依托，是青年有效参与社会治理的载体和平台。为更好地推动青年参与社会治理，首先，社会团体要发展壮大组织队伍，提高组织的服务能力和资

源整合能力；其次，要积极承接政府社会治理职能转移的项目，与政府间形成良好的伙伴关系；最后，要创新社会治理方式，创造青年参与社会治理的良好环境，提高青年社会治理能力。

2. 加强穗港澳青年社会团体间的合作，促进青年间的交流

穗港澳三地由于地理位置相近，语言文化、政策支持等方面的便利，各方面都进行着深度而广泛的合作，2012年签订的《粤港合作框架协议》、《粤澳合作框架协议》进一步为三地青年社会团体搭建了良好的合作平台。首先，三地青年社会团体可以加强青年骨干间的交流学习，促进社会团体的发展；其次，可以充当桥梁和枢纽，增进三地青年的交流；最后，三地社会团体可以进一步联合开展活动，提高活动的质量和吸引力，扩大社会团体的影响力。

3. 优化社会团体的发展环境，引导青年社会团体发挥服务青年的价值

随着经济社会的发展，穗港澳三地的社会团体得到较快发展。如何有效地管理和引导社会团体的发展，是政府面临的新挑战。香港负责管理社会团体的主要是警务处社团事务处、民政事务局，澳门主要是身份证明局，广州主要是民政局监管。因此，对于社会团体的管理和引导，首先，要规范社会团体管理，建立健全社会团体管理的规章制度，依法治理社会团体，优化社会团体的发展环境；其次，政府部门要给予社会团体提供必要的经费、法律咨询等服务，促进社会团体的发展；最后，要加强社会团体的监督，建立健全社会团体的考核评估机制，让社会团体的发展形成良好的准入和退出机制。

B.7
穗港澳青年性别关系与代际认知研究

李超海*

摘　要： 基于2015年穗港澳青年价值观调查数据表明，三地青年在性别关系和代际认知的认同上存在明显差异，其中广州青年最认同职业有助于女性地位独立，最不认同母亲工作影响子女生活；香港青年更关心老年人尊严，澳门青年更重视青年人能力，但港澳青年最不认同职业有助于女性地位独立。进一步的统计分析表明，穗港澳青年女性性别平等观念要强于男性青年，而穗港澳男性青年认为青年应该承担对老年人、对社会的责任观念要强于女性青年；教育程度越高，广州青年的代际关系观念越强，而港澳青年的代际关系观念越弱，呈现明显的广州青年高、港澳地区弱的地区分化态势。

关键词： 穗港澳青年　性别关系和代际认知　比较分析

当前，中国人口和广州人口的代际更替现象较为明显。2010年全国"六普"数据表明，20世纪80年代出生的人口比例占17.14%，90年代及以后出生的人口比例占24.1%，20世纪80年代及以后出生的人口占41.24%；2010年广州"六普"数据显示，20世纪80年代出生的人口比例占26.23%，20世纪90年代及以后出生的人口比例占19.10%，20世纪80年代及以后出生的人口占45.33%。广州人口结构跟全国人口结构一样，出生于20世纪80年代及以后的新生代逐渐成为人口的主体（见表1）。

---

* 李超海，广东省社会科学院副研究员，研究方向为城市社会学、家庭社会学。

表1 全国与广州"六普"人口的世代结构及比较*

单位：万人，%

出生世代	年龄段	2010年全国六普数据		2010年广州六普数据	
		总人数	百分比	总人数	百分比
20世纪40年代以前	70岁及以上	7781.38	5.83	58.97	4.64
20世纪40年代	60~69岁	9978.05	7.48	64.74	5.10
20世纪50年代	50~59岁	16006.56	12.01	120.52	9.49
20世纪60年代	40~49岁	23034.85	17.28	200.16	15.76
20世纪70年代	30~39岁	21516.41	16.15	249.99	19.68
20世纪80年代	20~29岁	22842.63	17.14	333.11	26.23
20世纪90年及以后	20岁及以下	32121.17	24.1	242.68	19.10
合计		133281.08	100.0	1270.19	100.0

资料来源：2010年第六次全国人口普查。

在英格尔哈特看来，人口的代际更替一方面使得新生代人口成为社会的主体，另一方面也会推动公民的价值观正在从物质主义价值观向后物质主义价值观转变。后物质主义价值观群体更加关注个体感受，强调社会的平等、环境的保护、社区的融合、政治的参与等非物质性话题。在英格尔哈特看来，经济发展的不断进步，社会产品的极大丰富，优裕的童年生活经历使得新生代人口更加重视文化消费，也更加注重对尊严和平等的个人感受。人口更替和价值观的转变，使得性别关系和代际认知也成为中国青年人群无法回避的社会问题。随着性别平等意识的广为接受，越来越多的青年人群具有强烈的平权意识和两性平等观，更加看重女性的角色和地位，更加强调两性的平等和无差别；随着人口老龄化的来临和独生子女政策下的特殊家庭结构，越来越多的青年人群需要面对复杂的代际关系和代际互动，需要在家庭负担和社会责任上做出合理的选择。

可见，伴随着人口代际更替的完成，新生代人口逐渐成为中国以及广州社会的主体。这种人口代际更替的自然演变，在改变社会结构和重塑社会价值的同时，也影响着当前的性别关系和代际关系。整体来看，基于西方国家工业化进程发展出现的物质主义价值观向后物质主义价值观的转变，也在一定程度上影响着中国的城市社会，尤其像穗港澳这样的大城市中青年群体的性别关系和代际认知。因此，本章结合在穗港澳地区进行的大规模问卷调查数据，试图描述和呈现当前穗港澳地区青年人群在性别关系和代际认知上的一般情况和基本特点，同时尝试着比较在然地理区位接近、风俗语言相通、文化传承相同而市场化程度、社会体制等差异较大的穗港澳地区青年人群在性别关系和代际认知上的差异和发展态势。

一 概念界定与文献回顾

（一）性别关系和代际认知的概念界定和理论内涵

性别关系和代际认知通常指涉个体与社会的关系，也是利益主体根据自身需要和信仰采取的思想和行为导向，同时涉及两大层次之间的关系，一则是指家庭内部、社会层面看待两性关系的态度、立场和行为倾向，二则是在特定社会空间里面人们如何看待父代和子代之间的关系及行为选择。从通常意义上说，性别关系和代际认知的价值取向就是指社会成员基于自己的价值观在面对或处理各种矛盾、冲突、关系时所持的基本价值立场、价值态度以及所表现出来的基本价值倾向。价值取向调节、支配甚至在某种程度上决定着社会成员的行为导向，也约束着社会成员的社会活动。

当前，有关性别关系的态度、立场和看法主要源于社会性别理论，这是种发端于美国的社会运动理论，是20世纪60年代以来女权主义运动实践的结果，也是当前女权主义、平权主义和各种社会运动迅速发展的理论指导。社会性别理论把两性关系作为最基本的社会学关系，认为它是社会关系的本质反映，从分析两性关系入手可以发现社会关系和社会制度的根源和本质，从而将社会性别理论变成强有力的政治经济和社会文化的分析工具。社会性别理论认为，社会对两性角色和行为的期待往往是对两性生物性别的延伸，人们现在的性别观念是社会化的产物，因而是可以改变的。社会性别理论以社会性别差异、社会性别角色塑造和社会性别制度为主要内容，矛头直指长期存在的男尊女卑的性别误区和无视社会性别的性别盲点，并由此深入揭示了这种差异和不平等的政治、经济、文化和社会制度根源。它反映的是一种两性之间的不平等关系，其实质是一种权力关系，它深刻地贯穿在人类的政治、经济、文化、社会生活和家庭等一切领域。

代际关系及代际认知的理论指导来源于代际理论。其中,"代"指的是一定社会中具有大致相同年龄和类似社会特征的人群,具有自然和社会两重性;代际理论是描述和研究不同代的人之间思想和行为方式上的差异和冲突的理论。在稳定而缓慢发展的社会中,代际关系较为平和,代际互动较为平等,而在一个快速变动和急剧变迁的社会中,代际关系较为紧张,代际冲突较为明显,代沟现象普遍而常见。不同代人由于所处的社会文化环境不同,在价值观念和行为方式上存在差异,这种差异也即"代差"或"代沟"。当两代人之间对社会巨变所持的不同看法,导致思想和行为方式上的矛盾和冲突,这就是"代际冲突"。代际理论作为专门阐述"代"及"代际冲突"的形成机理和表现方式的一种理论学说,在解释近代社会以来世界范围内出现的"代沟"方面具有普遍适用性。一般而言,代际理论侧重从技术革命、社会急剧变迁给不同辈分的人群可能带来不同的感受、认识和选择方面的可能性进行分类研究。

因此,为了更好地理解新时期青年人群的性别关系和代际认知,本章利用2015年在广州、香港和澳门进行的青年问卷调查数据,基于比较的分析方法,结合社会与个体互构的视角来分析当前青年性别关系和代际认知的现状及变迁,进而探讨影响当前青年性关系和代际认知的变迁原因及机制。

(二)市场、技术和人口更替重构青年世代的性别关系和代际认知

国外大量的实证证据表明,当一个国家或社会达到较高的经济发展水平和教育水平时,公民的价值观将实现代际更替,人们将逐步从强调经济和人身安全的物质主义的价值观向强调自主、自我表现和生活质量的后物质主义的价值观转变。这一转变基于两个理论假设,一是匮乏假设,即当某些东西供应相对不足的时候,人们才会在主观上给予它最高价值。物质必需品和人身安全直接与生产相关,一旦这些东西匮乏,人们就会将"物质主义"目标放在首位,但在富裕条件下,人们更重视归属感、尊重、审美和知识需求之类的"后物质主义目标"。二是社会化假设,即社会经济环境与优先价值观的关系并非一个迅速调整的过程,而是有一个较长的滞后。在很大程度上,个人的基本价值观反映的是其未成年阶段的生活条件,并且价值观的转变主

要是通过代际人口更替来实现。据此,价值观的代际更替一般在繁荣后的二三十年实现,此时繁荣开始期出生的人成为社会中坚,他们基本没有匮乏体验,更重视后物质主义价值观。这两个理论假设被"二战"后西方国家的情况所证实①。事实上,这种转变已经在局部发生。根据美国学者罗纳德·英格尔哈特主持的世界价值观调查,2007年,中国出现了代际价值转变,年老的群众中足有60%的物质主义价值观秉承者,只有2%的后物质主义者,两者的比例达到30∶1;而在年轻的群体中,物质主义者虽然也占多数,但比率变成4.3∶1②。

可见,在市场经济发展、信息技术进步和人口自然更替等多种因素的交互作用下,当前青年人口世代逐渐形成了以后物质主义价值观为主导的价值倾向。这种注重归属感、尊重、审美和知识需求之类的"后物质主义目标"进而形塑了当前青年人群的性别关系和代际认知。国内也有学者指出,市场转型和社会发展使得乡村性别关系经历了传统时代的伦理范式、集体化年代的政治范式、改革开放以后的市场经济范式的变迁,在变迁过程中性别平衡成为基本状态。随着社会转型的加速,时尚消费对当代城市青年人群的性别关系和理念产生了重要影响,性别逻辑和选择理性成为决定都市青年性别关系的重要因素。进一步来看,王正绪、游宇基于"世界价值观调查"的数据,研究指出经济和社会的现代化会促使一个国家或一个地区的公民形成一组亲民主的公民价值观,受过更高教育、生活更为富裕的公民,开始形成"后物质主义"价值观,比如更愿意参加政治行动,对少数民族、底层群体的生活方式和价值观念能够更加包容等。在性别关系变化的同时,青年人群的代际认知也出现了很多特点。当前,代际差异基础上的工作价值观及职业伦理逐渐形成,青年人群在工作中心度、工作价值定位、工作特征偏好、择业观等方面明显不同于上一代,而这种工作价值观代际差异是社会变迁和文化变迁的必然结果,也是工作价值观变迁的体现。

---

① 〔美〕罗纳德·英格尔哈特:《现代化与后现代化:43个国家的文化、经济与政治变迁》,社会科学文献出版社,2013。
② 〔美〕罗纳德·英格尔哈特:《现代化与后现代化:43个国家的文化、经济与政治变迁》,社会科学文献出版社,2013。

二 穗港澳青年性别关系和代际认知的基本状况

（一）广州青年最认同"工作有助于女性地位独立"的观点，最不认同"母亲选择工作会连累子女"的观点

从广州青年认同的性别关系和代际关系价值来看，认同"拥有工作是妇女获得独立地位的最好手段"的比例最高，占44.5%。其他依次为：38.7%认同"青年人有足够能力改善社会现况"；34.6%认同"在如今，老年人并没有得到足够尊重"；14.7%认同"当就业机会很少时，男人应该比女人更有权利"；13.4%认同"如果家庭中妻子挣钱比丈夫多，那将出现问题"；12.6%认同"如果母亲需要为生活开支而工作，孩子将受苦"（见表2）。

表2 广州青年的性别关系和代际认知情况

单位：%

选项	同意	中立	不同意
当就业机会很少时，男人应该比女人更有权利	14.7	37.7	47.5
如果家庭中妻子挣钱比丈夫多，那将出现问题	13.4	43.4	43.2
拥有工作是妇女获得独立地位的最好手段	44.5	41.6	14.0
如果母亲需要为生活开支而工作，孩子将受苦	12.6	39.1	48.4
在如今，老年人并没有得到足够尊重	34.6	46.7	18.6
青年人有足够能力改善社会现况	38.7	51.9	9.3

从广州青年不认同的别关系和代际关系价值来看，不认同"如果母亲需要为生活开支而工作，孩子将受苦"的比例最高，占48.4%。其他依次为：47.5%不认同"当就业机会很少时，男人应该比女人更有权利"；43.2%不认同"如果家庭中妻子挣钱比丈夫多，那将出现问题"；18.6%不认同"在如今，老年人并没有得到足够尊重"；14.0%不认同"拥有工作是妇女获得独立地位的最好手段"；9.3%不认同"青年人有足够能力改善社会现况"（见图1）。

从广州青年持中立态度的性别关系和代际关系价值来看，对"青年人有足够能力改善社会现况"持中立态度的比例最高，占51.9%。其他依次为：46.7%对"在如今，老年人并没有得到足够尊重"持中立态度；43.2%对"如果家庭中妻子挣钱比丈夫多，那将出现问题"持中立态度；44.5%对"拥有工作是妇女获得独立地位的最好手段"持中立态度；48.4%对"如果母亲需要为生活开支而工作，孩子将受苦"持中立态度；47.5%对"当就业机会很少时，男人应该比女人更有权利"持中立态度。

可见，广州青年普遍认同男女两性同等就业、女性独立和母亲工作的别关系和代际关系价值；对于老年人未受尊重和年轻人有改造现实能力的认同普遍持中立态度。因此，在涉及两性价值、女性独立和母子关系方面，广州青年较为认同性别平等、女性独立、母亲求职等价值，而不太赞同个体有能力改造社会的价值观。

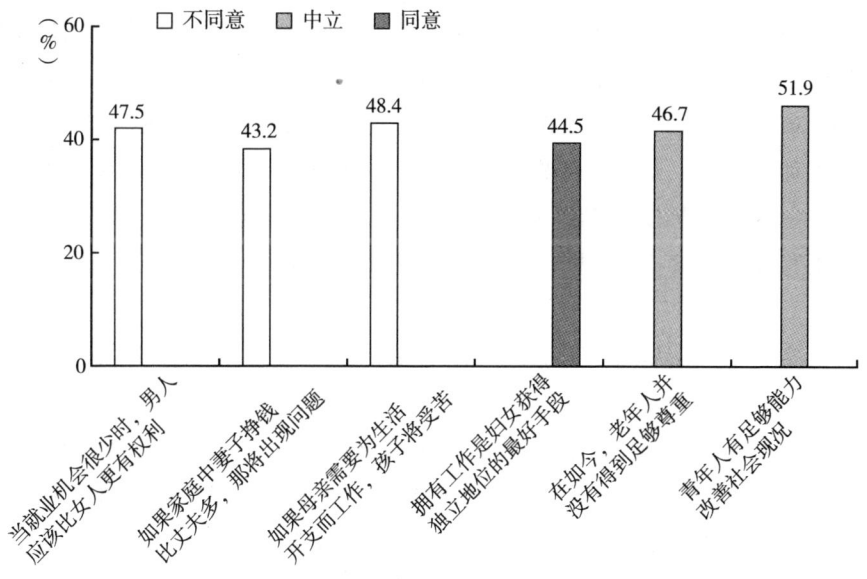

图1　广州青年的性别关系和代际认知情况

通过列举广州青年不同、中立和不同意比例较高的性别关系和代际关系价值，可以发现：广州青年对"在如今，老年人并没有得到足够尊重；青年人有足够能力改善社会现况"主要持中立态度;对"拥有工作是妇女获得独立地位的最好手段"持最认同态度;对"当就业机会很少时,男人应该比女人更有权利;如果家庭中妻子挣钱比丈夫多,那将出现问题;如果母亲需要为生活开支而工作,孩子将受苦"主要持反对态度。

(二)香港青年最认同"当前老年人未受到足够尊重",澳门青年最认同"青年人有能力改造社会";两地青年均不认同妻子收入增加会影响家庭关系

从港澳青年认同的性别关系和代际关系价值来看,香港青年认同"在如今,老年人并没有得到足够尊重"的比例最高,占36.3%。其他依次为:35.9%认同"青年人有足够能力改善社会现况";25.1%认同"拥有工作是妇女获得独立地位的最好手段";8.9%认同"如果母亲需要为生活开支而工作,孩子将受苦";7.9%认同"如果家庭中妻子挣钱比丈夫多,那将出现问题";5.7%认同"当就业机会很少时,男人应该比女人更有权利"。澳门青年认同"青年人有足够能力改善社会现况"的比例最高,占39.9%。其他依次是:36.4%认同"拥有工作是妇女获得独立地位的最好手段";31.0%认同"在如今,老年人并没有得到足够尊重";9.1%认同"如果家庭中妻子挣钱比丈夫多,那将出现问题";8.6%认同"当就业机会很少时,男人应该比女人更有权利";8.2%认同"如果母亲需要为生活开支而工作,孩子将受苦"。

从港澳青年不认同的性别关系和代际关系价值来看,香港青年最不同的是"如果家庭中妻子挣钱比丈夫多,那将出现问题",占60.0%。其他依次为:53.9%不认同"当就业机会很少时,男人应该比女人更有权利";50.4%不认同"如果母亲需要为生活开支而工作,孩子将受苦";21.1%不认同"拥有工作是妇女获得独立地位的最好手段";16.0%不认同"青年人有足够能力改善社会现况";14.6%不认同"在如今,老年人并没有得到足够尊重"。澳门青年最不认同的是"如果家庭中妻子挣钱比丈夫多,那将出现问题",占54.3%。其他依次为:51.2%不认同"如果母亲需要为生活开支而工作,孩子将受苦";51.1%不认同"当就业机会很少时,男人应该比女人更有权利";17.9%不认同"在如今,老年人并没有得到足够尊重";11.2%不认同"拥有工作是妇女获得独立地位的最好手段";9.3%不认同"青年人有足够能力改善社会现况"。

从港澳青年保持中立的性别关系和代际关系价值来看,香港青年对"拥有工作是妇女获得独立地位的最好手段"持中立态度的比例最高,占53.8%。其他依次为:49.1%对"在如今,老年人并没有得到足够尊重"持中立态度;48.1%对"青年人有足够能力改善社会现况"持中立态度;40.7%对"如果母亲需要为生活开支而工作,孩子将受苦"持中立态度;40.4%对"当就业机会很少时,男人应该比女人更有权利"持中立态度;32.1%对"如果家庭中妻子挣钱比丈夫多,那将出现问题"持中立态度。澳门青年对"拥有工作是妇女获得独立地位的最好手段"持中立态度的比例最高。其他依次为:51.2%对"在如今,老年人并没有得到足够尊重"持中立态度;50.8%对"青年人有足够能力改善社会现况"持中立态度;40.6%对"如果母亲需要为生活开支而工作,孩子将受苦"持中立态度;40.3%对"当就业机会很少时,男人应该比女人更有权利"持中立态度;36.6%对"如果家庭中妻子挣钱比丈夫多,那将出现问题"持中立态度(见表3)。

表3 港澳青年的性别关系和代际认知情况

单位:%

选项\地区	香港青年			澳门青年		
	同意	中立	不同意	同意	中立	不同意
当就业机会很少时,男人应该比女人更有权利	5.7	40.4	53.9	8.6	40.3	51.1
如果家庭中妻子挣钱比丈夫多,那将出现问题	7.9	32.1	60.0	9.1	36.6	54.3
拥有工作是妇女获得独立地位的最好手段	25.1	53.8	21.1	36.4	52.5	11.2
如果母亲需要为生活开支而工作,孩子将受苦	8.9	40.7	50.4	8.2	40.6	51.2
在如今,老年人并没有得到足够尊重	36.3	49.1	14.6	31.0	51.2	17.9
青年人有足够能力改善社会现况	35.9	48.1	16.0	39.9	50.8	9.3

通过将举香港青年不同、中立和不同意比例较高的性别关系和代际关系价值,可以发现:香港青年对"在如今,老年人并没有得到足够尊重;青年人有足够能力改善社会现况"认同度较高;对"拥有工作是妇女获得

独立地位的最好手段；如果母亲需要为生活开支而工作，孩子将受苦；在如今，老年人并没有得到足够尊重"持中立态度比例较高；对"当就业机会很少时，男人应该比女人更有权利；如果家庭中妻子挣钱比丈夫多，那将出现问题；如果母亲需要为生活开支而工作，孩子将受苦"的不认同度较高（见图2）。

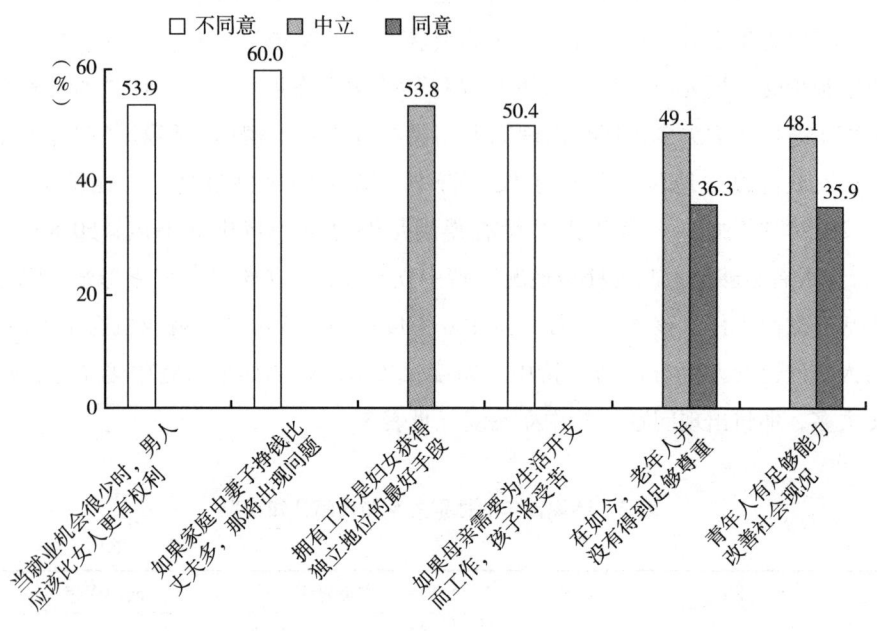

图2　香港青年的性别关系和代际认知情况

同样，通过列举澳门青年不同、中立和不同意比例较高的性别关系和代际关系价值，可以发现：澳门青年对"拥有工作是妇女获得独立地位的最好手段；青年人有足够能力改善社会现况"的认同度较高；对"拥有工作是妇女获得独立地位的最好手段；在如今，老年人并没有得到足够尊重；青年人有足够能力改善社会现况"持中立比例较高；对"当就业机会很少时，男人应该比女人更有权利；如果家庭中妻子挣钱比丈夫多，那将出现问题；如果母亲需要为生活开支而工作，孩子将受苦"的不认同度较高（见图3）。

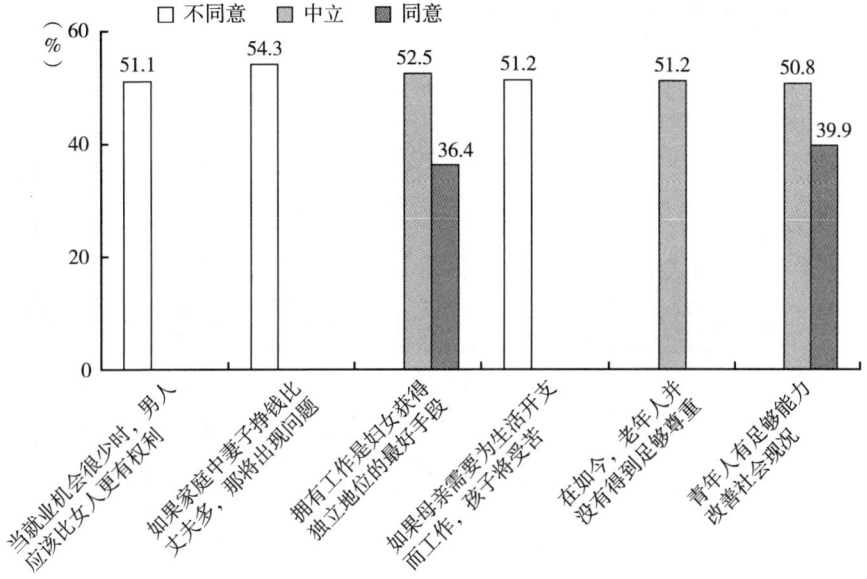

图3 澳门青年的性别关系和代际认知情况

三 穗港澳地区青年性别关系和代际认知的比较分析

（一）不同城市的青年群体所坚守的性别关系和代际认知存在明显差异

1. 广州青年关注女性地位独立，香港青年更关心老年人尊严，澳门青年更重视青年人能力

穗港澳三地青年在性别关系和代际认知上存在明显的差异，广州青年最认同职业是女性地位独立的手段，44.5%的广州青年赞同"拥有工作是妇女获得独立地位的最好手段"；香港青年最认同老年人未受到足够尊重，36.3%的香港青年赞同"在如今，老年人并没有得到足够尊重"；澳门青年最认同青年人有能力改造社会，39.9%的澳门青年赞同"青年人有足够能力改善社会现况"（见图4）。

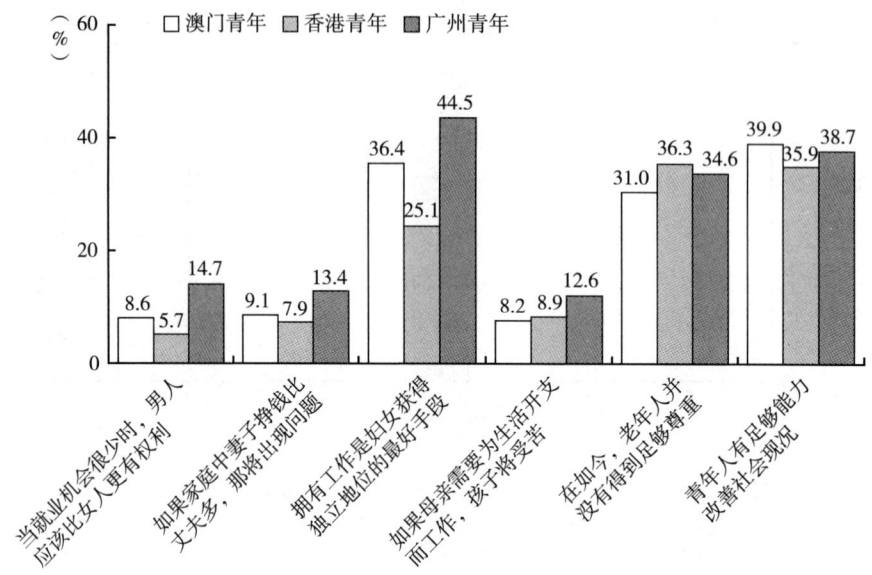

图 4　穗港澳青年性别关系和代际认知的认同度比较

2. 广州青年普遍对青年改造社会的能力持中立态度，而港澳青年普遍对职业有助于女性地位独立持中立态度

在持中立态度的性别关系和代际认知价值观方面，广州青年对自我改造社会的能力持中立态度的比例最高，占 51.9%；港澳青年则对职业是女性地位独立持中立态度的比例最高，分别占 53.8% 和 52.5%（见图 5）。

3. 广州青年最不认同母亲工作影响子女生活，而港澳青年最不认同职业是女性地位独立的手段

在三地青年不赞同的性别关系和代际认知中，48.4% 的广州青年不赞同母亲因工作而导致子女受苦，香港和澳门分别有 60.0% 和 54.3% 的青年不赞同职业有助于妇女获得地位独立（见图 6）。

（二）性别、年龄和教育对三地青年的性别关系和代际认知有显著影响

在调查问卷中，我们总共列举了七种观点作为测量青年人群性别关系和代际认知的指标："当就业机会很少时，男人应该比女人更有权利；如果家庭中

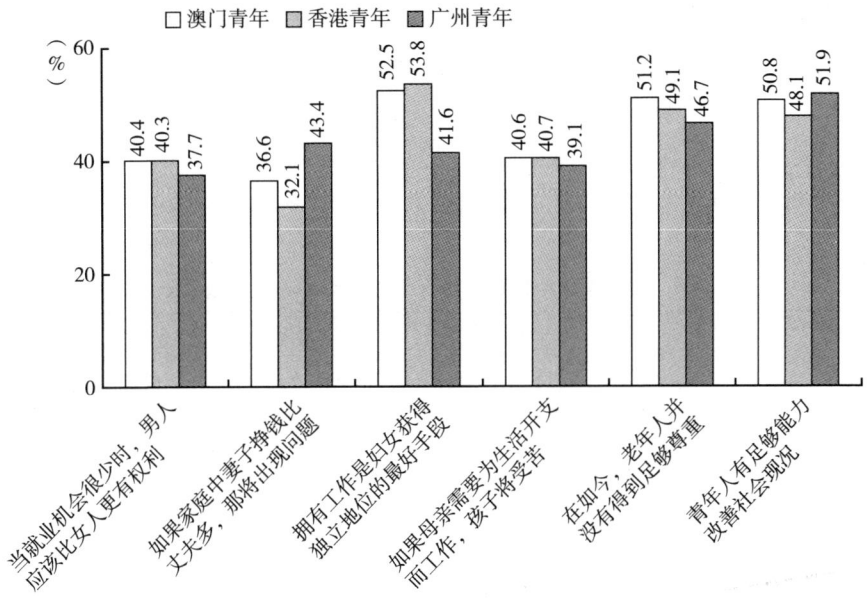

图5 穗港澳青年性别关系和代际认知的中立态度比较

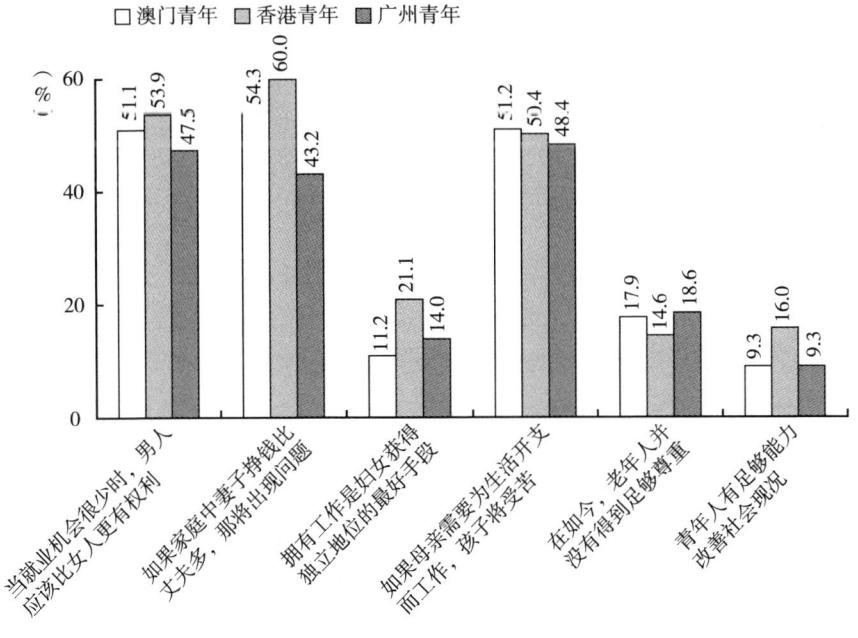

图6 穗港澳青年性别关系和代际认知的不认同度比较

妻子挣钱比丈夫多,那将出现问题;拥有工作是妇女获得独立地位的最好手段;如果母亲需要为生活开支而工作,孩子将受苦;在如今,老年人并没有得到足够尊重;青年人有足够能力改善社会现况"。按照同意(3分)、中立(2分)、不同意(1分)的原则赋分,得分越高,表示对该观点越赞同。在此基础上,进行因子分析,得到表4所示的穗港澳青年性别平等观和代际关系观的认知因子。

表4 穗港澳青年性别平等观和青年代际观的认知因子

	广州青年		香港青年		澳门青年	
	性别关系观	代际关系观	性别关系观	代际关系观	性别关系观	代际关系观
当就业机会很少时,男人应该比女人更有权利	0.778	0 - .034	0.631	-0.093	0.748	0.015
如果家庭中妻子挣钱比丈夫多,那将出现问题	0.739	0.055	0.712	-0.094	0.801	-0.053
拥有工作是妇女获得独立地位的最好手段	0.017	0.637	0.481	0.209	0.261	0.536
如果母亲需要为生活开支而工作,孩子将受苦	0.677	0.069	0.708	0.008	0.701	0.097
在如今,老年人并没有得到足够尊重	0.216	0.530	0.206	0.755	-0.007	0.614
青年人有足够能力改善社会现况	-0.122	0.665	-0.221	0.666	-0.124	0.685
特征值	1.671	1.137	1.729	1.076	1.776	1.147
累计方差(%)	27.856	46.801	28.811	46.742	29.602	48.719

注:主成分分析,采用Kaiser标准化的正交旋转法

出于分析需要,需要将因变量性别关系观和代际关系观因子转化为1~100之间的指数。转换的公式为:转换后的因子值=(因子值+B)*A,其中A=99/(因子最大值-因子最小值),B=(1/B)-因子最小值。(边燕杰、李熠,2001)。其中性别关系观因子包括"当就业机会很少时,男人应该比女人更有权利;如果家庭中妻子挣钱比丈夫多,那将出现问题;如果母亲需要为生活开支而工作,孩子将受苦",代际关系观因子包括"在如今,老年人

并没有得到足够尊重;青年人有足够能力改善社会现况"。

因此,以性别关系观和代际关系观为因变量的回归模型如表5所示。

表5 穗港澳青年性别关系和代际认知回归模型

	广州青年		香港青年		澳门青年	
	性别平等	青年责任	性别平等	青年责任	性别平等	青年责任
性别(女=0)	-99.573*** (11.994)	38.490** (12.448)	-48.185*** (11.768)	16.947* (11.985)	-44.001** (14.010)	37.412** (14.463)
年龄	-23.612** (11.356)	4.146 (11.786)	-31.853** (13.759)	-20.659 (14.012)	-7.913* (14.637)	-11.217 (15.110)
年龄平方	0.422* (0.232)	-0.094 (0.241)	0.668** (0.294)	0.433 (0.299)	0.184* (0.298)	0.285 (0.308)
教育连续变量	3.476 (3.031)	-13.546** (3.146)	12.028 (3.820)	1.628** (3.890)	5.898 (3.786)	1.681* (3.909)
婚姻(未婚=0)	8.129 (19.451)	14.564* (20.188)	-69.959 (56.589)	-1.576** (57.632)	-22.106 (25.516)	-12.390* (26.341)
家庭阶层(底层=0)						
上层	-33.741 (24.818)	-17.150 (25.759)	-16.492 (24.128)	-32.174 (24.573)	-79.395** (31.310)	17.932 (32.322)
中层	39.451** (12.879)	2.695 (13.367)	17.928 (12.611)	-15.273 (12.844)	14.203 (14.228)	20.628 (14.687)
常数	79.863 (119.863)	-78.268 (124.404)	50.009 (131.805)	45.761 (134.236)	-155.912 (153.559)	-98.315 (158.522)
Adjusted R Square	0.103	0.086	0.092	0.079	0.089	0.065

注:* $p<0.05$, ** $p<0.01$, *** $p<0.001$。

可见,性别对三地青年的性别关系观有显著影响。其中,穗港澳女性比男性具有更加强烈的性别平等观,而穗港澳男性比女性具有更强烈的青年责任感。可见,穗港澳地区男性的性别关系观念弱于女性,而穗港澳地区女性的性别平等观念较为强烈,对就业权、地位独立权的追求较为坚定。穗港澳三地女性在追求性别平等的同时,却忽略了青年责任意识,三地男青年较女青年更为重视尊重老人和承担改造社会的责任。

年龄对三地青年的性别关系观念有显著影响,但对代际关系观念没有显著影响。年龄对穗港澳青年的性别平等观念有负向显著影响,而年龄平方对三地青年的性别平等观念有正向显著影响。这表明，年龄对三地青年人群的性别平等观念的影响呈现倒"U"形，随着年龄的增长，三地青年的性别平等观念逐渐增长，到一定年龄段达到顶点，此后，随着年龄的增长，会逐渐下降。也即三地青年的性别平等观念先升后降，进入老年阶段，性别平等观念由正向转为负向。

教育对三地青年的代际关系观念有显著影响，但呈现明显的地区差异。其中，教育程度越高，广州青年的代际关系观念越强，而港澳青年的代际关系观念越弱。代际关系观念随着教育程度的增长而呈现一升一降的地区分化，或许跟三座城市的经济发展水平对三地青年人群的影响有关。近年来，中国内地经济发展水平不断提升，而香港经济发展水平呈现停滞状态，澳门经济因博彩业独大使得经济发展缺乏多元化，三地不同的经济发展结构和发展态势为当地青年人群的个人发展提供了不同的路径和机会。在经济发展停滞的香港和经济多元化缺失的澳门，再加上贫富差异不断扩大和阶层不平等逐渐深化，严重挤压了青年人群的生存条件和发展机会；反观广州，经济社会的快速发展，使得青年人群获得较好的生产条件和发展机会。因此，对香港地区的青年群体来说，教育的提升不能带来发展机会的增加，对社会的不满和怨恨自然会随之增加，承担责任的观念和意愿自然会降低；对广州青年群体来说，教育的提升伴随着收入的增加和发展机会的增多，自然愿意承担对他者的责任和对社会秩序的维护。

婚姻对三地青年的代际关系观念有显著影响，但呈现地区差异。相比未婚青年，广州已婚青年具有更强的代际关系观念，而港澳地区已婚青年的责任观念要弱于未婚青年。

阶层地位对三地青年的性别关系观念具有部分显著影响。家庭经济地位处于中层的广州青年较家庭经济地位处于底层的广州青年具有更为坚定的性别平等观念；家庭经济地位处于上层的澳门青年较家庭经济地位处于底层的澳门青年具有更为强烈的性别不平等观念。

四 结论、预测与对策

（一）基本结论

第一，广州青年最认同职业有助于女性地位独立，最不认同母亲工作影响子女生活；香港青年更关心老年人尊严，澳门青年更重视青年人能力，但港澳青年最不认同职业有助于女性地位独立。

第二，穗港澳青年女性性别平等观要强于男性青年，而穗港澳男性青年认为青年应该承担对老年人、对社会承担责任的代际关系观要强于女性青年。

第三，年龄对三地青年的性别关系观有显著影响，但对代际关系观没有显著影响。穗港澳青年的性别平等观念随着年龄的增长不断增强，但到一定程度会随之下降，也即进入老年阶段，性别平等观由正向转为负向。

第四，教育对三地青年的代际关系观有显著影响，但呈现明显的地区差异。其中，教育程度越高，广州青年的代际关系观念越强，而港澳青年的代际关系观越弱，呈现出明显的广州青年高、港澳地区弱的地区分化态势。

第五，广州已婚青年具有更强的代际关系观强于未婚青年，而港澳地区已婚青年的代际关系观要弱势未婚青年；家庭经济地位处于中层的广州青年较家庭经济地位处于底层的广州青年具有更为坚定的性别平等观；家庭经济地位处于上层的澳门青年较家庭经济地位处于底层的澳门青年具有更为强烈的性别不平等观。

（二）教育提升与责任减弱的同步背离将会成为港澳青年价值观教育的重大问题

青年性别关系和代际认知作为社会价值观的重要组成部分，不仅关系青年对家庭内部的性别结构和代际关系的基本立场，也影响着青年在面临性别关系和代际关系时的行为选择，基本上可以视为是一个社会良性运行和协调发展的基础。

通常来看，当整体性的经济社会发展不能够为接受高等教育的青年群体提供更多的工作机会和更好的发展机会时，青年人群容易产生对社会的不满和怨恨，形成一种相对剥夺感，并在行为上变得激进和容易形成破坏性的集体行动；当整体性的经济发展能够为接受高等教育的青年提供充足的工作机会和更好的发展机会时，青年更多感受到社会的接纳和归属，因此在价值观上容易形成亲社会的价值观和保守稳重的行为选择，也更愿意承担对他者和社会的责任，更乐意维护社会的和谐与秩序。

统计分析表明，随着教育程度的提高，广州青年的代际关系观越强，而港澳青年的代际关系观越弱，也即广州青年群体更愿意承担对父辈和社会的责任，而港澳青年承担对父辈和社会的责任相对较弱。这种因教育程度提升而代际关系观念下降的态势预示着严重的社会后果：一方面，随着经济的发展、社会的进步和教育的扩张，受过高等教育的青年人群越来越多，再加上人口老龄化，需要高素质的青年人群更多的代际责任和社会责任；另一方面，当整体性的经济社会发展不能为过高等教育的青年提供较好的职业机会和发展机会时，青年人群容易出现相对剥夺感和反社会行为，不仅会影响他们对社会和父辈的态度和立场，而且会导致青年在行为选择上去社会责任。因此，当不愿意承担代际责任和社会责任的青年群体成为社会的中坚力量时，社会的发展缺乏活力，社会秩序的维系缺乏连续性，甚至相当部分的青年成长为社会的破坏性力量，进而会影响社会的稳定和阻碍社会的进步。这种伴随着个体成长和去代际责任、社会责任并存的青年群体现象，值得政府和学界的重视和关注。

在未来相当长的一个时期内，政府需要重点关注教育提升和责任观念减弱并存的社会态势，当具有较高学历和具有较强能力的青年不愿意承担对代际和社会责任，不愿意担当起维持社会良性运行的进步力量，从而破坏高度老龄化社会的港澳地区的人际关系和代际关系，影响港澳地区的社会秩序和社会稳定。进一步来看，普遍缺乏代际和社会责任观的青年一旦走上街头成为激进社会运动的成员，这不仅不利于香港的繁荣和稳定，也会对"一国两制"的基本国策造成重大冲击。因此，这种发展态势值得我们警惕，更需要采取相应的措施、手段和方法及早进行干预和应对。

（三）进一步的政策建议

1. 加强社会主义核心价值观教育，利用传统文化强化对穗港澳青年的价值整合

在"一国两制"的治理体系中，大陆青年更多接受的是集体主义价值观的教育和规训，贯穿于小学到研究生的思想政治教育，由宣传系统主导的面向全体社会公众的公民教育，从而有效地形塑了青年人群的集体主义价值观，也即在强调集体利益高于个人利益的前提下充分肯定合理的、正当的个人利益和个人需求。当涉及国家、集体与个人之见的关系与选择时，长期受到集体主义规训的大陆青年更多秉承国家与集体优先的情感和行为选择。与此相反，香港、澳门实行资本主义制度，其价值观的核心是个体主义，强调以个人为中心，而社会的存在仅仅是实现个人目的的手段。因此，长期经受个人主义价值理念的熏陶，使得港澳青年更加重视个人的体验和情感，在涉及国家与个人关系时，港澳青年的行为选择和价值表达更加个人化。为此，要加强传统文化的主流话语体系建设，明确向学生讲清社会主义核心价值观对西方优秀思想成果的吸收，以及对西方价值观的辨析。建立支持与核心价值观教育密切相关的传统文化教育机制，着力开展中华优秀传统文化教育和中国近代史教育，强化人传统文化教书育人的使命感，使所有相关课程和人文通识教育平台都具有核心价值观的教化功能，形成核心价值观教育全方位覆盖的课堂教学新格局。

2.要逐步建立适应市场经济发展特点、发展规律和发展阶段的价值观教育供给模式，提高价值观教育的针对性和有效性

市场经济发展，社会分工越发达，个体主义思想越普遍。随着市场占有和市场中流动的资源越来越多，个体通过分工化的职业解决劳动力生产和再生产的所需资源的比例越来越大，政府在社会成员心目中的影响力和作用也会越来越小；随着市场化的文化产业越来越繁荣，那种不经思索就可以吸收的文化价值和流行观点的占有率和普及性就会越来越高，形而上的理论宣传的有效性和说服力自然会越来越弱；市场提供的便利性和服务性越来越明显；市场经济越发展，个体消费欲望越被激发，新技术的开发应用和普及也就越快，一般民众越来越迷恋新技术所提供的消息，形成明显的技术拜物教。在这个过程中，市场化程度较高的港澳青年较广州青年，更倾向于基于个人利益选择价值观，而非基于集体情感选择价值观，从而造就了穗港澳代际关系观念的差异。

因此，当前的价值观教育贯彻以人为本原则，注重研究不同年龄、不同教育程度青年的思想和行为特点，有的放矢地开展差异化教学。对于港澳地区的青年人群，应杜绝机械式灌输的方法，充分考虑他们社会阅历相对丰富，独立思考能力相对较强的特点，多采用研究式教学、互动式教学，将核心价值观的教学与研究相结合，把价值观学习作为学术研究的主题纳入到教学研修过程中去，以讨论、辩论和比较研究的方式引导他们明辨、领悟真理；对已经走上社会的青年人群，应该注意从他们关注的现实生活及案例中抽象出公民价值观的基本道理，多用"接地气"或社会上流行的语言来阐释，在引发共鸣中引导

其自我思考和自我说服。要强化激励约束，将公民价值观教育贯穿于国民教育全过程，要加大表彰奖励力度，使积极践行公民价值观的集体和个人，始终坚持正确价值导向的行为得到及时合理的褒奖。

3. 要不断提升社会治理能力和推动社会善治，建构以性别平等和代际和谐引导的社会规则体系

要将性别平等和代际和谐观写入各种规章制度，要求各种社会精英带头践行，强化性别平等观和代际和谐观的引领作用和示范作用，并逐渐内化成为社会成员广为接受的社会规矩。要强化公民信用建设，加快建立全国统一的信用制度和征信平台，在全社会全面推行信用报告制度，全方位实施"失信黑名单"制度，对严重违背准则、失信败德的个人、企业、组织，应禁止其再从事该行业并依法治理，对于能够坚守性别平等和代际和谐观和恪守社会规则的个人、企业、组织，应该在资源分配、制度审批等方面给予优先权利。要进一步完善城乡社区居民自治制度。健全村规民约、社区公约、小区守则、业主委员会自治章程等城乡居民自治规范，推动性别平等和代际和谐观融入小区、单位、机关、企业、学校等各类社会单元，推动性别平等和代际和谐观在全社会各个角落的全覆盖。

参考文献

孙冬生：《经济全球化下价值取向的多元性与主导性》，《学海》2003年第4期。

何仁富：《当代中国公民价值观教育的核心：培育个体观念》，《长白学刊》2001年第4期。

王正绪、游宇：《经济发展与民主政治：东亚儒家社会的公民价值观念的链接》，《开放时代》2012年第6期。

周松、缪笛：《中国现代公民价值观建设的内容刍议》，《云南行政学院学报》2013年第5期。

罗纳德·英格尔哈特：《现代化与后现代化：43个国家的文化、经济与政治变迁》，社会科学文献出版社，2013。

《静悄悄的革命》，普林斯顿大学出版社，1977。

边燕杰、李煜：《中国城市家庭的社会网络资本》，《清华社会学评论》2001年第2期。

陈坚：《代际工作价值观发展研究》，博士学位论文，福建师范大学，2012。

崔应令：《性别关系范式变迁研究——以湖北恩施双龙村为例》，《武汉大学学报》（哲学社会科学版）2012年第4期。

曹锐：《性别逻辑下的选择理性——都市女青年时尚消费理性解读》，《中国青年研究》2015年第10期。

B.8
穗港澳青年社会信任状况研究

涂敏霞 藕园 李醒*

摘　要： 本报告依托"穗、港、澳青年价值观"研究的调查数据，结合三地自身发展的特点，分析穗、港、澳青年在社会信任方面的现状、特征、存在的问题及影响因素。研究发现，三地青年对家人的信任程度最高，其次是熟人，对网友的信任度最低。性别、年龄、学历、职业等个人资本显著影响三地青年对家人的信任程度，家庭背景对三地青年的社会信任度也产生直接的影响。性别、宗教信仰也不同程度影响三地青年的社会信任的特征。针对三地青年在社会信任方面存在的问题，本报告提出了相应的对策建议。

关键词： 穗港澳　青年　社会信任

一　青年社会信任的基本概念

（一）概念界定

信任是人类社会发展的一项重要议题，它不仅是个体在社会交往中心理上获得安全感的主要途径，同时也是促进社会和谐稳定的重要黏合剂，被视为一项重要的社会资本。社会学家齐美尔说："信任是社会中最重要的综合力量之

---

* 涂敏霞，广州市穗港澳青少年研究所副所长、教授，研究方向为青少年教育、青年工作；藕园，中山大学社会学与人类学学院研究生；李醒，中山大学社会学与人类学学院研究生。

一。没有人们相互间享有的普遍信任，社会本身将瓦解"。由此不难得出信任是维持社会秩序的重要工具。

然而对于"信任"目前尚未有统一的定义。《牛津英语辞典》中将"信任"定义为"对某人或某物之品质或属性，或对某一陈述之真实性，持有信心或依赖的态度。"这是对信任最为宽泛的定义，纵观社会科学界对信任的研究，来自心理学、社会心理学、社会学、经济学、文化学等对信任的理解主要有以下几种。①心理学家罗特（Rotter）和怀特曼（Wright Sman）等就持这样一种观点，认为一个人的生活经历和对人性的看法会使他形成对他人的可信赖程度的通常期望或信念。这是一种将信任理解为个人人格特质的一种表现，是一种经过社会学习形成的相对稳定的人格特点。②霍斯莫尔（Hosmer）曾经给出过一个经典的信任定义：信任是个体面临一个预期的损失大于预期的得益之不可预料事件时，所做的一个非理性选择行为。这个定义实际上是将信任理解为对情境的反应，是由情境刺激决定的个体心理和行为。③社会学家刘易斯（Lewis）和威格特（Weigeit）等人则把信任理解为人际关系的产物，是由人际关系中的理性计算和情感关联决定的人际态度，并且理性和情感是人际信任的两个重要维度，他们还划分了认知型信任（cognitive trust，基于对他人的可信程度的理性考察而产生的信任）和情感信任（emotional trust，基于强烈的情感联系而产生的信任）两种信任模式。④经济学家则是从制度层面来理解信任的，他们将信任理解为社会制度的产物，认为信任是建立在理性的法规制度基础上的一种社会现象。如经济学家张维迎明确指出，产权制度是信任的基础，无恒产者无恒心，无恒心者无信用。⑤还有学者把信任理解为文化规范的产物，认为信任是建立在道德和习俗基础上的一种社会现象。日裔美籍人福山指出，群体的形成依靠的是信任，而信任是由文化决定的，因此他认为最有效的组织都是建立在拥有共同的道德价值观的群体之上的。

而对于"社会信任"这一概念，笔者通过查阅文献，发现学界亦无较为统一、明确的定义，虽然以社会信任为主题的研究颇多，但是研究者似乎都有意无意、多多少少回避了"社会信任"这一概念，有些干脆不提，有些则偶尔提到一下，例如王绍光、刘欣研究信任时将置信对象四分为亲人、朋友、熟人和陌生人四大类，认为这四种信任中，"亲人间的信任度会最强，朋友间的信任次之，熟人间的信任度又次之，社会信任度最弱"，指出"信任度最低的是一般社会信任,即对从未来往或不太来往的置信对象的信任",将社会信任区别于对家人、亲属等的信任。这种区分符合韦伯的观点,他在研究中国宗教时指出的中国人的信任是建立在家族亲戚关系或准亲戚关系之上的特殊信任,而非普遍信任。类似的对信任的二分建构还有,个人化信任和一般化信任,前者是那些来自反复多次的人际交往的信任,即对认识的人的信任;而后者是那些基于对象群体的构成、动机、教养等一般性知识产生的信任,即对陌生人或者社会上大多数人的信任,也可以称作社会信任。卢曼则区分了人际信任和制度信任,他认为人际信任以人与人交往中建立起的情感联系为基础,制度信任以人与人交往中所受到的规范准则、法纪制度的管束制约为基础。如此看来,似乎特殊信任和普遍信任、个人化信任和一般化信任(社会信任)、人际信任和制度信任这三组概念有一定的对应关系,但也有学者指出"西方学者将社会信任区分为普遍信任和特殊信任两种本质上不同的形态",亦有研究者在研究中"将社会信任细分为人际信任和制度信任两个方面",可见不同的研究者对社会信任的理解存在偏差。具体到本研究中,我们所说的"青年社会信任"并不是特指针对陌生人(未来往或不常来往的人)的信任,而是在一种宽泛的概念上使用的,这一点需要说明。如果非要拿出一个定义的话,这里将社会信任和信任等同理解,采用卢曼的定义,即信任是"一种以对他人能做出符合社会规范的行为或举止的期待或期望为取向的社会行为"。

(二)已有研究回顾

20世纪80时年代以来,我国的信任研究基本都聚焦在"诚信"领域。到90年代以《信任论》(郑也夫著)、《关系与信任:中国乡村民间组织实证研究》(李熠煜著)、《信息、信任与法律》(张维迎著)、《中国社会中的信任》(郑也夫、彭泗清等编著)等一大批学术著作和论文为代表,信任问题逐渐成为中国学术界的研究热点。从这些文章的内容来看,虽然各位学者的研究侧重点有所不同,但总体说来,国内学术界对于信任的研究都是围绕当代中国信任资源缺失、信任度下降等问题展开的。

有关社会信任的研究,围绕中国人的信任是否仅是特殊信任、中国是否是高信任度国家问题有较多讨论,比如韦伯认为"中国人的信任是建立在亲戚血缘关系上的特殊信任",福山认为中国"一切社会组织都是建立在以血缘关系维系的家族基础之上，因而对家族之外的其他人缺乏信任，这样的社会即是一种低信任度的社会，也即是一种缺乏普遍信任的社会"，但是颇多中外学者的研究显示中国人之间存在普遍信任，而且较世界上大多数国家而言中国是一个高信任度国家，比如英格尔哈特在1990年和1996年进行的两次"世界价值研究计划"都显示中国人有很高的社会信任度；日本学者1993年和中国学者王绍光1998年的调查都显示中国在世界上属于高信任度国家。而李伟民、梁玉成2000年左右进行的实证分析也认为中国人对陌生人并未表现出普遍和极度的不信任。

笔者又进一步查阅了关于"青年信任""青年社会信任"领域的研究，发现目前国内对于青年信任/社会信任的研究领域主要可以归纳为以下三个方面。

1. 青年群体社会信任的影响因素分析

黄健、邓燕华探讨了高等教育对社会信任的影响，他们提出两个假设：①高等教育通过提高个体经济成功的可能性而促进社会信任的形成（"经济效应假设"）；②高等教育通过增强个体对价值规范及制度安排的认同而促进社会信任的形成（"非经济效应假设"）。分析结果显示，在中国，高等教育以其经济效应机制作为影响社会信任形成的重要实现途径，非经济效应假设并未获得经验支持。在英国，经济效应假设和非经济效应假设都获得经验证据的支持，但高等教育更主要是经由非经济效应机制，即通过加强个体对价值规范与制度安排的认同而对社会信任的形成发生作用。

钟游、杨建科实证分析青年大学生社会信任的结构和特征，并且分析了大学生社会信任的影响因素。研究表明：青年学生的社会信任结构中对家人和亲友的特殊信任较高，对公共机构的制度信任和对陌生人的普遍信任较低；同时，家庭结构的完整性对青年学生的特殊信任有显著影响；社团参与及自我的社会网络建构对青年学生普遍信任也具有明显提升作用。

刘伶俐，吴江龙探讨了青年群体的个体特征、家庭因素、社区环境、社会认同4个方面对青年社会信任的影响。个体层面中年龄、受教育程度和党员身份3个因素与青年的社会信任呈正相关；家庭层面中对家庭满意度越高，青年的社会信任水平越高；社区层面中参与集体活动频率越高、对邻里关系持乐观态度、对社会认同具有正面认知，更有利于其信任水平的提高。

王正祥探究了媒体与大学生的政治信任、社会信任之间的关系，发现大学生印刷性媒体的总体性使用对他们的政治信任有积极的影响,但网络媒体的总体性使用对他们的社会和政治信任有消极影响。

2. 青年群体社会信任的特征、结构

除了上面提到的部分研究涉及青年群体社会信任的特征和结构以外,奚春华运用黑龙江、北京等六个地区的调查资料,以16~39岁的1239个城市青年作为样本,分析了这一群体的信任状况,发现该群体的信任度依照家人和直系亲属、朋友、一般亲戚、熟人的顺序依次降低,约半数人认为目前社会上多数人是讲诚信的。叶金珠利用2003年对杭州市居民进行的问卷调查资料,以696个17~35岁的青年为样本,分析了青年社会信任的现状及其产生机制,发现青年对于自己的父母最为信任,而对于亲密朋友、同事和同学的信任超过一般亲戚,日常生活的人际互动是增强信任的重要机制。

3. 网络情境下青年的信任状况

朱京在2003年对武汉市两所中学和两所大学的395个样本的研究发现,青少年网络中的信任虽然受情感因素的影响,但总体上是一种理解性的信任;黄少华基于杭州市、长沙市和兰州市的1585个13~24岁的青少年学生的调查问卷,分析了青少年学生人际信任的,指出青少年的网络认知是影响网络人际信任的重要因素。谢英香以"90后"大学生为研究对象,探讨了网络情境下的人际信任,认为网络信任是社交双方在互动中不断博弈的结果,这个过程涉及双方的认知和判断。

通过以上文献回顾,我们可以了解到影响青年群体社会信任的因素及其影响机制,以及青年群体的信任结构,这对于我们分析穗港澳三地青年的信任状况有参考和比较意义。阅读文献的过程中,笔者发现相较于内地对青年群体社会信任有较多的研究,港澳地区的相关研究较少,同时以穗港澳三地的青年群体作为研究对象的研究也很少,所以对这三地的青年的社会信任状况做一个探索性研究具有十分重要的意义,对于我们了解三地青年社会信任的状况及其差异具有重要的参考意义。

二 穗港澳青年社会信任现状分析

为探究广州、香港、澳门三地青年社会信任的现状,本文对三地青年的社会信任作全面、深入的分析，发现"性别、年龄、本人受教育程度、婚姻状况、职业、本人收入、家庭阶级、有无子女、身体健康状况以及宗教信仰"等方面是影响青年社会信任的主要因素，以下笔者从青年群体对"家人、邻居、熟人、第一次见面的人、宗教信仰相同的人、网友、其他国籍的人"这7个不同群体的社会信任度测评，来探索广州青年社会信任的基本现状和港澳青年社会信任的基本现状。

（一）广州青年社会信任的现状分析

本次调研是采用5点平均值法对问卷收集的数据进行分析和论证的。数据显示广州青年对家人的信任度最高（均分＝4.81），非常信任或比较信任共占98.2%。其次是熟人（均分＝3.74），对熟人非常信任所占比例为10.2%，比较信任的占59.3%。广州青年对网友的信任度最低，均分仅为1.72。但是值得注意的是，传统意义上守望相助的邻里关系面临较为严峻的考验，对邻居非常信任的只占6.5%，比较信任的也只占29.7%，这与当代青年群体社会流动加速、生活方式更加信息化、封闭化有密切的关系。

1. 广州青年对家人的信任度最高，其次是熟人

社会信任建构的"最初摇篮"是家庭，血浓于水的亲情联系是其中最明显的特征。在一个青年群体的意识观念中"陌生人、熟人、家人"之间是存在着明显的分割和界限的，而这三者之间要实现角色的相互转化，不仅需要时间的积累而且必不可少会经过多次的权衡、比较和考量。这与人天生倾向于群居和合作的生存方式分不开，但是合群则是人类在不断的社会化的过程中慢慢习得的，在这个习得的过程中家庭充当了举足轻重的角色。

从上面的分析中可以看出，广州青年对家人的信任度最高，那么广州青年对家人的信任程度又受到哪些相关因素的影响呢？笔者通过广州青年对家人信任程度各因素相关分析，发现职业身份、年龄、自身的受教育程度以及母亲的受教育程度与广州青年对家人的信任程度显著相关。而性别、婚姻状况、本人收入、有无子女，则没有明显的相关，本人的身体健康状况以及是否有宗教信仰因素相关度不高（见表1）。

表 1　广州青年对家人的信任程度与各因素的相关检验

	T 检验
对家人的信任程度 * 性别	-0.296
对家人的信任程度 * 婚姻状况	-1.617
对家人的信任程度 * 是否生育子女	-1.336
对家人的信任程度 * 是否有宗教信仰	1.179
	Pearson 相关
对家人的信任程度 * 年龄	0.116**
对家人的信任程度 * 收入	0.046
	ANOVA 检验
对家人的信任程度 * 父亲受教育程度	1.318
对家人的信任程度 * 母亲受教育程度	3.069*
对家人的信任程度 * 自己受教育程度	3.657*
对家人的信任程度 * 职业身份	11.969**
对家人的信任程度 * 家庭阶层	1.639
对家人的信任程度 * 身体健康状况	1.520

深入分析可以发现：

第一，在"中学生、大学生、社会在职青年"这三个群体中，社会在职青年对家人的信任程度最高（均分 = 4.85），中学生对家人的信任程度最低（均分 = 4.66）。由此可见，职业身份是影响广州青年对家人的信任程度的。

第二，青年自身的文化程度影响其对家人的信任程度，文化程度越高的青年对家人的信任度越高，大专以上的青年对家人的信任度均在 4.8 分以上。

第三，母亲受教育程度越高，青年对家人的信任度越低，母亲受教育程度为小学及以下的广州青年对家人的信任程度均分为 4.82，而母亲受教育程度为硕士及以上的广州青年对家人的社会信任程度均分仅为 4.55，有较大的差异。

2. 广州青年对陌生人信任程度较低

经过数据分析可以发现，广州青年对第一次见面的人、网友、其他国籍的人等陌生人的信任度是较低的,在影响广州青年对陌生人的社会信任的各种因素中,研究发现"性别、青年本身的受教育程度、自身的身体健康状况"这几个因素起着较大的影响,而婚姻状况、职业、本人收入等其他因素影响较小。

(1)性别影响广州青年对陌生人社会信任程度,表现为男性青年对陌生人的信任程度(均分=2.29)显著高于女性青年(均分=1.99)(见表2)。

表2 广州青年对陌生人的信任程度与性别的交互分析

单位:%

项目		对第一次见面的人的信任程度						均分±标准差
		非常信任	比较信任	一般	不太信任	非常不信任	说不清	
性别	男(N=465)	1.5	4.3	40.6	34.8	12.5	6.2	2.29±1.004
	女(N=467)	0.6	3.0	28.3	41.8	15.8	10.5	1.99±1.004

(2)文化程度高的广州青年对陌生人的社会信任程度也相对较高。相对来说,受教育程度为大学本科的青年对陌生人的社会信任程度稍高于其他青年,社会信任程度均分为1.84,大学本科学历以上或以下的广州青年对陌生人的社会信仼均分都没有超过1.7。

(3)身体健康状况良好的广州青年更容易相信陌生人。从交互分析中可以看出,身体状况良好的人对陌生人的信任程度均分在2.14,而身体状况不好的青年对陌生人的信任程度均在则为1.76。

3.宗教信仰影响广州青年对家人、陌生人的社会信任程度

宗教信仰是指信奉某种特定宗教的人群对其所信仰的神圣对象(包括特定的教理教义等),由崇拜认同而产生的坚定不移的信念及全身心的皈依,属于一种特殊的社会意识形态和文化现象。也就是说宗教信仰作为一种形而上的东西对人们的行为有一定的影响作用。在本次的调查研究中,笔者发现宗教信仰对广州青年社会信任存在影响。主要表现在有宗教信仰的青年对不同宗教信仰的人的信任程度显著高于没有宗教信仰的青年,没有宗教信仰的人的人际信任均分为1.73,远低于有宗教信仰的人的人际信任均分为2.06。

（二）港澳青年社会信任的基本现状

尽管在回归祖国以后，港澳与内地的交流日益频繁，但是不可否认历史的烙印还是赋予了香港和澳门自身一些更具特色的文化氛围和社会环境。各种因素的交互作用在当地的公民身上产生着潜移默化的影响，尤其是一代又一代的青年群体。那么港澳青年在社会信任上呈现怎样的特点，又与大陆的广州青年社会信任之间存在怎样的异同点？通过对两地青年在"家人、邻居、熟人、第一次见面的人、宗教信仰相同的人、网友、其他国籍的人"这7个不同群体的信任度测评，发现香港青年对家人的信任程度最高（均分＝4.51），其次是熟人（均分＝3.83），对网友的信任程度最低（均分＝1.88）。澳门青年对家人的信任程度最高（均分＝4.50），其次是熟人（均分＝3.80），澳门青年对网友的信任程度最低（均分＝1.80）。不难发现两地青年在总体的人际信任层级分布上是完全一致的，都符合笔者在第一部分提到的人际信任差序理论，即从"家庭、熟人社会到陌生人社会"青年人的社会信任是越来越低的。但是从数据中我们依然可以发现两地青年人对不同群体的信任度上是有差别的，无论是在"家人"、"熟人"还是"网友"的信任程度上香港青年是普遍高于澳门青年的，并且差距是呈逐步拉大的趋势的，其中在家人的信任均分上两地相差0.01（4.51－4.50＝0.01），熟人的信任均分两地相差0.03（3.83－3.80＝0.03），以网友为代表的陌生人的信任均分相差0.08（1.88－1.80＝0.08）。本研究将从人口特性和早期成长背景性因素包括性别、年龄、家庭背景、本人受教育程度、婚姻状况、职业、收入、家庭阶层、有无子女、身体健康状况、宗教信仰等方面分析哪些因素对港澳青年在"家人""熟人""陌生人"三个不同群体的信任度上产生较为显著的影响。

1. 港澳青年对家人的信任程度及其影响因素分析

我们对影响港澳青年对家人信任度的相关因素做了进一步的分析和总结，发现香港青年对家人的信任程度与"其自身的健康状况、职业身份、家庭阶层"这三个因素相关度较高，而与性别、年龄、家庭背景、本人受教育程度、婚姻状况宗教信仰相关度不高；澳门青年对家人的信任程度与"其职业身份、父亲的受教育程度"相关度较高，与性别、年龄、家庭背景、本人受教育程度等因素相关度较小。以下笔者就分别从影响香港、澳门青年对家人信任程度较为显著的因素进行分析。

（1）香港青年对家人信任度影响因素分析

①身体状况越好的香港青年对家人的信任程度越高，其中身体健康状况很好的青年对家人的信任度均分高达4.73，而身体状况不好的青年对家人的信任度均分仅为4.18。

②在"中学生、大学生、社会在职青年"这三类群体中，中学生对家人的信任度最低，均分为4.39，社会在职青年对家人的信任度最高，均分为4.59，大学生略微低于社会在职青年，对家人的信任度均分为4.58。因此香港青年的职业身份影响其对家人的信任程度。

③香港青年对家人的信任程度与家庭阶层存在显著关系，中产阶层青年对家人的信任度最高（均值=4.64），高社会阶层青年对家人的信任程度最低（均值=3.88）（见表3）。

表3　香港青年对家人的信任程度与家庭阶层的交互分析

单位：%

项目		对家人的信任程度					均分±标准差
		非常信任	比较信任	一般	不太信任	非常不信任	说不清	
家庭阶层	高层（N=8）	37.5	12.5	50.0	0.0	0.0	0.0	3.88±0.991
	中高层（N=41）	68.3	26.8	4.9	0.0	0.0	0.0	4.63±0.581
	中层（N=242）	71.5	22.7	4.5	0.8	0.4	0.0	4.64±0.650
	中下层（N=334）	57.2	34.1	6.9	0.9	0.0	0.0	4.46±0.741
	下层（N=84）	60.7	26.2	8.3	1.2	0.0	3.6	4.36±1.094

（2）澳门青年对家人信任度及其影响因素分析

①澳门青年的职业身份同样也是以"中学生、大学生和社会在职青年"这三类为主，数据分析发现，澳门青年对家人的信任程度与职业身份存在显著关系。社会在职青年对家人的信任程度最高（均分=4.60），中学生对家人的信任程度最低（均分=4.31）。这与广州和香港青年职业身份对家人信任度影响分析的结果是相同的。

②澳门青年父亲的受教育程度父亲受教育程度低的青年对家人的信任程度反而偏高。父亲受教育程度在初中及以下的显著高于高中及以上的（见表4）。

表4 澳门青年对家人的信任程度与父亲受教育程度的交互分析

单位：%

项目		对家人的信任程度						均分±标准差
		非常信任	比较信任	一般	不太信任	非常不信任	说不清	
父亲的受教育程度	小学及以下（N=114）	64.9	25.4	7.9	0.9	0.9	0.0	4.53±0.755
	初中（N=171）	65.5	28.7	4.7	1.2	0.0	0.0	4.58±0.639
	高中（含中专、中技）（N=148）	60.1	29.7	10.1	0.0	0.0	0.0	4.50±0.675
	大专（N=17）	58.8	29.4	11.8	0.0	0.0	0.0	4.47±0.717
	大学本科（N=31）	64.5	25.8	6.5	3.2	0.0	0.0	4.52±0.769
	硕士及以上（N=12）	33.3	25.0	41.7	0.0	0.0	0.0	3.92±0.900

2. 港澳青年对熟人（邻居）的信任程度及相关影响分析

前文的数据分析可以发现，港澳青年对熟人（邻居）的信任度仅次于家人，这一部分笔者同样综合考虑人口特性和早期成长背景性因素包括性别、年龄、家庭背景、本人受教育程度、婚姻状况、职业、收入、家庭阶层、有无子女、身体健康状况、宗教信仰等方面考量对港澳青年在熟人（邻居）的信任度上影响较大的因素有哪些。发现香港青年的职业身份和家庭阶层与其对熟人（邻居）的信任度相关度较高，性别、年龄、家庭背景等因素则相关度不高。澳门青年的自身受教育程度较大程度上影响其对熟人（邻居）的信任程度，性别、年龄、家庭背景等因素则相关度较低。以下笔者将结合数据进行分析和描述。

（1）香港青年对熟人（邻居）的信任程度及其影响因素分析

①在中学生、大学生和社会在职青年三种职业身份中，中学生对熟人（邻居）的社会信任最低，均分为2.45；大学生对熟人（邻居）的社会信任居中，均分为2.58；社会在职青年对熟人邻居的社会信任度最高，均分为2.75。

②香港青年的家庭阶层不同对熟人（邻居）的信任程度也是不同的。数据显示，中层阶层青年对熟人的信任度最高（均值=3.91），高社会阶层青年对熟人的信任程度最低（均值=3.38）（见表5）。

表5 香港青年对邻居的信任程度与职业身份的交互分析

单位：%

项目		对邻居的信任程度						均分±标准差
		非常信任	比较信任	一般	不太信任	非常不信任	说不清	
职业身份	中学生（N=255）	0.4	11.4	47.5	23.5	8.6	8.6	2.45±1.093
	大学生（N=298）	0.0	6.7	58.7	24.8	5.0	4.7	2.58±0.874
	社会在职青年（N=155）	1.9	10.3	61.3	16.8	6.5	3.2	2.75±0.916

（2）澳门青年对熟人（邻居）的信任程度及其影响因素分析

澳门青年自身受教育程度与其对熟人（邻居）的信任程度有一定的影响，具体表现为硕士以上（含硕士）学历的青年对邻居的信任程度强于其他学历（除小学学历）青年。

3. 港澳青年对网友（陌生人）的信任程度及其影响因素分析

第一部分对港澳青年的社会信任的基本现状中，笔者根据调查的数据分析就得出了港澳青年对以网友为代表的陌生人的信任度在七个不同群体（家人、邻居、熟人、第一次见面的人、宗教信仰相同的人、网友、其他国籍的人）中最低。这一部分同样采用综合考虑人口特性和早期成长背景因素包括性别、年龄、家庭背景、本人受教育程度、婚姻状况、职业、收入、家庭阶层、有无子女、身体健康状况、宗教信仰等方面进行探究。发现性别和是否具有宗教信仰这两个因素均影响香港青年和澳门青年对网友的信任程度，而年龄、家庭背景、本人受教育程度、婚姻状况等其他因素则影响较小（见表6）。

表6 香港青年对网友的信任程度与性别的交互分析

单位：%

项目		对网友的信任程度						均分±标准差
		非常信任	比较信任	一般	不太信任	非常不信任	说不清	
性别	男（N=324）	0.3	4.6	32.1	33.0	25.6	4.3	2.08±0.980
	女（N=397）	0.3	0.8	22.4	30.7	39.0	6.8	1.72±0.929

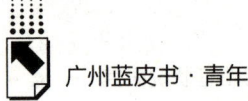

（1）港澳青年对网友的信任程度与其性别存在显著关系，男性青年对网友的信任程度显著高于女性青年。其中香港男性青年对网友的信任程度均分为2.08，女性对网友的信任程度均分为1.72。澳门男性青年对网友的信任程度均分为1.99，女性对网友的信任程度均分为1.67。香港青年对网友的信任程度总体高于澳门青年。

（2）是否有宗教信仰影响港澳青年对网友（陌生人）的社会信任程度，有宗教信仰的港澳青年比没有宗教信仰的青年更容易相信网友（见表7）。

表7　澳门青年对网友的信任程度与性别的交互分析

单位：%

项目		对网友的信任程度						均分±标准差
		非常信任	比较信任	一般	不太信任	非常不信任	说不清	
性别	男（N=217）	0.9	3.7	30.9	31.3	24.0	9.2	1.99±1.074
	女（N=317）	0.6	1.3	16.4	35.0	39.1	7.6	1.67±0.925

三　广州、香港、澳门三地青年社会信任特征分析

（一）广州、香港、澳门三地青年社会信任特征

综观前面对广州、香港、澳门三地青年社会信任现状及其影响因素分析，我们可以发现三地青年在社会信任方面存在如下几个特征。

1. 三地青年对家人的信任程度最高

广州、香港、澳门三地青年社会信任的数据分析显示，三地青年对家人的信任程度均分均超过了4.5，对熟人的信任程度均分均在3.8左右。这样的结果其实并不出人意料，我们知道，中国传统社会立足于自给自足的自然经济，生产活动规模小，因此人们地域之间的流动性和人际交往的范围就十分的有限，血缘关系成为社会的基本关系，是人们相互联系的基本点和坐标。受其决定，人们基于血缘或地缘的关系形成村落，以它为基点生息繁衍，基本上生活在一个熟人的圈子里，在其中完成自己的大半人生。彼此之间对于人格品格的了解，频繁深度的互动交流，使得这种建立在血缘和地缘之间的社会信任异常的

牢固。即使在社会转型迅速，社会流动日益加快的当代中国，这种潜移默化的影响仍然在一代又一代的中国人身上留下不可磨灭的印记，青年群体也不例外。

2. 三地青年对陌生人的信任程度比较低

在广州、香港、澳门三地青年社会信任的调查问卷中，笔者发现，三地青年对以"第一次见面的人、网友、其他国籍"为代表的陌生人信任程度均分仅为1.8左右（5点平均值记法），其中对网友的信任最低。

三地青年为什么对陌生人的社会信任程度较低，笔者认为，一方面囿于传统的人格信任过于清晰地划分了家人、熟人和陌生人之间的界限，使得彼此之间的张力太强，潜意识里就埋下了对陌生人疏远的种子，再加上传统社会向现代社会的转型以及全球信息时代的到来，人类交往的时空约束被弱化，国家和地区间的隔离状态被打破，陌生人之间的交往确实更加便捷和频繁，但越来越多的诈骗、犯罪等不良信息和行为进一步导致陌生人之间并不牢固的信任摇摇欲坠，甚至可以说，陌生人之间的防备之心是远远大于彼此之间的信任的，这是出于一种非常本能的自我保护心理。

3. 个人资本影响三地青年的社会信任

简单地说，个人资本就是指个人在行动中可以获得回报的资源，舒尔茨提出过著名的人力资本的概念，他指出，个人的知识、能力甚至是健康水平都会产生追加的经济价值，从而增加回报。因此本研究将个人资本的分析维度设置为"年龄、性别、健康状况、本人受教育程度、职业收入、婚姻状况、有无子女"这几个方面。其中"年龄、性别、身体健康状况、本人受教育程度、职业收入"都对三地青年的社会信任产生较大的影响，"婚姻状况、有无子女"产生的影响则不太明显。笔者认为个人资本其实显示的是个人对风险的控制能力，"80后"相对于"90后"来说，社会经历更加的丰富，控制风险的能力也就越强，所以社会信任度更高；男性相对于女性来说更加有力量，控制风险的能力更强，社会信任度相对较高；本人受教育程度越高，职业收入越稳定，所占有的社会资源也就越多，拥有更多的资源可以使人具有一种更加开放、乐观的人生态度，而缺乏资源可能使人缺乏自信，对其他人产生不信任。拥有更多的资源意味着更强的抗风险能力，能够承担信任别人所产生的风险。[1] 在个

---

[1] 王绍光、刘欣：《信任的基础：一种理性的解释》，《社会学研究》2005年第10期。

人资本影响青年社会信任上，三地青年是趋同的。

4. 家庭成长环境影响三地青年社会信任水平

三地青年的社会信任有比较明确的界限，对以血缘关系为纽带的家人之间的信任度最高，对家人、熟人圈子之外的陌生人信任度偏低甚至是不信任的。基于此，本次调研从"家庭背景、父母的受教育水平、家庭阶级状况、家庭满意度"四个维度考量家庭成长环境对青年社会信任的影响。总体说来，成长于完整和谐的家庭的青年，对人更容易产生信任感。其中，父母的受教育程度对三地青年社会信任均产生影响，但不同的是，影响广州青年社会信任的是母亲的受教育程度，而影响港澳青年社会信任的则是父亲的受教育程度。此外，在港澳青年社会信任影响因素中，家庭阶层状况有很高的相关性，中产阶级家庭的青年社会信任度较高，而广州青年社会信任在家庭阶层状况上并不存在类似的相关。

5. 文化因素影响三地青年社会信任水平

在诸多的信任研究中，文化决定论者把信任看作是文化价值观的产物，他们认为，人们之所以守信或信任别人，是因为文化中含有倡导诚信的道德观和价值观并得到人们的认可和内化。也就是说，信任是由文化决定的，它产生于宗教、伦理、习俗等文化资源。虽然这种说法有些夸大了文化对于社会信任的影响，但是在本次调查研究中笔者发现，在以"宗教信仰"为代表的文化因素对青年群体社会信任影响的探讨中，无论是广州青年还是港澳青年，有宗教信仰的青年对家人、熟人及陌生人的社会信任程度均高于没有宗教信仰的青年，其中，香港有宗教信仰的青年社会信任度均分最高（均分＝2.67），其次是澳门（均分＝2.50），最低的是广州（均分＝2.06）。因此，加强宗教信仰等文化因素对青年社会信任的积极引导作用，是有利于青年社会信任的培养的。

（二）广州、香港、澳门三地青年社会信任的问题及原因分析

三地青年社会信任呈现出来的特征表现引起了笔者接下来的思考，以上所有特征共同表明三地青年在社会信任上呈现总体信任水平偏低的问题。

1. 三地青年社会信任的问题

在社会信任对象越来越多元化的情况之下，我们去测量青年群体对这些不

同群体的信任程度时,发现三地青年除了对朝夕相处的家人持有较高的信任程度,对其他群体如邻居、陌生人的信任水平非常有限。这反映出,在社会整体信任资源缺乏的时代,青年群体作为社会信任主体有较高的不安全感。

2. 三地青年社会信任出现问题的原因分析

在总结出三地青年社会信任存在的问题背后,我们需要探讨的是问题背后隐含的原因是什么,以便能够为解决问题提出针对性的策略。结合现实调研和前人的研究,笔者发现其中既有青年主体自身的内因又离不开整体的社会环境的影响。

(1) 青年主体性危机

在本次调研中青年群体主要是以"80后"、"90后"居多,这两代人的人格特点以及成长环境具有非常鲜明的特点。首先是多出生在独生子女家庭,自我意识较强,比较有个性,这样的人格特点使他们在人际交往中会带来更多的摩擦,建立在交流和互动基础上的社会信任自然会遭受冲击。此外,"80后"、"90后"既是社会转型、科技发展的受益者,也是受害者。快速的社会流动,信息化的浪潮让他们的生活更加轻松便利,同时也剥夺了面对面交流的机会,熟人社会渐渐受到挑战。因此,青年人的主体性危机是青年群体产生社会信任问题的内因。

(2) 社会的外部挑战

虽然青年社会信任问题的产生有青年群体的内在原因,但笔者认为社会的外部挑战才是造成青年社会信任问题的主要原因。并且社会的外部挑战是多种多样的,笔者通过归纳,总结为以下四个层面。

①传统熟人信任模式的局限

我们知道三地青年的社会信任是以传统熟人信任为主导的,笔者认为此种信任模式具有很大的局限性。首先,这种信任模式的范围是十分有限的,是一种家人、熟人之间的信任,主要依托于血缘、地缘和业缘。如此一来,一方面青年群体本身是否会对熟人圈子以外的陌生人讲信用不得而知,另一方面青年群体会对圈子以外的人保持高度的戒备心理,双向合力作用之下,就会对熟悉的人更信任对陌生人更加的不信任。其次,这种传统的人际信任不能满足现代社会交往普遍化的内在需求。随着社会转型的加速,社会化的程度越来越高,人们的交往不再仅仅限于家族内部和家乡"十里八县",而是扩大到整个社会，这样就会遇到越来越多的陌生人。而这众多的陌生人也许仅仅是擦肩而过、数面之缘，根本没有办法成为熟人圈子内的自己人，如果固守传统的人际信任模式，那么信任的对象就极为有限，人生道路也会越走越窄。

②社会转型期的必然效应

社会转型"不仅仅是一种事物、环境、制度的转化，而且几乎是所有社会规范准则的转化，更是一种发生在人自身、灵魂和精神中内在结构的本质性转化，也是一种人的实际生存方式和价值判断标准的改变。"中国社会转型所带来的从传统到现代的变迁，对人们生活的方方面面产生着巨大的冲击，表现在社会信任问题上，原来作为信任基础的安全感赖以存在的基础已经改变，熟人社会信任在市场经济体制之下逐渐走向没落，旧的信任机制虽还在一定范围内起作用，但其力度日渐缩小，新的信任机制还在不断地摸索当中，其控制力还不足以填补旧的信任机制的退却所留下的空白，在这种情况就不可避免地导致价值取向、道德观念失衡和混乱甚至社会生活复杂化。面对如此巨变，青年群体很容易陷入迷茫、彷徨以至极端自私之中，原有的共同价值观动摇失落，于是发生人格矛盾、人格冲突、人格失范，相互间的猜疑和不信任也就很自然的了，从而导致青年社会信任问题。

③虚拟社会与现实世界的互动危机

伴随中国互联网的普及，网络成为青年群体社会生活中不可或缺的一部分，青年群体是网民中的主力军。据中国互联网络信息中心调查显示，截至2015年12月，中国网民规模达6.88亿人，互联网普及率达到50.3%，半数中国人已接入互联网。同时，移动互联网塑造了全新的社会生活形态，互联网对于整体社会的影响已进入到新的阶段。截至2015年12月，20～39岁年龄阶段的青年群体网民已经达到53.7%，超过网民总数的一半。网民以全新"虚拟的自我"的身份与他人进行着"身体不在场的交流"。这种匿名交流不仅隐去了"我"本来的面目，掩盖了现实世界中"我"的道德底线以及束缚等，而且借助把"我"的一切"简化"成"符号"的方式，使本体的自我进入一种开放、无所顾忌、为所欲为的生存状态之中，由此产生了不少诈骗、犯罪等不良行为的产生。加之，现实中缺乏有力的社会信任制度的管制，即使失信所付出的成本、代价也相对较低，使得青年群体出于一种极度不安全的状态，社会信任水平自然不会高。

四 广州、香港、澳门青年社会信任研究的结论和对策

通过对广州、香港、澳门青年社会信任的现状的深入的分析，笔者总结出了三地青年社会信任研究的主要结论，并结合实际情况就目前三地青年社会信任存在的问题提出一些建设性对策。

（一）广州、香港、澳门青年社会信任研究的主要结论

第一，三地青年对家人的信任程度最高，其次是熟人，对网友的信任度最低。其中广州青年对家人的信任程度均分高于港澳青年，港澳青年对熟人和网友的信任程度均分高于广州青年。

第二，以"性别、年龄、自身受教育程度、职业身份"为代表的个人资本显著影响三地青年群体对家人的信任程度。

第三，父母的受教育程度在青年社会信任程度上会产生一定的影响，具体表现为父母受教育程度越高，青年的社会信任程度越低。但是不同的是，对广州青年社会信任影响较大的是母亲的受教育程度，而港澳青年社会信任程度则主要和父亲的受教育程度相关。

第四，青年自身受教育程度在三地青年对熟人的信任程度上呈高度负相关，即受教育程度越高的青年对熟人信任程度越低。

第五，家庭阶层是影响香港青年对家人、熟人信任程度的一个重要因素，其中中层阶级家庭的香港青年对家人、熟人有更高的信任程度。

第六，性别是影响三地青年对网友信任程度的主要因素，主要表现为男性青年对网友的信任程度远高于女性。

第七，宗教信仰影响三地青年社会信任，有宗教信仰的青年对不同社会群体的信任远高于没有宗教信仰的青年。这一点在澳门青年社会信任上表现得最为明显，数据分析显示，是否有宗教信仰影响着澳门青年对家人、熟人、网友的信任程度。

（二）建设青年社会信任的对策

基于以上研究，笔者认为，目前无论是广州、香港、澳门三地还是整个

中国的青年社会信任均存在一定的问题,而青年人又是整个国家的希望,因此培育建设青年社会信任必要且重要。但问题产生的原因从来都不是单方面的,青年社会信任所呈现的问题是历史和现实发展中不可避免的,我们因此要对重建青年社会信任抱有信心,并且积极地去探索建设当代青年社会信任的对策才是真正解决问题之道。结合前文的原因分析,笔者认为要改善青年社会信任资源缺乏的现状,营造良好的社会守信氛围,应该从如下几点入手。

1. 加强青年人的道德建设,培养和提升青年人的社会信任意识

青年人的社会信任问题是一种意识指导下的行为表现,因此要进行青年人的社会信任建设,从道德层面提升青年人的社会信任意识是第一步。中国传统文化中所蕴含的普遍信任的因子为我们建设青年社会信任提供了肥厚的文化土壤。我们知道"诚实守信"是中华民族的传统美德,"一诺千金"是我们与人相交的守则,我们的传统文化中有太多关于"信任"、"守信"的种子,但"种子"的培育需要土壤,"种子"的成长需要适应新环境。笔者认为道德教育和家庭教育就很好地发挥了这一功能,通过道德教育和家庭教育吸收传统文化中关于"诚信""信任"的精华,并且与时代发展相结合,去塑造青年人的世界观、人生观、价值观,使得青年群体的内心确信人与人之间的社会信任是可以靠诚信理念来维系的,将诚实守信内化为自己内在自觉的意识,守信才能自然而然的由形而上的意识转化为自觉的形而下的实践行为。这种发展内心对于诚信的认可,才是捍卫诚信最坚实的力量。

2. 健全和完善社会信用制度,奖励守信者,惩罚失信行为

信用制度是指在经济生活中管理、监督和保障信用活动当事人的信用活动的一整套规则、政策和法律的总和,其主要目的是为证明、解释和查验当事人信用情况提供依据,使得信用服务体系能够收集和处理各种征信数据,使之变成征信产品,从技术上保证信用交易的成功实现,并通过一系列法规、制度来规范信用活动当事人的信用行为,提高守信意识,为建立良好的市场经济运行秩序提供制度保障。信用制度的基本内涵包括信用登记制度、信用评估制度、信用风险预警、信用风险管理及信用风险规避制度。信用制度将个人和企业的不良交易行为均记录在案,有关权力机构可以视此对交易

人进行各种惩罚,其他交易主体也可以视此决定是否与之发生交易或继续进行往来,这样就大大减少了交往中的信息不对称性,有效增强对不诚信行为的可预防性。建立和完善社会信用体系将对青年的行为形成一定的约束,使得他们一旦产生失信行为就会产生很多的"连锁效应"。西方的许多国家社会信用体系都比较完善了,公民的信用证号码与身份证号码相同,一旦建立,终身相随,对于杜绝和惩戒失信行为起到了相当重要的作用。随着新媒体时代的到来,我国也应该加快建立健全社会信用制度,尽快形成全国统一的信用网络,公开企业和个人的信用档案,使诚实守信者得到社会的信任和尊重,让不讲信用者名誉扫地,人人皆知。我们可以大力推进和规范发展包括信用调查、信用征集、信用评价、信用担保、信用咨询等信用中介机构在内的各类社会信用服务业,建立健全各类社会信用服务中介机构的市场准入、推出制度,加强政府对各类信用服务中介机构的监管,保证社会信用服务中介机构的健康发展,为社会各界和市场交易提供社会化与市场化的信用调查、信用征集、信用评价、信用担保、信用咨询等信用服务,"逐步在全社会形成诚信为本、操守为重的良好风尚,使有不良记录者付出代价,名誉扫地,甚至绳之以法"。

3. 发挥法律的权威作用,营造良好的守信氛围

法律和社会信任之间是相辅相成的,法律是巩固人与人、人与其他事物之间信任的纽带,反之一个充满信任的社会又会有助于法制社会的形成。那么要发挥法律对青年社会信任的正向作用,相关部门具体应该如何操作呢?首先要做到有法可依。青年社会信任资源的缺乏,很大一部分原因是我国目前在法律上对于违反诚信、失信行为的惩戒没有明确具体的法律界定,这导致当一些失信行为产生的时候并没有相对应的应对策略,就会让一些人去钻"法律的空子",逃避自己应该为自己的失信行为承担相应的后果,因此有法可依是基础。其次执法必严,加大执法力度,提高违信行为的成本,增加不守信行为所付出的代价,让其能够深刻认识到自己的错误,不再触犯诚实守信的底线。最后违法必究。如果说有法可依是基础,执法必严是态度,那么违法必究就是最重要的实现手段。对于青年失信行为,相关的执法部门只有保持一视同仁的态度,不论是谁只要触犯了诚信法的底线,一定会追求其相应的法律责任,才会形成全社会要讲诚信的良好氛围。

参考文献

白阳春:《现代社会信任问题研究》,《中国博士学位论文全文数据库》,2006。

〔美〕伯纳德·巴伯:《信任:信任的逻辑和局限》,牟斌、李红、范瑞平译,福州人民出版社,1989。

陈捷、呼和·那日松、卢春龙:《社会信任与基层社区治理效应的因果机制》,《社会》2011年第6期。

黄健、邓燕华:《高等教育与社会信任:基于中英调查数据的研究》,《中国社会科学》2012年第11期。

黄少华:《青少年网络人际信任及其影响因素研究》,《宁夏大学学报》(人文社科版)2008年第1期。

刘伶俐、吴江龙:《青年群体社会信任影响因素分析——基于全国20个省市的调查》,《中国青年社会科学》2015年第5期。

李伟民、梁玉成:《特殊信任与普遍信任:中国人信任的结构与特征》,《社会学研究》2002年第3期。

李涛、黄纯纯、何兴强、周开国:《什么影响了居民的社会信任水平?——来自广东省的经验证据》,《经济研究》2008年第1期。

〔美〕马克思·舍勒:《资本主义的未来》,罗悌伦等译,生活·读书·新知三联书店,1997。

唐有才、符平:《转型期社会信任的影响机制—市场化、个人资本与社会交往因素探讨》,《浙江社会科学》2008年第11期。

王绍光、刘欣:《信任的基础:一种理性的解释》,《社会学研究》2002年第3期。

王正祥:《传媒对大学生政治信任和社会信任的影响研究》,《青年研究》2009年第2期。

奚春华:《城市青年信任的特征——对10城市1239位青年的调查》,《青年研究》2006年第2期。

谢英香:《"90后"大学生网络社交中信任关系的研究》,博士学位论文,华东师范大学,2013。

叶金珠:《转型期青年社会交往中的人际信任——基于杭州市相关调查资料的分析》,《青年探索》2006年第5期。

杨明、孟天广、方然:《变迁社会中的社会信任:存量与变化——1990~2010年》,《北京大学学报》(哲学社会科学版)2011年第6期。

钟游、杨建科：《青年学生社会信任的结构、影响因素与提升路径——基于陕西省高校大学生调查的实证分析》，《人文杂志》2015年第11期。

朱京：《青少年的网络人机信任特点分析》，《中国青年研究》2003年第12期。

http：//baike.sogou.com/v524806.htm？from Title。

NiklasLuhmann. Risk；A Sociological Theory，New York：Aldine de Grugter，1994.

中国互联网中心：《第37次互联网网络发展状况》，2016年1月，http：//www.cnnic.net.cn/。

朱镕基同志在2002年"两会"期间所作的政府工作报告。

B.9 穗港澳青年志愿服务参与动机研究

吴冬华*

摘　要： 青年参与志愿服务动机主要表现为以责任为特征的传统动机、以发展为特征的现代特征、以快乐为特征的后现代特征，广州、香港、澳门三地青年参与志愿服务更多表现为责任型的利他参与动机，但三地青年参与动机的具体选择各有侧重，并且不同青年群体的参与动机各有特征。

关键词： 志愿服务　参与动机　青年

一　引言

（一）概念界定

志愿服务是个人发自内心意愿，为他人、群体、组织乃至整个社会提供各种形式的帮助而不求物质回报的行为。越来越多社会资深及专业人士将志愿服务作为终身事业，发挥所长、贡献社会、实现自我。作为社会活力之源的青年通过参加志愿服务，可以培养美德与重塑价值，如对他人的关怀与帮助、对社会的责任心与归属感。

为什么越来越多的志愿者愿意花费时间、精力甚至金钱参加志愿服务呢？换言之，他们参加志愿服务的动机及持续服务的动力是什么？学术界不同学科对志愿服务动机内涵的界定有不同看法。最广为人知的和成熟的是心

---

* 吴冬华，广州市团校青少年研究中心主任、助理研究员。

理学的功能分析理论，功能分析关注的是支撑和产生信念和行动的原因和目的。该理论认为，当人们认为某种特定的活动能为他们提供重要的心理功效时，他们就会采取行动。根据这种理论，如果个体相信这种行动可以满足某一个或更多的心理需求时，个体就会主动参与志愿服务。本研究认为，参加志愿服务不仅能满足人们某种心理需求，还有其他方面的需求，因此志愿服务动机应指这种行为可以满足人们的社会性或者个体性的一种及以上需求，从而使人们自愿参加志愿服务。值得注意的是，动机理论与志愿服务的自愿性与无偿性没有矛盾，动机只是解释参加志愿服务原因的理论视角，同时，应结合特定的社会结构来了解行为动机，不然，难以洞悉志愿服务的真正原因所在。

（二）文献回顾

国外学术界对志愿服务的动机类型或者维度的研究汗牛充栋。国外现有研究比较倾向于志愿服务动机的多维度视角，但早期直到现在仍有部分学者将志愿服务动机划分为利他和利己两种类型。功能分析提出志愿服务动机清单（VFI），认为志愿服务与价值观、提高自己、社交、职业、保护、认知这六类动机相关。其中，价值观动机意味着志愿服务本身就是一种价值观的表达，这与"利他动机"的内涵基本一致。此外，这六种动机的排序与重要性因人（志愿者与非志愿者）、因时（参与志愿服务时间长短）不同，而且不同志愿行动背后的动机也不一样。Chappell 提出志愿服务动机的三因素分析：利己、义务、利他动机。利己动机包括渴望结交新人、渴望学习、与雇主接触、利用空闲时间以及使自己受益，义务动机包括提到宗教信仰、渴望回报社区或者对于组织的责任，利他动机包括渴望帮助别人或推进一项事业。Wuthnow（1995）关于青少年志愿者动机的分析中，假定动机仅仅在特定的制度背景中才有意义，并给出理解框架的四个维度：利他动机构架将同情或怜悯感与认为帮助同情弱者很重要的价值观结合起来；快乐动机框架是从自我的角度注重志愿服务内在的和外在的回报，在这里，帮助他人是重要的但它同时也应该给助人者以满足；互惠动机框架强调"回报"的重要性，预料到自己需要帮助因而付出帮助，或通过帮助其他人"传递"自己得到的帮助。自我实现动机框架强调志愿服务在帮助人们实现自身巨大潜力方面所起的作用。Esmond等（2004）在动机功能理论分析的基础上，用大量数据验证六大动机的存在，并进一步增加互惠、认同、反应性、社会的相互影响四个因素，从而构成了志愿服务动机的"十因素"。综上所述，国外对志愿服务动机的研究比较成熟、系统，既有侧重个人需求层面的研究，尤以马斯洛需求理论为代表，也有从特定的社会结构或制度层面展开的探讨。达成共识的是他们认为志愿服务在价值观动机、利他主义、职业动机等方面有着集中体现。

近年来，国内学者对志愿服务动机的类型与结构经过探究，也有着初步的结论。虽然我国志愿服务最早能溯源到20世纪中期的"学雷锋"活动，但蓬勃发展起来却是在20世纪末至21世纪初。因此，我国对志愿者参与动机的研究起步较晚。国内学者立足于中国的文化语境和社会结构变迁来解释志愿者参加服务的动机。既有参考西方多因素综合性分析，也有双因素分析，并有学者提出多元共生型的动机分析模式。如董少军、倪赤丹认为志愿服务动机主要包括亲友动机、利他动机、结群动机、荣耀动机、成就动机，殷小川、田惠芬大学生志愿者的动机归纳为五个方面：成就动机，归属需要动机，权力动机，自我检验、自我提高动机，娱乐、交往动机；蔡宜旦、汪慧根据大学生志愿者参与动机的不同，把志愿服务的动机分为两类：一类是组织和群体压力下的被动参与，一类是以自我实现需要和报恩为出发点的主动参与；卓彩琴结合谭建光的研究发现，将志愿服务参与动机分为利他动机与利己动机，利他动机指对别人有好处而又没有明显自私倾向的自觉自愿的动机，利己动机主要指帮助他人的主要目标是满足自己的需要而非他人的需要。吴鲁平利用质性研究方法，对志愿者参与动机进行探索性的研究，认为志愿者的参与动机发生结构性变迁，正在从传统性动机（以"责任感"为表征）转向现代性动机（以"发展"为表征）和后现代性动机（以"快乐"为表征）。吴俊峰、宋继文认为我国大学生志愿者参与动机由八个维度构成，分别是职业发展、情绪调节、社会支持、认同、价值观、共情、学习、爱国与荣誉。这一结论是在Esmond的研究基础上，增加一个与国情相符的新维度——爱国与荣誉动机。综上所述，我国学者在充分借鉴西方研究成果的基础上，结合我国现实情况，积极探索志愿服务动机的类型与构成。

（三）研究方法

本研究主要采用定量分析方法，分别对广州、香港、澳门青年进行问卷抽样调查，深入分析三地青年志愿服务参与动机的区域性、群体性特征，横向比较广州与香港、澳门青年志愿服务参与动机的地域性差异。

在研究中，对青年参与志愿服务动机，设置一道问题，即"您参与义工/志愿者服务最主要的原因是什么？（限选一项）"，在回应选项中则主要参考谭建光对志愿者动机的表述，将青年志愿服务参与动机主要划分为两个维度，分别是价值型动机与工具型动机。其中，价值型动机包括两个层面：一个是对应志愿服务原始动机中所强调的人道主义的内涵，为他人、为社会谋福利，即因应客观环境需求而产生的动机；另一个是对应马斯洛需求理论中第五个层次——个人自我实现的主观需求，包括"帮助了有需要的人，回应社会需要"、"参与改善社会问题"、"尽公民责任，回报社会""希望发挥一己所长"、"感觉自己的存在价值"五个选项；工具型动机强调个体可以从志愿服务经历中获取各种体验、技能、交往等能力与机会，将志愿服务看作是达到私利目的而采用的一种行为方式或手段，包括"学习新的技能"、"拓宽社交圈子"、"丰富经验，自我成长"、"培养组织及领导才能"、"为未来工作做准备"、"寻求新刺激、拓宽生活体验"、"赶潮流，追时尚"、"出于对志愿服务的好奇心"选项。

二　青年参与志愿服务动机分析

近年来，志愿服务的随时可为、随处可为，令越来越多的人加入志愿者行列，尤其是社会最有活力的群体——青年，他们成为志愿者队伍的构成主体。相对港澳而言，广州虽然起步较晚，但作为中国内地志愿服务的始发地，发展迅猛，志愿服务人数持续上升，志愿服务时间越来越长，大有后者居上之势。

（一）广州青年参与志愿服务动机分析

1. 广州青年参与志愿服务的基本情况

从生命历程的视角看志愿服务，大部分研究有所证明，人们在青春期的志愿服务参与率比成年初期要高。本次调查发现，广州曾经参加过志愿服务的青年人数比例达到94%（见表1），参与人数众多，队伍规模庞大。但由于没有设定一定时间与参加频率，因此，难以客观、综合地反映广州青年参加志愿服务的现状。为此，我们将是否参加过志愿服务作为因变量、社会人口统计变量作为自变量，进一步分析不同群体参加志愿服务的情况。

表1 广州青年志愿服务参与情况

单位：%

项目	频率	有效百分比
有 参 加	867	94.0
从未参加	55	6.0
合 计	922	100.0

从年龄代际来看，出生于20世纪80年代初期的"80后"参与志愿服务的人数显然没有出生于20世纪90年代的"90后"比例高。意料之外的是，常被标榜为以自我为中心，对社会公共事务、帮助他人漠不关心的"90后"，对志愿服务的兴趣似乎更高（见表2）。

表2 广州青年志愿服务参与情况与年龄代际的相关分析

单位：%

项目	"80后"（N=299）	"90后"（N=623）
有 参 加	91.0	95.5
从未参加	9.0	4.5
合 计	100.0	100.0

从婚恋与生育状况来看，未婚、未育的青年，对志愿服务的投入比已婚、已育的青年更为积极。如果人们有可利用的空闲时间，他们自然就会更愿意参加志愿服务活动。单身青年比已婚青年享有更多可供支配的闲暇时间，因此，单身青年的志愿服务参与率更高（见表3）。

从职业身份来看，大学生志愿服务的参与率比中学生、社会青年更高，其中，占99%的大学生曾经参与志愿服务，其次是社会在职青年，占91.8%，再次是中学生，占90.9%（见表4）。由于，大学学习相对轻松，不像中学的学业繁重，而且志愿服务的环境与氛围浓厚，并且部分专业的社会实践内容就是志愿服

表3 广州青年志愿服务参与情况与婚恋经历的相关分析

单位：%

项目	没有婚姻经历(N=675)	有婚姻经历(N=239)
有 参 加	95.6	89.5
从未参加	4.4	10.5
合　　计	100.0	100.0

务，因此，大学生参与志愿服务的比率最高。此外，中学生与社会在职青年的差异不明显。

表4 广州青年志愿服务参与情况与身份的相关分析

单位：%

项目	中学生(N=187)	大学生(N=302)	社会在职青年(N=427)
有 参 加	90.9	99.0	91.8
从 未 参 加	9.1	1.0	8.2
合　　计	100.0	100.0	100.0

从家庭收支情况来看，家庭收入与志愿服务率呈正相关关系，收入越大于支出的家庭，志愿服务的曾经参与率就越高，换言之，越富有的家庭，其参与志愿服务的次数越多。这与过往相关研究结论是相一致的（见表5）。

表5 广州青年志愿服务参与情况与家庭收支情况的相关分析

单位：%

项目	收入大于支出(N=311)	收入支出相当(N=396)	支出大于收入，动用以前的积蓄(N=136)	支出大于收入，不但动用了积蓄，还借了贷(N=49)
有 参 加	95.2	94.9	91.9	85.7
从未参加	4.8	5.1	8.1	14.3
合　　计	100.0	100.0	100.0	100.0

从身体健康情况来看，自评健康和志愿服务呈正相关关系，分别有93.5%认为自己身体很好的青年以及96.6%认为自己身体好的青年曾经参与志愿服务，相比之下，有87.5%认为自己身体不好的青年参与了志愿服务

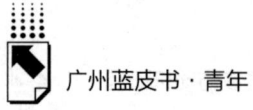

(见表6)。可见,健康状况是影响青年群体参与志愿服务的一个主要因素,没有健康身体的青年显然需要付出比健康的青年更多的体力去完成志愿服务。

表6 广州青年志愿服务参与情况与身体健康的相关分析

单位:%

项目	很好(N=217)	好(N=406)	还可以(N=278)	不好(N=16)
有参加	93.5	96.6	91.0	87.5
从未参加	6.5	3.4	9.0	12.5
合计	100.0	100.0	100.0	100.0

2. 广州青年参与志愿服务的动机

青年参与志愿服务,既出于个体多元性需求满足的内在动因,又受到社会文化与结构变迁的外因影响。尤其是青年处于暴风骤雨式的生命历程发展阶段,他们的需求总在不断变化与调整,并被深深打上社会化的烙印。

在调查参与志愿服务最主要原因时,广州青年的志愿参与集中表现为价值型动机,占69.8%的青年选择此项,而选择工具型动机的青年,占30.2%(见表7)。一方面,当前,广州青年认为自己参与志愿服务是因为"帮助了有需要的人,回应社会需要"、"参与改善社会问题"、"尽公民责任,回报社会"(见表8)。从这些表述来看,年轻人显然更多受到价值观驱动参与志愿服务,这其中主要体现为"利他主义",包括帮助有需要的人与反馈社会。青年人通过参加志愿服务这样的行为来表达其帮助他人、关怀社会的价值观。有学者认为这是传统性动机的表现,但笔者认为这种动机也是志愿服务传统性动机的现代演绎,既延续悠久的朴素的人文情怀,又蕴含着参与公共事务的现代公民责任意识。另一方面,在现代社会上,越来越多的青年志愿者参与志愿服务是发挥一己所长、实现自我价值。

表7 广州青年参与志愿服务的动机分析

单位:%

项目	频率	有效百分比
价值型动机	593	69.8
工具型动机	257	30.2
合计	850	100.0

表8 广州青年参与志愿服务的最主要原因（限选一项）

单位：%

项目	频率	有效百分比
帮助了有需要的人,回应社会需要	384	44.3
参与改善社会问题	31	3.6
尽公民责任,回报社会	81	9.3
希望发挥一己所长	23	2.7
感觉自己的存在价值	74	8.5
学习新的技能	15	1.7
善用业余空闲时间	29	3.3
拓宽社交圈子	36	4.2
丰富经验,自我成长	124	14.3
培养组织及领导才能	16	1.8
寻求新刺激,拓宽生活体验	7	0.8
为未来工作做准备	13	1.5
赶潮流,追时尚	5	0.6
出于对志愿服务的好奇心	12	1.4
其 他	17	2.0
合 计	867	100.0

这也符合马斯洛需求层次理论逐级递升的原理，当最低层级的需求实现之后，必然会追求更高一级需求。自我实现的价值取向动机正在成为当下青年参与志愿服务不容忽略的原因。根据广州市团校2010年、2012年、2014年连续三次对广州青年志愿服务参与动机的跟踪性问卷调查，结果显示，尽管利他主义取向一直是青年参与志愿服务的首要原因，然而，选择自我实现动机的比率也正逐年上升。青年在助人的服务体验过程中，逐步达致自助的收获，即发挥潜能，实现自我社会价值。

为了进一步探索志愿服务参与动机的人口学特征，本研究将参与动机作为因变量，将性别、年龄、受教育程度、婚恋与生育状况、职业、收入、身体健康、宗教信仰、家庭阶层等人口统计变量作为自变量，分别进行相关分析。结果发现，年龄、自身学历、婚恋与生育状况、个人身份与志愿服务的动机有着显著的相关关系（见表9）。

表9　广州青年志愿服务参与动机与人口统计变量的相关分析

项目	参与志愿服务的最主要原因	项目	参与志愿服务的最主要原因
性别	1.224	身份	67.446**
年龄	15.971**	个人收入	3.753
父亲受教育程度	4.606	家庭收入	3.255
母亲受教育程度	4.941	家庭阶层	4.496
自身受教育程度	26.583**	身体健康	1.101
婚恋状况	10.148**	宗教信仰	3.703
生育状况	5.996*		

注：显著性 ** $p<0.01$，* $p<0.05$。

年龄与志愿服务动机之间存在着比较显著的关系。一方面，"80后"参与志愿服务的价值型动机比"90后"明显，"90后"参与志愿服务的工具型动机比"80后"更为明显。这表明生命历程影响志愿服务参与动机的偏好，随着青年从生命的一个年龄阶段走到另一个年龄阶段，他们参与志愿服务的理由也随之变化。另一方面，青年从中学生到大学生，从大学生到职业人的身份嬗变，各自的志愿服务动机发生明显变化（见表10）。在表11中我们发现，选择价值型动机的比率在中学生、大学生、社会青年身上依次递增，而选择工具型动机的比率在中学生、大学生、社会青年身上依次递减。这主要是不同年龄层次的青年在心智上发展成熟度不一样，并且，由于不同身份的青年有着不同兴趣与需求，比如中学生更关注自我体验与个人经历，并有着明显的交往需求，因此工具型动机显著，而大学生、社会青年心智成熟度较高，出于回报社会、助人自助而参加志愿服务的动力更足，因此价值型动机显著。

表10　广州青年志愿服务参与动机与年龄代际的相关分析

单位：%

项目	"80后"(N=271)	"90后"(N=579)
价值型动机	79.0	65.5
工具型动机	21.0	34.5
合　计	100.0	100.0

表11 广州青年志愿服务参与动机与身份的相关分析

单位：%

项目	中学生(N=161)	大学生(N=295)	社会在职青年(N=388)
价值型动机	47.8	72.5	77.1
工具型动机	52.2	27.5	22.9
合计	100.0	100.0	100.0

教育有改变我们世界观的潜力，因此，它对志愿服务的动机有着"潜在效应"，并且，这种效应往往不是显性作用，而是通过控制其他变量，比如收入、职业、价值观等对个人动机产生影响。广州青年自身教育程度与志愿服务参与动机相关显著，并呈现两极分化的现象：较低学历、较高学历的青年更多基于价值型动机参与服务，而高中教育水平的青年更多体现为工具型动机，其中，在价值取向动机层面上，大专及以上学历的比率最高，占75.1%，其次是初中及以下学历的比率，占67.4%，再者是高中（含中专、中技）的比率，占56%。在工具型动机层面上，高中（含中专、中技）学历的比率最高，其次是初中及以下学历，比率最少的是大专及以上学历。可能的解释是，受教育越多，意味着人们更加关注社会问题，更倾向于将价值观导向和结构性原因作为自己参与志愿服务的动机（见表12）。

表12 广州青年志愿服务参与动机与自身教育程度的相关分析

单位：%

项目	初中及以下(N=43)	高中(含中专、中技)(N=207)	大专及以上(N=579)
价值型动机	67.4	56.0	75.1
工具型动机	32.6	44.0	24.9
合计	100.0	100.0	100.0

对于单身、未曾生育孩子的青年人而言，他们更关注志愿服务所带来的个人层面的收获，故以工具型动机为主。而对于已结婚、已生育的青年人而言，因为家庭之故、身份的转变，青年对人生价值又有新一层感悟与认识，个人需求又有不同体现，因此表现在志愿服务参与动机上更多是基于价值型原因。可以推测的是，与未婚群体相比，已婚青年出于服务他人、回报社会的志愿行为

更明显（见表13）。而有孩子的年轻父母参加志愿服务更多基于家庭价值观的成熟（见表14）。

表13 广州青年志愿服务参与动机与婚恋状况的相关分析

单位：%

项目	没有婚姻经历（N=630）	有婚姻经历（N=212）
价值型动机	66.7	78.3
工具型动机	33.3	21.7
合　计	100.0	100.0

表14 广州青年志愿服务参与动机与生育情况的相关分析

单位：%

项目	没有生育孩子（N=700）	有生育孩子（N=143）
价值型动机	68.0	78.3
工具型动机	32.0	21.7
合　计	100.0	100.0

（二）香港青年参与志愿服务动机分析

在香港，志愿服务往往被称为义务工作，香港的志愿服务经历一百多年的发展，最早从宗教传入，最初志愿者由传教士和修女担任，主要是出于宗教信仰和爱世人的善心，解决贫穷问题，并担当物资救济工作。从20世纪六七十年代开始，香港政府、民间组织通过开展一系列的志愿服务活动，鼓励青少年服务弱势社群、建设社区，进一步培养青少年社会归属感和践行公民责任。当前，随着社会发展的需求，香港的志愿服务已由"补救性"逐步转移至"预防性"、"发展性"的领域，致力于缔造一个全民参与、关怀共享的社会。

本次调查发现，在被调查的香港青年中，98.7%的人曾经参与过志愿服务（见表15），香港青年参与各类志愿服务的比率相当高，几乎每一位青年都曾经提供过一次或者多次的志愿服务。进一步分析香港青年的志愿服务动机，结果显示，超七成的被调查青年参加志愿服务的主要出发点是"帮助他人、回报社会、自我实现"，是一种价值取向动机。这与香港相关研究发现是一致的。其次，28.8%的香港青年认为参与志愿服务只是满足个人各种体验的一种载体或者方式，是促进人的自我完善的途径，即工具型动机（见表16）。显然，香港志愿服务的价值和理念、发展模式，既与青年自身需求有关，又与时代和环境变迁以及社会的需求息息相关。

表15　香港青年的志愿服务参与情况

单位：%

项目	频率	有效百分比
有参加	678	98.7
从未参加	9	1.3
合计	687	100.0

表16　香港青年参与志愿服务的动机分析

单位：%

项目	频率	有效百分比
价值型动机	465	71.2
工具型动机	188	28.8
合计	653	100.0

不同类型青年群体志愿服务参与动机存在较大差异，在不同的香港青年群体身上，调查发现，性别、宗教信仰与志愿服务动机在统计学上有着显著的相关（见表17）。

表17　香港青年志愿服务参与动机与各因素的相关分析

项目	参与志愿服务最主要的原因	项目	参与志愿服务最主要的原因
性别	13.327**	身份	20.348
年龄	0.375	个人收入	3.133
父亲受教育程度	8.358	家庭收入	5.448
母亲受教育程度	7.275	家庭阶层	9.339
自身受教育程度	1.598	身体健康	1.407
婚恋状况	0.004	宗教信仰	8.195**
生育状况	2.855		

注：显著性 $**p<0.01$，$*p<0.05$。

就性别而言，香港男性和女性参加志愿服务的原因存在着显著差异，76.9%的被调查女性参加志愿服务是基于价值型动机，男性选择志愿服务的价值型动机比率小于女性，相差13%。香港青年志愿服务动机具有性别差异。这可能与女性更加感性和亲近社会有关（见表18）。

表18　香港青年志愿服务参与动机与性别的相关分析

单位：%

项目	男（N=285）	女（N=368）
价值型动机	63.9	76.9
工具型动机	36.1	23.1
合　计	100.0	100.0

有研究发现，由于大多数宗教信仰一直倡导利他主义价值观，鼓励亲社会行为，并将人道主义置于重要地位。在一些西方国家，将帮助有需要的人看成一种宗教美德，信教者将志愿服务作为展示其宗教信仰的一种最重要途径。香港调查结果发现，认为自己有宗教信仰的青年提供志愿服务较多显示为价值型动机，显著高于宣称没有宗教信仰的青年，反过来，没有宗教信仰的青年选择工具型动机的比率显著高于有宗教信仰的青年，可见，宗教价值观与志愿服务动机之间有着显著的相关关系（见表19）。

表19　香港青年志愿服务参与动机与宗教信仰的相关分析

单位：%

项目	没有宗教信仰（N=448）	有宗教信仰（N=199）
价值型动机	67.9	78.9
工具型动机	32.1	21.1
合　计	100.0	100.0

（三）澳门青年参与志愿服务动机分析

澳门与香港一样，将志愿服务称为义务工作，志愿者称为义工，虽然人口只有60万，但在1986年就成立澳门义务工作协会，后改名澳门义务工作者协会。目前，澳门志愿服务行动成为年轻人接触社会、融入社会的最佳选择。澳门青年通过加入志愿者行列，发挥潜能，服务弱势社群，并透过社会服务工作，发挥互助友爱精神。

在被调查的澳门青年中，92.7%的人曾经参加过志愿服务，从未参加过志愿服务的占7.3%（见表20）。其中，大学生志愿服务参加率最高，占97.9%，其次是社会在职青年，占91.4%，再次是中学生，占87%（见表21）。

表20 澳门青年志愿服务参加情况

单位：%

项目	频率	有效百分比
有参加	498	92.7
从未参加	39	7.3
合计	537	100.0

表21 澳门青年志愿服务参加情况与身份的相关分析

单位：%

项目	中学生（N=123）	大学生（N=189）	社会在职青年（N=221）
有参加	87.0	97.9	91.4
从未参加	13.0	2.1	8.6
合计	100.0	100.0	100.0

关于澳门青年志愿者参与志愿服务的动机，60.8%的人基于价值型动机，39.2%的人出于工具型动机（见表22）。可见，澳门青年志愿者更多的是秉持"我为人人，人人为我"、"守望相助、服务社群"的价值理念来参加志愿行动，也是价值主导型的参与动机。

在分析影响澳门青年参与志愿服务动机的相关因素时，将年龄、性别、受教育程度、收入等人口统计变量与动机进行相关分析，结果发现，青年受教育程度与志愿服务动机在统计学上相关（见表23）。其中，教育程度较高（大专及以上学历）或者较低（初中及以下学历）的澳门青年更多是基于价值型动机参与志愿服务，而具有高中学历的澳门青年志愿服务参与的价值取向与工具取向相当（见表24）。

表22　澳门青年志愿服务参与动机分析

单位：%

项目	频率	有效百分比
价值型动机	298	60.8
工具型动机	192	39.2
合　　计	490	100.0

表23　澳门青年志愿服务参与动机与各因素的相关分析

项目	参与志愿服务最主要的原因	项目	参与志愿服务最主要的原因
性别	0.617	身份	11.874
年龄	0.880	个人收入	9.077
父亲受教育程度	2.263	家庭收入	2.446
母亲受教育程度	7.284	家庭阶层	1.379
自身受教育程度	9.600**	身体健康	2.783
婚恋状况	2.559	宗教信仰	2.233
生育状况	0.105		

注：显著性 ** $p<0.01$。

表24　澳门青年志愿服务参与动机与教育的相关分析

单位：%

项目	初中及以下（N=43）	高中（N=125）	大专及以上（N=306）
价值型动机	76.7	51.2	62.1
工具型动机	23.3	48.8	37.9
合　　计	100.0	100.0	100.0

三　穗、港、澳青年志愿服务参与动机比较分析

无论是东方还是西方，人类的利他性活动源远流长。尽管志愿服务起源于西方社会，并在香港先发展起来，但是由于地缘相近、文化同源，广州、澳门的志愿服务事业蓬勃发展，生机焕然，有着瞩目的表现。本次调查发现，穗、港、澳青年志愿服务参与率各有高低，参与动机各有特色，同时也呈现一些共性特征。

（一）穗、港、澳青年志愿服务参与动机的异同比较

1. 三地超九成的青年曾经参加志愿服务，香港青年参与率最高

"愿意做志愿服务工作的人数已经成为一个公民社会健康状况的晴雨表"。当下，越来越多的年轻人积极加入志愿者行列，并成为志愿者队伍的主力。本次调查显示，穗、港、澳三地青年志愿服务的参与率很高，超过九成的青年都曾经参加过不同类型的志愿行动。可见，青年参与志愿服务已经成为常态，而不是可有可无的闲暇安排。其中，香港参与比率最高（98.7%），其次是广州（94%），然后是澳门（92.7%），通过卡方检验，这三地青年的志愿服务参与率在统计上差异显著。这表明三地青年志愿参与率存在一定差别，其中，香港青年志愿服务参与率最高，广州青年次之，然后是澳门青年（见表25）。

表25 穗、港、澳青年志愿服务参与率比较

项目		地 区		
		广州（N=932）	香港（N=687）	澳门（N=537）
志愿活动参与	有参加	94.0	98.7	92.7
	从未参加	6.0	1.3	7.3
	合计	100.0	100.0	100.0
卡方检验		28.180**		

注：显著性 ** $p<0.01$。

2. 首要参与动机是价值导向动机，并交织着工具型动机

志愿服务是一种帮助他人、改善社会、促进社会进步以及自我完善的自愿性的无偿服务。在现实中，青年往往出于不同理由参与志愿服务，并且参与志愿服务的动机越来越多元。根据调查数据显示，超六成的穗、港、澳青年参与志愿服务是基于价值型动机，这种动机是社会性价值与个体性价值的综合体，即因对他人的同情或怜悯、对社会的回报、自我实现的需要，促使青年人积极投身志愿事业。其中，香港青年选择价值型动机的比率最高，达到71.2%，广州69.8%的青年选择此项，澳门60.8%的青年选择此项（见表26）。可见，三地青年参加志愿服务的首要原因是关爱他人、关怀社会，根据西方学者对志愿服务动机的解释之一，认为志愿服务本身就是一种价值观的表达，这说明志

愿行动已经成为青年人表达或者实践个人重要价值观的方式。

另外，青年志愿者参与志愿服务不仅仅是服务他人、回报社会，他们也会将志愿服务视为提高个人能力、拓展个体发展的平台、方式、渠道。穗、港、澳三地均有不少比例的青年选择工具型动机。引人思考的是，在工具型动机选项中，澳门青年的比率最高，39.2%的青年选择此项，其次是广州，占30.2%，然后是香港，占28.8%。比较三个地区的参与动机，香港青年的价值取向动机相对明显，澳门青年的工具型动机尤为突出，广州青年的参与动机居中。

表26　三地区青年志愿服务参与动机比较

单位：%

项目	地区		
	广州（N=850）	香港（N=653）	澳门（N=490）
价值型动机	69.8	71.2	60.8
工具型动机	30.2	28.8	39.2
合计	100.0	100.0	100.0
卡方检验	15.938**		

注：显著性**p<0.01。

3. 不同青年群体参与志愿服务的动机有显著差异

在分析志愿服务动机的影响因素时，不同地区、不同类型的青年群体会有不同的诠释。首先，广州青年的参与动机与其年龄、教育水平、婚恋与生育状况在统计上有着显著的相关。一方面，从年龄代际来看，"80后"的广州青年价值型参与动机比"90后"表现明显，"90后"工具型参与动机反而比"80后"明显。其中，大学生、社会青年选择价值型动机比率高于工具型动机，唯有中学生选择工具型动机的比率高于价值型动机。并且，选择价值型动机的比率在中学生、大学生、社会青年身上依次递增，而选择工具型动机的比率在中学生、大学生、社会青年身上依次递减。另一方面，从个体受教育程度来看，显然，志愿服务动机受到教育水平的显著影响。其中，大专及以上、初中及以下的青年价值型参与动机比较明显，而具有高中学历青年，其工具型参与动机比其他两个学历显得突出。再者，从婚恋与生育状况来看，单身青年、未曾生育的广州青年，更关注志愿服务的个体性取向，故价值型动机倾向比已婚、已生育的青年表现明显。

其次，香港青年的参与动机与其性别、宗教信仰在统计学上呈现显著相关。一方面，女性参加志愿服务更多表现为价值型动机，男性选择志愿服务的价值型动机比率远远小于女性。选择工具型动机的男性比率明显高于女性。另一方面，宗教信仰与香港青年的参与动机有关联，虽然价值型动机仍然是第一重要动因，但是有宗教信仰的青年选择价值型动机的比率明显高于无宗教信仰的青年，而无宗教信仰的青年选择工具型动机的比率均高于有宗教信仰的青年。澳门青年的参与动机与其教育水平有着相关关系，其呈现特征与广州情况一样，即较高学历与较低学历的青年其价值型参与动机比高中学历的青年显著。

（二）原因分析

1. 民间力量的壮大决定志愿服务的生存环境

有研究表明，经济发展或者是工业化水平是区域间志愿服务存在差异的关键性因素。但笔者认为，经济发展水平属于间接变量，社会民主化才是影响志愿服务发展的决定性因素。一般而言，民主发展水平越高，公民社会相对越发达，民间力量表现更为活跃，志愿服务与社团活动发展就越生机勃勃。比较广州、香港、澳门这三个地方，香港社会的民主发展处于最前沿，香港人的民主意识最为突出。香港在回归前的一百多年，引入了西方的宗教信仰、西式的生活习惯和社会风尚，以民主、自由为主的西式意识形态一直主宰着香港人的价值取向，即使大部分青年成长于香港回归后，但由于香港政制不变，并且西式价值观传承与影响大，香港青年价值观更倾向于自主、自由。志愿服务在香港已有百年历史，并随着社会环境、生活形态和市民需求的转变不断更新演变，然而，香港青年志愿服务的参与热情持续高涨，这与香港政治社会生态环境的发展特征息息相关。另外，尽管澳门工业化水平也比较高，但由于澳门一直不太重视培育社会民间力量，并且没有志愿服务事业的历史传承与深厚积淀，澳门青年志愿服务事业相对也没有那么发达。广州作为内地最早开展志愿服务的城市之一，从20世纪末就得到良好发展，近年更是在大型赛事、社区服务方面有着不俗的表现。截至2015年底，广州常住人口12%是注册志愿者（义工），其中，注册志愿者超过136万人，注册义工超过65万人，这与近年广州民间组织的大力培育、社团登记注册政策放松密切相关。

2. 后物质主义价值观取向形塑志愿服务参与动机

当一个国家或社会达到较高的经济发展水平和教育水平时，价值观将实现代际更替，人们将逐步从强调经济和人身安全的物质主义价值观向强调自主、自我实现的后物质主义价值观转变。就调查结论而言，穗、港、澳青年的志愿服务参与动机更多表现为责任动机，而发展动机是第二重要原因。随着后物质主义时代价值观在当代社会的流行并持续发酵，将会有越来越多的青年参与志愿服务表现为工具型动机，希望通过志愿行动提升自我发展能力。虽然以利他主义为表征的传统性志愿服务理念仍占据着青年参与动机的第一位置，但是，以发展性、自利性为表征的现代志愿参与动机取向渐显重要。在后物质主义价值观的影响下，传统的人道主义、利他主义的价值理念与现代志愿者精神相互交织，成为青年持续性参与志愿行动的共同推力。虽然青年个体的"考量"开始凸显，但与助人善行、社会公共利益并行不悖。值得关注的是，后物质主义价值观的持续作用，青年人的自主、自我实现的意愿越来越强烈，这令青年志愿者的服务动机有着明显的工具型，而利他性动机则有着被"边缘化"的倾向。这会让志愿服务事业发展面临新转型、新形态。

3. 青年自身特征与个体需求影响志愿服务动机的差异性

从目前穗、港、澳的志愿服务现状来看，青年是志愿者大军的主力，因此当探究志愿服务动机这一议题时，其实更多是探讨青年志愿者的参与动机。一方面，青年群体由于年龄跨度大，从中学升到大学再变成社会人，社会角色多样化，学生、子女、公民等身份集聚一身，因此，这种差异性和多元性必然会影响他们在选择参与志愿服务所考虑的因素。另一方面，青年在生命历程的不同阶段，有着不同需求与兴趣，他们参与志愿服务的动机也随之发生变化。再者，青年在社会化的过程中，必然会受到学校、家庭、社区、工作单位等的教育、宣传、引导，他们的价值观念必然随之受到影响，作为价值观表达的志愿行动，也因此有选择性参与。

四 对策与建议

当前，穗、港、澳的志愿服务已经覆盖到社会的方方面面，成为青年参与公共事务的重要平台，志愿服务既体现出青年的公民身份，也表达着青年的价值取向，并反映青年的生活品质与生活方式。习近平同志曾经说过："青年人可塑性强，他们成为什么样的人，关键在给以什么样的引导"，因此，我们在引导青年如何看待志愿服务不仅应当有所作为，还要善于作为。

（一）深化志愿服务价值和理念的传播

当下，社会大众对志愿服务工作无疑并不陌生，对志愿服务的评价相当正面；但仍有存在一些误解：如志愿服务是打发空余时间的方式，志愿服务是学习的一部分，志愿服务到底是强调志愿行动，还是强调社会服务，甚至仍有一小部分人认为志愿服务是一种有偿服务。本次调查研究发现，志愿服务在增进他人、社会福利的价值动机取向有所弱化，这固然受到社会主流价值观的影响，同时也反映社会大众对志愿服务价值、理念的认识与理解不广泛，也不深刻。此外，有研究表明，利他动机和志愿服务持续服务时间存在正相关，其实，志愿服务本身就是利他行为的一种形式。因此，志愿服务的价值理念仍需深入推广、广泛传播，加大力度宣扬、普及志愿行为的利他动机，通过榜样示范作用，以及借助新媒体工具，建构社会志愿文化，培育青年人的志愿精神，营造志愿服务发展的良性生态环境。

（二）正确认识青年志愿者的工具型动机

在现代国家，志愿服务工作已经成为重要的公共政策工具，这种视角必然会刺激青年对志愿服务的重新认识。穗、港、澳青年参与志愿服务的动机愈来愈多元，并且，不是单纯出于对志愿精神的认可而参加服务，越来越多的年轻人参与志愿服务交织着"为了自己"的行为动机，希望从志愿服务中获得具体利益或个人好处。这种转变离不开外部环境的深刻影响，因此需要客观、理性地看待青年志愿服务参与的工具型动机。现代志愿精神强调奉献，也强调互助与进步。为此，志愿服务让志愿者的努力和成就得到认同，个人亦有所成长和提升。实现自我价值的发展动机取向与利他动机取向并不相悖，两者是内在统一的。对个体而言，自我实现的目标或者价值就是服务社群、改造社会，因此，在广泛传播志愿服务价值理念的同时，应将个体最高需求——自我价值的实现嵌入社会利他动机里，实现传统助人理念与现代志愿精神的有效统一。同时,要加大宣传力度,有效引导青年正确认识志愿服务动机与志愿者激励机制的区别,尽可能避免本末倒置,使志愿服务动机变得不单纯。

(三)关注青年志愿者参与动机与服务项目的对称

在生活节奏日益加快、生活方式选择多样的情况下,怎样说服青年挤出时间来参与志愿服务?如何动员被经济刺激和后物质主义价值观所包围着的青年参与志愿服务?有研究表明,志愿服务动机与志愿服务的收获越匹配,志愿者对其服务满意度越高,继续从事服务的意愿越强烈。因此,首先,从具体的工作层面来看,要了解并关注青年对志愿服务的个体化与多元性需求,努力创造多样化的志愿行动,实现助人与快乐并重、个人诉求与社会利益和谐的志愿服务格局。其次,要尊重青年志愿者的个性特征与内在需求,建立与其参与动机相匹配的志愿服务项目体系,使青年透过志愿服务实现价值观动机与工具型动机的双赢。再次,要进一步完善志愿服务激励机制。激励机制是鼓励青年持续参与志愿服务的具体措施,也是与参与动机相对应的。因此,要分阶段、具体化地设置志愿服务激励措施,防止过度强调自利性获益,而违背志愿服务精神。

(四)持续开展志愿服务工作调查研究

志愿服务是一项"沉默的工作",志愿者默默耕耘,关怀弱势社群,服务社区,贡献社会。由于志愿服务功效没有进行量化,未能作为国民生产总值的一部分加以计算,因此志愿服务的经济效益一向受到忽视。即使是它的社会功能,也因为缺乏全面和深入的研究而被低估。联合国在"2001国际义工年"特别呼吁全球各地政府及非政府组织,就义工的经济贡献做出具体测量,认为这些数据能清晰展示义务工作的效益,并提高社会人士对义工的认同和肯定,有助于确立义工的社会地位与社会认可。这也对争取资源和制定发展策略,提供坚实可靠的基础。志愿服务工作的调查研究,大都集中于北半球的欧美国家,这与欧美国家的高度发达不无关系。香港义工局曾于2001年及2009年先后开展全面义务工作调查研究,对制定义工发展策略大有帮助。近年来,广州也非常重视志愿者组织管理、志愿服务常态化等专题研究,希望今后能够定期开展跟踪研究,并更深入评估不同志愿服务的需求、动机和成效。

参考文献

〔美〕马克·A·缪其克、约翰·威尔逊：《志愿者》，中国人民大学出版社，2012。

梁杰华、杜立操：《大学生志愿服务研究综述》，《开封教育学院学报》2012年第4期。

涂敏霞、李超海、孙慧：《趋同与分离：穗港澳三地青年价值观的比较分析》，《青年探索》2016年第2期。

王斌：《个体化的助人者：新生代农民工从事志愿服务的动机分析》，《深圳大学学报》（人文社会科学版）2014年第1期。

吴鲁平：《志愿者参与动机的结构转型和多元共生现象研究——对24名青年志愿者的深度访谈分析》，《中国青年研究》2008年第2期。

吴俊峰、宋继文：《大学生志愿服务动机维度构成实证研究》，《上海管理科学》2010年第3期。

B.10
穗港澳青年职业价值观研究

孙 慧*

摘　要： 穗港澳青年的职业价值观基本一致，整体呈现积极向上的态势。在对工作重要性的认知上，大部分穗港澳青年均认可工作在生活中的重要性；在男女职业平等意识方面，穗港澳青年均有较强的男女职业平等意识，港澳青年职业平等意识显著高于广州青年；在择业观方面均强调自我价值，重视自我发展。在综合分析比较三地青年价值观特征的基础上，本文从提高男女职业平等意识、弘扬社会奉献精神、引导青年提升人力资本等方面提出了相应的对策建议。

关键词： 穗港澳青年　趋同　职业价值观　比较研究

一　青年职业价值观的基本概念

（一）基本定义、理论视野和分析方法

1. 基本定义

职业价值观是一个人选择工作时的价值观念。目前，关于职业价值观并无统一的界定，国内外学者根据自身研究需求，从不同角度对其下了定义：Super认为职业价值观是个人追求的与工作有关的目标；在Schwartz看来，职

---

* 孙慧，广州市穗港澳青年研究所助理研究员。研究方向为青年服务、青年工作、志愿服务。

业价值观则是人们通过工作而达到的目标或取得的报酬；游敏惠将职业价值观界定为就业者对不同职业的评价、就业意向以及对就业所持有的态度；骆剑琴则将职业价值观阐释为个体的三观（人生观、价值观、世界观）在求职就业问题上的综合反映，是求职就业目的和意义较为统一的、稳定的看法和态度。

在本文中，我们将青年职业价值观界定为青年群体在职业生活中表现出的一种价值倾向，是青年对工作的态度及其衡量各种职业优势和重要性的内在标尺。职业价值观对个人的职业选择、工作满意度等均会产生重要影响，正确的职业价值观可以为青年努力实现工作目标提供充分的理由。

2. 理论视野和分析方法

本文以马斯洛的需求层次理论为分析视角。马斯洛理论把需求分成生理需求、安全需求、社交需求、尊重需求和自我实现需求五类，依次由较低层次到较高层次。生理需求是指对食物、水、空气和住房等基本生活条件的需求；对应到职业发展中，则体现为对收入、劳动条件等方面的需求。安全需求包括对人身安全、生活稳定以及免遭痛苦、威胁或疾病等的需求；体现在职业中安全需求则指工作可以安全而稳定以及有医疗保险、失业保险和退休福利等（见图1）。社交需求包括对友谊、爱情以及隶属关系的需求；在本文中我们将社交需求界定为通过工作寻找和建立温馨和谐的人际关系。尊重需求既包括对成就或自我价值的个人感觉，也包括他人对自己的认可和尊重；在本文中我们将其概念化为工作的社会地位。自我实现需求的目标是自我实现，或是发挥潜能；在职场中体现为工作是否能提供较多的发展机会来发挥自己的能力。

本文主要从广州青年对工作重要性的认识、男女职业平等意识、择业时考虑的主要因素等维度出发，分析穗港澳三地青年职业价值观现状，探讨不同类型、不同区域青年群体的职业价值观差异，并就如何引导青年构建积极向上的时代职业价值观等展开分析与讨论。

（二）对已有研究结果的回顾

当前，已有许多专家、学者对青年的职业价值观进行了研究。通过梳理相关文献，我们对已有研究成果做一简单回顾。首先，在研究对象上，以研究单

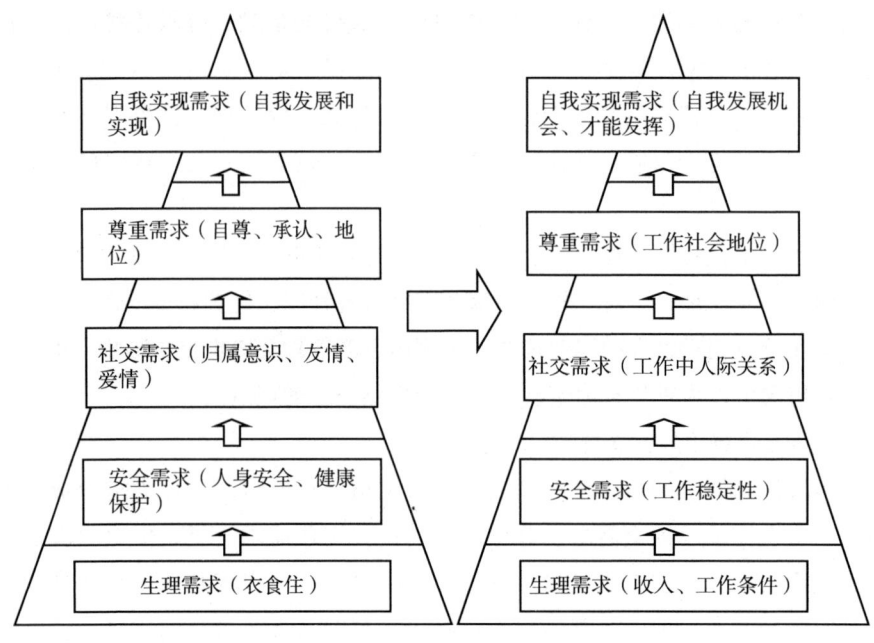

图 1　马斯洛需求层次理论在职业价值观中的对应

一青年群体的职业价值观为主,其中又以大学生群体的职业价值观研究最甚。黄发友对青年大学生择业价值观进行了探讨,指出该青年群体的择业价值观呈现多样性、自我性、务实性、短期性、超前性等特点相互交织融汇,并对形成这些特点的影响因素进行了分析。除此之外,还有部分研究对"90后"大学生、女大学生等的职业价值观进行了阐述与探究。其次,在研究内容上,着重于青年职业价值观特征及成因研究。张帆、周国丽对当前我国青年择业观的影响因素进行了研究与分析,指出青年择业观受到社会环境、学校教育、家庭环境和个体因素的影响;王延华、刘文婷通过对400名青年进行调查分析,总结了其择业观存在的特点。最后,在研究方法上,多采用单一的问卷调查法与比较研究法。陆春对京沪穗港四地青年择业取向进行了比较分析,指出个体的经济收入与职业成就是测定青年择业取向最主要的指标;王佳维等以浙江省为例,对新生代农民工与大学生的择业心理进行了比较研究。具体以穗港澳青年为研究主体的成果并不多,由前述文献回顾可见,青年职业价值观作为重要的研究主题受到了学界的关注,但穗港澳三地青年职业价值观比较研究则较少涉及,本文拟利用2015年在穗港澳地区进行的问卷调查数据对穗港澳地区青年职业价值观进行比较分析与研究。

二 青年职业价值观的现状

(一)广州青年职业价值观的基本现状

1. 认可工作在生活中的重要性,不同年龄、群体类型之间存在显著差异

分析发现,81.4%的受访者认可工作在生活中的重要程度,其中31.7%的人认为工作在生活中很重要。这说明,广州青年对工作有较为正确的认识(见图2)。

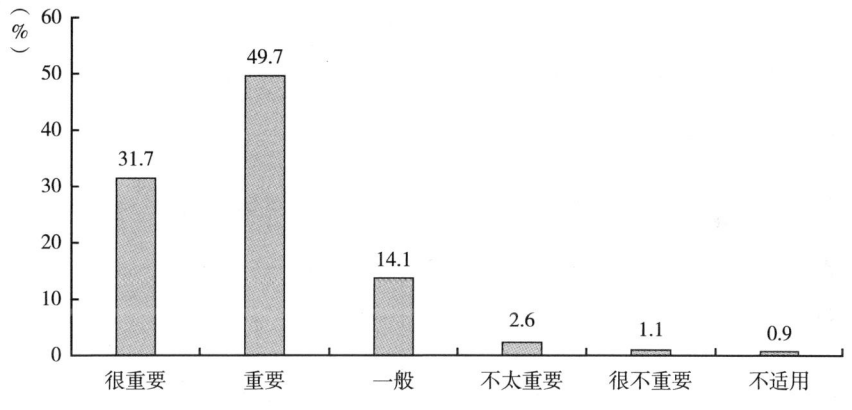

图2 工作在生活中的重要程度 (N=941)

进一步分析发现,14~19岁年龄组认为工作在生活中很重要的占24.6%;20~24岁年龄组持此观点的占30.7%;25~29岁年龄组占36.9%;30~35岁年龄组占38.9%(见表1)。由此可见,年龄越大者越重视工作在生活中的重要性。这可能是因为年龄越大者所面临的经济压力越大,承担的家庭责任也更重,他们需要以工作为依托来获取满足家庭生产的物质条件,因此更加看重工作在生活中的地位。同样,相比学生群体,面临更多压力和责任的社会人员更加看重工作在生活中的重要性(见表2)。

表1 工作在生活中的重要程度（年龄交互）

单位：%

项目			年龄			
			14~19岁	20~24岁	25~29岁	30~35岁
工作在您生活中的重要程度	很重要	频数	67	92	83	56
		百分比	24.6	30.7	36.9	38.9
	重要	频数	131	159	113	65
		百分比	48.2	53.0	50.2	45.1
	一般	频数	54	31	29	19
		百分比	19.9	10.3	12.9	13.2
	不太重要	频数	10	11	0	3
		百分比	3.7	3.7	0.0	2.1
	很不重要	频数	4	5	0	1
		百分比	1.5	1.7	0.0	0.7
	不适用	频数	6	2	0	0
		百分比	2.2	0.7	0.0	0.0
	合计	频数	272	300	225	144
		百分比	100.0	100.0	100.0	100.0
Pearson 卡方			41.598***			

注：显著度 * $p<0.05$，** $p<0.01$，*** $p<0.001$。

表2 工作在生活中的重要程度（群体类型交互）

单位：%

项目			群体类型		
			中学生	大学生	社会人员
工作在您生活中的重要程度	很重要	频数	41	81	174
		百分比	21.6	26.2	39.9
	重要	频数	94	175	196
		百分比	49.5	56.6	45.0
	一般	频数	39	36	58
		百分比	20.5	11.7	13.3
	不太重要	频数	6	13	5
		百分比	3.2	4.2	1.1
	很不重要	频数	4	3	2
		百分比	2.1	1.0	0.5
	不适用	频数	6	1	1
		百分比	3.2	0.3	0.2
	合计	频数	190	309	436
		百分比	100.0	100.0	100.0
Pearson 卡方			55.774***		

注：显著度 * $p<0.05$，** $p<0.01$，*** $p<0.001$。

2. 男女职业平等意识增强，但仍存在较大的性别差异

分析发现，接近一半的受访者不同意"当就业机会很少时，男人应该比女人更有权利工作"的说法，认为男女拥有平等就业的权利；43.2%的受访者对"如果家庭中妻子挣钱比丈夫多，那将出现问题"的说法表示不同意；44.5%的人认为"拥有工作是妇女获得独立地位的最好手段"（见表3）。

表3 对下列看法的认同程度

单位：%

项目	同意	中立	不同意
（1）当就业机会很少时，男人应该比女人更有权利工作	14.7	37.7	47.5
（2）如果家庭中妻子挣钱比丈夫多，那将出现问题	13.4	43.4	43.2
（3）拥有工作是妇女获得独立地位的最好手段	44.5	41.6	14.0

从性别来看，男性的性别平等意识，尤其是就业平等意识明显低于女性。20.5%的男性受访者同意"当就业机会很少时，男人应该比女人更有权利工作"的说法，而女性受访者同意此说法的只占9%；同样，对于"如果家庭中妻子挣钱比丈夫多，那将出现问题"这一说法男性的赞同度显著高于女性；女性对"拥有工作是妇女获得独立地位的最好手段"观点的赞同度则显著高于男性（见表4）。从这些数据可以看出，男女平等的进程需要更加重视对男性思想的解放。

表4 对下列看法的认同程度男女受访者对比

单位：%

项目		N	同意	中立	不同意	$ChiX^2$
（1）当就业机会很少时，男人应该比女人更有权利工作	男	468	20.5	48.3	31.2	101.500***
	女	468	9.0	27.1	63.9	
（2）如果家庭中妻子挣钱比丈夫多，那将出现问题	男	469	16.0	48.6	35.4	23.629***
	女	469	10.9	38.2	51.0	
（3）拥有工作是妇女获得独立地位的最好手段	男	470	34.7	48.7	16.6	36.482***
	女	468	54.3	34.4	11.3	

注：显著性 *** $p<0.001$。

3. 广州青年择业观日趋合理，择业首选符合自己兴趣、能发挥个人才能的职业；不同类别的青年对相关因素的重视程度存在显著差异

择业即选择职业，择业观则是职业价值观的重要组成部分，择业观对于正

处在寻找工作期间的青年而言，有着至关重要的影响。本次调查的择业观，主要是从青年在选择职业时的期望或选择职业的标准来测量，是广州青年关于职业发展的可能性、职业的声望、职业的报酬等方面的比较稳定的根本观点与看法。

从表5我们可以看出，广州青年选择工作时考虑的因素主要是符合自己的兴趣、能发挥个人才能（62.7%）、有较多个人发展机会（45.3%）、工作中人际关系融洽（43.3%）。通过这些数据，我们发现与以往研究结果不同，广州青年对工资与工作稳定性的重视程度有所下降，传统观念中追求高工资以及求稳定、求保障的"铁饭碗"意识均在逐渐淡化。取而代之的是对个人兴趣爱好和发展机会的追求，更加注重在工作过程中的主观感受和愉悦度。

表5 选择工作时考虑最多的因素（多项选择）

单位：%

选项	百分比	选项	百分比
符合自己的兴趣、能发挥个人才能	62.7	没有太激烈的竞争	6.8
有较多机会挣钱,可使自己尽快富起来	29.4	工作中人际关系融洽	43.3
工作比较稳定,很少有失业风险	28.5	工作地点距离家庭住地较近	14.9
有良好的工作条件和管理制度	36.1	造就社会	3.8
有较多个人发展机会	45.3	其他	0.4
有较高的社会地位	11.8		

从性别来看，男女两性择业时考虑最多的因素排名前三的均为符合自己的兴趣、能发挥个人才能，有较多个人发展机会，工作中人际关系融洽，只是排名略有差异。从Sig.值来看，女性比男性更加看重工作的稳定性、工作地点距离家庭住地较近等福利性因素，而男性更加看重薪酬待遇与自我实现的价值性因素，更多的男性青年希望通过工作尽快富起来并且造福社会（见表6）。

表6 不同性别广州青年选择工作时考虑最多的因素

单位：%

项目	性别		Sig.(2-sided)
	男	女	
符合自己的兴趣、能发挥个人才能	63.5	61.3	0.783
有较多机会挣钱,可使自己尽快富起来	34.6	23.8	0.003
工作比较稳定,很少有失业风险	25.1	31.8	0.074

续表

项目	性别		Sig.
	男	女	(2 - sided)
有良好的工作条件和管理制度	33.3	38.5	0.300
有较多个人发展机会	45.9	44.3	0.885
有较高的社会地位	11.5	11.9	0.980
没有太激烈的竞争	6.8	6.8	1.0
工作中人际关系融洽	40.3	45.7	0.294
工作地点距离居住地较近	10.4	19.1	0.001
造福社会	6.4	1.3	0.001

同样地，我们将青年择业时考虑的主要因素与年龄、文化程度、孩子数量、职业群体进行相关分析。结果显示，任意年龄段的青年择业时考虑的首要因素均为"符合自己的兴趣、能发挥个人才能"，有"较多个人发展机会"与"在工作中人际关系融洽"也占较高比例。具体来看，年龄越小者越看重工作是否符合自己兴趣、能否发挥自身才能（14~19岁：72.8%；20~24岁：61.3%；25~29岁：56.9%；30~35岁：53.5%），年龄越大者越看重工作的稳定性（14~19岁：16%；20~24岁：26.2%；25~29岁：31.3%；30~35岁：33.6%）与工作地点距离居住地的远近（14~19岁：10.3%；20~24岁：13.3%；25~29岁：18.2%；30~35岁：20.8%）。在文化程度方面，除了初中及以下文化程度的青年，各学历阶段的青年择业时最看重的因素排名前三位的依然是"符合自己的兴趣、能发挥个人才能"、"有较多个人发展机会"与"在工作中人际关系融洽"。初中文化程度以下的青年较为看重的是工作是否符合自身兴趣（71.7%）、工作中人际关系是否融洽（39.1%）、是否有较多挣钱机会（28.3%）等。文化程度越高者，找工作时更加重视是否有较多的个人发展机会（初中及以下：26.1%；高中：38.8%；大专：42.4%；本科：49.2%；硕士及以上：59.2%）以及是否有较高的社会地位（初中及以下：6.5%；高中：7.2%；大专：8.1%；本科：14.2%；硕士及以上：25%）。在孩子数量方面，生育小孩愈多者愈加重视工作地点与居住地之间的距离（0个：12.4%；1个：24.8%；2个：31.6%；3个：100%），这可能是为了能有更多时间更好地去照顾小孩。分析还发现，在选择职业时，中学生群体比大学生与职业青年群体更加看重"符合自己的兴趣，能发挥个人才能"（中学生：

77.4%；大学生：57.6%；职业青年：58.9%）、"工作中人际关系融洽"（中学生：48.4%；大学生：43.7%；职业青年：40.6%）与"工作比较稳定，很少有失业风险"（中学生：35.4%；大学生：32.4%；职业青年：22.5%）；职业青年则更加看重工作地点与居住地之间的距离远近（中学生：10%；大学生：10.7%；职业青年：19.7%）。

（二）港澳青年职业价值观的基本现状

1."工作在生活中占据重要地位"成为主流观点，七成左右受访青年认可工作在生活中的重要性；受教育程度、年龄、生育小孩个数、群体类型等对其观点有显著影响

通过分析，我们可以发现，14.5%的香港青年认为工作在生活中很重要，55.9%的受访青年表示工作在生活中是重要的，二者合计70.4%；认为工作在生活中不太重要或很不重要的占2%左右。澳门青年中，19.9%的人觉得工作在生活中非常重要，49.6%的人认为工作在自己的生活中重要，二者共计69.5%；认为工作不太重要或很不重要的比例略高于香港青年，为5%左右（见图3）。

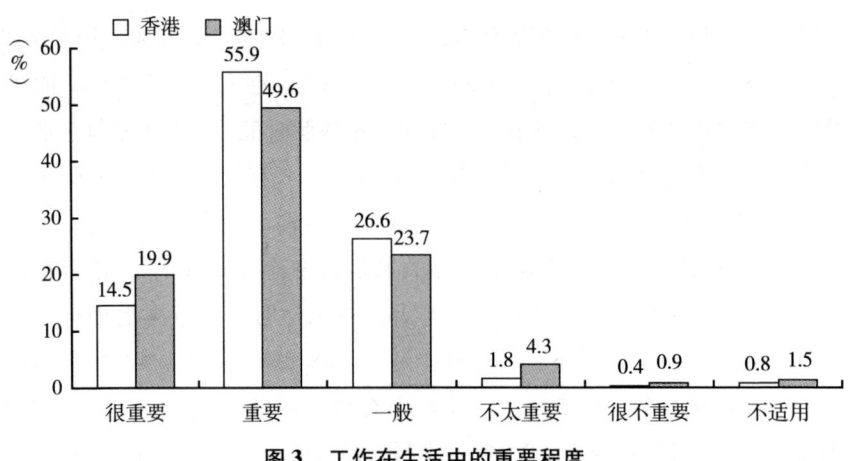

图3 工作在生活中的重要程度

我们将"工作在生活中的重要程度"与性别、年龄、学历、青年群体类别、经济阶层、育有小孩数量等变量进行交互分析后发现，港澳青年的性别、经济阶层等对他们关于工作在生活中的重要程度的看法影响不大，受教育程

度、年龄、生育小孩个数、群体类型等则对其观点有显著影响。具体来看，受教育程度越高越看重工作在生活中的重要性（考虑到香港青年中小学及以下学历与初中学历的受访者过少，不具有代表性，故分析二者的相关性时将其排除在外）。高中学历的香港青年认为工作在生活中重要和很重要的占67.8%；大专学历受访者中有71%的人认可工作在生活中的重要性；分别有73.3%的大学本科学历的香港青年与75%的硕士及以上学历香港青年认为工作在自己的生活中很重要和重要（见表7）。

同样，澳门青年学历高低与对工作的重视程度也呈现一致性，学历越高者，更加倾向于认可工作在生活中的重要性。如表8中数据所示，小学及以下学历的澳门青年中50%的人认为工作在生活中很重要或重要；初中学历的青年中51%的人持此观点；61.9%的高中学历青年认可工作在生活中的重要性；63.4%的大专学历青年觉得工作在生活中很重要和重要；大学本科学历青年中该比例为76.6%；硕士及以上学历的澳门青年中则有87.5%的受访者认可工作在生活中的重要性。

表7 不同受教育程度的香港青年对工作在生活中重要程度的认识

单位：%

工作在生活中的重要程度		受教育程度							$ChiX^2$
		小学及以下	初中	高中（含中专、中技）	大专	大学本科	硕士及以上	其他	
很重要	频数	0	1	30	22	40	5	0	
	有效百分比	0	12.5	11.1	15.9	15.5	41.7	0	
重要	频数	1	5	153	76	149	4	1	
	有效百分比	100.0	62.5	56.7	55.1	57.8	33.3	25.0	
一般	频数	0	2	77	37	64	2	2	
	有效百分比	0	25.0	28.5	26.8	24.8	16.7	50.0	67.672**
不太重要	频数	0	0	5	3	3	1	0	
	有效百分比	0	0	1.9	2.2	1.2	8.3	0	
很不重要	频数	0	0	1	0	0	0	0	
	有效百分比	0	0	0.4	0	0	0	0	
不适用	频数	0	0	3	0	1	0	1	
	有效百分比	0	0	1.1	0	0.4	0	25.0	

注：显著度 $^*p<0.05$，$^{**}p<0.01$，$^{***}p<0.001$。

表8 不同受教育程度的澳门青年对工作重要性的认知

单位：%

重要程度	受教育程度						ChiX²
	小学及以下	初中	高中(含中专、中技)	大专	大学本科	硕士及以上	
很重要	0.0	16.3	19.7	14.6	20.1	12.5	
重要	50.0	34.7	42.2	48.8	56.5	75.0	
一般	50.0	30.6	29.3	29.3	19.1	12.5	62.128**
不太重要	0.0	8.2	6.8	4.9	2.9	0.0	
很不重要	0.0	2.0	1.4	2.4	0.4	0.0	
不适用	0.0	8.2	0.7	0.0	0.4	0.0	

注：显著度 * $p<0.05$，** $p<0.01$，*** $p<0.001$。

在年龄方面，年龄越大者越倾向于认可工作在生活中的重要性。香港青年中认为工作在生活中很重要和重要的比例除30~35岁年龄组外均呈上升趋势（见表9）；澳门青年中认为工作在生活中很重要和重要的比例则呈逐步上升趋势（14~19岁：58.7%；20~24岁：73.8%的；25~29岁：75%；30~35岁：80%）（见表10）。

表9 不同年龄的香港青年对工作在生活中重要程度的认识

单位：%

重要程度	14~19岁	20~24岁	25~29岁	30~35岁	ChiX²
很重要	10.9	17.2	18.5	35.0	
重要	55.8	56.4	61.1	35.0	
一般	30.1	23.6	16.7	25.0	39.538**
不太重要	1.6	2.0	3.7	0	
很不重要	0	0.4	0	5.0	
不适用	1.0	0.4	0	0	

注：显著度 * $p<0.05$，** $p<0.01$，*** $p<0.001$。

表10 不同年龄的澳门青年对工作在生活中重要程度的认识

单位：%

重要程度	14~19岁	20~24岁	25~29岁	30~35岁	ChiX²
很重要	21	20.9	22.3	12.7	
重要	37.7	52.9	52.7	67.3	
一般	30.4	21.3	19.6	16.4	36.396**
不太重要	5.8	3.1	5.4	1.8	
很不重要	1.4	0.9	0	1.8	
不适用	3.6	0	0	0	

注：显著度 * $p<0.05$，** $p<0.01$，*** $p<0.001$。

此外，生育子女数对香港青年关于工作在生活中重要程度的认识有显著影响，有小孩者比无小孩者更加重视工作的重要性，70%左右的无小孩者认为工作重要和很重要，超过80%的有小孩者（1个及以上）认可工作在生活中的重要性。这可能是因为有小孩者经济压力更大，工作收入成为其最主要的经济支撑（见表11）。

表11　育有不同小孩数的香港青年对工作在生活中重要程度的认识

单位：%

重要程度	没有	一个	二个	ChiX^2
很重要	14.6	16.7	0	
重要	56.2	66.7	0	
一般	26.2	0	100.0	69.285***
不太重要	1.8	0	0	
很不重要	0.1	16.7	0	
不适用	0.7	0	0	

注：显著度 * $p<0.05$，** $p<0.01$，*** $p<0.001$。

群体类型则对澳门青年的认知有显著影响：在职青年比学生群体更加看重工作的重要性，大学生群体又比中学生群体更加认可工作的重要性，三者比例分别为59.1%、68.4%、76.4%（见表12）。

表12　不同青年群体对工作在生活中重要程度的认识

单位：%

重要程度	中学生	大学生	在职青年	ChiX^2
很重要	19.7	18.4	21.0	
重要	39.4	50.0	55.4	
一般	29.1	26.0	18.8	27.239**
不太重要	6.3	3.6	4.0	
很不重要	1.6	0.5	0.9	
不适用	3.9	0.5	0.0	

注：显著度 * $p<0.05$，** $p<0.01$，*** $p<0.001$。

2. 五成以上港澳青年认可女性在就业市场中的平等权利，女性比男性更倾向于认为拥有工作是妇女获得独立地位的最好手段

数据显示，53.9%的香港青年对"当就业机会较少时，男人应该比女人更有权利工作"的观点持否定态度；59.9%的受访青年表示不同意"如果家庭中妻子挣钱

比丈夫多，那将出现问题"；但同时只有1/4的香港青年认为"拥有工作是妇女获得独立地位的最好手段"。澳门青年中，50.8%的人不同意"当就业机会很少时，男人应该比女人更有权力工作的观点"，同时有54.1%的受访青年不认为家庭中妻子比丈夫挣钱多就会出现问题；在"拥有工作是妇女获得独立地位的最好手段"这一观点上，36.8%的人表示同意，不同意的只占10%左右（见表13）。

表13 港澳青年对下列看法的认同程度

单位：%

项目	同意		中立		不同意	
	香港	澳门	香港	澳门	香港	澳门
（1）当就业机会很少时，男人应该比女人更有权利工作	5.7	9.1	40.4	40.1	53.9	50.8
（2）如果家庭中妻子挣钱比丈夫多，那将出现问题	7.9	9.4	32.1	36.5	59.9	54.1
（3）拥有工作是妇女获得独立地位的最好手段	25.1	36.8	53.6	52.1	21.0	11.1

从不同性别来看，虽然男女两性均比较认可女性在职业中享有同男性同等的权利，但整体上来看，男性的职业平等意识要显著低于女性。香港青年中，8.9%的男性青年认为当就业机会较少时，应该优先考虑男性的就业问题，而女性对这一观点表示同意的只占3.3%；在对于妻子挣钱比较多，是否会导致更多的家庭问题的观点上，有10.7%的男性青年认为会导致更多家庭问题的产生，而女性青年当中只有5.8%的人持此观点；而在"拥有工作是妇女获得独立地位的最好手段"观点的看法上，二者差异更大：只有19.3%的男性青年认可此观点，而有三成女性青年对此观点表示认可，高于男性10.7个百分点（见表14）。澳门青年中，男性在任一维度上的男女职业平等意识均显著低于女性。只有37.4%的男性青年对"当就业机会很少时，男人应该比女人更有权利工作"的观点表示否定，而女性青年中有61.3%的受访者不同意此观点；在对"如果家庭中妻子挣钱比丈夫多，那将出现问题"观点的认知上，9.7%的男性青年表示同意，而只有8.2%的女性青年同意此观点；42.9%的女性青年认为拥有工作是妇女获得独立地位的最好手段，男性青年中持此观点的只有27.9%，比女性青年少了15个百分点（见表15）。

表14 不同性别香港青年对下列看法的认同程度

单位:%

项目		N	同意	中立	不同意	ChiX^2
(1)当就业机会很少时,男人应该比女人更有权利工作	男	327	8.9	53.5	37.6	65.017***
	女	397	3.3	29.5	67.3	
(2)如果家庭中妻子挣钱比丈夫多,那将出现问题	男	327	10.7	34.6	54.7	9.911*
	女	397	5.8	30.0	64.2	
(3)拥有工作是妇女获得独立地位的最好手段	男	327	19.3	56.9	23.8	11.041*
	女	397	30.0	50.9	19.1	

注:显著度 * $p<0.05$,** $p<0.01$,*** $p<0.001$。

表15 不同性别澳门青年对下列看法的认同程度

单位:%

项目		N	同意	中立	不同意	ChiX^2
(1)当就业机会很少时,男人应该比女人更有权利工作	男	219	9.6	53	37.4	158.281***
	女	320	8.1	30.6	61.3	
(2)如果家庭中妻子挣钱比丈夫多,那将出现问题	男	219	9.7	30.9	59.4	134.803***
	女	320	8.2	43.8	47.9	
(3)拥有工作是妇女获得独立地位的最好手段	男	219	27.9	60.7	11.4	77.791***
	女	320	42.9	45.9	11.2	

注:显著度 * $p<0.05$,** $p<0.01$,*** $p<0.001$。

此外,香港青年中社会在职人员比学生群体更加倾向于认为就业机会较少时,男人应该比女人更有权利工作。这可能是因为当今社会,家庭生活的重担主要还是由男性来承担,与其家庭收入来源息息相关的工作机会对男性来说极为重要。家庭生活水平愈低者愈加认为如果家庭中妻子挣钱比丈夫多的话,将会出现问题。这可能是因为家庭生活水平较低者,其自身的文化素质与认知水平相对较低,对男女角色定位还停留在"男主外、女主内"的传统思想层面。在对"拥有工作是妇女获得独立地位的最好手段"观点的认知上,生育小孩者更加认此观点。而澳门青年中大学生群体更倾向于认为"当就业机会较少时,男人应该比女人更有权利工作",其次为在职青年,最后才是中学生群体,三者对该观点持同意态度的比例分别为9.7%、8.9%、5.5%;年龄越大者、在职青年更加倾向于认为工作是妇女拥有独立地位的最好手段(14~19岁:30.4%,20~24岁:34.2%,25~29岁:42.9%,30~35岁:50.9%;

在职青年：43.3%，大学生：23.2%，中学生：28.3%）。

3. 七成以上港澳青年择业时首选"符合自己的兴趣、能发挥个人才能"；中学生群体更看重工作的稳定性和工作竞争是否激烈，在职青年、年龄较大者更加看重工作是否有个人发展机会

整体上而言，在选择工作时的考虑因素方面，大部分受访者表示符合自己的兴趣、能发挥个人才能是首要因素；其次为希望在工作中可以有融洽的人际关系；排名第三考虑因素略有差异，香港青年选择的是工作比较稳定，很少有失业风险，澳门青年选择的则是有良好的工作条件和管理制度（见表16）。

表16 个人选择工作时的主要考虑因素（多项选择）

单位：%

因素	有效百分比	
	香港	澳门
符合自己的兴趣、能发挥个人才能	73.1	74.7
有较多机会挣钱,可使自己尽快富起来	26	23.9
工作比较稳定,很少有失业风险	38	31.8
有良好的工作条件和管理制度	35.8	37.9
有较多个人发展机会	27.9	35
有较高的社会地位	8.1	9.7
没有太激烈的竞争	10.4	10.1
工作中人际关系融洽	44.9	50.1
工作地点距离居住地较近	9.9	9.9
造福社会	10.8	6.3
其他	0.8	0.5

对不同青年群体进行比较分析发现，香港青年中，中学生、大学生、在职青年首选的考虑因素均为"符合自己的兴趣、能发挥个人才能"，第二、第三考虑的因素则有所差异。45.7%的中学生表示第二考虑因素是要比较稳定的工作和很少有失业风险，而第三考虑因素则是工作中人际关系融洽（42.2%）；46.3%的大学生和48.1%的在职青年则表示第二考虑因素是在工作中有融洽的人际关系，第三考虑因素大学生表示要有良好的工作条件和管理制度（35.3%），在职青年则表示要有较多个人发展机会（39.6%）。另外，从卡方检验值来看，中学生群体比大学生和在职青年更为看重工作的稳定性以及在工作中是否有较为融洽的人际关系；在职青年对工作中是否有较多个人发展机会以及工作是否能造福社会的重视程度则显著高于学生群体（见表17）。

表17 香港不同青年群体对选择工作时考虑因素比较（多项选择）

单位：%

选择工作时考虑因素比较	青年群体	百分比	N	ChiX^2
符合自己的兴趣、能发挥个人才能	中学生	70.3	180	5.076
	大学生	76.7	230	
	在职青年	73.6	78	
有较多机会挣钱，可使自己尽快富起来	中学生	29.7	76	4.208
	大学生	25.8	77	
	在职青年	23.6	25	
工作比较稳定，很少有失业风险	中学生	45.7	117	14.690**
	大学生	32.7	98	
	在职青年	31.1	33	
有良好的工作条件和管理制度	中学生	34.8	89	2.462
	大学生	35.3	106	
	在职青年	34	36	
有较多个人发展机会	中学生	22.3	57	14.211**
	大学生	30	90	
	在职青年	39.6	42	
有较高的社会地位	中学生	9	23	4.860
	大学生	9.7	29	
	在职青年	4.7	5	
没有太激烈的竞争	中学生	14.5	37	14.010**
	大学生	6	18	
	在职青年	8.5	9	
工作中人际关系融洽	中学生	42.2	108	3.891
	大学生	46.3	139	
	在职青年	48.1	51	
工作地点距离居住地较近	中学生	9.0	23	6.853
	大学生	8.3	25	
	在职青年	15.1	16	
造福社会	中学生	6.3	16	12.710*
	大学生	14	42	
	在职青年	15.1	16	
其他	中学生	1.2	3	2.824
	大学生	0.7	2	
	在职青年	0.9	1	

注：显著度 * $p<0.05$，** $p<0.01$，*** $p<0.001$。

澳门青年中,学生群体与在职青年选择工作时首要考虑的因素均为符合自己的兴趣、能发挥个人才能;排名第二的均为希望在工作中人际关系融洽;排名第三的考虑因素略有差异,中学生考虑的是工作比较稳定、很少有失业风险,大学生和在职青年考虑的则是有良好的工作条件和管理制度(见表18)。

表18 澳门不同青年群体选择工作时考虑最多的因素

单位:%

因素	中学生	大学生	在职青年	ChiX^2
符合自己的兴趣,能发挥个人才能	80.3	68.4	76.3	6.521*
有较多机会挣钱,可使自己尽快富起来	23.6	28.1	21	2.885
工作比较稳定,很少有失业风险	36.2	28.1	32.1	2.419
有良好的工作条件和管理制度	32.3	41.8	37.1	3.055
有较多个人发展机会	32.3	36.2	34.8	0.529
有较高的社会地位	8.7	14.3	6.7	7.039*
没有太激烈的竞争	10.2	7.1	12.9	3.831
工作中人际关系融洽	50.4	49	51.3	0.234
工作地点距离居住地较近	11	11.2	8.5	1.041
造福社会	2.4	5.6	9.4	6.971*

注:显著度 * $p<0.05$, ** $p<0.01$, *** $p<0.001$。

同样,我们将港澳青年择业时主要考虑的因素分别与性别、年龄、受教育程度、生育状况、经济阶层等变量进行交叉分析后发现:

香港青年的性别、年龄等对其择业观有显著影响。具体来看:男性最看重的三个因素是符合自己的兴趣、能发挥个人才能(68.2%),工作中人际关系融洽(41.9%)以及工作比较稳定,很少有失业风险(38.5%);女性青年最看重的三个因素则为符合自己的兴趣、能发挥个人才能(77.1%),工作中人际关系融洽(47.4%)以及有良好的工作条件和管理制度(40.6%),二者略有差异。相比男性青年,女性青年更为看重工作是否符合自身兴趣、是否有良好的工作条件和管理制度以及工作地点与居住地的距离；男性青年对工作薪酬、个人发展机会、社会地位的重视程度则显著高于女性。在年龄方面，任意年龄段的香港青年择业时最看重的因素都为是否符合自身兴趣、能发挥个人才能。年龄越小者越倾向于在择业时考虑工作是否符合自身兴趣（14～19岁：72.8%；20～24岁：61.3%；25～29岁：56.9%；30～35岁：53.5%）、是否有较多挣钱机会（14～19岁：27.3%；20～24岁：26.8%；25～29岁：22.6%；30～35岁：15%）；年龄越大者则更看重工作中的个人发展机会（14～19岁：22.6%；20～24岁：31.2%；25～29岁：44.4%；30～35岁：40%）、工作地点距离居住地的远近（14～19岁：8.6%；20～24岁：10%；25～29岁：13%；30～35岁：15%）。

对澳门青年的分析发现，择业时男女考虑因素排名前三的均为符合自己的兴趣、能发挥个人才能（男：79.5%；女：71.6%），在工作中人际关系融洽（男：44.7；女：54.7%）以及有良好的工作条件和管理制度（男：36.1%；女：38.8%）。相比男性青年，女性青年更加看重工作中人际关系的融洽（$ChiX^2=8.221^*$）。从不同年龄组来看，排名前二的考虑因素均为符合自己的兴趣、能发挥个人才能（14～19岁：76.1%；20～24岁：75.6%；25～29岁：70.5%；30～35岁：78.25%）与工作中人际关系融洽（14～19岁：49.3%；20～24岁：51.1%；25～29岁：52.7%；30～35岁：49.1%）；在排名第三的因素方面，14～19岁、20～24岁年龄组选择的为有良好的工作条件和管理制度（14～19岁：34.8%；20～24岁：38.7%），25～29岁、30～35岁年龄组选择的则为有较多个人发展机会（25～29岁：40.2%；30～35岁：38.2%）。

从以上分析结果我们可以发现，港澳青年在找工作时考虑最多的因素是符合自己的兴趣、能发挥个人才能等自身特点因素，其次才是"工作中人际关系融洽"、"有良好的工作条件和管理制度"、"工作比较稳定，很少有失业风险"等福利性因素以及"有较多机会挣钱、可使自己尽快富起来"等经济性因素，另有少部分青年择业时考虑能否服务社会和造福人类。这表明港澳青年在找工作时较为理性，强调自身价值与自我实现，注重从自身特点出发，去寻找符合自己特征、兴趣、能力的工作，更重视工作过程中的人际关系、管理制度的规范化，而不是盲目地去追求高工资、高福利。

三 穗港澳青年职业价值观比较及存在问题分析

（一）青年职业价值观特征差异比较

1. 绝大部分穗港澳青年认可工作在生活中的重要性；相比较而言广州青年最为看重，香港次之，澳门最低

从图4可以看出，大部分穗港澳青年都认为工作在生活中很重要和重要。具体来看，31.7%的广州青年认为工作在生活中很重要，49.7%的广州青年认为工作在生活中重要，二者共计81.4%；以此类推，香港青年认为工作重要和很重要的占70.4%，比广州青年低11个百分点；澳门青年认为工作在生活中很重要和重要的比例为69.5%，比广州青年低将近12个百分点。由此可见，广州青年比港澳青年更加认可工作在生活中的重要性。

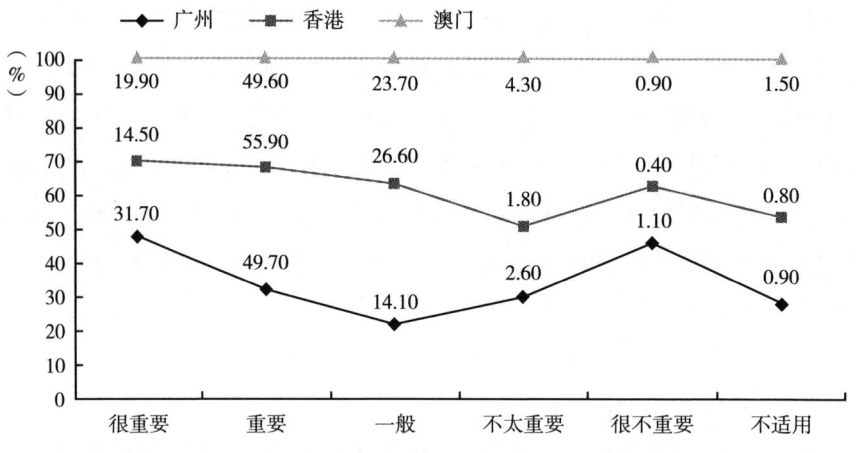

图4 穗港澳青年对工作重要性认知对比

2. 相比较而言，港澳青年职业平等意识显著高于广州青年

在"当就业机会很少时，男人应该比女人更有权利工作"的观点上，分别有47.5%的广州青年、53.9%的香港青年与50.8%的澳门青年明确表示不同意，同时有14.7%的广州青年、5.7%的香港青年、9.1%的澳门青年同意此观点。这表明香港青年的男女职业平等意识最强，澳门次之，广州青年相对较弱。同样，对于"如果家庭中妻子挣钱比丈夫多，那将出现问题"的观点，大部分的穗港澳青年都表示不同意，但从数据可以看出香港青年不同意的比例最高，澳门次之，广州最低（见表19）。

表19 不同地区青年对下列观点的看法

单位：%

项目		N	同意	中立	不同意	$ChiX^2$
（1）当就业机会很少时，男人应该比女人更有权利工作	广州	941	14.7	37.7	47.5	42.369***
	香港	724	5.7	40.4	53.9	
	澳门	551	9.1	40.1	50.8	
（2）如果家庭中妻子挣钱比丈夫多，那将出现问题	广州	941	13.4	43.4	43.2	51.861***
	香港	724	7.9	32.1	59.9	
	澳门	551	9.4	36.5	54.1	

注：显著度 * $p<0.05$，** $p<0.01$，*** $p<0.001$。

3. 在择业动机方面，广州青年更加注重寻求工作中的个人发展机会，港澳青年则更加重视工作的稳定性与竞争的激烈程度

穗港澳青年择业时均以个人兴趣为主，在职业中强调自我价值，重视自我发展。六成以上的广州青年择业时会考虑工作是否符合自己的兴趣、能否发挥个人才能，74.6%的香港青年持此观点，澳门青年则占74.5%。

但通过分析，我们发现二地青年择业时考虑的因素各有侧重。广州青年中，45.3%的受访者择业时会考虑是否有较多个人发展机会，43.3%的人会考虑工作中人际关系是否融洽，36.1%的人则看重良好的工作条件和管理制度，考虑是否有较多挣钱机会，可使自己尽快富起来的占29.4%，另有28.5%的青年会关心工作是否稳定、失业风险大不大。香港青年中，关心工作中人际关系是否融洽的占44.9%，考虑工作稳定性和失业风险的占38%，关心有良好的工作条件和管理制度的占35.8%，考虑是否有较多个人发展机会的占27.9%。择业时考虑工作中人际关系是否融洽的澳门青年占50.1%，关注良好的工作条件和管理制度的占37.9%，关心有较多个人发展机会的占35%，关心工作比较稳定且很少有失业风险的占31.8%。

通过比较分析，我们还发现，穗港澳青年择业时对于工作是否能造就社会、是否有较高社会地位以及工作竞争是否激烈考虑不多。择业时选择造就社会的广州青年占3.8%、香港青年占10.8%、澳门青年占6.3%；选择通过工

作获取较高社会地位的广州青年占11.8%、香港青年占8.1%、澳门青年占9.7%;择业时期望没有太激烈的竞争的广州青年占6.8%、香港青年占10.4%、澳门青年占10.1%(见表20)。

从横向比较来看,卡方检验值显示,港澳青年比广州青年更加关注工作是否符合自己的兴趣、能否发挥个人才能,工作是否稳定、失业风险大小、是否有激烈的竞争以及能否造就社会;广州青年则比港澳青年更加注重工作是否能提供较多的个人发展机会以及工作地点与居住地的距离。

表20 职业选择原因分布

单位:%

选项	广州	香港	澳门	$ChiX^2$
符合自己的兴趣、能发挥个人才能	62.7	73.1	74.7	35.020***
有较多机会挣钱,可使自己尽快富起来	29.4	26	23.9	8.979
工作比较稳定,很少有失业风险	28.5	38	31.8	19.979***
有良好的工作条件和管理制度	36.1	35.8	37.9	4.392
有较多个人发展机会	45.3	27.9	35	55.284***
有较高的社会地位	11.8	8.1	9.7	8.116
没有太激烈的竞争	6.8	10.4	10.1	10.544*
工作中人际关系融洽	43.3	44.9	50.1	10.739
工作地点距离居住地较近	14.9	9.9	9.9	14.302**
造福社会	3.8	10.8	6.3	35.516***

注:显著度 * $p<0.05$, ** $p<0.01$, *** $p<0.001$。

(二)穗港澳青年职业价值观存在差异的原因分析

1. 社会文化背景的不同导致穗港澳三地青年职业平等观念有所差异

港澳青年长期以来接受的是资本主义自由、平等文化的熏陶,男女平等的观念一直为他们所推崇,女性在职场上占据着重要地位。有数据显示,澳门特区现有人口约56万,女性占52%,女性劳动参与率为66%,占就业人口比例达49%。女性出任立法机关成员和行政部门、社团、企业的高层领导或管理人员的人数比例为32%,在专业人员中亦占39%[①]。反观大陆,虽然新中国成

---

① http://sztv.cutv.com/gangaotai/201111/1320665513.shtml。

立以来,"妇女能顶半边天"的思想也逐渐深入人心,男女平等观念获得了较大程度的增强;并且随着社会的解放和劳动分工的细化,女性在职场上发挥越来越重要的作用,男女平等意识逐渐增强。但受某些传统文化的影响,男女职业平等意识的发展依然无法跟上时代发展的步伐,部分青年仍然受到"男尊女卑"等传统文化的影响,男女职业平等意识有待进一步增强。

2. 经济发展水平的高低决定青年择业考虑因素

"当一个国家或社会达到较高的经济发展水平和教育水平时,价值观将实现代际更替,人们将逐步从强调经济和人身安全的物质主义的价值观向强调自主、自我表现和生活质量的后物质主义的价值观转变。"[1] 马斯洛需求层次理论也指出,一个国家多数人的需求层次结构,同这个国家的经济发展水平、科技发展水平、文化和人民受教育的程度直接相关[2]。个体需求随着经济发展水平和生活水平的提高逐步由低级需求向高级需求转变。从经济发展水平来看,目前广州逐步进入高收入社会,港澳也早已成为经济发达地区,可以说三地青年都是在经济富裕条件下成长的一代,他们的价值观存在一致性,更多追求的是兴趣爱好、自我实现之类的"后物质主义目标"。

但一致性之外,三地青年的择业动机亦存在一定的差异性,这是因为虽然三地经济发展水平都较高,但仍存在高低之分。目前来看,广州地区经济正蓬勃发展,但仍然低于港澳地区经济发展水平,因此相比较而言更多的港澳青年择业时追求通过职业把自己的兴趣爱好和谋生手段结合起来,这是在一个经济发展水平较高的社会里,人们对职业提出更高的要求。与此同时,我们看到港澳青年对工作稳定性的追求和对工作竞争激烈程度的关注度都显著高于广州青年,这是因为经济发展水平越高,对人才的吸引力度越大,人员的流动性越强,因此整个市场竞争也越激烈。长期处于这种市场环境下的港澳青年希望寻求一份稳定、竞争不太激烈的工作也就不难理解了。而对广州青年而言,他们正处于与广州经济共同发展的时期,他们对于高工资的需求依然较为强烈,因此他们择业时对于工作稳定性、竞争激烈程度的关注度

---

[1] 涂敏霞、李超海、孙慧:《趋同或分离:穗港澳三地青年价值观的比较分析》,《青年探索》2016年第2期。

[2] http://baike.so.com/doc/2102592-2224471.html。

低于港澳青年，更多地希望在工作中有较多的发展机会，能通过工作使自己尽快富起来。

（三）穗港澳青年职业价值观面临的共同问题

1. 穗港澳青年男女职业平等意识虽然较高，但仍有部分青年男女职业平等意识有待增强

从前文分析可知，大部分穗港澳青年认为男女应该享有同等就业权利。但不能忽略的是，三地青年中均有部分青年认为男性应该享有比女性更充分的就业权利，应优先满足男性就业的需求，并觉得如果女性挣钱较多会导致许多家庭问题的产生。在"拥有工作是妇女获得独立地位的最好手段"的观点上，穗港澳青年均有10%左右的受访者明确表示不同意，并且大部分人持中立态度。这说明仍有部分青年的男女职业平等意识较为薄弱，需要进一步予以增强。我们应采取相关措施，提高他们的男女职业平等意识。

2. 穗港澳青年有较强的竞争意识，但社会奉献精神比较缺失

竞争意识是职场生活中不可缺少的心态。有竞争意识的人，才会在自己的工作岗位奋发图强，努力进取，促进事业的发展，实现自己的理想。通过对三地数据的比较分析，我们发现，只有少部分青年在择业时希望没有太激烈的竞争。这说明大部分青年都是敢闯敢干的"热血"青年，对充满挑战与竞争的职场生活有正确的认知，希望通过自己的努力闯出自己的一片天空。但同时我们应该注意到，三地青年的社会奉献精神均不足。相比较而言，香港青年的社会奉献精神最高，但也只有10%左右的青年择业时考虑要造福社会，澳门青年中考虑此因素的占6.3%，广州最低，只有3.8%。

四 思考与建议

通过对穗港澳青年职业价值观的比较，我们发现从整体上来看，三地青年职业价值观都呈现积极向上的态势，认可工作在生活中的重要性，职业平等意识也较强，择业标准也趋于多元合理化。但同时也呈现一定的问题，比如社会奉献精神不足、部分青年男女职业平等意识有待增强等。本文尝试从以下几方面提出一些对策建议，促使穗港澳青年形成更加健康合理的职业价值观。

(一)增强男女职业平等意识,促进女性青年群体就业

男女平等是女权运动以来一直追求的信念和理想,也是社会发展到一定水平的必然要求。但是受某些传统思想的影响,仍有部分群体与企业男女平等意识不足,对女性就业设置重重关卡。尤其是在就业形势日益严峻的现代社会中,女性的就业权利更是无法得到保障,在就业市场中一直处于弱势地位。我们要联动社会力量,采取相关措施,促进女性青年群体就业。促进女性青年就业工作要从保护女青年平等就业权利着手,反对一切形式的就业歧视。妇联、共青团组织要深入群众,及时了解女性青年就业现状与需求,保护其合法利益不受侵害。逐步完善女性职业技术教育培训系统,建立女性就业服务网络,拓宽女性就业领域。

(二)加强职业价值观引领,弘扬社会奉献精神

成长于市场经济飞速发展时代的广州青年,其职业价值观已逐渐与港澳青年趋同,择业时都比较重视自我价值的实现和个体需求的满足。同时,我们注意到三地青年择业时忽略了对集体和社会的贡献,社会奉献精神不足。我们应加强对青年职业价值观的正确引领,在青年中倡导集体主义价值观,使他们形成正确的权利义务观,在择业时自觉地将社会利益与个人利益有机结合在一起,多层次、多角度地考虑问题;使他们在实现自身价值的同时,也要考虑自身对社会的回报与贡献。在职业价值观的教育引导中,要注重方法,力戒用教条、灌输的方法,必须根据青年的特点,用青年比较容易接受的方法,在日常生活中潜移默化地对其进行引导。比如,我们可以选出符合社会价值导向,又为青年所喜爱、接受的榜样(如杰出青年的评选),用这些榜样来宣传集体主义价值观。这种宣传方法容易引起青年的共鸣,从而增加青年们对这些榜样的亲切感和认同感,更好地发挥积极的示范效应,引导青年形成正确的职业价值观。

(三)引导青年提升人力资本,有效应对激烈竞争

前文指出,穗港澳青年在职场中均有较强的竞争意识,但竞争意识不等于竞争实力,三地青年需努力提高自身素质,变竞争意识为竞争实力。21世纪是一个人才辈出的世纪,也是一个竞争日趋激烈的世纪,这个世纪需要的人才

是一种复合型人才，是能够适应知识经济时代的高素质人才。这个时代的竞争是知识的竞争，是能力的竞争，更是综合素质的竞争。有研究指出，"人力资本因素对工作的影响日益增强，工作经验或社会实践经验、个人业务能力和学历成为成功就业的主要影响因素"[①]。这就要求广大青年不仅需要学会灵活掌握专业知识和专业技能，而且需要具有相应的知识系统，并且通过实践将这些知识运用于实际，丰富自己的工作经验或社会实践经验，在实践过程中专注于个人业务能力的提高。只有这样广大青年才能不断提高自己综合素质，增强自己的竞争实力，从而在激烈的就业竞争中立于不败之地。

参考文献

游敏惠：《青年大学生就业观探析》，《重庆邮电学院学报》（社科版）2000年第1期。

洛剑琴：《高等教育大众化下的大学生就业观教育》，《理论与当代》2005年第3期。

黄发友：《对青年大学生择业价值观的探讨》，《华中农业大学学报》（社会科学版）2005年第3期。

倪颖：《"90后"大学生就业观现状及教育对策研究》，《科教文汇》2015年3月（上）。

冯云潇：《当代女大学生择业观研究》，硕士学位论文，山东师范大学，2011。

张帆、周国丽：《当前我国青年择业观的影响因素透视》，《调查研究》2010年第5期。

王延华、刘文婷：《四百名青年择业就业观的调查》，《山东省青年管理干部学院学报》2000年第5期。

王佳维：《新生代农民工与大学生择业心理的比较与分析——以浙江省为例》，《创新教育》2015年第3期。

陆春：《都市青年的职业志向——关于京沪穗港青年择业取向的比较与分析》，《青年研究》1997年第9期。

涂敏霞、李超海、孙慧：《趋同或分离：穗港澳三地青年价值观的比较分析》，《青

---

① 孙慧：《广州青年就业发展研究》，魏国华、张强主编《广州青年发展报告（2012~2013）》，社会科学文献出版社，2013。

年探索》2016 年第 2 期。

孙慧:《广州青年就业发展研究》,魏国华、张强主编《广州青年发展报告(2012~2013)》,社会科学文献出版社,2013。

Super D E. Manual of Work Values Inventory. Chicago: Riverside, 1970.

Schwartz S H. A theory of culture values and some implications for work. Applied psychology: an international review, 1999, 48 (1): 23 - 47.

B.11 穗港澳青年婚恋家庭观研究

刘梦琴 陆峥*

摘　要： 在广州、香港和澳门开展的青年婚恋家庭观问卷调查发现：三地青年均将性格、道德品质和价值观作为最关键的三个择偶标准；香港青年更看重对方的性格，澳门青年较重视价值观，广州青年对价值观的关注度较低；三地青年均认为"一个家庭两个孩"是理想的家庭模式，且生育意愿明显受到家庭经济条件和社会阶层地位的影响；在性观念上，港澳青年对同性恋、卖淫或从事性工作、堕胎、离婚、婚前性行为等问题的接受程度均高于广州青年，三地青年对家庭暴力的接受程度较低。

关键词： 婚恋观　家庭观　择偶观　生育意愿　性观念　穗港澳青年

一　引言

青年的婚恋家庭观是青年在恋爱、婚姻、家庭等方面的态度和看法。在不同历史时期，青年婚恋家庭观受社会发展水平的影响而呈现不同的特点，是反映时代变化的重要晴雨表之一，因此受到社会学、人口学、心理学、教育学、历史学、民俗学、经济学等领域学者的关注。[①] 在青年婚恋家庭观中，择偶标

---

* 刘梦琴，广东省社会科学院社会学与人口学研究所研究员、博士，研究方向为社会治理和社区发展、人口迁移与城市化；陆峥，广东省社会科学院社会学与人口学研究所助理研究员，研究方向为社会心理学。
① 管雷：《1978年以来我国青年择偶研究述评》，《中国青年研究》2004年第11期。

准是男女选择结婚对象时的条件或要求，是人们对婚姻的社会形态、个人心理和生活方式的综合反应。作为婚恋家庭观中的重要内容，生育观反映了人们对家庭组成方式、生育意愿、子女数量等方面的态度。在我国"全面放开二胎"政策正式落地后，青年的生育意愿是预测未来中国人口走向的重要因素，值得全社会广泛关注。此外，青年的性观念反映了人们对各种性行为所持有的态度，特别是涉及性道德和社会热点性问题的观点和立场，是社会文明程度和整体开放度的重要体现。了解青年的性观念，对开展性健康教育、培养正确性道德观尤为重要。

作为我国第三大城市、珠三角地区核心，广州青年的社会发展历来受到学界与政府的重视。此外，广州毗邻香港和澳门，三地文化既有相似性，也存在一定的差异性。为此，广州市团校开展了一次关于穗港澳青年发展状况的比较调查，以此探寻三地青年的婚恋观、家庭观和性观念的特点及异同，以此为学术研究、政府决策、服务青年的相关措施提供参考。

二 文献回顾

择偶标准是男女选择结婚对象时的条件或要求。Buss 认为影响择偶的变量包括身体特征、年龄、宗教、社会经济地位、智力、个性、社会态度等。[1] 在不同社会历史时期，我国青年择偶观有着不同的特点，经历了由传统到现代、从重背景到重个人、看外在到看内在的发展历程。

改革开放以后，随着市场经济的发展，人们的财富观念进一步被强化，物质和经济利益在择偶过程中的作用得到强化，开始转向学历、职业、能力、胆识等个人素质条件。20 世纪 90 年代以后，人们开始重视婚姻质量，婚恋观由重视外在转向内在，在择偶过程中越来越重视感情、品质、能力、性格、气质等。[2] 一份问卷调查发现，青年的择偶标准首要考虑的因素是"人

---

[1] Buss. D. M. Human mate selection. *American Scientist*, 1973（2）: 36 ~ 39.
[2] 李星、曹坚：《当代中国青年婚恋观研究综述》，《重庆店里高等专科学校学报》2009 年第 2 期；秦季飞：《武汉地区大学生的择偶标准》，《青年研究》1995 年第 11 期。

品","感情"排第二位,"能力"排第三。① 也有调查显示,青年选择结婚对象时将感情放在第一位(占80%),其次为道德品质(占44%)和能力(占42%)。② 周庆行等的研究表明,40%的女大学生注重与配偶的"情投意合"。③ 刘莉萍的调查表明,青年择偶时主要看中对方内在的品质和健康状况,而非外在的社会功利条件。④ 进入21世纪,虽然青年在择偶时仍看重人品、感情等精神条件,但择偶标准的经济取向仍然存在,且有"从对经济物质资源的直接衡量到对发展潜力考量的变化"。⑤ 贾志科等的研究表明,72.2%的择偶标准在男女两性间存在显著差异。⑥ 一些研究表明,"郎才女貌"的传统择偶标准仍存在⑦,对此一些研究采用"择偶梯度"理论进行解释⑧,也有学者用进化心理学的理论加以解释。

青年的性观念指的是青年对性有关问题的看法和态度。国内研究发现,目前国内大学生的性观念趋于开放,对婚前性行为、自慰等持较高的赞成态度,对婚外性行为、性交易、多性伴等现象持反对态度,对同性恋的看法更趋中立。⑨ 其男性比女性更赞成婚前性行为,而女性更赞同同性恋。⑩ 一项关于广

---

① 侯万锋:《当代青年婚恋价值观及其教育引导》,《青少年犯罪问题》2015年第5期。
② 李煜等:《择偶模式和性别偏好研究——西方理论和本土经验资料的解释》,《青年研究》2004年第10期。
③ 周庆行、文晓章、高飞等:《当代女大学生婚姻观实证分析》,《重庆科技学院学报》(社会科学版)2008年第3期。
④ 刘莉萍:《陕西青年恋爱婚姻状况的调查和分析》,《山西青年职业学校学报》2008年第2期。
⑤ 李煜等:《择偶模式和性别偏好研究——西方理论和本土经验资料的解释》,《青年研究》2004年第10期;秦季飞:《武汉地区大学生的择偶标准》,《青年研究》1995年第11期;徐安琪:《择偶标准:五十年变迁及其原因分析》,《社会学研究》2000年第6期。
⑥ 贾志科、风笑天:《当代都市青年的择偶标准——基于南京万人相亲会的实证分析》,《河北大学学报》(哲学社会科学版)2013年第2期。
⑦ 董金权、姚成:《择偶标准:二十五年的嬗变(1986~2010)——对6612则征婚广告的内容分析》,《中国青年研究》2011年第2期。
⑧ Leslie, Gerald. *The family in social context*. Oxford University Press, USA, 1988; Patricia A., Norval D. The Utility of education and attractiveness for females' status attainment through marriage. *American Sociological Review*, 1976 (41): 484 - 498.
⑨ 潘丽萍、王秋芬:《网络环境下大学生性爱观及高校性教育模式探讨》,《中国学校卫生》2011年第3期。
⑩ 王煜、田华、王亚男:《网络北京下大学生性行为性观念、避孕和意外妊娠的现状分析》,《中国卫生事业管理》2015年第7期。

东省大学生性观念的调查发现，对于性是人的基本需求、有爱就可以有性、性幻想性梦、自慰行为、婚前性行为这些思想与行为方面，持认同态度的大学生的比例分别为 67.35%、35.24%、56.90%、52.26%、58.04%，男女生接受程度差异均达显著水平。① 在一项关于澳门 12 所中学的问卷调查中，研究者发现：澳门青少年普遍接受约会中的接吻、拥抱及拖手，有 0.28% 同意约会时有性行为；11.92% 接受婚前性行为，23.95% 赞同同居，更有 0.12% 赞同性交易。而网络及电影电视是澳门青少年获得相关的性知识最主要的渠道，对青少年性观念的影响最大。对同性恋的态度是近年来青年性观念变化的一个重要方面。有研究表明，年轻人、无宗教信仰者和曾经与同性恋者交过朋友的人，更倾向于对同性恋持宽容的态度。一项对我国大学生同性恋认知和态度的调查发现，大学生对同性恋的认知与其态度间存在显著正相关，理科生对同性恋的认知情况好于文科生，且态度也更宽容。②

社会学和经济学对家庭生育意愿的影响因素等展开了理论研究和实证分析。一些研究分析了女性的婚姻关系角色对生育意愿的影响。③ Easterlin 的研究认为，生育决策受到家庭微观因素、社会经济和文化综合作用。④ 一项关于中国台湾地区的研究发现，传统的价值观念和家庭结构对生育意愿有着重要作用。⑤ 此外，工业化国家的低生育意愿与其公共福利政策、社会化健康照顾和

---

① 李玲、黄研萍、刘兵：《广东省大学生性知识、性观念、性行为现状及性别差异》，《重庆医学》2015 年第 6 期。

② 张涵、孙婷婷、王鹏：《大学生对同性恋的认知和态度调查》，《中国性科学》2008 年第 9 期。

③ 陈卫、史梅：《中国妇女生育率影响因素再研究——斯特林模型的实证分析》，《中国人口科学》2002 年第 2 期；郑真真：《中国育龄妇女的生育意愿研究》，《中国人口科学》2004 年第 5 期；杜凤莲：《家庭结构、儿童看护与女性劳动参与：来自中国非农村的证据》，《世界经济文汇》2008 年第 2 期；周兴、王芳：《中国女性的社会经济特征与生育决策》，《人口学刊》2010 年第 4 期。

④ Easterlin. Population, Labor Force, and Long Swings in Economic Growth: the American Experience. New York: Sage Publications, Inc., 1968.

⑤ Eva C. Yen, Gili Yen, Ben-c. Liu. Cultural and Family Effects on Fertility Decisions in Taiwan, R. O. C.: Traditional Values and Family Structure are as Relevant as Income Measures. American Journal of Economics and Sociology, 1989, 48 (4): 415 – 426.

女性普遍教育计划相关。① 国内研究以不同地区育龄妇女、青年群体、独生子女、流动人口等为调查对象，发现生育意愿总体呈下降趋势，经济、社会、文化、技术等因素对生育决策起着直接或间接作用。② 刘梦琴从代际变化角度用抽样调查数据揭示了生育观变迁现象，发现认同传宗接代的比例从20世纪50年代已婚妇女的38%（排第一位）变为90年代的12.9%（排第四位）；理想生育子女数为1男1女的比例，从50年代已婚妇女的12.7%（排第三位）变为90年代的76.5%（排第一位）③；从我国近年来的生育意愿趋势研究来看，尽管平均而言家庭愿意生育的孩子数量下降，但希望生育两个孩子的家庭比重显著上升，已超过6成，且生育一孩家庭的二孩生育意愿并不低，反而能够强化育龄妇女的二孩生育意愿④，家庭生育意愿与计划生育政策之间存在一定的矛盾⑤。一项对广东"80后"生育意愿的研究发现，理想生育子女数是1男1女，教育程度与经济因素是影响生育意愿的主要因素。⑥

三 穗港澳当代青年婚恋家庭观

本研究采用随即抽样方法，在广州、香港和澳门三地发放调查问卷。共收回有效问卷2208份，其中广州941份、香港726份、澳门541份。三地被调查者的平均年龄分别为23.1岁、21.3岁和22.7岁。在所有被调查者中，男性占46.2%，女性占53.8%；未婚者占83.6%，已婚或同居者占14.1%，离婚、

---

① Lonnie W, Aarssen. Why is Fertility Lower in Wealthier Countries? The Role of Relaxed Fertility - election. Population and Development Review, 2005, 31 (1): 113-126.
② 刘庚常：《关于当前生育影响因素的思考》，《人口学刊》2010年第1期；王云多、徐振兴：《人口老龄化背景下生育偏好异质性对养老金缴费率的影响》，《贵州财经大学学报》2013年第4期。
③ 刘梦琴：《广东已婚妇女生育观的代际变化》，《广东社会科学》1995年第4期。
④ 李龙、翟振武：《生育一孩弱化二孩生育意愿吗？——基于北京市"单独"家庭的考察》，《南方人口》2014年第5期。
⑤ 张原、陈建奇：《变迁中的生育意愿机器政策启示——中国家庭生育意愿决定因素实证研究（1991~2011）》，《贵州财经大学学报》2015年第3期。
⑥ 张建武、薛继亮：《广东"80后"生育意愿及其影响因素研究》，《南方人口》2013年第2期。

分居或丧偶的占1.3%。调查对象的受教育程度以高中、大专和大学本科生为主；从职业情况来看，有37.5%的被调查者为社会在职青年。调查中涉及青年的婚恋家庭观念的内容包括：择偶条件、理想子女数，以及对同性恋、卖淫（从事性工作）、堕胎、离婚、婚前性行为、家庭暴力等现象的态度。调查结果反映了当前穗港澳青年婚恋家庭观念的现状及差异。

1. 广州青年婚恋家庭观

(1) 性格好最重要，郎才女貌仍看好

有学者认为，未婚青年在择偶时至少要考虑到两个方面的因素，即社会属性标准（能力、经济、社会地位、感情、亲友意见）和自然属性标准（相貌、性格脾气、道德品质）。在对广州青年的调查中，当问及"在您择偶时，主要考虑对方的哪些方面的条件"时，要求调查对象限选三项他/她认为最重要的择偶标准。结果显示，调查对象选择比例最高的三个择偶标准依次为性格（46.8%）、道德品质（43.6%）和价值观（28.8%）。

从图1来看，广州青年的择偶观在外貌、能力、身体健康方面存在明显的性别差异：男性在择偶时重视对方的"外貌"（38.0%），其重要性甚至超过了"价值观"（27.1%）；而女性则比男性更看中对方的"能力"和"身体健康"（分别为27.0%和31.1%）。郎才女貌仍是当代青年择偶的重要标准。

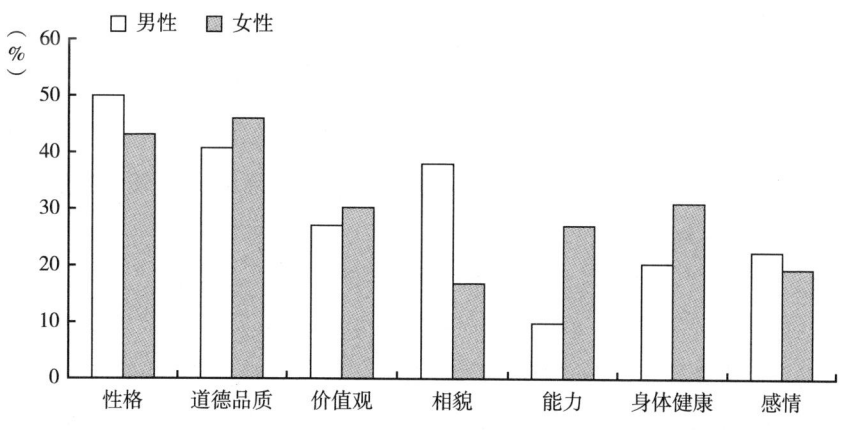

图1 广州青年择偶标准的两性差异

(2) 一个太少，两个正好

在广州青年的调查中，82.3%的被调查者目前尚未生育。对于"心目中理想子女数目",选择"一个"孩子的占总人数的20.8%,67.8%的人选择"两个"孩子,认为"三个或以上"和"越多越好"的占6.7%,此外有4.6%的人表示"不想生"。从理想子女数与性别的卡方检验结果来看,$X^2 = 16.458$,$df = 6$,$sig = 0.011$,表明存在显著的性别差异。男女两性都认为1~2个孩子是理想的家庭结构,但在希望未来有超过两个子女的被调查者中男性的比例高于女性,而表示"不想生"的被调查者中女性略高于男性(见图2)。

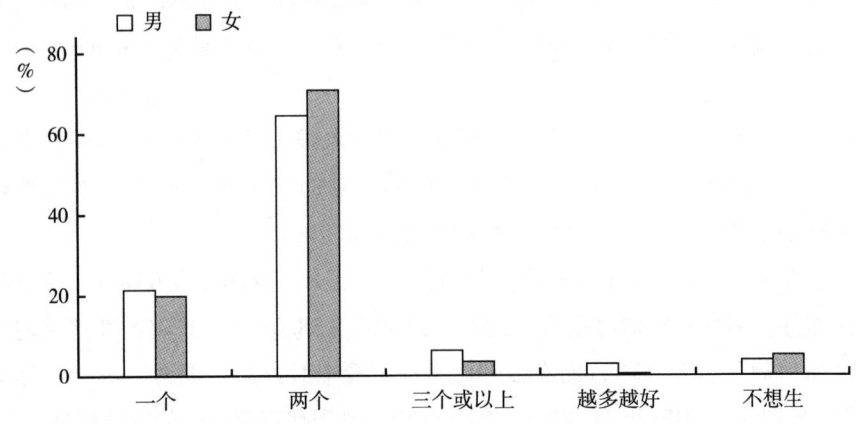

图2 广州青年理想子女数的两性差异

此外,家庭生活水平处于不同阶层被调查者的理想子女数存在显著差异,$X^2 = 52.868$,$df = 36$,$sig = 0.035$,表明家庭生活水平处于中低层的青年更偏好两个孩子,而处于高层的青年更期待有三个以上子女。此外,阶层越高,"丁克"意愿也越强(见图3)。

(3)性态度较为开明,两性接受度有差异

从被调查者的态度平均值来看,广州青年对同性恋、离婚、婚前性行为等问题的接受程度较高,态度均值超过5分(态度分值范围为1~10分,1分表示"完全不能接受",10分为"完全能接受");方差分析显示,男女两性态度间一致性较高,但女性对同性恋的接受程度略高于男性(见表1)。

然而,男女两性对卖淫问题的接受程度存在明显差异,方差分析显示:$F = 5.373$,$sig = 0.021$,女性的接受程度显著低于男性。当问及对家庭暴力的

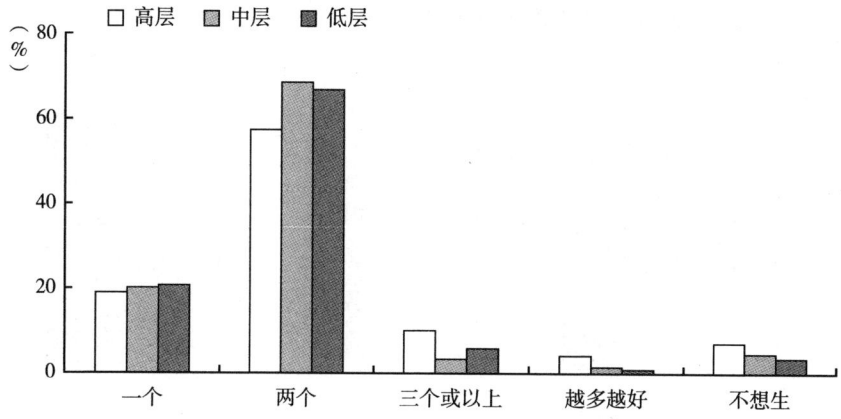

图3 广州不同阶层青年的理想子女数差异

态度时,两性的接受程度均较低,女性的接受程度显著低于男性,两者差异达到临界显著水平。此外,广州青年对卖淫问题的接受度较低,两性间无显著差异。

表1 广州青年性态度的两性均值比较

调查内容	男性	女性	调查内容	男性	女性
同性恋	4.47	5.10	离婚	4.83	5.24
卖淫	3.55	2.43	婚前性行为	6.17	5.47
堕胎	4.26	3.41	家庭暴力	2.48	1.68

2. 港澳青年婚恋家庭观

(1) 香港青年看性格,澳门青年重价值观

从婚恋调查数据来看,在港澳青年的择偶标准中,排名前三位的标准与广州青年一致,分别为性格、道德品质和价值观,但对于择偶对象价值观的重视程度均超过了广州青年。其中,香港青年对择偶对象性格的重视程度超过了其他两地;澳门青年标准的选择顺序与另外两地有所不同,更看重道德品质和价值观,性格排第三位(见图4)。

(2) 港澳"丁克"一族多,收入阶层决定子女数

在被调查的港澳青年的调查中,超过90%的人目前尚未生育。对于"心

247

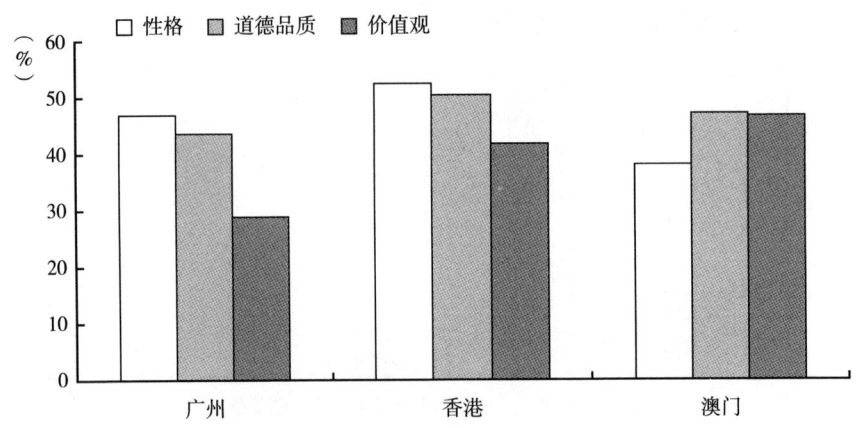

图4　穗港澳青年择偶标准的差异比较

目中理想子女数目",被调查者选择最多的是"两个"孩子。在表示"不想生"的被调查者中,香港青年要明显高于澳门青年(澳门10.1%、香港14.1%)(见图5)。

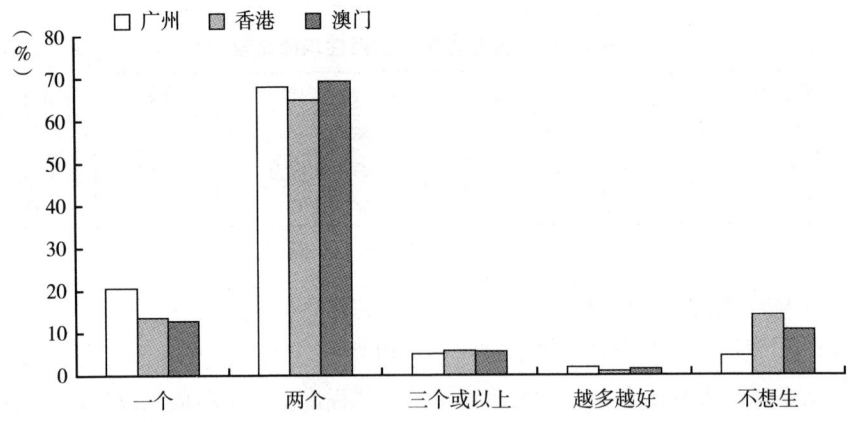

图5　穗港澳青年的理想子女数比较

在香港青年的调查中,理想子女数与"去年家庭的收入状况"的卡方检验结果显示,卡方值为31.575,$df = 20$,$sig = 0.048$,表明不同家庭收入者对理想子女数的选择存在显著差异。理想子女数与"家庭生活水平阶层"情况的卡方检验结果为$X^2 = 90.397$,$df = 25$,$sig = 0.000$,达到极其显著水平。中、低层家庭更希望有两个孩子,而高层家庭希望三个以上孩子的比例更高,但"不想生"的比例也较高。此外,理想子女数在不同性别、学历、职业的被调查者中无显著差异(见图6)。

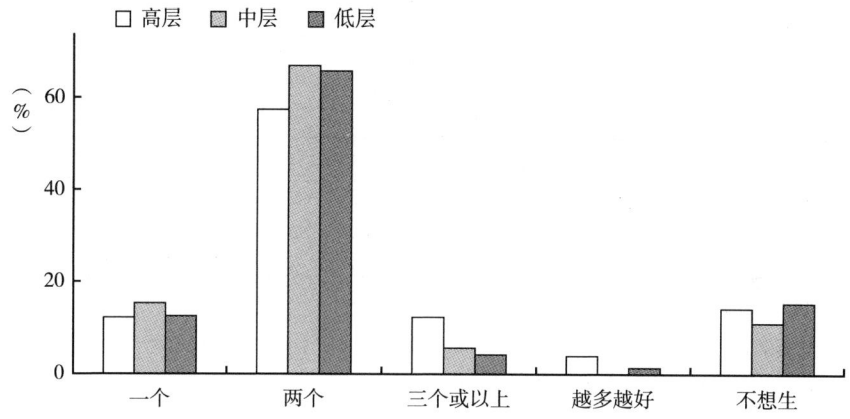

图6　香港不同阶层青年的理想子女数差异

在澳门青年的调查中,理想子女数与"去年家庭的收入狀況"的卡方检验结果均达到显著水平,$X^2 = 36.869$,$df = 24$,$sig = 0.045$;理想子女数与"家庭阶层"的卡方检验结果均达到极其显著水平,$X^2 = 144.10$,$df = 30$,$sig = 0.000$。相对于中、低层家庭,高层家庭明显更偏好子女数量"越多越好"(见图7)。

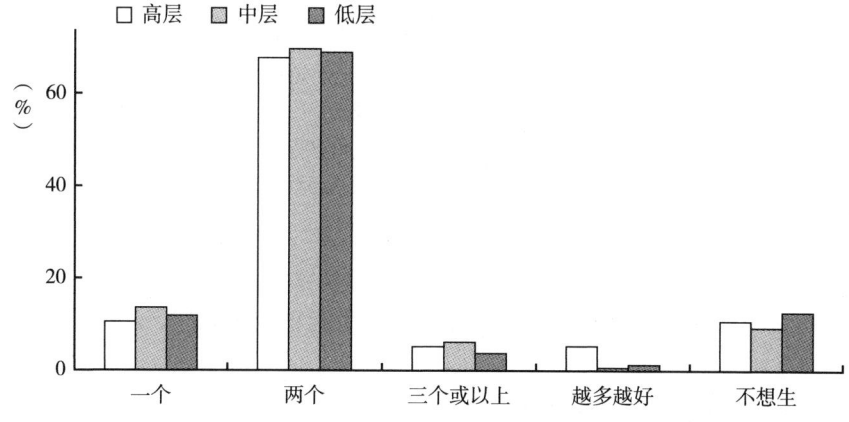

图7　澳门不同阶层青年的理想子女数差异

(3) 港澳青年性开放度较高

从被调查者的态度平均值来看,香港青年对于同性恋、从事性工作、堕胎、离婚等问题的接受程度较高,态度均值都接近或超过5分(态度分值范围为1~10分,1分表示"完全不能接受",10分为"完全能接受"),且访查方差分析显示,男女两性态度间一致性程度较高(见表2)。

表2　香港青年性态度的两性均数比较

调查内容	男性	女性	调查内容	男性	女性
同性恋	6.79	7.08	离婚	6.36	6.02
从事性工作	6.14	5.01	婚前性行为	7.43	5.24
堕胎	5.15	4.20	家庭暴力	3.44	1.81

男女两性对婚前性行为的接受程度存在极其显著差异,方差分析显示:$F=10.741$,$sig=0.001$。女性的接受程度显著低于男性。被调查者对家庭暴力的接受程度较低,性别差异达到极其显著水平,$F=8.604$,$sig=0.003$,女性的接受程度显著低于男性,仅为1.81分。

对澳门青年的方差分析结果显示,男女两性对同性恋的态度有显著差异,$F=3.541$,$sig=0.015$,女性的接受程度高于男性;当问及对家庭暴力的态度时,两者差异达到极其显著水平,$F=4.025$,$sig=0.008$,女性的接受程度显著低于男性。对婚前性行为接受程度的性别差异达到临界水平(见表3)。

表3　澳门青年性态度的两性均数比较

调查内容	男性	女性	调查内容	男性	女性
同性恋	5.98	7.05	离婚	6.21	5.98
从事性工作	6.17	5.06	婚前性行为	7.14	5.97
堕胎	4.42	4.59	家庭暴力	2.18	2.09

四　穗港澳青年婚恋家庭观的比较

1. 穗港澳青年婚恋家庭观的特征比较

(1) 择偶观:重视道德品质,弱化物质因素在本次调查中，穗港澳三地青年对择偶标准的选择结果具有较大的一致性。被调查者认为，在择偶时首先考虑的三个重要条件是性格、道德品质和价值观，表明当代青年对婚恋中精神因素的考虑多于物质因素。

从三地青年择偶标准的比较来看，一致中还是存在明显差异的。相对于港澳青年，广州青年对择偶对象价值观的关注程度明显较低（28.8%）。广州男性被调查者认为第三重要的择偶条件是"相貌"（38.0%），其比重甚至超过了"感情"；而女性的第三重要择偶条件是"身体健康"，其比重超过了"价值观"。

此外，广州青年还表现出对"郎才女貌"的传统择偶标准的认同。男性更偏爱容貌姣好、温柔贤惠、善操家务的异性。这种重"颜值"的择偶观念变化可能是受当下青少年流行文化影响的产物。近年来我国影视文化产业迅猛发展，电视选秀节目成风，青年偶像辈出，"小鲜肉"、"整容"等受热议，人们似乎越来越感受到"外在美"带来的冲击。与此同时，广州女性则较关注择偶对象的才能和健康状况，这实际上反映了对潜在婚姻对象社会经济地位的期望。造成这一社会现象的原因有很多，其中传统"男高女低"观念是其中的重要影响因素。

（2）生育观："一个家庭两个孩"成为理想模式

关于"未来理想子女数"这一问题，绝大部分的三地被调查者均选择了"一个"或"两个"孩子，而且选择"二孩"的比例远远高于"一孩"。本次青少年价值观调查是在我国"全面二孩"政策正式落地前完成的，这一结果充分显示当前国内社会对独生子女政策的抵触，以及对"一个家庭两个孩"的理想模式的期待，表明我国青年具有较高的生育意愿，符合人口政策的预期。

在中国传统文化中，有着"多子多福"的生育理念，即认为理想的家庭规模应该是孩子越多越好。然而，从本次调研的结果来看，同为受中国传统文化影响的地区，广州和港澳三地的青年未来希望生育"三个或以上"孩子和孩子"越多越好"的人数占比较低。这表明，多子多福的传统生育观已不再适应现代生活，当前家庭规模的变化明显受到社会经济文化环境的影响。

在对"理想子女数"的调查结果中，有一组数据值得我们特别关注：穗港澳青年中，均有一定比例的人表示未来"不想生"孩子。"丁克"意愿从低到高分别为广州4.6%、澳门10.1%、香港14.1%，且存在明显的差异，其中广州青年的"丁克"意愿明显低于港澳青年。"丁克"现象对社会发展具有重要的影响意义，是一个不容忽视的问题，因此必须对此加以重视。

(3) 性观念：开放度较高，三地差异明显

在本次青年婚恋家庭观研究中，还重点对青年的性价值观作了一次调查。问卷中列出了与性观念相关的一系列社会现象，如同性恋、卖淫（在港澳青年问卷中为"从事性工作"）、堕胎、离婚、婚前性行为、家庭暴力等，并询问被调查者："您多大程度上能接受下来？"。

从调查数据中青年对这些问题的态度平均值来看，穗港澳三地青年性观念的开放度较高。对于离婚、婚前性行为、堕胎等问题，青年普遍接受度较高，且香港和澳门青年的接受程度均超越了广州青年，三地表现出鲜明的差异性。而对于同性恋这样的社会敏感问题，三地青年的态度值均超过平均分，即持接受态度，其中港澳青年的接受程度更是达到了较高水平（平均值接近7分）。对于家庭暴力问题，三地青年的接受程度都较低，表明了反对家庭暴力的明确立场。另外，港澳青年对于卖淫（从事性工作）和同性恋均表示比较能够接受（态度均值都超过5分），而广州青年则表示比较不能接受（低于5分），三地青年的态度存在显著差异（见图8）。

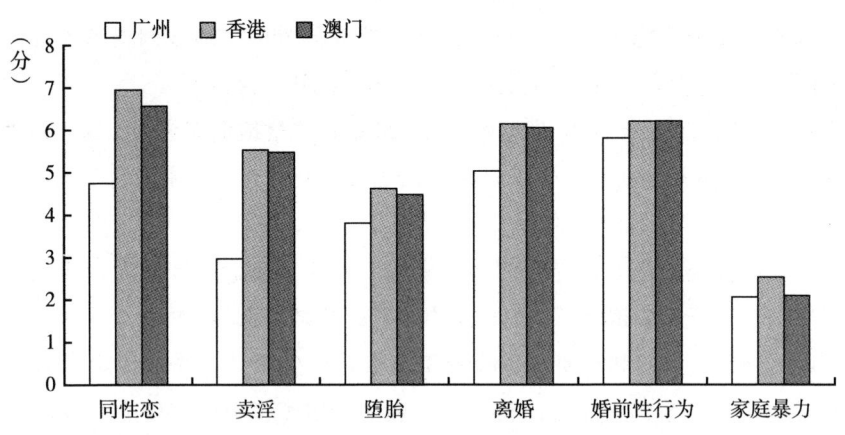

图8 穗港澳青年性态度平均值的比较

2. 存在的问题及原因分析

(1) 追求个性与崇尚精神恋爱的择偶观

在中国传统社会中，婚姻具有实际、理性和慎重的特点，被看成是两个家

族或家庭之间的事。20世纪50年代至70年代中期,以家族或家庭利益为重的传统婚姻文化模式逐渐向以当事人自身利益为重的现代模式转变,表现为从重视"家庭背景"转向重视"个人条件",并以感情为重。① 在本次调查中,三地青年注重择偶对象的道德品质、价值观这些精神因素,这有利于保证爱情的纯粹性。然而,过度追求精神恋爱,而缺乏对婚恋中物质层面的关注,这对婚姻的稳定性是不利的。

同时,对配偶性格特点的关注也反映了当代青年追求个性发展的需要。在日常生活中,青年普遍偏好彰显个性,在婚姻中也相应地认为两个人性格"合拍"很重要。然而,对个性发展的追求也在一定程度上导致了"剩男剩女"问题的出现。一些优秀的都市女性在择偶时不再关注对方的学历、职业、收入等标准,而是对择偶对象的性格提出了很高的要求,不断寻找那份"感觉",却无法找到理想中的"真命天子"而迟迟不能步入婚姻。

(2)家庭经济社会地位对青年生育意愿的影响

在对穗港澳青年生育意愿的调查中发现,处于不同阶层被调查者在"理想子女数"上存在显著差异。结果表明,家庭生活水平处于中、低层的青年更偏好两个孩子,而处于高层的青年更期待有三个以上子女,或认为子女"越多越好"。此外,理想子女数还受到被调查者"去年家庭的收入状况"的影响。这一结果表明,青年生育观是一个复杂的态度,不仅反映自身对家庭规模的偏好,更受到家庭经济状况、社会地位等外在因素的影响。当前青年正面临较大的生活压力,不得不控制理想家庭规模。这一结果也提示:当前我国社会的阶层分化已成为社会发展过程中一个不容忽视的现象,值得进一步关注。

此外,对穗港澳青年的"丁克"意愿的调查发现,有超过10%的港澳青年选择"不想生",该比例明显高于广州青年。虽然相对于大多数有着生育"二孩"意愿的多数派而言,"丁克"一族是青年中的少数派,但"丁克"现象是一个不容忽视的社会问题。三地青年"丁克"意愿的差异主要源于社会文化的影响。这一结果提示,今后对港澳台青年社会态度的对比研究应从三地社会经济文化差异出发进行探讨。

---

① 李银河:《当代中国人的择偶标准》,《中国社会科学》1989年第4期。

(3) 社会文化对青年性观念的影响

在此次穗港澳的对比研究中，对于诸如同性恋、卖淫（从事性工作）、堕胎、离婚、婚前性行为、家庭暴力等与性观念息息相关的社会问题，香港和澳门青年的接受程度均超越了广州青年，三地表现出鲜明的差异性。其中，对于卖淫（从事性工作）这一社会现象，三地青年的态度存在显著差异，广州青年的接受度远低于港澳青年，主要的原因是港澳地区在社会政治和法律制度方面与广州有着较大的差异。另外，受西方文化影响，港澳青年对同性恋问题的接受程度远高于广州青年。可见，青年性观念的差异受到社会文化的影响是不同社会文明发展程度和价值观的重要体现。

虽然对性问题的开放态度有其积极意义，然而这些态度对青年婚恋家庭观也会造成巨大的冲击。当前人们对离婚、婚前性行为、堕胎等问题普遍持接受态度，在追求个人性自由的同时，也逐渐淡化了在婚恋家庭中的性责任意识，不利于婚姻家庭的稳固，导致"闪婚闪离"、"一夜情"等社会问题日益突出。

五 结论和建议

1. 主要的结论

本次关于青少年价值观的调查研究对广州、香港、澳门三地青年的婚恋观的现状和差异展开了分析，主要涉及择偶条件、理想子女数，以及对同性恋、卖淫（从事性工作）、堕胎、离婚、婚前性行为、家庭暴力等现象的态度。本次调查得出了以下几个重要结论。

第一，在择偶标准上，广州、香港和澳门青年均将性格、道德品质和价值观作为最关键的三个择偶标准。香港青年更看重对方的性格，澳门青年较重视价值观，而广州青年对价值观的关注度较低。

第二，在生育意愿上，广州、香港和澳门青年均认为"一个家庭两个孩"是理想的家庭模式，但也有一部分青年选择"丁克"。生育意愿明显受到家庭经济条件和社会阶层地位的影响，相对于中、低层家庭，高层家庭明显更偏好子女数量"越多越好"。

第三，在性观念上，广州、香港和澳门青年对同性恋、卖淫（从事性工作）、堕胎、离婚、婚前性行为等问题普遍持开放态度，对家庭暴力接受程度较低。港澳青年对相关问题的接受程度均高于广州青年。

2. 几点建议

基于本次广州、香港、澳门三地青年婚恋家庭观的调研结果，本研究对未来一个时期内三地青年价值观的发展趋势做出如下三点预测。

首先，由于广州、香港、澳门三地均属于粤文化圈，地域接近，文化同源，在中国传统文化和现代社会文化上彼此有着千丝万缕的联系。尤其是广州青年对港澳文化的认同度较高，受其影响也较大，因此，未来一段时间内，三地青年关于婚恋家庭的态度理念可能会逐渐呈现趋同模式。

其次，受到广州和港澳地区社会政治体制、社会治理、法律制度等方面存在的客观差异的影响，三地青年的价值观，特别是受此影响较大的婚恋家庭观念（如生育意愿、性观念等），仍将呈现一定的差异性。

最后，作为国际化程度最高的内地城市之一，广州同香港、澳门地区一样，都将受到来自西方社会文化的冲击和影响。因此，在未来一个时期内，三地青年的婚恋家庭观也必将与全球发展趋势同步，呈现较一致的发展特点。例如，随着生活压力的增长，青年生育意愿出现一定的下降，对同性恋问题的接受程度逐渐提高、离婚率上升等等。

综上，我们提出以下相关建议。

第一，加强青年婚恋价值观教育。随着我国社会经济文化的快速发展，当前的社会价值观呈现多元化的特点，这在青年的婚恋价值观上则表现为择偶标准随时代发展不断变迁。因此，应加强对青年的道德文化教育，提倡积极向上的价值观，弘扬主旋律，树立正确的婚恋观。建议家庭、学校、社区、政府、企业等多方形成联动机制，加强青年婚恋情感教育，开展相关讲座，教授恋爱、婚姻关系处理技巧。政府应建立婚恋服务行业规范，引导婚恋服务行业健康有序地发展；工青妇组织和其他社会团体应积极与婚恋网站形成线上线下联动，提供更有效运作的婚恋交友平台；同时，还应借助社会力量，提供专业的婚恋咨询指导服务。

第二，持续关注青年婚恋家庭观的变化。青年婚恋看似是个人和家庭的事情，实则也是重要的社会问题。青年的婚恋家庭观是社会文化发展的晴雨表，反映了诸多社会现实问题，提示可能存在的潜在社会矛盾。政府应进一步重视对青年价值观的研究，跟踪掌握青年婚恋价值观，特别是生育观的变化，并以此作为相关人口政策、社会福利政策制定的依据。此外，要重视对青年亚文化的关注和研究。一些青年亚文化反映了当下一部分青年的态度和观点（如同性恋文化），并与主流文化的价值观存在一定的差异性。因此，社会应重视对青年价值观发展趋势的分析和调查，判断可能出现的问题，避免可能存在的消极影响，并及早做出政策调整和文化引导。

第三，开展地区间青年文化交流，彼此借鉴。青年的价值观受到其所在的社会文化的重要影响，因此不同地区的青少年在婚恋家庭观等方面既有共同性，又有鲜明的差异。开展对不同地区青年价值观发展现状的比较研究，有利于探讨青年问题背后的社会文化影响因素。同时，对照不同地区有关青年政策的制定和实施经验，可以为解决本地青年问题提供有价值的参考。例如，香港社会工作事务的发展经验为我国治理家庭暴力提供借鉴参考；港澳地区青年志愿者服务的实践经验也值得我们学习借鉴。

B.12
穗港澳青年幸福感研究

刘思贤*

摘　要： 青年幸福感研究包括生活质量指标、幸福指数、安全感指标等。对该领域的关注不仅反映了当代研究者对人的主观感受的重视，更展示出当代青年的心态认知与精神追求。调查发现，穗、港、澳青年在幸福重要程度排序与愉快感上存在地域、文化、心理差异，在控制感和安全感方面，港澳青年安全感认可度均超过广州青年。

关键词： 幸福感　安全感

一　青年幸福感的定义与综述

（一）概念界定

20世纪60年代，在西方发达国家的民意研究中提出了"主观社会指标"概念，20世纪80年代后，我国学者也开始了对主观社会指标的研究。这其中，尤有代表性的就是对人的主观幸福感的测量，使之至今成为心理学、社会学、经济学的热点研究领域。作为社会心理体系一个部分的幸福感，受到许多复杂因素的影响，主要包括：经济因素如就业状况、收入水平等；社会因素如教育程度、婚姻质量等；人口因素如性别、年龄等；文化因素如价值观念、传统习惯等；心理因素如民族性格、自尊程度、生活态度、个性特征、

---

* 刘思贤，广州市穗港澳青少年研究所助理研究员。

成就动机等；政治因素如民主权利、参与机会等。此外，对主观幸福的理解还涉及许多分析层面，主要包括认知与情感、个体与群体、横向与纵向、时点与时段等。

郑杭生、李强、李路路等学者认为对生活感受的研究可以用来反映"人民对社会生活的直接体验，以及人们对社会关系、社会现象主观感受的综合质量与数量标志"。① 陈立新认为，人们在社会发展过程中"要尽可能满足人的物质的、精神的、政治的、文化的、社交的种种需求"。而这种需求的满足程度对个体而言，则是内心的"满意程度"。② 这其中就包括对"幸福感"的测量。

本文涉及的三地青年"幸福感"比较研究主要包括生活质量指标、幸福指数、安全感指标等。我们对青年幸福感的关注也反映了当今研究者对人的主观价值感受的重视。我们希望通过青年的认知和情感反应来衡量他或她对生活的评价，希望通过他们的"自认为满意"而达到满意，而非简单地由决策者或专家判断是否满意。

（二）文献综述

纵观幸福感的研究历史，无论国内、国外都是随着人民生活物质水平的提高，人们对幸福感的研究才日益兴盛。

在国外研究中，威尔逊（Wilson）在1967年首次提出主观幸福感研究，并总结了描述性研究。在这一阶段，许多研究中总结出的普遍结论之一是人口变量在解释主观幸福感的差异时不是很有力。例如，人口因素（如年龄、性别、学历、婚姻状况）只能解释主观幸福感不足20%的变异量。因此，"幸福感"研究自1984年后转入理论建构阶段。一种理论强调脾气和性格为人们是否幸福的重要基础。另一个重要的理论思想是"适应"。随着时间的推移，人们对好坏事件都已经适应，这些事件就不再影响主观幸福感。另一对主观幸福感进行理论概括的思路强调目标和价值观念的重要性。这一思想是，人们有不同的目标和愿望，所以他们的幸福感有所不同。根据目标理

---

① 郑杭生等：《社会指标理论研究》，中国人民大学出版社，1989。
② 陈立新：《社会指标于社会协调发展》，湖南大学出版社，2005。

论，如果人们向着特定的目标迈进，并根据他们的价值观行事，他们很可能是快乐的。其他理论家提出了更多理解主观幸福感的概念模型。例如，根据米哈伊（Csikszentmihalyi）的"流动"理论，参与有趣的活动被看作是幸福生活的关键。另一个概念模型基于社会比较。这一观念认为，人们如果比周围的过得好，他们会感到幸福。根据"评价理论"，迪纳和卢卡斯（Lucas）提出一个人的主观幸福感可能受若干判断标准的影响。那些标准与幸福感相关性最强部分取决于一个人的个性、文化和价值观。随着现代测量技术的发展，目前主观幸福感研究进入了"测量理论与过程方法的结合"。基本思想是，要科学地认识现象，采用的测量必须有一个理论。在实验室，使用狭义与广义的变量测量满意度，以通过不同方式评估主观幸福感。这两类测量被认为是分别反映了更大的自下而上的影响或更大的自上而下（个性）的影响。例如，询问受访者的教育满意度，同时还询问了对与教育相关的内容如课本、讲座、分数和教授的满意度。不仅研究不同领域满意度之间的关联，还研究预测一种类型的测量比预测其他类型更有效的因素。2010年11月《美国国家科学院院刊》发表的一份研究报告指出：当代中国人的幸福感十分薄弱，如果仅基于调查数据，研究者甚至找不到证据表明当今时代的中国人要比20世纪80年代的中国人更有幸福感。与之相对应，连续多年实施的中国城乡住户调查同样言之凿凿：大样本的调查数据统计结果表明，中国人当中感到比较幸福和非常幸福的比例近年一直有逐年稳步上升的趋势。[①] 两者同为专业调查，如果排除调查技术因素影响，很难解释为什么如此结论大相径庭。

在国内研究中，中国社会科学院邢占军提出了体验论主观幸福感的观点。从体验论的观点看，幸福感是由人们所拥有的客观条件以及人们的需求和价值等因素共同作用而产生的个体对自身存在与发展状况的一种积极的心理体验。我国城市居民主观幸福感测量指标体系包括充裕感、公平感、安定感、自主感、宁静感、和融感、舒适感、愉悦感、充实感和现代感10项指标。[②] 孙凤

---

① 毛小平、罗建文：《影响居民幸福感的生活因素研究——基于CGSS2005数据的分析》，《湖南科技大学学报》（社会科学版）2012年第3期。
② 邢占军：《测量幸福：主观幸福感测量研究》，人民出版社，2005。

也对主观幸福感进行了系统的讨论,将诸多变量通过因子分析法归纳为四个主因素,即工作、生活、收入分配和社会保障。通过这四个主因素对影响幸福感的各种关系进行了分析。① 陈惠雄等设计了独具特色的基于主客观统一性与"主体-环境"整体联系性的快乐指数调查量表,运用心理学、社会学的相关附加量表进行辅助解释,并就该调查量表设计的理论机理、结构与效度进行了分析,建立了居民快乐指数回归模型。他们运用较为系统的分析方法,在一定意义上为开展国民快乐(幸福)指数核算提供了经济统计学与社会心理学相结合的理论与方法基础。② 虽然有学者建议将"幸福指数"纳入国民统计指标体系,为政策制定者提供依据。但由于对"主观幸福感"含义的界定和理解存在着相当大的差异,幸福指数的宏观决策价值尚未充分体现。有研究者指出:"单一量化模式无法真正揭示幸福感的社会性、地方性与感性化的特征。中国社会发展的不均衡性决定了幸福感问题的相对性"。③ 因此,对广州、香港、澳门三地青年的幸福感调查必须认识到穗港澳三地的共性与特性,以及厘清主观感受评价背后的产生机制和影响因素。

同时,对于本文研究所涉及的"安全感"概念。回顾发现,国内外研究出现了心理学和社会学两种取向:心理学取向方面,比较认同马斯洛的界定,即"安全感是一种从恐惧和焦虑中脱离出来的信心、安全和自由的感觉,特别是满足一个人现在(和将来)各种需求的感觉"④;社会学取向方面,始于20世纪60年代末的美国,主要有安全感是否仅为一种情绪之争,国外倾向于是一种情绪的界定,即"对犯罪和社会不安产生的情绪反应"⑤。其中,美国学者孙丁(Sundeen)和马修(Mathieu)在1976年提出的安全感的概念是

---

① 孙凤:《主观幸福感的结构方程模型》,《统计研究》2007年第2期。
② 陈惠雄、吴丽民:《国民快乐指数调查量表设计的理论机理、结构与测量学特性分析》,《财经论丛》2006年第9期。
③ 王建民:《幸福感的社会性及其中国语境》,《光明日报》2007年11月27日。
④ Ann strong T J, Young J, W olley C, et al. Bionechanical A spects of Fixed Ladder Climbing: Style, Ladder Tilt and Carrying. Proceeding of the Human Factors and Ergonom ics Society 53rd Annual Meeting, 2009:456 – 461.
⑤ Hoozemans J M. Michiel P, De Loozeb, et al. Workload of Window Cleaners Using Ladders Differing in Rung Separation. Applied Ergonomics, 2005, 36 (3):275 – 282.

"那些正在成为被害的人的忧虑和关注的度"①。

在我国，对安全感的定义及关注倾向于多元成分，即"对社会治安状况的主观感受评价"考察公众对社会治安状况的主观感受，被视为社会治安的"晴雨表"。公众安全感的实证研究已近30年历史。影响较大的是1988年公安部公共安全研究所主持的"公众安全感指标研究与评价"。公众安全感指标以公民对社会治安的评价或直接或间接影响安全感的假设和构思设计。研究中收集了国内外可供参考的文献资料，并到一些省市进行调查研究，邀请专家学者进行咨询座谈，设计问卷和进行试点调查，据此设计出安全感指标体系。正式调查时确定为36个指标，按其性质和作用分为主体因素指标（8项）和客体因素指标（28项），在1991年就进行了全国范围的安全感调查，对我国公众安全感的状况有了广泛深入的了解，这项研究具有开拓性和探索性。但是，到目前为止对安全感指标的理论探讨尚显不足。② 与幸福感研究相似，对安全感"单一量化模式"研究本质上无法真正揭示安全感的社会性、地方性与感性化的特征。中国社会发展的不均衡性决定了安全感问题的相对性。因此，对广州、香港、澳门三地青年的安全感调查必须认识到穗港澳三地的共性与特性，厘清主观感受评价背后的产生机制和影响因素。

二 穗港澳三地青年幸福感现状

为探究广州、香港、澳门三地青年幸福感现状，笔者对收集的问卷进行了一系列的数据分析，以期有更加直观深入的发掘。在调研中，我们将"青年群体"的年龄区间限定在14~35周岁，调查结果显示受访者平均年龄在22岁，年龄结构趋于年轻；男性比例为45.3%，女性比例为54.7%，男女比例较为均衡；身份角色主要涉及中学生、大学生、社会在职青年三类，其中中学生所占比例为26.5%，大学生所占比例为37.1%，社会在职青年所占

---

① 王大为、张潘仕：《关于安全感问题研究的综述与构想》，《青少年犯罪与研究》1997年第5期。
② 吴寒光：《社会发展与社会指标》，中国社会出版社，1991。

比例为 36.4%，以大学生和社会在职青年为主，结构较为合理。以下笔者将结合问卷的数据分析分别描述广州青年和港澳青年的主观生活感受基本现状。

（一）广州青年幸福感现状

1. 幸福生活的主要标准

本次调查中，我们依然保留了往期调查中关于人生价值标准和途径的问题，其中涉及概念即是"对幸福生活的主要标准"，并对其重要性进行排序。往期调查显示（见图1）①，将"身体健康"作为幸福生活首要标准的比例在过去六年中始终排在第一位，均超过40%。

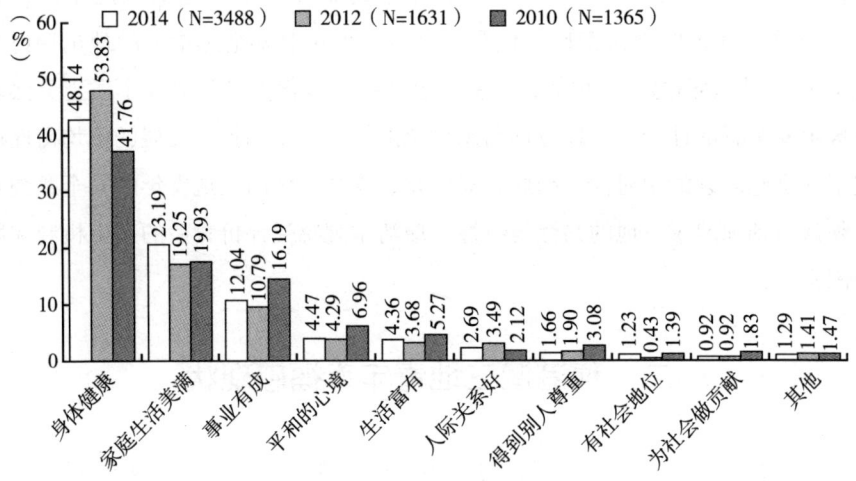

图1　广州青年对幸福生活首要标准态度变化趋势

在本次调查中，调查结果同样显示对广州青年第一重要的是"身体健康"，占43.7%；认为第二重要的是"婚姻美满"，占19.7%，这表明现时越来越多广州青年重视婚姻生活，反映了青年人个人幸福观及其价值取向；认为第三重要的是"事业有成"，占15.7%（见表1）。

---

① 《广州青年发展报告（2014~2015）》，社会科学文献出版社，第56页。

表1 你认为生活幸福的主要标准是什么？

重要程度排序	广州	香港	澳门
第一重要	身体健康(43.7%)	身体健康(38%)	身体健康(46.6%)
第二重要	婚姻美满(19.7%)	有知心朋友(16.5%)	婚姻美满(13.7%)
第三重要	事业有成(15.7%)	有一份自己喜欢的工作(13.6%)	良好的人际关系(13.9%)

2. 目前生活是否愉快

（1）总体状况

针对问题"总的来说，目前您生活得愉快吗？"，68.3%的广州青年认为目前自己生活愉快，15.2%的广州青年认为自己"不太愉快"，14.5%的广州青年认为自己"很愉快"，2%的广州青年认为自己"一点都不愉快"（见图2）。

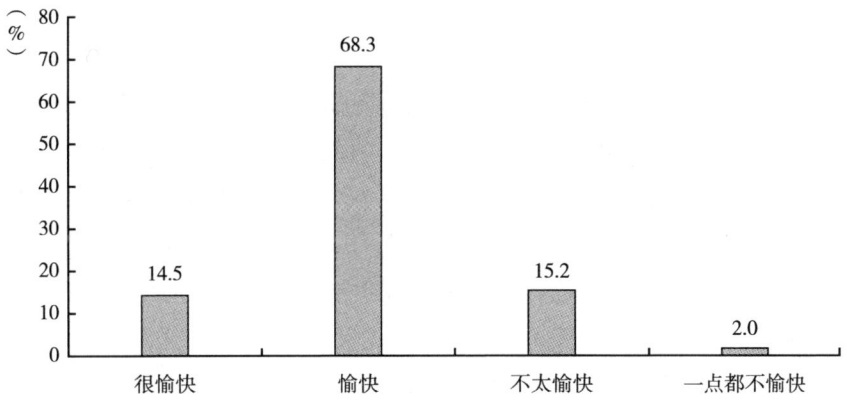

图2 "总的来说，目前您生活得愉快吗？"广州青年调查结果（N=936）

（2）性别差异

通过进一步相关分析，从男女性别分析，如图3可见，71.53%的广州女青年认为自己生活是属于"愉快"范畴的，16.3%的广州女青年认为自己"很愉快"，同比男青年的"愉快"指数就略低，仅有65%的男性认为自己"愉快"，12.5%的男性认为自己"很愉快"。认为自己"不太愉快"和"一点都不愉快"也呈现男性比女性高的现象。19%的男性认为自己"不太愉快",同比女性只有11.3%。3.2的男性认为自己"一点都不愉快",同比女性仅占0.9%。

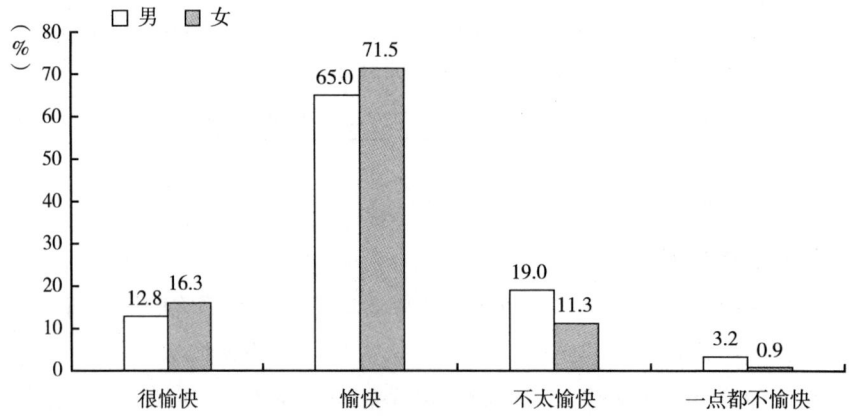

图3 "总的来说,目前您生活得愉快吗?"广州青年生活愉快性别比较调查结果(N=936)

(3)年龄差异

此外,我们针对年龄与愉快认知也做了相关分析,在广州青年调查中,结果显示在同一年龄组别中,认为自己属于"很愉快"和"愉快"的人群最多的是30岁以上的受访对象,合计占比84.6%。其次是20~24岁年龄群占83.9%,排在第三位的是25~29岁年龄群,占比82%。20岁以下年龄人群占比81.2%,排在第四位。笔者认为这一结果与不同年龄段人群的经济社会地位息息相关,30岁及以上受访对象多已"成家立业",人生更为完整丰盛。20岁以下青年人群固然属于朝气蓬勃的青春时期,但其心理承压能力与即将面临的求学求职发展压力也不对等,同时因为心智成熟度尚有不足,因此选择极端选项"一点都不愉快"的比例也较高(见图4)。

(4)婚姻差异

针对婚姻关系与主观"愉快"认知我们也做了相关分析,结果显示,广州青年结婚与否对青年的"愉快"认知度并不存在显著影响。合计83.3%的未婚人群认为自己"很愉快"以及"愉快",同比高于已婚人群1.6个百分点。结婚与否似乎对当代青年"愉快"认知并无显著影响,甚至认为"不太愉快"和"一点都不愉快"的已婚人群比未婚人群还多1.6个百分点。这一

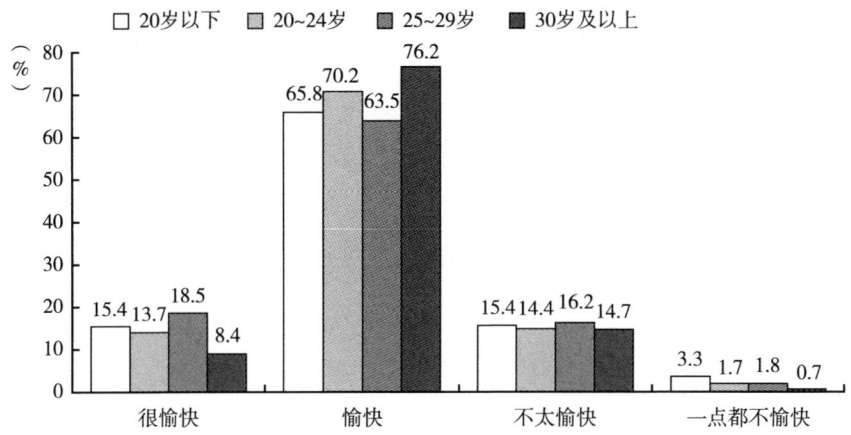

图4 "总的来说,目前您生活得愉快吗?"广州青年生活愉快
年龄比较调查结果(N=936)

数据结果与研究假设略有不同,在广州,个人婚姻状况如何似乎并不影响当代青年对自己主观愉快程度及幸福感的评价(见图5)。

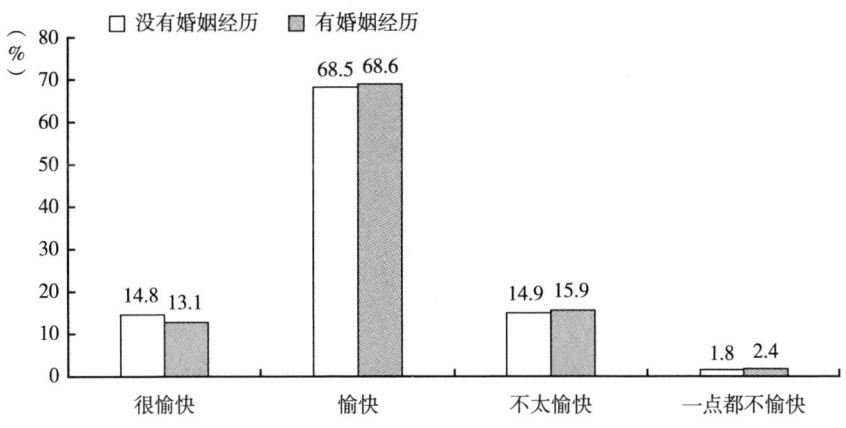

图5 "总的来说,目前您生活得愉快吗?"广州青年生活愉快
婚姻比较调查结果(N=936)

(5)家庭阶层

最后,针对这道题我们还对受访者的家庭阶层进行了相关分析。调查显示,广州86.9%的社会中层家庭背景的受访青年认为自己"很愉快"或"愉

快"；排在第二位的是自评属于中下层家庭的青年，占比80.1%；排在第三位的是自我评价属于中高层家庭背景的青年，占比80%；排在第四位的是自评属于自我评价属于高层家庭背景的青年，占比75%；排在第五位的是自评属于下层家庭背景的青年，占比61.7%。与研究假设不同，对于"愉快"的认知程度并非随着家庭背景的高低进行的自然排列，相反，数据显示自我评价中层家庭背景左右的青年对"愉快"的认可度都比较高，高层家庭背景的青年仅排在第四位，下层家庭背景出身的青年排在末位（见图6）。

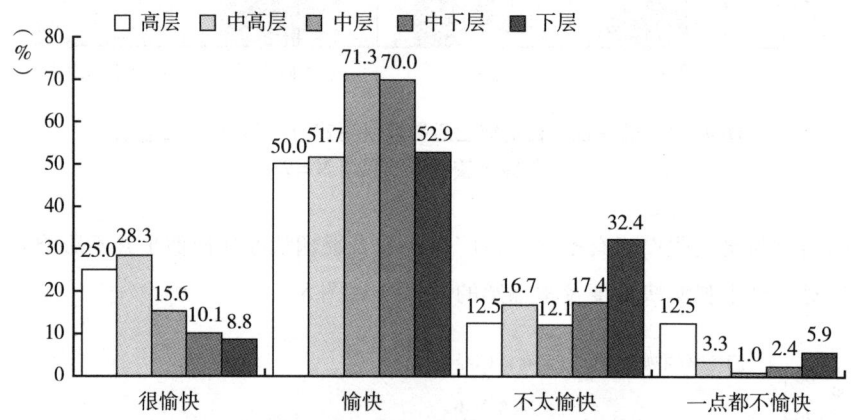

图6 "总的来说，目前您生活得愉快吗?"广州青年生活愉快
家庭阶层比较调查结果（N=936）

3. 选择与掌握自己的生活

（1）总体状况

在幸福感测量中，我们对"可否选择和掌握自己的生活"状况也进行了调查，分值评价1~10表示由根本无法掌握到完全可以掌握的不同程度。调查显示穗港澳三地青年均值与标准差如表2所示。

表2 你目前能够掌控自己的生活？

项目	N	均值±标准差
广州	893	6.59±1.640
澳门	540	6.22±1.480
香港	718	6.42±1.612

尽管平均值相近,但三地青年调查结果显示广州青年认为自己可以掌控自己生活的比例显著高于香港、澳门青年。笔者认为这一微妙的心理差异与三地政治经济及社会发展环境影响还是密不可分的。

(2) 性别差异

我们也对不同性别青年进行了相关分析。调查显示,广州女性认为自己"能够掌控生活"的均值比男性高。笔者认为这同样与当代女性特别是广州女性的政治、经济、文化、社会发展因素相关,35岁以下的女青年正处于生活丰盛时期,因此认为对生活掌控程度高的平均水平也较高(见图7)。

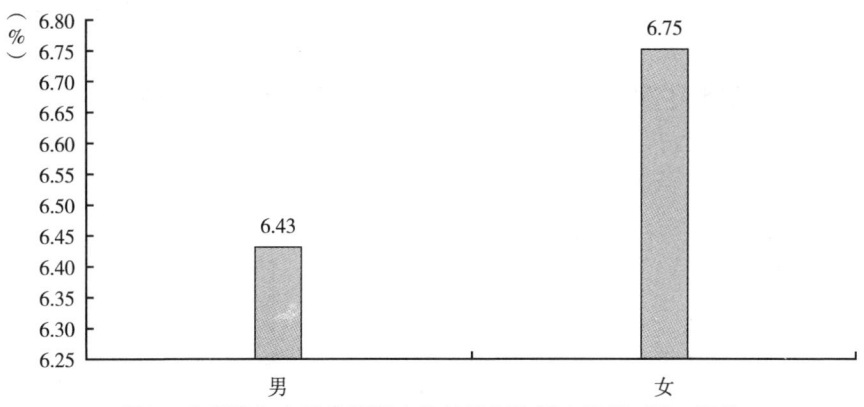

图7 广州青年生活掌控程度比较性别比调查结果(N=936)

(3) 年龄差异

通过对不同年龄组青年进行相关分析,调查发现,在广州20~24岁青年认为自己"能够掌控生活"的程度最高,其次是30岁及以上年龄组,排在第三位的是25~29岁年龄组人群,排在最末位的是20岁以下年龄组人群(见图8)。

(4) 家庭阶层

通过对不同家庭社会阶层背景的相关分析,结果发现,广州青年中自我评价属于"中高层家庭"的青年认为自己"可以掌控生活"的均值最高,排在第二位的是中层家庭背景的青年,第三位的是中下层家庭背景的青年,第四位的是高层家庭背景的青年,排在末位的是自我评价认为属于底层家庭背景的青年(见图9)。

4. 居住的社区是否安全

(1) 总体状况

为了测量青年对所处社会环境的安全感态度,本篇也进行了相关调查。调

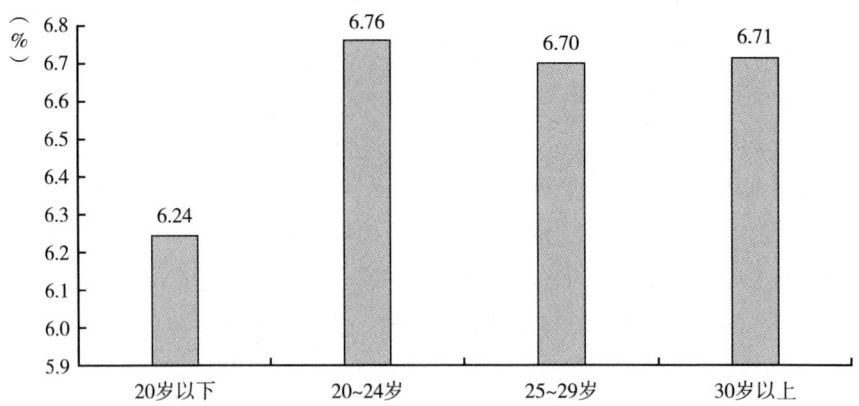

图8 广州青年生活掌控程度不同年龄组比较结果（N=936）

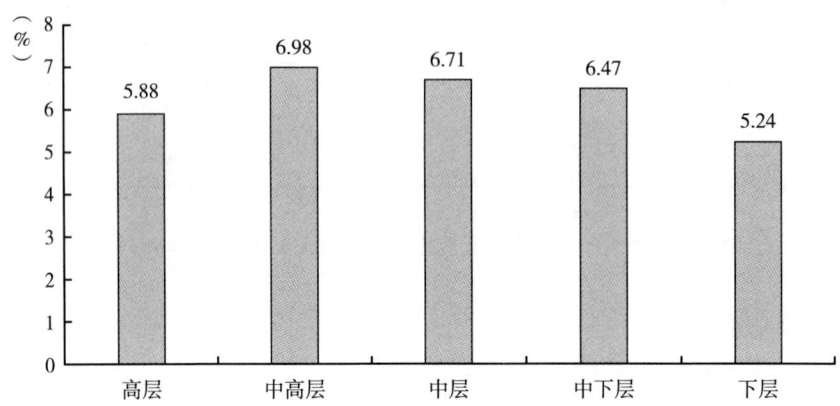

图9 广州青年生活掌控程度不同家庭阶层比较结果（N=936）

查显示73%的广州青年认为自身居住的社区安全状况良好，13.2%的广州青年认为"不安全"，12.5%的广州青年认为"非常安全"，仅有1.3%的广州青年认为"非常不安全"（见图10）。

（2）性别差异

对于安全感认知的性别比我们也进行了相关分析，结果显示广州合计比例87.9%的男性认为所处的环境属于安全及以上，同比仅有83.2%的女性如此认为。认为"不安全"的女性占比16.8%，同比男性仅有12.2%（见图11）。

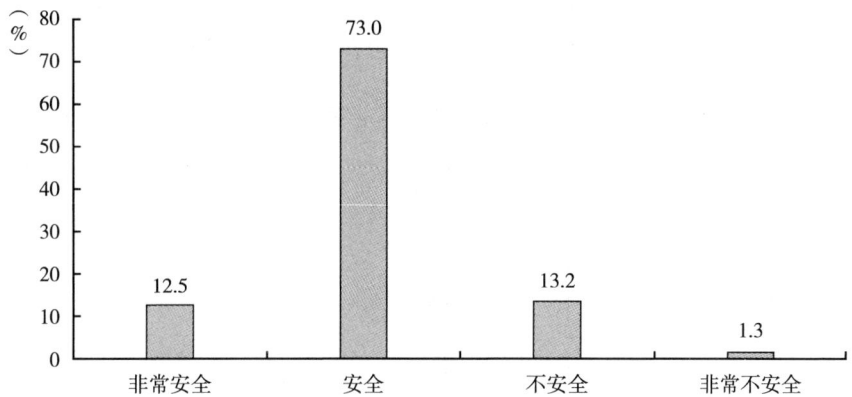

图 10　广州青年居住社区是否安全（N=910）

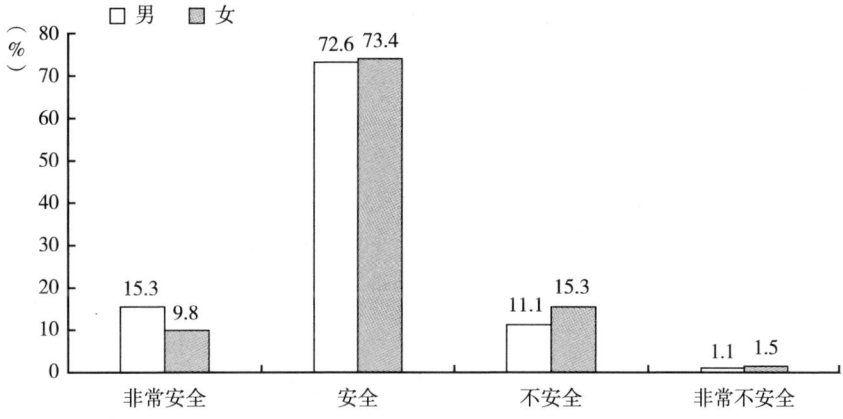

图 11　广州青年社区安全不同性别比较（N=910）

（3）年龄差异

对于安全感认知我们也进行了相关分析，结果显示广州认为"非常安全"的年龄群比例依次是 25～29 岁人群，占比 17.6%；排在第二位的是 20～24 岁人群，占比 11.9%；排在第三位的是 20 岁以下人群，占比 11.5%。认为"安全"的 79.1% 是 30 岁及以上人群；排在第二位的是 20 岁以下人群，占比 72.9%；20～24 岁和 25～29 岁年龄组以 71.3% 排在第三位。认为"不安全"和"非常不安全"的排在第一位的是 20～24 岁年龄组，占比 16.7%；其次有

15.6%的20岁以下青年认为不安全；第三位的是30岁及以上人群，占比12.9%；排在第四位的是25~29岁人群，占比11.1%（见图12）。

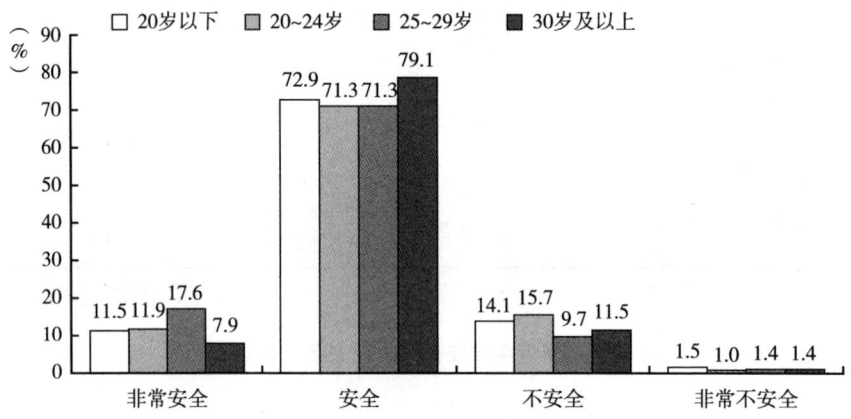

图12 广州青年社区安全不同年龄比较（N=910）

（二）港澳青年幸福感现状

1. 对幸福生活的主要标准

在港澳地区，调查结果同样显示对澳门青年和香港青年来说第一重要的也是"身体健康"，分别占43.7%和38%（见表1）；认为第二重要的，澳门青年选择了"婚姻美满"占13.7%，但香港青年选择了"有知心朋友"。第三重要的，澳门青年选择了"良好的人际关系"，占13.9%，香港青年则选择了"有一份自己喜欢的工作"，占13.6%。

2. 目前生活是否愉快

（1）总体状况

针对问题"总的来说，目前您生活得愉快吗？"港澳地区调查结果显示，74.4%的香港青年觉得自己过得"愉快"；13.4%的香港青年认为自己"不太愉快"，认为自己"很愉快"的占10.8%，"一点都不愉快"的仅占比1.4%（见图13）。

与香港情况相近，75.7%的澳门青年觉得自己过得"愉快"；13.9%的澳门青年认为自己"不太愉快"，认为自己"很愉快"的占9.4%，"一点都不

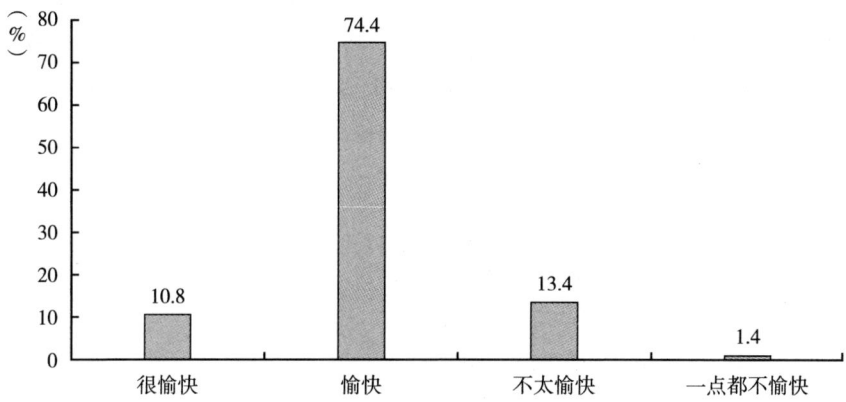

图13　香港青年生活愉快程度比较（N=724）

愉快"的仅占比0.9%。

（2）性别差异

同时，细分香港地区青年愉快程度性别比，调查显示女性认为自己"愉快"和"很愉快"的比例皆高于男性。合计有87.9%的香港女性认为自己的生活属于"愉快"和"很愉快"，高于合计82%的香港男性5.9个百分点。合计18%的香港男性认为自己"不太愉快"以及"一点也不愉快"，同比高于香港女性5.9个百分点（见图14）。

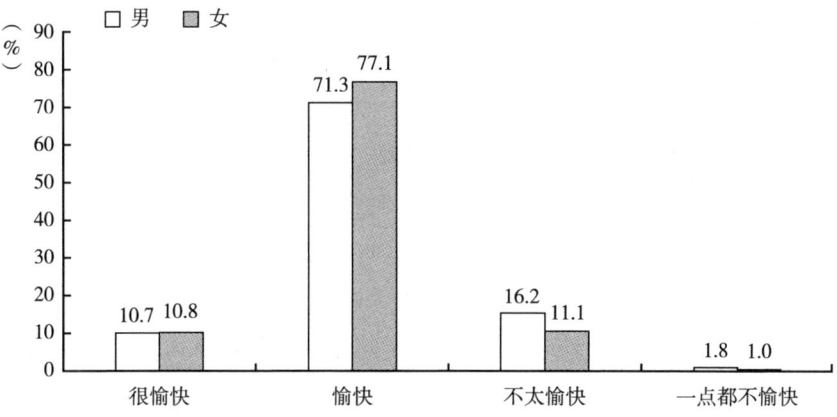

图14　香港青年生活愉快程度性别比较（N=724）

在澳门地区,调查显示结果则出现了微妙的变化。合计有85%的澳门男性认为自己的生活属于"好"和"很好",同比高于女性群体0.5个百分点。而选择"还可以"和"不好"的男女比例差异也并不明显(见图15)。

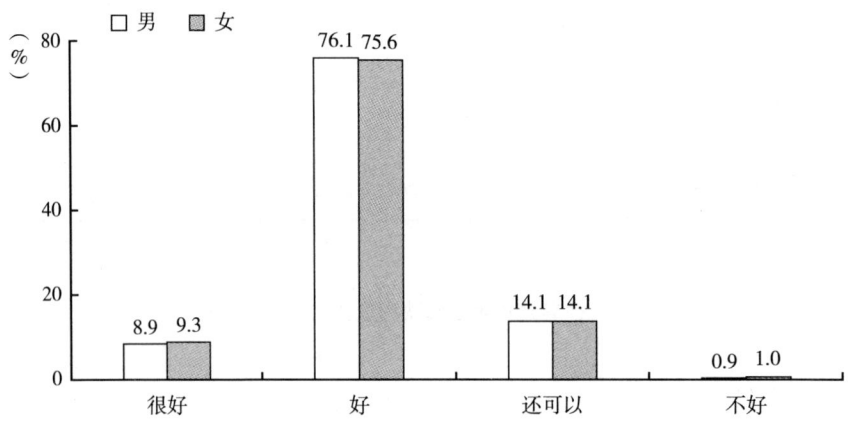

图15 澳门青年生活愉快性别比较(N=552)

广州、香港两地的调查结果与普遍社会认知不谋而合,处于青年期的男性青年普遍面临着工作与生活的双重压力,且在亚洲文化中对男女性别的社会期待与要求也是不同的,随着现代独立女性的增多,青年女性无论是在职场上还是生活上都具有相对优势,因此女性感到"愉快"比男性比例高也符合当前社会的普遍认知。但值得注意的是,这种性别差异在澳门地区并不明显。因此除了整体文化习俗的解读外,我们必须认识到不同地区的微观差异。

(3)年龄差异

与广州截然不同的是,分析香港青年愉快程度年龄比,结果显示排在第一位的是25~29岁青年(占比88.9%),他们认为自己的生活状态属于"愉快",高于排在第二位的20~24岁青年组14.9个百分点,高于排在第三位的20~24岁年龄组16.1个百分点,比30岁及以上人群更是高出20.7个百分点。认为自己"很愉快"的则是20~24岁年龄组人群最多,占比12.8%,其次是20岁以下年龄组人群,占比10.9%,排在第三位的是30岁及以上人群,占比4.5%,排在最后的是25~29岁年龄组,占比3.7%。

认为自己"不太愉快"最多的是30岁及以上年龄组,占比22.7%;其次是20岁以下年龄组，占比13.8%；第三位的是20～24岁年龄组，占比12.8%；最后是25～29岁年龄组，占比7.4%。在"一点都不愉快"选项中占比最高的仍然是30岁及以上年龄组，占比4.5%；其次是20～24岁年龄组；第三位的是20岁以下年龄组，占比1.3%（见图16）。

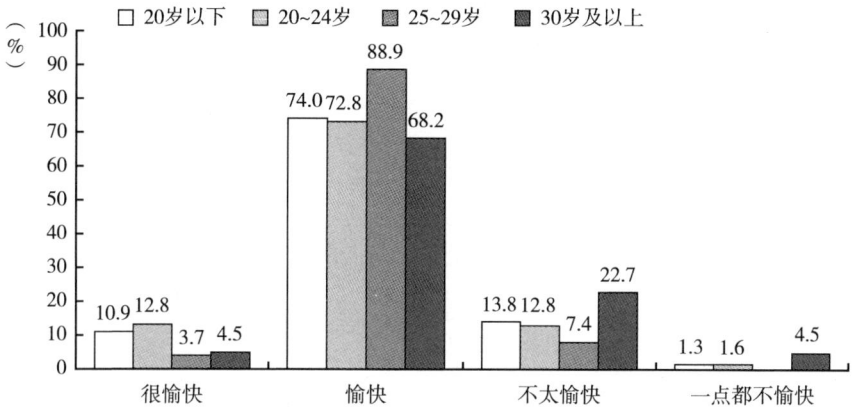

图16 香港青年生活愉快程度年龄比较（N=724）

在澳门青年调查中，结果显示认为自己属于"很愉快"和"愉快"合计最高的是25～29岁年龄组人群，占比87.1%；其次是30岁及以上年龄组，占87%；排在第三位的是20～24岁年龄组人群，占比86.7%；20岁以下年龄组占比83.9%。反之，20岁以下群体自认"不太愉快"和"一点都不愉快"的合计比例高达16.1%，位居第一（见图17）。

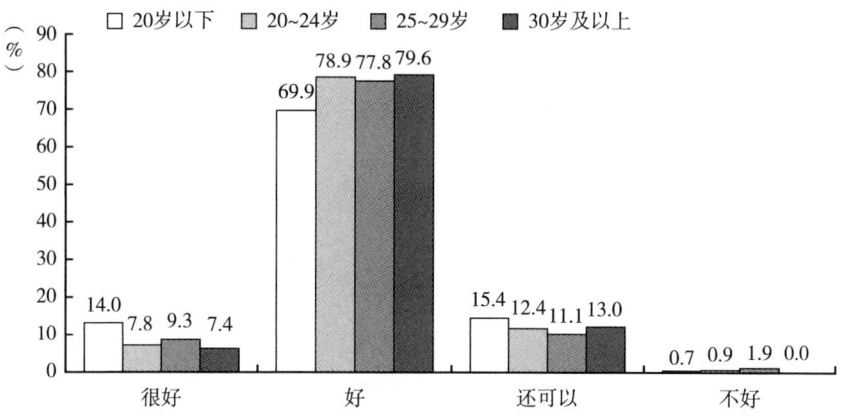

图17 澳门青年生活愉快年龄比较（N=552）

(4) 婚姻差异

在港澳地区结果显示则略有不同。香港已婚青年对"愉快"认知度高于未婚青年，合计85.6%的已婚人群认为自己"很愉快"以及"愉快"，同比未婚人群为84.2%，略高1.4个百分点。认为自己"不太愉快"和"一点都不愉快"的也是已婚人群，高于未婚人群1.4个百分点。香港调查结果不仅与中国大陆不同，也与澳门大相径庭（见图18）。

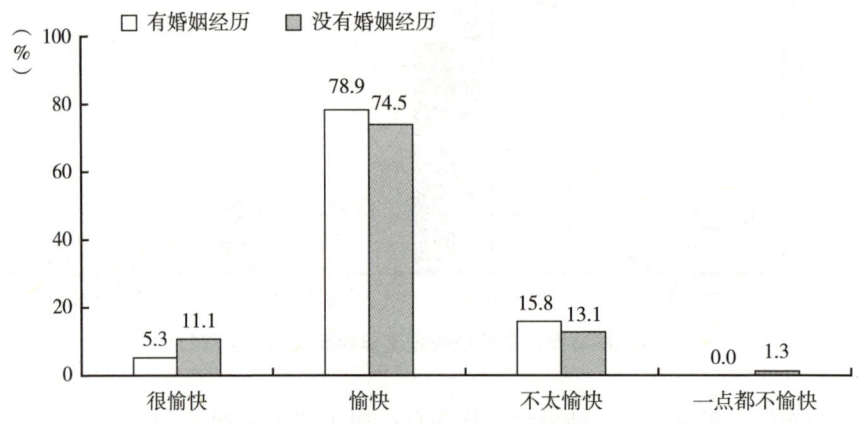

图18　香港青年生活愉快婚姻状况比较（N=724）

但在澳门，未婚青年对"愉快"认知度高于已婚青年9.4个百分点，合计86.5%的未婚人群认为自己"很愉快"以及"愉快"，同比已婚人群只有77.1%（见图19）。

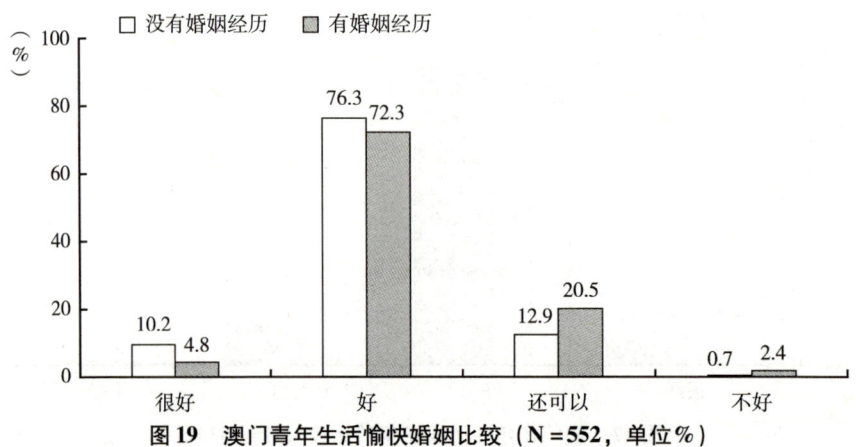

图19　澳门青年生活愉快婚姻比较（N=552，单位%）

(5) 家庭阶层

调查显示，香港受访青年中认为自己"很愉快"的与出身家庭阶层成正比。认为自己属于"愉快"的，排名依次是中低层家庭背景青年，占比76.8%；中层家庭背景青年，占比75.6%；高层家庭背景青年，占比75%；底层家庭背景青年，占比68.2%；中高层家庭背景青年，占比65.9%。合计比例显示，在香港100%的社会上层家庭背景的青年对自己目前的生活状态表示"很愉快"或"愉快"，这与广州结果形成了强烈对比。其次是中层家庭背景的青年（合计比例高达90.1%）对目前生活感到"很愉快"或"愉快"。排在第三位的是中高层背景家庭的青年，占85.4%。排在第四位的是中低层家庭背景的青年，占83.6%。排名末位的是底层家庭背景的青年，占75.3%（见图20）。

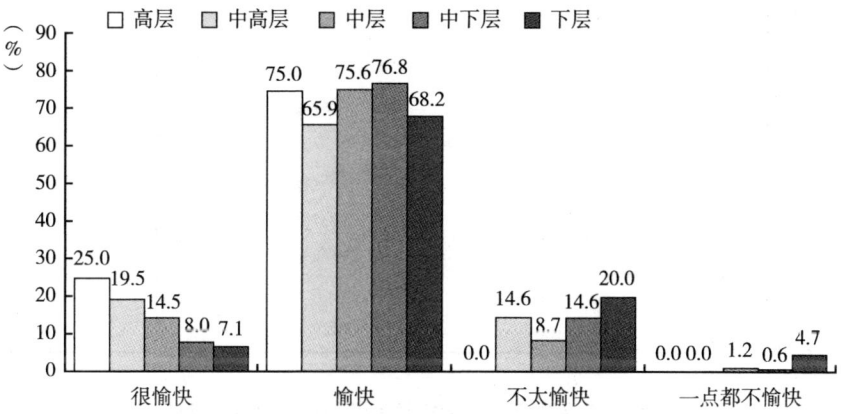

图20　香港青年生活愉快家庭阶层比较（N=724）

在澳门，调查显示，受访青年认为自己"很愉快"和"愉快"的比例又发生了显著变化，分别有33.3%的高层家庭背景的青年认为自己"很愉快"和"愉快"。合计比例最高的依次是中高层和中层家庭背景青年，均占87.6%，中低层家庭背景青年占84.1%，高层家庭背景青年占66.6%，底层家庭背景青年占60%，基本呈现正态分布趋势（见图21）。

3. 选择与掌握自己的生活

(1) 性别差异

调查显示，香港、澳门女性认为自己"能够掌控生活"的均值也均高于男性（见图22和图23）。

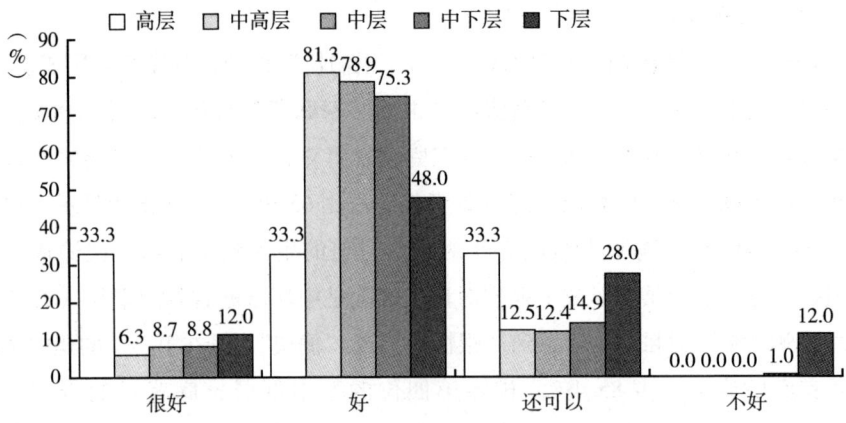

图 21　澳门青年生活愉快家庭阶层比较（N=552）

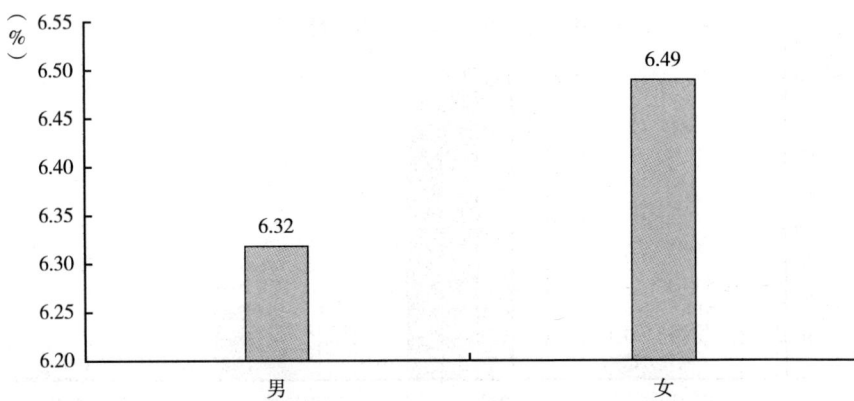

图 22　香港青年生活掌控程度性别比较（N=724）

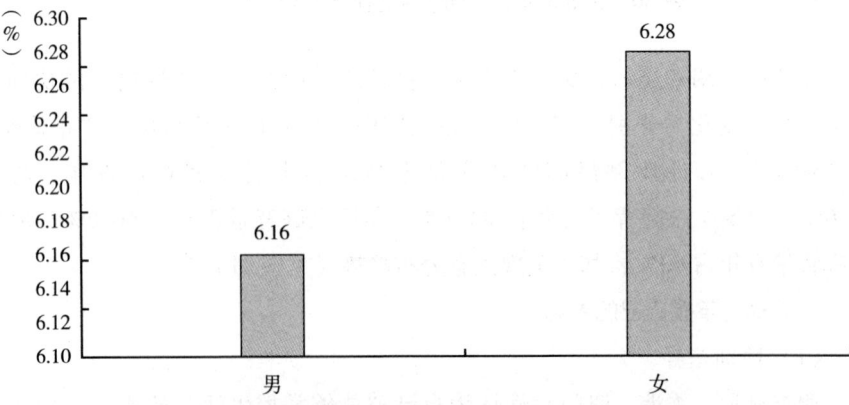

图 23　澳门青年生活掌控程度性别比较（N=552）

（2）年龄差异

通过对不同年龄组青年进行相关分析，在香港的调查发现，同样是20～24岁的青年认为自己"能够掌控生活"的程度最高，排在第二位的是20岁以下年龄组，排在第三位的是25～29岁年龄组，与广州不同，不仅前三组人群均值差别较小，且排在末位的是30岁及以上年龄组（见图24）。

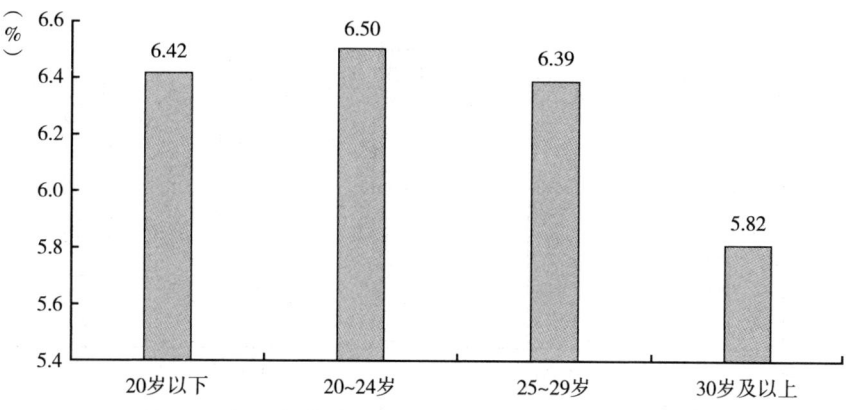

图24　香港青年生活掌控程度年龄比较（N=724）

在澳门的调查结果呈现显著不同，30岁及以上的青年认为自己"能够掌控生活"的程度最高，排在第二位的是25～29岁年龄组，排在第三位的是20～24岁年龄组，排在末位的是20岁以下年龄组（见图25）。

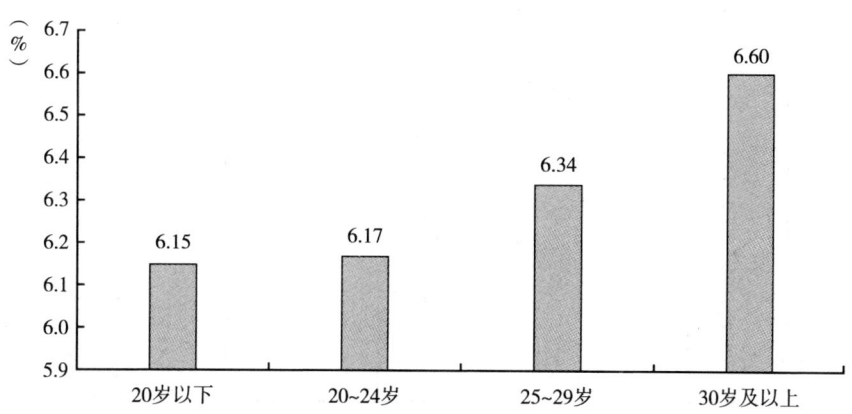

图25　澳门青年生活掌控程度年龄比较（N=552）

(3) 家庭阶层

通过对不同家庭社会阶层背景的相关分析，在香港调查中我们发现，认为自己"可以掌控生活"的均值与所在家庭阶层成正比关系。排位依次是高层、中高层、中层、中下层和下层。香港青年的主观感受评价与其所处政治经济地位息息相关（见图26）。

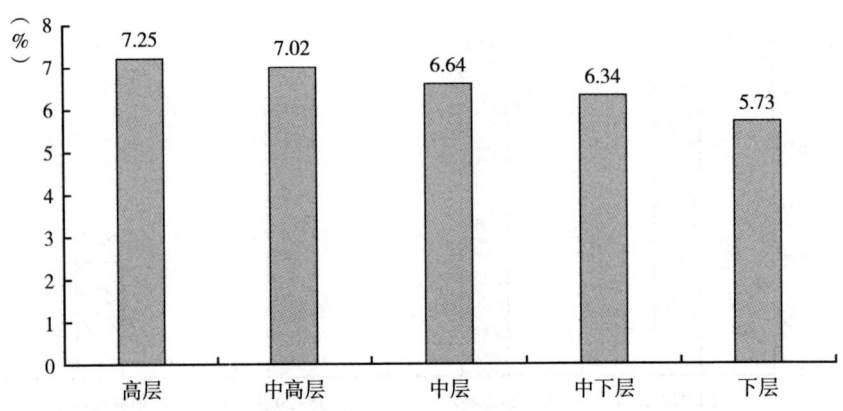

图26　香港青年生活掌控程度家庭阶层比较（N=724）

澳门调查结果显示，与广州青年相近，排位前三的依次是中高层、中层、中下层家庭出身的青年，但与广州不同，在澳门下层家庭背景出身的青年认为"能够掌控生活"的程度比高层家庭背景出身的青年高。青年的自我评价结果显示并不与政治经济社会地位完全相关（见图27）。

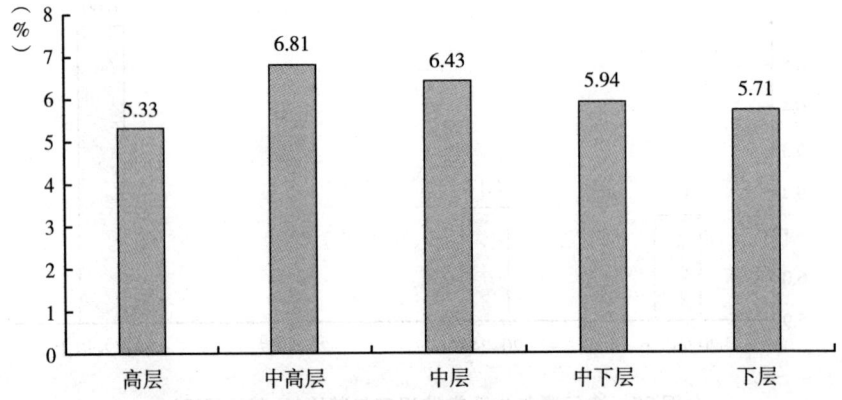

图27　澳门青年生活掌控程度家庭阶层比较（N=552）

4. 居住的社区是否安全

（1）总体状况

对于"您居住的社区安全吗？"，调查结果显示 73% 的香港青年觉得自己居住的社区"安全"，23.7% 的香港青年认为"非常安全"，认为"非常安全"的这一比例较其他两地高。2.8% 的香港青年认为"不安全"，仅有 0.6% 的香港青年认为"非常不安全"（见图 28）。澳门青年的调查结果则与香港青年状况相似，81% 的澳门青年觉得自己居住的社区"安全"，11.4% 的澳门青年认为"非常安全"，6.6% 的澳门青年认为"不安全"，仅有 0.9% 的澳门青年认为"非常不安全"（见图 29）。

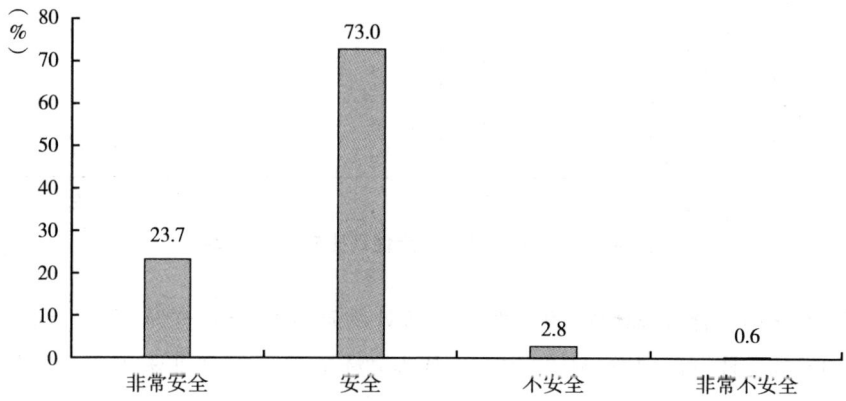

图 28　香港青年社区安全（N=724）

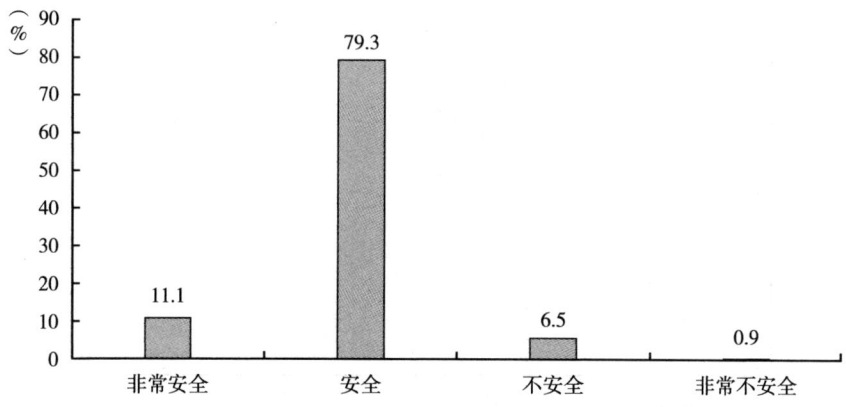

图 29　澳门青年社区安全（N=540）

(2) 性别差异

在香港，合计95.4%的男性认为所处的环境属于安全及以上，同比有97.7%的女性也认同香港环境安全。认为"不安全"及"非常不安全"的男性占比4.6%，同比女性仅有2.3%。由此可见，香港女性的社区环境安全感是比较好的（见图30）。

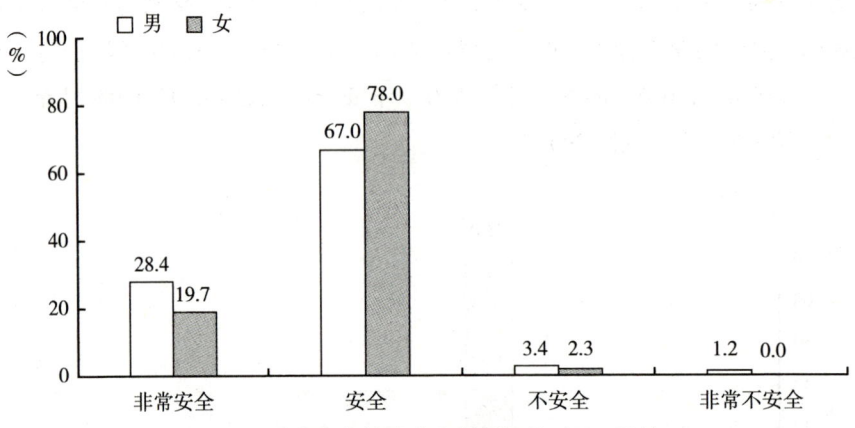

图30　香港青年社区安全性别比较（N=724）

在澳门，合计92.2%的男性认为所处的环境属于安全及以上，同比有92.3%的女性也认同澳门环境安全。认为"不安全"及"非常不安全"的男性占比7.9%，同比女性占比7.7%。由此可见，在澳门不同性别人士对社区环境安全感的差异并不大（见图31）。

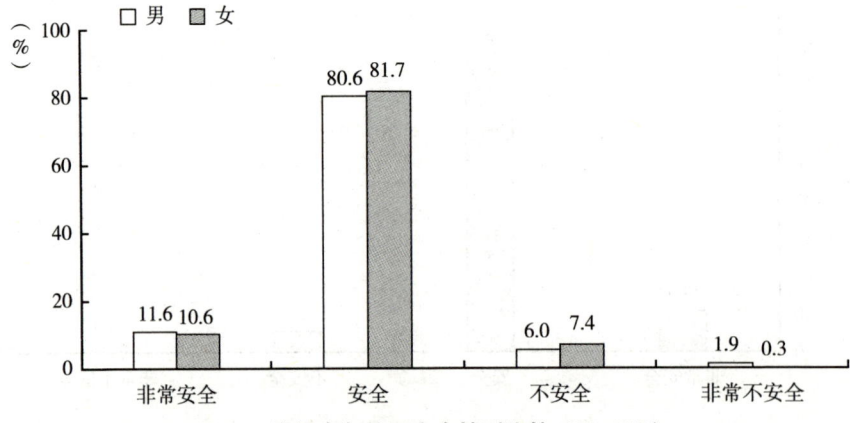

图31　澳门青年社区安全性别比较（N=540）

（3）年龄差异

香港调查结果显示，认为"非常安全"的年龄群比例依次是 30 岁及以上人群（占比 27.3%）、20 岁以下人群（占比 24.7%）、20~24 岁人群（占比 22.5%）、25~29 岁人群（占比 20.4%）。认为"安全"的 75.9% 是 25~29 岁人群，排在第二位的是 20~24 岁人群，占比 74.3%，20 岁以下人群以 71.9% 排在第三位，30 岁及以上人群排在第四位，占比 68.2%。认为"不安全"和"非常不安全"，排在第一位的是 30 岁及以上年龄组，占比 4.5%，其次有 3.7% 的 25~29 岁青年认为不安全，排第三位的是 20 岁以下人群，占比 3.2%，排在第四位的是 20~24 岁人群，占比 3.2%（见图 32）。

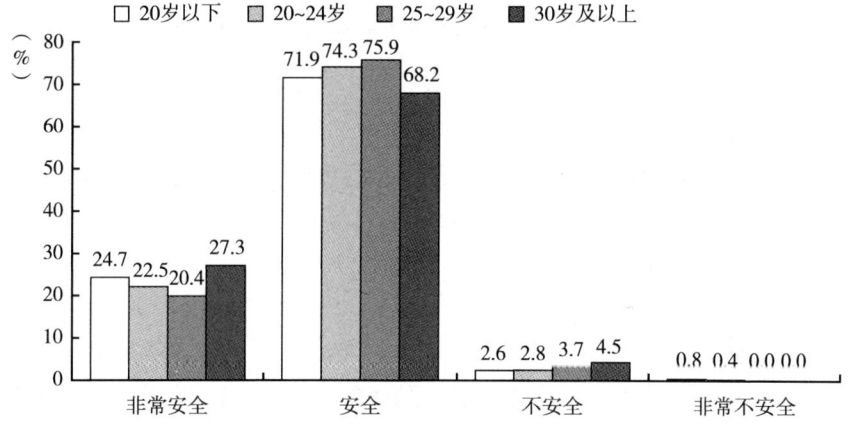

图 32　香港青年社区安全年龄比较（N=724）

澳门调查结果显示，认为"非常安全"的年龄群排第一位的是 20 岁以下人群，占比 15.4%；排在第二位的是 30 岁及以上人群，占比 13.2%；排在第三位的是 25~29 岁人群，占比 10%；排在第四位的是 20~24 岁人群，占比 8.6%。认为"安全"的有 82.7% 是 25~29 岁人群；排在第二位的是 20~24 岁人群，占比 81.8%；排在第三位的是 20 岁以下人群，占比 80.1%；排在第四位的是 30 岁及以上人群。认为"不安全"和"非常不安全"的排在第一位的是 30 岁及以上年龄组，占比 11.3%；其次是 20~24 岁人群，占比 9.6%；排在第三位的是 25~29 岁人群，占比 7.3%；排在第四位的是 20 岁以下人群，占比 4.4%（见图 33）。

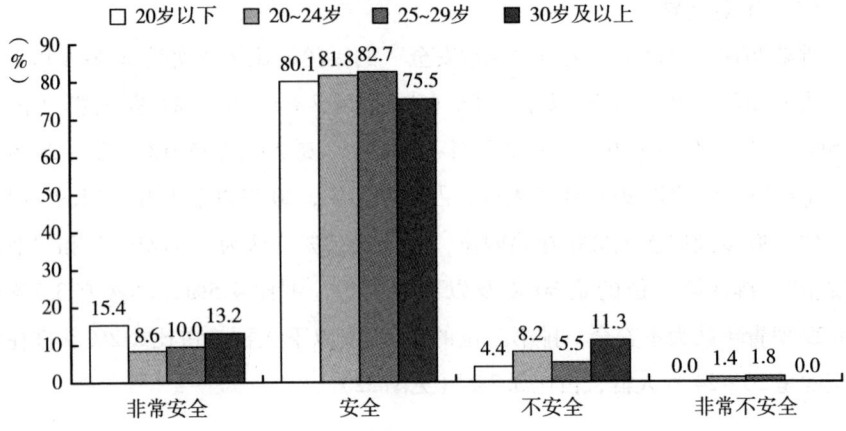

图 33　澳门青年社区安全年龄比较（N=540）

三　穗港澳三地青年幸福感存在问题与原因分析

（一）存在问题

对于幸福感的影响因素，普遍认为主要是经济水平、文化规范、人际关系、婚姻家庭、工作就业、社会保障、政治类型等。因此，在穗港澳三地青年幸福感比较中我们不能简单地认为物质发展、经济充裕为青年带来了幸福感，事实上非物质文化的发展，也影响了三地青年的认知态度和获得幸福感的能力。

一是对"幸福生活主要标准"的认识趋同，但仍有差异。三地青年都把身体健康排在了第一位。对于第二位受访 35 岁以下青年中广州、澳门两地认为是"婚姻美满"，香港青年则选择了"有知心朋友"。前文指出，对友谊与爱情的差别一定程度上投射出青年生理年龄与心理年龄的差异，也从侧面反映出当代青年的心智日趋"晚熟"，这一点在香港青年身上有显著的体现。对于第三重要的标准，广州青年选择"事业成功"、澳门青年选择"良好的人际关系"、香港青年选择"有一份自己喜欢的工作"则展示出不同地域政治、经济发展阶段及社会环境对青年心态造成的影响。

以上三个答案的排序更进一步反映出三地不同经济文化状态对青年人的心理选择影响。伴随中国大陆三十年的改革开放以及近年来李克强总理提出的"供给侧"改革和"大众创业、万众创新",经济发展一直是内地青年的主题。在广州,作为南部国家中心城市及千年商都,年轻人更注重通过投身事业获取社会认同及个人成功。相较于内地,香港经济社会发展在全球范围都已达到一定高度,青年人几乎已无法再开展大规模的创业或创造活动,在大机构、大财团或发达经济体内寻求体面工作及合理收入成为青年人的理性选择,同时香港青年也注重个体内心感受与发展,因此在选择工作的同时也希望是"一份喜欢的工作"。与此同时,澳门政治经济体一直相对稳定,产业结构及经济来源比较固定,青年人得以拥有一个较为安逸的社会生活环境,因此更多将注意力放在人与人之间的关系上,随着"小确幸"[①]文化的流行,澳门青年个体多追求于"微小而可以确定的幸福"。三地之间的选择差异恰恰体现出背后的个体资本、社会环境和经济因素。

二是关于"目前生活是否愉快",港澳青年愉快指数高于广州青年,女性高于男性。但是这个问题在澳门地区的调查结果中显示男女差别并不大,男性还高于女性0.5个百分点。对比穗港两地,澳门男女两性在经济水平、工作就业、社会保障等方面情况相近,因此年轻男性感受到的社会经济压力及文化压力并不严重,仍保持了较高的愉快认知评价。

广州30岁及以上青年对生活感到最愉快,香港是30岁及以上青年最不愉快。笔者认为这与三地青年面临社会压力的时间点与自身成熟阶段相关,30岁以后多数广州青年已完成交友、成家、立业等社会任务使命,进入新的人生发展期,因此"愉快"程度显著提升。而同期香港青年则面临巨大社会经济压力,特别在香港近年环境下,30岁及以上年轻人面临更多压力。值得注意的是在香港青年数据中,已婚人士自认比未婚时候更愉快,比起广州、澳门两地,这一观念更靠近传统。最后,在家庭阶层分析中我们发现广州、澳门中产阶级家庭出身的青年最愉快,香港则呈现"经济社会地位与愉快程度"完全

---

① "小确幸"一词的意思是微小而确实的幸福,是稍纵即逝的美好,出自村上春树的随笔,由翻译家林少华直译而进入现代汉语。小确幸的感觉在于小,每一枚小确幸持续的时间3秒至一整天不等。

正比的状况,特别需要指出的是,在澳门自认为最不愉快的高层家庭出身的青年和底层家庭出身的青年数据相近。

通过年龄差异对比我们也发现,在广州自认为"很愉快"和"愉快"排在首位的是30岁及以上青年,同比在港澳地区是25~29岁年龄组人群。自认"不太愉快"和"一点都不愉快"在广州和澳门是20岁以下年龄组人群,在香港则是30岁及以上年龄组。作为传统文化中"三十而立"的临界点,广州青年多在30岁及以上完成了传统世俗生活安排,进入新的人生发展阶段。相比之下,30岁及以上年龄组人群面临较大社会经济压力,随着年龄的增长、心智的成熟以及城市本身所存在的发展压力,香港青年30岁及以上开始觉得"不太愉快"和"一点都不愉快"实属正常。在广州和澳门,20岁以下年龄组则因为尚处于青少年期末期及成年早期,无论生理、心理还是社会关系都并未发展完善,体现出"不太愉快"和"一点都不愉快"实属正常。

婚姻状况与否对青年心理愉快状态的影响实则微弱,数据显示在广州已婚人士"愉快"程度合计比例略低于未婚人士1.6个百分点,在香港已婚人士"愉快"程度合计比例高于未婚人士1.4个百分点,与穗港不同,在澳门数据差异较为明显,已婚人士"愉快"程度合计比例(77.1%)低于未婚人士(86.5%)9.4个百分点。三地比较显示,在广州、澳门已婚人士都自认"愉快"程度不及未婚人士,但在广州仅有1.6个百分点的微小差距,在澳门却高达9.4个百分点。而香港地区则显示出已婚人士比未婚人士更自认为"愉快"。笔者以为这与当地社会文化与习俗息息相关。同时也无法证明"结婚就一定比未婚更幸福"这一传统假设。

而不同地区不同家庭阶层出身的青年数据表明在广州中层家庭出身的青年"愉快"程度最高,占比86.9%,"愉快"程度最低的是出身底层家庭背景的青年。在香港,对于这一问题的相关分析则显示出完全正比的状况,即家庭社会阶层越高对"愉快"的认同度也就越高,与其所在的社会阶层完全成正比。在澳门,这一比例又发生了微妙变化,呈现正态分布趋势。中高层及中层家庭背景出身的青年对"愉快"认同度最高,高层家庭和底层家庭出身的青年认同比例相近。

三是关于"选择与掌握自己的生活",三地青年调查结果显示广州青年认为自己可以掌控自己生活的比例显著高于香港、澳门青年。广州青年比港澳青年更自信。女性比男性更有把握。笔者认为这与当代社会发展及女性主义崛起等政治、经济、文化因素有关，同时，受访对象均为35岁以下女性，此时女青年正处于人生最丰盛时期之一，自信、自尊及自控力高也易于理解。

最不能掌控生活的年龄，广州和澳门青年认为是20岁以下这一求学期，香港则是30岁及以上，人生迈入职业场合之后。家庭层次中，广州和澳门中高层家庭背景青年认为自己最能够掌控生活，香港则依旧延续正相关。社会层次越高对生活掌控能力越强。但是在澳门，高层家庭背景出身的青年反倒认为自己无法掌控生活，笔者以为这与澳门传统家族家庭形态和青年就业创业机遇不无关系。在澳门下层家庭背景出身的青年认为"能够掌控生活"的程度比高层家庭背景出身的青年高。说明青年的自我评价结果显示并不与政治经济社会地位完全相关。

为了便于分析判断我们将表2的内容转化为图34的均值和标准差。研究发现，在"可否选择和掌握自己的生活"方面，广州青年的信心远胜香港、澳门青年。笔者认为，这与近年来三地社会环境差异影响有显著关系。无论青年能否掌控自身生活，这一问题的答案主要体现出青年人的自信与信心。在社会情绪普遍上扬的积极心态中青年人也能够更加积极、主动投身其中。

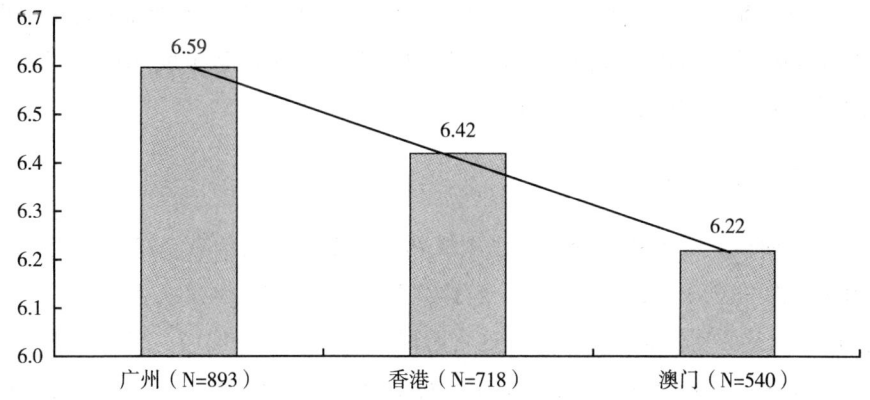

图34　对生活的掌控程度

从家庭阶层来看，广州青年中自我评价属于"中高层家庭"的青年认为自己可以掌控生活的均值最高，排在末位的是自我评价认为属于底层家庭背景的青年。在香港调查中我们发现,认为自己可以掌控生活的均值与所在家庭阶层成正比关系。排位依次是高层、中高层、中层、中下层和下层。

四是针对居住的社区是否安全问题,整体而言香港青年自评环境最安全,但是香港男青年不安全感强于女青年,广州则明显是女青年多于男青年。认为广州"不安全"的青年集中于20~24岁求学就业这一阶段,在香港和澳门则是30岁及以上的青年认为自己居住的社区不够安全。治安状况测量数据表明,同比之下,香港青年安全感最高,有23.7%的香港青年认为"非常安全",这一比例不仅超出12.5%的广州青年,比澳门青年11.4%的认同度也高出10个百分点有余。在"安全"认同中,调查结果显示81%的澳门青年觉得自己居住的社区"安全",香港和广州的比例皆为73%。认为"不安全"的数据显示,1.3%的广州青年认为"非常不安全",0.9%的澳门青年认为"非常不安全",仅有0.6%的香港青年认为"非常不安全"。这一结果不仅明确显示出实际主观安全感方面,香港青年最高,澳门次之,广州最低,也与普通公众对三地的一般印象不谋而合。作为现代法治社会的典范,香港依然保持了良好的管理水准,给当代青年创造了良好的社会环境,让人们从心态上能够充分享有社会生活安全感。

香港作为中西文化交会的中心在文化规范上直接塑造了人们的安全感观感,严格的海洋法体系与刚柔并济的社会福利保障体系为香港青年人提供了更优渥的心理安全与物质保障。合计高达96.7%的安全感认可度无可争议地展示了香港青年对香港的信心与信任。

(二)原因分析

青年阶段,个体的生理发展已经成熟并呈现稳定的状态。22岁左右,人的生理发展完全成熟,这种状态一般持续到35岁左右,也是人生发展的"黄金时期"。从心理发展角度而言,这个阶段青年人感知、记忆、想象能力均达到成熟水平,并且进入人生最佳时期,包括思维、认知操作、职业、处理人际关系、社会适应等能力。从社会性发展而言,这一时期青年人主要表现在人生观、友谊和爱情、心理适应三个方面的发展,因此青年个体对婚姻、职业的诉求表现显著。

国内研究中从体验论的观点看,幸福感是由人们所拥有的客观条件以及人们的需求和价值等因素共同作用而产生的个体对自身存在与发展状况的一种积极的心理体验。因此，通过对青年阶段的需求分析，笔者认为马斯洛的需求层次理论清晰地解释了这一阶段人生的生理、安全、归属与爱、尊重及自我实现需要。马斯洛认为"安全感是一种从恐惧和焦虑中脱离出来的信心、安全和自由的感觉"，在这一基础上人们才会追寻下一步内心需求，包括归属与爱、尊重及自我实现。

调查结果显示在社区环境安全感方面香港青年最强，澳门次之，广州最弱。这一结果映射出三地在公众视野中的城市形象及人文、法制、社会管理感官印象。因此，在"目前生活是否愉快"的现实抉择中也体现出港澳青年满意度胜过广州青年。基于安全感之上，更多青年希望实现的是"归属与爱"的需要，这在"幸福生活的主要标准"中得到了三地青年的一致认同，婚姻美满或有知心朋友成为重要选择。第三步才是"尊重"需要及"自我实现"需要。对于高层次的需要，广州青年更为宏观地选择了"事业成功"，也显现出内心的自信与城市发展速度同步匹配。香港青年则更为具体地选择了"一份喜欢的工作"，其中不仅包含了职业选择取向，更紧密结合自身自我实现需求。澳门青年则更注重人际导向，在相对稳定的生活圈内更加看重"良好的人际关系"与现实互动。以上答案一方面反映出三地青年在这一人生阶段的价值抉择，另一方面也反映出不同城市特色和城市文化。

此外，根据阿尔德弗尔的 ERG 理论，他把人的需要分为三类，即生存需要、关系需要和成长需要。ERG 理论并不强调需要层次的顺序，而是认为某种需要在一定时间内对行为起作用，当这种需要得到满足后可能去追求更高层次的需要，也可能没有这种上升趋势。当较高需要受到挫折时，可能会降而求其次。在进一步相关分析中我们看到，认为"能够选择与掌控自己的生活"中澳门家庭社会阶层高的青年反而认为自己"不能掌控"，这与香港同类家庭阶层的青年形成鲜明对比，同时也是澳门家庭社会阶层高的青年认为自己"目前生活不愉快"。笔者认为这一结果与澳门地区政治、经济、文化、人际圈息息相关。在这种环境下，青年人虽然无"生存需要"之愁，但在"关系需要"和"成长需要"方面也无法达到自我实现。作为经济产业结构较为单一、亚洲传统文化又较为兴盛的地区，青年人的选择并没有我们预想中的开放多元，反而更多地会受到既有家族、学校、社会关系的羁绊，因此出现"不愉快"的选项统计结果也是情理之中。

同时，在"生活是否愉快"中笔者发现广州、澳门青年也选择了"已婚不如未婚时愉快"，唯有已婚香港青年愉快度略高于未婚。这一结果也颠覆了之前的研究假设，显然在追求亲密关系及建立婚姻家庭关系之后，如何进一步经营或处理好更为复杂的人际关系可能是之前青年人未曾预料过的。因此，结婚与否并不能直接佐证当代青年生活愉快。

四 穗港澳三地青年幸福感研究的对策建议

近十多年，随着中国社会结构转型加速，各领域的改革日益触及深层利益，社会分化程度加深。在社会心理方面，随着生活条件逐渐改善，人们的需求层次日益提升，且呈现多样化态势，因此需求能被满足的标准相对提高了，人们的各种压力感大大增加，这一切都影响了人民的幸福感。国外研究证明，当人均 GDP 超过 3000 美元时人们的幸福感和经济发展的关系减弱，这时强调更多的是人们的心理满足与幸福。因此，对于穗港澳三地青年积极心态的培养就显得格外重要（见表3）。

表3 幸福感主观评价对三地青年的影响

	广州	香港	澳门
积极影响	对身体健康、婚姻美满、人际和谐的追求		
消极影响	三地青年婚否对个体的愉快程度影响并不显著 广州青年安全感低于港澳 香港30岁及以上青年生活压力大，愉快程度低，且与家庭所在阶层完全成正比 澳门高层家庭背景青年仍无法掌控自身生活		
发展趋势	对生活是否愉快的评价：港澳青年高于广州青年 30岁及以上青年压力将日趋增大 生活愉快度与掌控能力与所处社会阶层及经济水平日趋呈正比或正态分布		

通过以上分析，对于三地青年幸福感，笔者认为可以从社会学角度进行建构。

第一，从社会期望出发。研究指出，人们对未来生活的信心与预期会影响到当下的情感状态。特别是主观意义上的幸福感，人们会根据自身现在的生活境况去构想未来的生活图景,对未来生活的积极心理期望会增强当下的幸福感;反之,对未来生活持有消极态度的人往往没有幸福感。通常认为在整体社会经济上行期,人们的幸福感也会随之增长。需要注意的是,虽然穗港澳三地地缘相近,但在文化规范、人际关系、婚姻家庭、工作就业、社会保障、政治类型等方面还是有很大的不同。内地正处于传统文化向现代文化的社会转型期,充斥着大量机遇,也混杂着诸多风险。但港澳地区经过百年的建设与发展已拥有了一套自身的社会规范认知体系,民众在人际、婚姻、家庭等方面的思维与处理方式也与内地有诸多不同。对于工作"就业"还是"创业"三地青年有自己的认识与选择,加上社会保障、政治制度的考量,造就三地青年不同的幸福感选择。这种选择结果的背后实际上是当地社会的期望,社会期望来自社会成员对自我认同与社会认同的双重认知与评价。无论在广州、香港还是澳门,我们能够共同认定的是"只有积极的自我认同与社会认同才会包含较强的幸福感",以此为基础的社会期望会使当下的幸福感得以维持和强化。

第二,从社会比较出发。研究表明,人类的幸福感主要来自于与他人(参照群体)比较后所得到的心理感受。家人、朋友甚至不认识的人都有可能是个人进行社会比较的参照群体。而大部分个人都会选择与自己经济、政治和社会地位相近的人作为社会比较的参照群体。随着内地经济的崛起,在穗港澳比较研究中,内地青年群体可以说正在以更加"平等的姿态"进行与港澳地区青年的横向对比与交流。例如前文对于自身"愉快"状态的调查数据显示,合计82.8%的广州青年认为自己的心态在愉快以上,同比香港青年占85.2%,澳门青年占85.1%。港澳两地青年对于"愉快"这一概念的主观认同度明显比内地青年高出至少2.3个百分点,这一微妙的数据差距显示出青年当下的心态反映。这也与大众印象中,香港流行文化所表达的"最重要是开心"等社会心态体现不谋而合。同一时间、空间、年龄段内,广州青年与港澳青年的"愉快"认知差距折射出内地与港台地区文化习俗及青年亚文化的不同。

第三,从社会建构出发。人的主观感受并非先在和静止的,而是依赖于社会主流话语与意义框架的型塑。社会建构体现为社会的主流意识形态、社会舆论、大众传媒等对社会成员价值观念的影响与塑造。[1] 在涉及安全感的调查

---

[1] 李焰、赵君:《幸福感研究概述》,《沈阳师范大学学报》(社会科学版)2004年第2期。

中，数据显示无论是"对生活的掌控程度"还是"你所居住的社区是否安全"笔者以为都与大众刻板印象中的语义建构密不可分。因为我们并没有采集或统计过受访者周遭的具体社区犯罪率统计或受访者个人最终是否"真的实现生活尽在掌控中",更多的是主观印象建构(当然,关于安全感的调查也离不开社会现实支撑)。在此基础上,通过经年的宣传与意识塑造,高达96.7%的香港青年高度认同在香港居住生活的安全感,92.4%的澳门青年认为自己居住的环境安全,同比广州只有85.5%的青年如此认为。这一调查结果不仅体现了三地青年不同心态,更为将来广州社区安全管理提出了更高的期待。

综上所述,人类的主观感受属性是社会性的,人们的幸福感、安全感是个人社会化以及参与社会生活所导致的结果。因此,笔者认为主观感受的产生是可以人为构造的。

(一)发挥媒体作用,引导青年主流思想意识形态

社会舆论、大众传媒等可以开展社会联结。例如,通过对特定时代的"怀旧"、"回忆"链接当下社会青年所需所求,不仅能够对青年人群进行心理塑造,还可以把个体与个体之间、群体与群体之间的认知与体验勾连起来,进而影响人们对主观感受的判断与把握。

(二)增强制度保障,推动青年就业生存公平环境

当前中国特色社会主义法律体系中基本的、主要的法律体系框架已形成,法律、制度不断完善,为人们主观生活感受提供了现实基础和推动依据。唯有严谨的制度才能形成对政府或国家权力的有效约束和控制,敦促并监督政府严格依法办事。在一个规则社会中,一个严格遵守法度的人,一个生活在秩序井然、公平有序环境中的人,才享有了所谓的自由。

(三)建立激励机制,推动青年投身社会参与

社会的变迁与改革青年是连续不断的,在改革开放经济发展三十年后将进入社会建设与环境发展时期。作为社会中最活跃的群体,青年本能地率先对社会的急剧变化做出迅速反应,他们的积极参与不仅显示了这一人群的热情,也将有效减少他们与社会的摩擦冲突。因此,提供渠道给青年表达自己的利益诉

求,既是"党委领导、政府负责、社会协同、公众参与"的政策回应,也是青年实现自身发展、提高整体能力的有效方式。无论是简单的物质激励还是高尚的精神激励,在任何一个时代,青年都愿意在激励之中积极投身社会建设。一方面可以更好地联系青年群体,另一方面也为社会其他人群做出表率,吸引更多人通过对主观感受的追求创造更加丰富多彩的物质体验,以及非物质文化精神生活。

B.13 后记

本书是由广州市团校、广州市穗港澳青少年研究所、香港中华基督教青年会、澳门基督教青年会具体组织完成的。课题组成员从2015年5月开始进行课题研究设计，于2015年6~9月在广州、香港、澳门三个地区同时进行调查数据的收集工作，2015年10月由广州、香港、澳门三个地区分别统计分析数据，2016年1月进行专题报告写作。在课题组全体成员的共同努力下，利用最新的调查数据和大量文献资料，对广州青年的价值观进行客观分析，并与香港、澳门两地青年的数据进行横向比较研究，认真、细致地探索广州、香港、澳门三地青年价值观的最新动态，并取得了最终研究成果。

《广州青年发展报告（2016）》是对广州青年研究的第四本蓝皮书，是对广州青年价值观的客观研究，并与香港、澳门两地青年价值观进行比较。其创新之处：一是首次以青年价值观为主题全面、系统地研究，二是首次对广州、香港、澳门青年价值观进行地区比较研究。

本书由一篇总报告和十一篇专题报告组成，各部分执笔人的名单如下：

总报告：沈杰（中国社会科学院青年人文社会科学研究中心研究员、中国青年政治学院青少年研究院研究员）、谷楠（中国青年政治学院青少年工作系研究生）

专题报告一：邓智平（广东省社会科学院哲学与宗教研究所副所长、副研究员、博士）、赵道静（广东省社会科学院社会学与人口学研究所助理研究员）

专题报告二：刘念（广州大学公共管理学院社会学系讲师）

专题报告三：涂敏霞（广州市穗港澳青少年研究所副所长、教授）、刘艺非（中山大学中国公益慈善研究院助理研究员）

专题报告四：谭丽华（广州市穗港澳青少年研究所助理研究员、社会学博士）、周理艺（广州市穗港澳青少年研究所研究助理）

专题报告五：巫长林（广州市穗港澳青少年研究所研究实习员）

专题报告六：李超海（广东省社会科学院副研究员）

专题报告七：涂敏霞（广州市穗港澳青少年研究所副所长、教授）、藕园（中山大学社会学与人类学学院研究生）、李醒（中山大学社会学与人类学学院研究生）

专题报告八：吴冬华（广州市团校青少年研究中心主任、助理研究员）

专题报告九：孙慧（广州市穗港澳青少年研究所助理研究员）

专题报告十：刘梦琴（广东省社会科学院社会学与人口学研究所研究员、博士）、陆峥（广东省社会科学院社会学与人口学研究所助理研究员）

专题报告十一：刘思贤（广州市穗港澳青少年研究所助理研究员）

本书由邱服兵、涂敏霞负责统稿。

本课题问卷由涂敏霞统稿。本课题问卷发放由涂敏霞、吴冬华、孙彬、丘异龄、孙慧、刘思贤、巫长林、周理艺负责。

问卷的数据录入由丘异龄、周理艺等人负责。

本课题的数据分析由李超海、周理艺及各报告的执笔人负责。

本课题在实施过程中，得到了社会各界以及学界专家的大力支持。首先，本课题在开展的过程中获得中国青年政治学院沈杰研究员的建议和指导，课题研究严谨和科学。其次，香港中华基督教青年会、澳门基督教青年会作为本次课题的合作机构，具体负责港澳地区的问卷发放及数据统计分析工作，使课题得以顺利开展。最后，本次调查的样本量较大，覆盖面较广，在发放问卷的过程中，工作人员获得了一些单位部门、企业、共青团组织和社会组织的帮助。对给予我们帮助的组织和个人，我们在此一并表示感谢！

由于时间仓促及研究人员的水平有限，本研究报告错误之处在所难免。欢迎广大读者对本研究报告提出意见和建议，以便我们更好地改进今后的研究工作。

共青团广州市委员会

广州市团校

广州市穗港澳青少年研究所

广州青年价值观研究课题组

2016年6月

Abstract

Annual Report on youth development of guangzhou (2016) is composed by three regional reports, eleven specific reports. This book is a systematic comparative study on the basis of view of life values, occupational values, moral and legal consciousness, scientific and technological view, development view, value on love, marriage and family, motivation participating in voluntary service, social trust, organizational identification, happiness and other aspects. From perspectives of sociology, social work, psychology, pedagogy, criminology, politics and other disciplines, this research profoundly explore and analyze essential features and differences about value of youths in Guangzhou, Hong Kong and Macao, and truthfully reflect their current situation accordingly.

This study reveals that a majority of youths in Guangzhou, Hong Kong and Macao have positive and healthy view of life values, and care for family and friends. They believe personal struggle has a big role to play in completing personal achievements, especially youths in Guangzhou. In terms of occupational values of youths, stronger sense of equality on occupation is common in three regions, but youths in Guangzhou are remarkably lower than youths in Macao and Hong Kong. With regard to motivation of employment, youths in Guangzhou attach importance to self-development, but youths from Hong Kong and Macao pay much attention to stability and competitiveness of work. On the basis of research of moral and legal consciousness, the acceptance level for various wrongdoings in Macao and Hong Kong is superior to that of Guangzhou as a whole. Youths in three regions are more tolerant of acts that go against traditional Chinese ethics and morality. The scientific and technological view of youths in Guangzhou, Hong Kong and Macao tends to be positive and optimistic. In terms of degree of positive response, Guangzhou ranks first and Hong Kong and Macao come second and third respectively. With regard to environmental conservation and economic growth, most of them prioritize environmental protection and denounce environmental disruption caused by rapid economic growth. In Guangzhou, social stability and economic expansion are more emphasized. Freedom of speech, decision and participation are more valued in Hong Kong. In Macao, development views tend to be diversified, but "stable economy" is superior to other choices. In terms of mate choice, personality in Hong Kong and Guangzhou is prioritized, while value is emphasized in Macao. But youths in three regions believe that a family pattern of "one family, two children" is ideal. For attitude towards sex, tolerance for such problems as homosexuality, prostitution, abortion, divorce and premarital sex in Hong Kong and Macao is higher than Guangzhou. For motivation participating in voluntary service, responsibility and altruism are more common in the three regions. But emphasis of specific motivations is different. In regard to social trust, the degree of trust for family members, old friends and net friends declines successively. Confidence for family members in Guangzhou is higher than youths of Hong Kong and Macao. But youths in Hong Kong and Macao is more confident in old friends and net friends than Guangzhou. For organizational identification, youths in Guangzhou, Hong Kong and Macao are fond of being a member of sports/entertainment groups, education/art/music/culture groups and charities. The rate of participation in organizations declines successively from Guangzhou to Macao and Hong Kong. For happiness of youths in Guangzhou, Hong Kong and Macao, importance of happiness and pleasure is affected by regional, cultural and psychological difference. But about feeling of control and sense of security, youths in Hong Kong and Macao are higher than Guangzhou.

In conclusion, with deepening of economic and trade contact and mutual trade, value of youths in Guangzhou, Hong Kong and Macao tends to be identical. Meanwhile, affected by different social background, their values, to a certain degree, are different. Pursuant to difference of youths in three regions, this book especially brings forward opinions in forming healthy and reasonable value of three regions.

Contents

I General Report

B. 1 Value of youths in Guangzhou　　　　　　　*Shen Jie, Gu Nan* / 001

Abstract: Guangzhou youths are in an important strategic opportunities and critical period. They are facing a well-off society in an all-round way, promoting the development of the Pearl River Delta and enhancing the status of Guangzhou National Center. There is a far-reaching significance to have a comprehensive understanding of the Guangzhou youths´ value for developing the youths' policy, promoting youth's all-round development, and inspiring the youths to develop the social progress. In general, Guangzhou youths show a positive political value concept, higher social ethics and legal concepts. In terms of social values of Guangzhou youths are complex: traditional, modern and postmodern; for the value of life, Guangzhou youths are more pragmatic, career choice mainly consider subjective factors; for the mate choice Guangzhou youths pursue love of spirit. In a word, Guangzhou should promote the development of youths from various aspects and construct the support system to promote the continuous optimization of the value of youths.

Keywords: Youths; Guangzhou; Value

II Special Topics

B. 2 Development View of Youths in Guangzhou,
　　　Hongkong and Macao　　　　　*Deng Zhiping, Zhao Daojing* / 017

Abstract: On the grounds of concepts about social economy and environmental protection, this study explores basic features of development view in three regions. The study reveals that the development view tends to be general but special due to effects of different economy, society and culture. They prioritize environmental protection and denounce environmental disruption caused by rapid economic growth. In Guangzhou, social stability and economic expansion are more emphasized. Freedom of speech, decision and participation are more valued in Hong Kong. In Macao, development views tend to be diversified, but "stable economy" is superior to other choices. In addition, the study also predicts tendency in the next three years and provides suggestions to improve development view of youths.

Keywords: Youths; Development View; Guangzhou, Hongkong and Macao

B.3 Moral and Legal Consciousness of Youths in Guangzhou, Hongkong and Macao

Liu Nian / 041

Abstract: Further enhancing moral and legal consciousness of youths is key point of our work. Take youths in Guangzhou, Macao and Hong Kong as object of study, this study contrasts acceptance level for wrongdoing and unlawful act as well as legal consciousness. The result reveals that the acceptance level for various wrongdoings in Macao and Hong Kong is superior to that of Guangzhou as a whole. They are more open to acts that go against traditional Chinese ethics and morality. Youths in three regions comparatively are disgusted with unlawful acts. The awareness to obey law tends to be much stronger. However, in terms of awareness of law-abiding, difference seems to be significant in three regions. A majority of youths said that they refuse to abide by unreasonable laws and attempt to make improvements accordingly through struggle. In consideration of social similarities and differences in Guangzhou, Macao and Hong Kong, countermeasure and advice to strengthen moral and legal consciousness of youths are proposed on the basis of social environment, family, rule of law, judicial justice and other aspects.

Keywords: Youths; Moral Consciousness; Legal Consciousness

B.4　Study on View of Life Values of Youths in Guangzhou, Hongkong and Macao

Tu Minxia, Liu Yifei / 066

Abstract: Take youths in Guangzhou, Hong Kong and Macao as objects, this study makes exploratory and comparative analysis on view of life values on the grounds of several main aspects. The study reveals that there are some common characteristics on view of life values for youths in three regions. They attach importance to family and friends. Besides, leisure is another important factor. They are able to rationally deal with money and take health as main source of happiness. And personal struggle has a big role to play in completing personal achievements. Meanwhile, there are some differences. For instance, work is not as important as leisure; intention to pursue treasure is not different; and acceptance for factors affecting personal struggle is different. In addition, research results indicate that the opinions on view of life values vary from youth groups with different features. According to above mentioned analysis, measures and suggestions have been proposed accordingly.

Keywords: View of Life Values; Youths in Guangzhou; Hongkong and Macao; Comparative Analysis

B.5　Comparison on Scientific and Technological View of Youths in Guangzhou, Hongkong and Macao

Tan Lihua, Zhou Liyi / 096

Abstract: According to comparative analysis, the scientific and technological view of youths in Guangzhou, Hong Kong and Macao tends to be positive and optimistic. In terms of degree of positive response, Guangzhou ranks first and Hong Kong and Macao come second and third respectively. But for anxiety for negative effects of science and technology, the ranking is Macao, Hong Kong and Guangzhou respectively. The study also discloses that rapid progress in scientific and technological advances formation of positive attitude towards science. Besides, youths in

Guangzhou need more information about STSE (science, technology, society and environment) so that they can further know effects of science on society and environmental influence.

Keywords: Youths in Guangzhou; Hongkong and Macao; Technological View; Comparison

B. 6   Youths' Identification on Social Organization
in Guangzhou, Hongkong and Macao

Wu Changlin / 124

Abstract: Youths' participation in social organizations reflects their social participation in different degree. On the basis of communion/church, sports/recreation groups, education/art/music/culture groups, trade union, political parties, professional associations, charities and consumer organizations, this study analyzes youths' participation in social organizations and further contrast their degree of social participation. Results indicate, sports/recreation groups, education/art/music/culture groups and charities are most popular among youths in three regions; trade union, political parties and consumer organizations are their last choice; rate of participation in organizations declines successively from Guangzhou to Macao and Hong Kong. In view of problems around organizational identification in three regions, advice is proposed accordingly.

Keywords: Identification ; Social Organization; Youths in Guangzhou, Hongkong and Macao

B. 7   Youth's gender relations and intergenerational cognize
in Guangzhou, Hongkong and Macao

Li Chaohai / 149

Abstract: According to the study, youths' understandings on sex and responsibility outlook in three regions are different evidently. In Guangzhou, occupation is believed to be conducive to female independence. Youths disapproved that mother's work will impose negative effects on children. In Hong Kong, youths pay much attention to dignity of the old. And ability of youths is emphasized in Macao. Also, the comparative analysis indicates that the female attaches more importance to gender equality than the male. In terms of responsibilities to take care of the old and society, the male is stronger than the female in three regions. As youths grow older, concept of gender equality is also intensified. But, in the old age this concept will be gradually weaken and lower than the average. Youths who have accepted full education tend to be more responsible in Guangzhou. But youths in Hong Kong and Macao are not as good as youths in Guangzhou. Differentiation tendency has been appeared. Besides, the married youths have stronger sense of responsibility than unmarried youth in Guangzhou. Hong Kong and Macao are just the opposite.

Keywords: Youths in Guangzhou, Hongkong and Macao; Sex and Responsibility; Comparative analysis

B.8 Analysis on Social Trust of Youths in Guangzhou, Hongkong and Macao

Tu Minxia, Ou Yuan and Li Xing / 170

Abstract: In consideration of independent development of three regions, this study explores current situation, features, existing problems and effects of social trust in Guangzhou, Hong Kong and Macao. The result finds that the degree of trust for family members, old friends and net friends declines successively. Personal capitals such as gender, age, educational background and occupation heavily affect degree of trust. Also, family background directly affects youths' trust on society. In view of problems existed in social trust in three regions, measures and suggestions are proposed accordingly.

Keywords: Youths in Guangzhou, Hongkong and Macao; Social Trust

B. 9　Comparison on Motivation to Participate in Youth Voluntary Service in Guangzhou, Hongkong and Macao

Wu Donghua / 192

Abstract: Motivations to participate in youth voluntary service mainly are based on responsibility (traditional), development (modern) and happiness (postmodern). Motivations of responsibility and altruism are more common in the three regions. But emphasis of specific motivations is different. And participation motivations of youths have respective features.

Keywords: Voluntary Service; Participate motivation; Youths

B. 10　Comparative Analysis on Occupational Values of Youths in Guangzhou, Hongkong and Macao

Sun Hui / 214

Abstract: In three regions, occupation values of youths tend to be consistent and positive. With regard to importance of work, a majority of youths accepts signification of work in daily life. Stronger sense of equality on occupation is common in three regions, but youths in Guangzhou are remarkably lower than youths in Macao and Hong Kong. Confronted with view of employment, youths focus on self-worth and self-development. On the basis of comprehensive analysis around features of value, this study also puts forward advice to carry forward occupational equality, social contribution and improvement of human capital, etc.

Keywords: Youths in Guangzhou, Hongkong and Macao; Similarity; Occupational values; Comparative Analysis

B. 11　Value on Love, Marriage and Family of Youths in Guangzhou, Hongkong and Macao

Liu Mengqin, Lu Zhen / 240

Abstract: The research over value on love, marriage and family of youths in Guangzhou, Hong Kong and Macao reveals that personality, moral character and value are considered as the most important standard to choose spouse. In Hong Kong, personality is prioritized; value is emphasized in Macao; and value is not paid much attention to by youths of Guangzhou. For youths in three regions, a family pattern of "one family, two children" is believed to be ideal. Besides, fertility desire is obviously affected by family economic conditions and social status. For attitude towards sex, tolerance for such problems as homosexuality, prostitution, abortion, divorce and premarital sex in Hong Kong and Macao is higher than Guangzhou. Domestic violence is hardly accepted by youths in three regions.

Keywords: Value on Marriage; Value on Family; Fertility Desire; sexuality; Youths in Guangzhou, Hongkong and Macao

B. 12　Comparative Analysis on Happiness of Youths in Guangzhou, Hongkong and Macao

Liu Sixian / 257

Abstract: The happiness study contains living quality, happiness index and sense of security, etc. Happiness not only reflects researchers' concern for subjective feeling of youths at the present times, but also demonstrates mental state and spiritual pursuit of youths. Result finds that the importance of happiness and feeling of pleasure are different in territory, culture and psychology. In terms of feeling of control and sense of security, youths in Hong Kong and Macao are far from youths in Guangzhou.

Keywords: Sense of Happiness; Sense of Security

B. 13　Postscript　/ 292

皮书起源

"皮书"起源于十七、十八世纪的英国，主要指官方或社会组织正式发表的重要文件或报告，多以"白皮书"命名。在中国，"皮书"这一概念被社会广泛接受，并被成功运作、发展成为一种全新的出版形态，则源于中国社会科学院社会科学文献出版社。

皮书定义

皮书是对中国与世界发展状况和热点问题进行年度监测，以专业的角度、专家的视野和实证研究方法，针对某一领域或区域现状与发展态势展开分析和预测，具备原创性、实证性、专业性、连续性、前沿性、时效性等特点的公开出版物，由一系列权威研究报告组成。

皮书作者

皮书系列的作者以中国社会科学院、著名高校、地方社会科学院的研究人员为主，多为国内一流研究机构的权威专家学者，他们的看法和观点代表了学界对中国与世界的现实和未来最高水平的解读与分析。

皮书荣誉

皮书系列已成为社会科学文献出版社的著名图书品牌和中国社会科学院的知名学术品牌。2011年，皮书系列正式列入"十二五"国家重点出版规划项目；2012~2015年，重点皮书列入中国社会科学院承担的国家哲学社会科学创新工程项目；2016年，46种院外皮书使用"中国社会科学院创新工程学术出版项目"标识。

中国皮书网

www.pishu.cn

发布皮书研创资讯，传播皮书精彩内容
引领皮书出版潮流，打造皮书服务平台

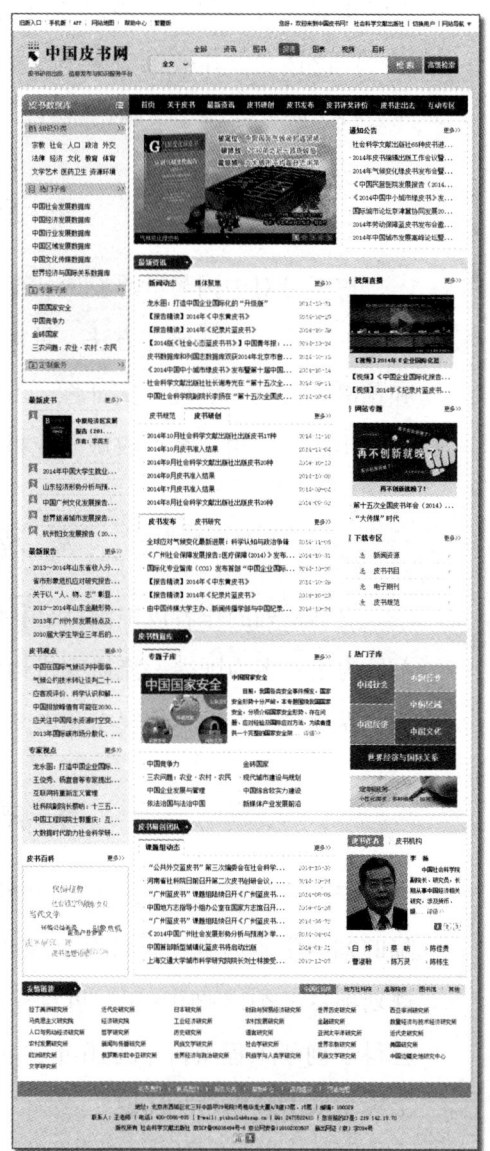

栏目设置：

- □ 资讯：皮书动态、皮书观点、皮书数据、皮书报道、皮书发布、电子期刊
- □ 标准：皮书评价、皮书研究、皮书规范
- □ 服务：最新皮书、皮书书目、重点推荐、在线购书
- □ 链接：皮书数据库、皮书博客、皮书微博、在线书城
- □ 搜索：资讯、图书、研究动态、皮书专家、研创团队

中国皮书网依托皮书系列"权威、前沿、原创"的优质内容资源，通过文字、图片、音频、视频等多种元素，在皮书研创者、使用者之间搭建了一个成果展示、资源共享的互动平台。

自2005年12月正式上线以来，中国皮书网的IP访问量、PV浏览量与日俱增，受到海内外研究者、公务人员、商务人士以及专业读者的广泛关注。

2008年、2011年中国皮书网均在全国新闻出版业网站荣誉评选中获得"最具商业价值网站"称号；2012年，获得"出版业网站百强"称号。

2014年，中国皮书网与皮书数据库实现资源共享，端口合一，将提供更丰富的内容，更全面的服务。

法律声明

"皮书系列"(含蓝皮书、绿皮书、黄皮书)之品牌由社会科学文献出版社最早使用并持续至今,现已被中国图书市场所熟知。"皮书系列"的LOGO(　)与"经济蓝皮书""社会蓝皮书"均已在中华人民共和国国家工商行政管理总局商标局登记注册。"皮书系列"图书的注册商标专用权及封面设计、版式设计的著作权均为社会科学文献出版社所有。未经社会科学文献出版社书面授权许可,任何使用与"皮书系列"图书注册商标、封面设计、版式设计相同或者近似的文字、图形或其组合的行为均系侵权行为。

经作者授权,本书的专有出版权及信息网络传播权为社会科学文献出版社享有。未经社会科学文献出版社书面授权许可,任何就本书内容的复制、发行或以数字形式进行网络传播的行为均系侵权行为。

社会科学文献出版社将通过法律途径追究上述侵权行为的法律责任,维护自身合法权益。

欢迎社会各界人士对侵犯社会科学文献出版社上述权利的侵权行为进行举报。电话:010-59367121,电子邮箱:fawubu@ssap.cn。

社会科学文献出版社

权威报告·热点资讯·特色资源

皮书数据库
ANNUAL REPORT(YEARBOOK) DATABASE

当代中国与世界发展高端智库平台

WWW.PISHU.COM.CN

皮书俱乐部会员服务指南

1. 谁能成为皮书俱乐部成员？
   - 皮书作者自动成为俱乐部会员
   - 购买了皮书产品（纸质书/电子书）的个人用户

2. 会员可以享受的增值服务
   - 免费获赠皮书数据库100元充值卡
   - 加入皮书俱乐部，免费获赠该纸质图书的电子书
   - 免费定期获赠皮书电子期刊
   - 优先参与各类皮书学术活动
   - 优先享受皮书产品的最新优惠

3. 如何享受增值服务？

   （1）免费获赠100元皮书数据库体验卡

   第1步 刮开附赠充值的涂层（右下）；
   第2步 登录皮书数据库网站（www.pishu.com.cn），注册账号；
   第3步 登录并进入"会员中心"—"在线充值"—"充值卡充值"，充值成功后即可使用。

   （2）加入皮书俱乐部，凭数据库体验卡获赠该书的电子书

   第1步 登录社会科学文献出版社官网（www.ssap.com.cn），注册账号；
   第2步 登录并进入"会员中心"—"皮书俱乐部"，提交加入皮书俱乐部申请；
   第3步 审核通过后，再次进入皮书俱乐部，填写页面所需图书、体验卡信息即可自动兑换相应电子书。

4. 声明

   解释权归社会科学文献出版社所有

皮书俱乐部会员可享受社会科学文献出版社其他相关免费增值服务，有任何疑问，均可与我们联系。

图书销售热线：010-59367070/7028
图书服务QQ：800045692
图书服务邮箱：duzhe@ssap.cn

数据库服务热线：400-008-6695
数据库服务QQ：2475522410
数据库服务邮箱：database@ssap.cn

欢迎登录社会科学文献出版社官网
（www.ssap.com.cn）
和中国皮书网（www.pishu.cn）
了解更多信息

社会科学文献出版社 皮书系列
SOCIAL SCIENCES ACADEMIC PRESS (CHINA)

卡号：419847331513
密码：

子库介绍
Sub-Database Introduction

中国经济发展数据库

涵盖宏观经济、农业经济、工业经济、产业经济、财政金融、交通旅游、商业贸易、劳动经济、企业经济、房地产经济、城市经济、区域经济等领域，为用户实时了解经济运行态势、把握经济发展规律、洞察经济形势、做出经济决策提供参考和依据。

中国社会发展数据库

全面整合国内外有关中国社会发展的统计数据、深度分析报告、专家解读和热点资讯构建而成的专业学术数据库。涉及宗教、社会、人口、政治、外交、法律、文化、教育、体育、文学艺术、医药卫生、资源环境等多个领域。

中国行业发展数据库

以中国国民经济行业分类为依据，跟踪分析国民经济各行业市场运行状况和政策导向，提供行业发展最前沿的资讯，为用户投资、从业及各种经济决策提供理论基础和实践指导。内容涵盖农业，能源与矿产业，交通运输业，制造业，金融业，房地产业，租赁和商务服务业，科学研究，环境和公共设施管理，居民服务业，教育，卫生和社会保障，文化、体育和娱乐业等100余个行业。

中国区域发展数据库

以特定区域内的经济、社会、文化、法治、资源环境等领域的现状与发展情况进行分析和预测。涵盖中部、西部、东北、西北等地区，长三角、珠三角、黄三角、京津冀、环渤海、合肥经济圈、长株潭城市群、关中—天水经济区、海峡经济区等区域经济体和城市圈，北京、上海、浙江、河南、陕西等34个省份及中国台湾地区。

中国文化传媒数据库

包括文化事业、文化产业、宗教、群众文化、图书馆事业、博物馆事业、档案事业、语言文字、文学、历史地理、新闻传播、广播电视、出版事业、艺术、电影、娱乐等多个子库。

世界经济与国际政治数据库

以皮书系列中涉及世界经济与国际政治的研究成果为基础，全面整合国内外有关世界经济与国际政治的统计数据、深度分析报告、专家解读和热点资讯构建而成的专业学术数据库。包括世界经济、世界政治、世界文化、国际社会、国际关系、国际组织、区域发展、国别发展等多个子库。

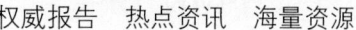

权威报告　热点资讯　海量资源

当代中国与世界发展的高端智库平台

皮书数据库 www.pishu.com.cn

皮书数据库是专业的人文社会科学综合学术资源总库,以大型连续性图书——皮书系列为基础,整合国内外相关资讯构建而成。包含六大子库,涵盖两百多个主题,囊括了近十几年间中国与世界经济社会发展报告,覆盖经济、社会、政治、文化、教育、国际问题等多个领域。

皮书数据库以篇章为基本单位,方便用户对皮书内容的阅读需求。用户可进行全文检索,也可对文献题目、内容提要、作者名称、作者单位、关键字等基本信息进行检索,还可对检索到的篇章再做二次筛选,进行在线阅读或下载阅读。智能多维度导航,可使用户根据自己熟知的分类标准进行分类导航筛选,使查找和检索更高效、便捷。

权威的研究报告,独特的调研数据,前沿的热点资讯,皮书数据库已发展成为国内最具影响力的关于中国与世界现实问题研究的成果库和资讯库。

皮书俱乐部会员服务指南

1. 谁能成为皮书俱乐部成员?
● 皮书作者自动成为俱乐部会员
● 购买了皮书产品(纸质书/电子书)的个人用户

2. 会员可以享受的增值服务
● 免费获赠皮书数据库100元充值卡
● 加入皮书俱乐部,免费获赠该纸质图书的电子书
● 免费定期获赠皮书电子期刊
● 优先参与各类皮书学术活动
● 优先享受皮书产品的最新优惠

3. 如何享受增值服务?
(1)免费获赠100元皮书数据库体验卡
第1步 刮开皮书附赠充值的涂层(右下);
第2步 登录皮书数据库网站(www.pishu.com.cn),注册账号;

第3步 登录并进入"会员中心"—"在线充值"—"充值卡充值",充值成功后即可使用。

(2)加入皮书俱乐部,凭数据库体验卡获赠该书的电子书
第1步 登录社会科学文献出版社官网(www.ssap.com.cn),注册账号;
第2步 登录并进入"会员中心"—"皮书俱乐部",提交加入皮书俱乐部申请;
第3步 审核通过后,再次进入皮书俱乐部,填写页面所需图书、体验卡信息即可自动兑换相应电子书。

4. 声明
解释权归社会科学文献出版社所有

皮书俱乐部会员可享受社会科学文献出版社其他相关免费增值服务,有任何疑问,均可与我们联系。
图书销售热线:010-59367070/7428 图书服务QQ:800045692 图书服务邮箱:duzhe@ssap.cn
数据库服务热线:400-008-6695 数据库服务QQ:2475522410 数据库服务邮箱:database@ssap.cn
欢迎登录社会科学文献出版社官网(www.ssap.com.cn)和中国皮书网(www.pishu.cn)了解更多信息

中国皮书网

www.pishu.cn

发布皮书研创资讯,传播皮书精彩内容
引领皮书出版潮流,打造皮书服务平台

栏目设置:

- ☐ 资讯:皮书动态、皮书观点、皮书数据、皮书报道、皮书发布、电子期刊
- ☐ 标准:皮书评价、皮书研究、皮书规范
- ☐ 服务:最新皮书、皮书书目、重点推荐、在线购书
- ☐ 链接:皮书数据库、皮书博客、皮书微博、在线书城
- ☐ 搜索:资讯、图书、研究动态、皮书专家、研创团队

中国皮书网依托皮书系列"权威、前沿、原创"的优质内容资源,通过文字、图片、音频、视频等多种元素,在皮书研创者、使用者之间搭建了一个成果展示、资源共享的互动平台。

自 2005 年 12 月正式上线以来,中国皮书网的 IP 访问量、PV 浏览量与日俱增,受到海内外研究者、公务人员、商务人士以及专业读者的广泛关注。

2008 年、2011 年,中国皮书网均在全国新闻出版业网站荣誉评选中获得"最具商业价值网站"称号;2012 年,获得"出版业网站百强"称号。

2014 年,中国皮书网与皮书数据库实现资源共享、端口合一,将提供更丰富的内容,更全面的服务。

社会科学文献出版社　　　　　　　　　　**皮书系列**

✦ 皮书起源 ✦

"皮书"起源于十七、十八世纪的英国，主要指官方或社会组织正式发表的重要文件或报告，多以"白皮书"命名。在中国，"皮书"这一概念被社会广泛接受，并被成功运作、发展成为一种全新的出版形态，则源于中国社会科学院社会科学文献出版社。

✦ 皮书定义 ✦

皮书是对中国与世界发展状况和热点问题进行年度监测，以专业的角度、专家的视野和实证研究方法，针对某一领域或区域现状与发展态势展开分析和预测，具备原创性、实证性、专业性、连续性、前沿性、时效性等特点的公开出版物，由一系列权威研究报告组成。

✦ 皮书作者 ✦

皮书系列的作者以中国社会科学院、著名高校、地方社会科学院的研究人员为主，多为国内一流研究机构的权威专家学者，他们的看法和观点代表了学界对中国与世界的现实和未来最高水平的解读与分析。

✦ 皮书荣誉 ✦

皮书系列已成为社会科学文献出版社的著名图书品牌和中国社会科学院的知名学术品牌。2011年，皮书系列正式列入"十二五"国家重点出版规划项目；2012~2015年，重点皮书列入中国社会科学院承担的国家哲学社会科学创新工程项目；2016年，46种院外皮书使用"中国社会科学院创新工程学术出版项目"标识。

国家国别类 | 皮书系列 重点推荐

德国蓝皮书
德国发展报告（2016）
著(编)者：郑春荣　2016年6月出版 / 定价：79.00元

东北亚黄皮书
东北亚地区政治与安全（2016）
著(编)者：黄凤志　刘清才　张慧智　等
2016年8月出版 / 估价：69.00元

东盟黄皮书
东盟发展报告（2016）
著(编)者：杨晓强　庄国土　2016年8月出版 / 定价：89.00元

东南亚蓝皮书
东南亚地区发展报告（2015~2016）
著(编)者：厦门大学东南亚研究中心　王勤
2016年8月出版 / 估价：79.00元

俄罗斯黄皮书
俄罗斯发展报告（2016）
著(编)者：李永全　2016年7月出版 / 定价：89.00元

非洲黄皮书
非洲发展报告 NO.18（2015~2016）
著(编)者：张宏明　2016年9月出版 / 估价：79.00元

国际安全蓝皮书
中国国际安全研究报告(2016)
著(编)者：刘慧　2016年7月出版 / 定价：98.00元

国际形势黄皮书
全球政治与安全报告（2016）
著(编)者：李慎明　张宇燕
2015年12月出版 / 定价：69.00元

韩国蓝皮书
韩国发展报告（2016）
著(编)者：牛林杰　刘宝全
2016年12月出版 / 估价：89.00元

加拿大蓝皮书
加拿大发展报告（2016）
著(编)者：仲伟合　2016年8月出版 / 估价：89.00元

拉美黄皮书
拉丁美洲和加勒比发展报告（2015~2016）
著(编)者：吴白乙　2016年6月出版 / 定价：89.00元

美国蓝皮书
美国研究报告（2016）
著(编)者：郑秉文　黄平　2016年5月出版 / 定价：89.00元

缅甸蓝皮书
缅甸国情报告（2016）
著(编)者：李晨阳　2016年8月出版 / 估价：79.00元

欧洲蓝皮书
欧洲发展报告（2015~2016）
著(编)者：黄平　周弘　江时学
2016年6月出版 / 定价：89.00元

日本经济蓝皮书
日本经济与中日经贸关系研究报告（2016）
著(编)者：张季风　2016年5月出版 / 定价：89.00元

日本蓝皮书
日本研究报告（2016）
著(编)者：杨柏江　2016年5月出版 / 定价：89.00元

上海合作组织黄皮书
上海合作组织发展报告（2016）
著(编)者：李进峰　吴宏伟　李少捷
2016年6月出版 / 定价：89.00元

世界创新竞争力黄皮书
世界创新竞争力发展报告（2016）
著(编)者：李闽榕　李建平　赵新力
2016年8月出版 / 估价：148.00元

土耳其蓝皮书
土耳其发展报告（2016）
著(编)者：郭长刚　刘义　2016年8月出版 / 估价：69.00元

亚太蓝皮书
亚太地区发展报告（2016）
著(编)者：李向阳　2016年5月出版 / 估价：79.00元

印度蓝皮书
印度国情报告（2016）
著(编)者：吕昭义　2016年8月出版 / 估价：89.00元

印度洋地区蓝皮书
印度洋地区发展报告（2016）
著(编)者：汪戎　2016年8月出版 / 估价：89.00元

英国蓝皮书
英国发展报告（2015~2016）
著(编)者：王展鹏　2016年10月出版 / 估价：89.00元

越南蓝皮书
越南国情报告（2016）
著(编)者：广西社会科学院　罗梅　李碧华
2016年8月出版 / 估价：69.00元

越南蓝皮书
越南经济发展报告（2016）
著(编)者：黄志勇　2016年10月出版 / 估价：69.00元

以色列蓝皮书
以色列发展报告（2016）
著(编)者：张倩红　2016年9月出版 / 估价：89.00元

中东黄皮书
中东发展报告 NO.18（2015~2016）
著(编)者：杨光　2016年10月出版 / 估价：89.00元

中亚黄皮书
中亚国家发展报告（2016）
著(编)者：孙力　吴宏伟　2016年7月出版 / 定价：98.00元

皮书系列 2016全品种 — 地方发展类·国家国别类

深圳蓝皮书
深圳劳动关系发展报告（2016）
著（编）者：汤庭芬　2016年6月出版／定价：69.00元

深圳蓝皮书
深圳社会建设与发展报告（2016）
著（编）者：张骁儒　陈东平　2016年7月出版／定价：79.00元

深圳蓝皮书
深圳文化发展报告(2016)
著（编）者：张骁儒　2016年8月出版／估价：69.00元

四川法治蓝皮书
四川依法治省年度报告 NO.2（2016）
著（编）者：李林　杨天宗　田禾
2016年3月出版／定价：108.00元

四川蓝皮书
2016年四川经济形势分析与预测
著（编）者：杨钢　2016年1月出版／定价：98.00元

四川蓝皮书
四川城镇化发展报告（2016）
著（编）者：侯水平　陈炜　2016年4月出版／定价：75.00元

四川蓝皮书
四川法治发展报告（2016）
著（编）者：郑泰安　2016年8月出版／定价：69.00元

四川蓝皮书
四川企业社会责任研究报告（2015～2016）
著（编）者：侯水平　盛毅　翟刚　2016年4月出版／定价：79.00元

四川蓝皮书
四川社会发展报告（2016）
著（编）者：李羚　2016年5月出版／定价：79.00元

四川蓝皮书
四川生态建设报告（2016）
著（编）者：李晟之　2016年4月出版／定价：75.00元

四川蓝皮书
四川文化产业发展报告（2016）
著（编）者：向宝云　张立伟　2016年4月出版／定价：79.00元

西咸新区蓝皮书
西咸新区发展报告（2011~2015）
著（编）者：李扬　王军　2016年6月出版／定价：89.00元

体育蓝皮书
上海体育产业发展报告（2015～2016）
著（编）者：张林　黄海燕　2016年10月出版／估价：79.00元

体育蓝皮书
长三角地区体育产业发展报告（2015～2016）
著（编）者：张林　2016年8月出版／估价：79.00元

天津金融蓝皮书
天津金融发展报告（2016）
著（编）者：王爱俭　孔德昌　2016年9月出版／估价：89.00元

图们江区域合作蓝皮书
图们江区域合作发展报告（2016）
著（编）者：李铁　2016年6月出版／定价：98.00元

温州蓝皮书
2016年温州经济社会形势分析与预测
著（编）者：潘忠强　王春光　金浩　2016年4月出版／定价：69.00元

扬州蓝皮书
扬州经济社会发展报告（2016）
著（编）者：丁纯　2016年12月出版／估价：89.00元

长株潭城市群蓝皮书
长株潭城市群发展报告（2016）
著（编）者：张萍　2016年10月出版／估价：69.00元

郑州蓝皮书
2016年郑州文化发展报告
著（编）者：王哲　2016年9月出版／估价：65.00元

中医文化蓝皮书
北京中医药文化传播发展报告（2016）
著（编）者：毛嘉陵　2016年8月出版／估价：79.00元

珠三角流通蓝皮书
珠三角商圈发展研究报告（2016）
著（编）者：王先庆　林至颖　2016年8月出版／估价：98.00元

遵义蓝皮书
遵义发展报告（2016）
著（编）者：曾征　龚永育　2016年12月出版／估价：69.00元

国别与地区类

阿拉伯黄皮书
阿拉伯发展报告（2015～2016）
著（编）者：罗林　2016年11月出版／估价：79.00元

北部湾蓝皮书
泛北部湾合作发展报告（2016）
著（编）者：吕余生　2016年10月出版／估价：69.00元

大湄公河次区域蓝皮书
大湄公河次区域合作发展报告（2016）
著（编）者：刘稚　2016年9月出版／估价：79.00元

大洋洲蓝皮书
大洋洲发展报告（2015～2016）
著（编）者：喻常森　2016年10月出版／估价：89.00元

皮书系列 2016全品种
地方发展类

经济特区蓝皮书
中国经济特区发展报告（2016）
著（编）者：陶一桃　2016年12月出版／估价：89.00元

辽宁蓝皮书
2016年辽宁经济社会形势分析与预测
著（编）者：曹晓峰　梁启东
2016年1月出版／定价：79.00元

拉萨蓝皮书
拉萨法治发展报告（2016）
著（编）者：车明怀　2016年8月出版／估价：79.00元

洛阳蓝皮书
洛阳文化发展报告（2016）
著（编）者：刘福兴　陈启明　2016年8月出版／估价：79.00元

南京蓝皮书
南京文化发展报告（2016）
著（编）者：徐宁　2016年12月出版／估价：79.00元

内蒙古蓝皮书
内蒙古反腐倡廉建设报告 NO.2
著（编）者：张志华　无极　2016年12月出版／估价：69.00元

浦东新区蓝皮书
上海浦东经济发展报告（2016）
著（编）者：沈开艳　周奇　2016年1月出版／定价：69.00元

青海蓝皮书
2016年青海经济社会形势分析与预测
著（编）者：陈玮　2015年12月出版／定价：79.00元

人口与健康蓝皮书
深圳人口与健康发展报告（2016）
著（编）者：陆杰华　罗乐宣　苏杨
2016年11月出版／估价：89.00元

山东蓝皮书
山东经济形势分析与预测（2016）
著（编）者：李广杰　2016年11月出版／估价：89.00元

山东蓝皮书
山东社会形势分析与预测（2016）
著（编）者：涂可国　2016年8月出版／估价：89.00元

山东蓝皮书
山东文化发展报告（2016）
著（编）者：张华　唐洲雁　2016年8月出版／估价：98.00元

山西蓝皮书
山西资源型经济转型发展报告（2016）
著（编）者：李志强　2016年8月出版／估价：89.00元

陕西蓝皮书
陕西经济发展报告（2016）
著（编）者：任宗哲　白宽犁　裴成荣
2015年12月出版／定价：69.00元

陕西蓝皮书
陕西社会发展报告（2016）
著（编）者：任宗哲　白宽犁　牛昉
2015年12月出版／定价：69.00元

陕西蓝皮书
陕西文化发展报告（2016）
著（编）者：任宗哲　白宽犁　王长寿
2015年12月出版／定价：69.00元

陕西蓝皮书
丝绸之路经济带发展报告（2015~2016）
著（编）者：任宗哲　白宽犁　谷孟宾
2015年12月出版／定价：75.00元

上海蓝皮书
上海传媒发展报告（2016）
著（编）者：强荧　焦雨虹　2016年1月出版／定价：79.00元

上海蓝皮书
上海法治发展报告（2016）
著（编）者：叶青　2016年6月出版／定价：79.00元

上海蓝皮书
上海经济发展报告（2016）
著（编）者：沈开艳　2016年1月出版／定价：79.00元

上海蓝皮书
上海社会发展报告（2016）
著（编）者：杨雄　周海旺　2016年1月出版／定价：79.00元

上海蓝皮书
上海文化发展报告（2016）
著（编）者：荣跃明　2016年1月出版／定价：79.00元

上海蓝皮书
上海文学发展报告（2016）
著（编）者：陈圣来　2016年6月出版／定价：79.00元

上海蓝皮书
上海资源环境发展报告（2016）
著（编）者：周冯琦　汤庆合　任文伟
2016年1月出版／定价：79.00元

上饶蓝皮书
上饶发展报告（2015～2016）
著（编）者：朱寅健　2016年8月出版／估价：128.00元

社会建设蓝皮书
2016年北京社会建设分析报告
著（编）者：宋贵伦　冯虹　2016年8月出版／估价：79.00元

深圳蓝皮书
深圳法治发展报告（2016）
著（编）者：张骁儒　2016年6月出版／定价：69.00元

深圳蓝皮书
深圳经济发展报告（2016）
著（编）者：张骁儒　2016年8月出版／估价：89.00元

皮书系列 2016全品种 — 地方发展类

河南蓝皮书
2016年河南社会形势分析与预测
著(编)者：刘道兴 牛苏林　2016年4月出版 / 定价79.00元

河南蓝皮书
河南城市发展报告（2016）
著(编)者：张占仓 王建国　2016年5月出版 / 定价69.00元

河南蓝皮书
河南法治发展报告（2016）
著(编)者：丁同民 张林海　2016年5月出版 / 定价79.00元

河南蓝皮书
河南工业发展报告（2016）
著(编)者：张占仓 丁同民　2016年5月出版 / 定价69.00元

河南蓝皮书
河南金融发展报告（2016）
著(编)者：河南省社会科学院　2016年8月出版 / 估价69.00元

河南蓝皮书
河南经济发展报告（2016）
著(编)者：张占仓　2016年3月出版 / 定价79.00元

河南蓝皮书
河南农业农村发展报告（2016）
著(编)者：吴海峰　2016年8月出版 / 估价69.00元

河南蓝皮书
河南文化发展报告（2016）
著(编)者：卫绍生　2016年3月出版 / 定价78.00元

河南商务蓝皮书
河南商务发展报告（2016）
著(编)者：焦锦淼 穆荣国　2016年6月出版 / 定价88.00元

黑龙江产业蓝皮书
黑龙江产业发展报告（2016）
著(编)者：于渤　2016年10月出版 / 估价79.00元

黑龙江蓝皮书
黑龙江经济发展报告（2016）
著(编)者：朱宇　2016年1月出版 / 定价79.00元

黑龙江蓝皮书
黑龙江社会发展报告（2016）
著(编)者：谢宝禄　2016年1月出版 / 定价79.00元

湖南城市蓝皮书
区域城市群整合（主题待定）
著(编)者：童中贤 韩未名　2016年12月出版 / 估价79.00元

湖南蓝皮书
2016年湖南产业发展报告
著(编)者：梁志峰　2016年5月出版 / 定价128.00元

湖南蓝皮书
2016年湖南电子政务发展报告
著(编)者：梁志峰　2016年5月出版 / 定价128.00元

湖南蓝皮书
2016年湖南经济展望
著(编)者：梁志峰　2016年5月出版 / 定价128.00元

湖南蓝皮书
2016年湖南两型社会与生态文明发展报告
著(编)者：梁志峰　2016年5月出版 / 定价128.00元

湖南蓝皮书
2016年湖南社会发展报告
著(编)者：梁志峰　2016年5月出版 / 定价128.00元

湖南蓝皮书
2016年湖南县域经济社会发展报告
著(编)者：梁志峰　2016年5月出版 / 定价98.00元

湖南蓝皮书
湖南城乡一体化发展报告（2016）
著(编)者：陈文胜 王文强 陆福兴 邝奕轩
2016年6月出版 / 定价89.00元

湖南县域绿皮书
湖南县域发展报告 NO.3
著(编)者：袁准 周小毛　2016年9月出版 / 估价69.00元

沪港蓝皮书
沪港发展报告（2015～2016）
著(编)者：尤安山　2016年8月出版 / 估价89.00元

京津冀金融蓝皮书
京津冀金融发展报告（2015）
著(编)者：王爱俭 李向前　2016年3月出版 / 定价89.00元

吉林蓝皮书
2016年吉林经济社会形势分析与预测
著(编)者：马克　2015年12月出版 / 定价79.00元

吉林省城市竞争力蓝皮书
吉林省城市竞争力报告（2015）
著(编)者：崔岳春 张磊　2016年3月出版 / 定价69.00元

济源蓝皮书
济源经济社会发展报告（2016）
著(编)者：喻新安　2016年8月出版 / 估价69.00元

健康城市蓝皮书
北京健康城市建设研究报告（2016）
著(编)者：王鸿春　2016年8月出版 / 估价79.00元

江苏法治蓝皮书
江苏法治发展报告 NO.5（2016）
著(编)者：李力 龚廷泰　2016年9月出版 / 估价98.00元

江西蓝皮书
江西经济社会发展报告（2016）
著(编)者：张勇 姜玮 梁勇　2016年10月出版 / 估价79.00元

江西文化产业蓝皮书
江西文化产业发展报告（2016）
著(编)者：张圣才 汪春翔　2016年10月出版 / 估价128.00元

地方发展类 — 皮书系列 2016全品种

广州蓝皮书
广州社会保障发展报告（2016）
著（编）者：蔡国萱　2016年10月出版 / 估价:65.00元

广州蓝皮书
广州文化创意产业发展报告（2016）
著（编）者：甘新　2016年8月出版 / 估价:79.00元

广州蓝皮书
中国广州城市建设与管理发展报告（2016）
著（编）者：董皞　陈小钢　李江涛　2016年8月出版 / 估价:69.00元

广州蓝皮书
中国广州科技和信息化发展报告（2016）
著（编）者：邹采荣　马正勇　冯元　2016年8月出版 / 估价:79.00元

广州蓝皮书
中国广州文化发展报告（2016）
著（编）者：徐俊忠　陆志强　顾涧清　2016年8月出版 / 估价:69.00元

贵阳蓝皮书
贵阳城市创新发展报告·白云篇（2016）
著（编）者：连玉明　2016年10月出版 / 估价:89.00元

贵阳蓝皮书
贵阳城市创新发展报告·观山湖篇（2016）
著（编）者：连玉明　2016年10月出版 / 估价:89.00元

贵阳蓝皮书
贵阳城市创新发展报告·花溪篇（2016）
著（编）者：连玉明　2016年10月出版 / 估价:89.00元

贵阳蓝皮书
贵阳城市创新发展报告·开阳篇（2016）
著（编）者：连玉明　2016年10月出版 / 估价:89.00元

贵阳蓝皮书
贵阳城市创新发展报告·南明篇（2016）
著（编）者：连玉明　2016年10月出版 / 估价:89.00元

贵阳蓝皮书
贵阳城市创新发展报告·清镇篇（2016）
著（编）者：连玉明　2016年10月出版 / 估价:89.00元

贵阳蓝皮书
贵阳城市创新发展报告·乌当篇（2016）
著（编）者：连玉明　2016年10月出版 / 估价:89.00元

贵阳蓝皮书
贵阳城市创新发展报告·息烽篇（2016）
著（编）者：连玉明　2016年10月出版 / 估价:89.00元

贵阳蓝皮书
贵阳城市创新发展报告·修文篇（2016）
著（编）者：连玉明　2016年10月出版 / 估价:89.00元

贵阳蓝皮书
贵阳城市创新发展报告·云岩篇（2016）
著（编）者：连玉明　2016年10月出版 / 估价:89.00元

贵州房地产蓝皮书
贵州房地产发展报告NO.3（2016）
著（编）者：武廷方　2016年8月出版 / 估价:89.00元

贵州蓝皮书
贵州册亨经济社会发展报告（2016）
著（编）者：黄德林　2016年3月出版 / 定价:79.00元

贵州蓝皮书
贵安新区发展报告（2015~2016）
著（编）者：马长青　吴大华　2016年6月出版 / 定价:79.00元

贵州蓝皮书
贵州法治发展报告（2016）
著（编）者：吴大华　2016年5月出版 / 定价:79.00元

贵州蓝皮书
贵州民航业发展报告（2016）
著（编）者：申振东　吴大华　2016年10月出版 / 估价:69.00元

贵州蓝皮书
贵州民营经济发展报告（2015）
著（编）者：杨静　吴大华　2016年3月出版 / 定价:79.00元

贵州蓝皮书
贵州人才发展报告（2016）
著（编）者：于杰　吴大华　2016年9月出版 / 估价:69.00元

贵州蓝皮书
贵州社会发展报告（2016）
著（编）者：王兴骥　2016年6月出版 / 定价:79.00元

海淀蓝皮书
海淀区文化和科技融合发展报告（2016）
著（编）者：陈名杰　孟景伟　2016年8月出版 / 估价:75.00元

海峡西岸蓝皮书
海峡西岸经济区发展报告（2016）
著（编）者：福建省人民政府发展研究中心
　　　　　福建省人民政府发展研究中心咨询服务中心
2016年9月出版 / 估价:65.00元

杭州都市圈蓝皮书
杭州都市圈发展报告（2016）
著（编）者：沈翔　戚建国　2016年5月出版 / 定价:128.00元

杭州蓝皮书
杭州妇女发展报告（2016）
著（编）者：魏颖　2016年6月出版 / 定价:79.00元

河北经济蓝皮书
河北省经济发展报告（2016）
著（编）者：马树强　金浩　刘兵　张贵
2016年4月出版 / 定价:89.00元

河北蓝皮书
河北经济社会发展报告（2016）
著（编）者：郭金平　2016年1月出版 / 定价:79.00元

河北食品药品安全蓝皮书
河北食品药品安全研究报告（2016）
著（编）者：丁锦霞　2016年6月出版 / 定价:79.00元

河南经济蓝皮书
2016年河南经济形势分析与预测
著（编）者：胡五岳　2016年2月出版 / 定价:79.00元

皮书系列 2016全品种

地方发展类

创意城市蓝皮书
天津文化创意产业发展报告（2015~2016）
著(编)者：谢思全　2016年6月出版 / 定价：79.00元

创意城市蓝皮书
台北文化创意产业发展报告（2016）
著(编)者：陈耀竹　邱琪瑄　2016年11月出版 / 估价：89.00元

创意城市蓝皮书
无锡文化创意产业发展报告（2016）
著(编)者：谭军　张鸣年　2016年10月出版 / 估价：79.00元

创意城市蓝皮书
武汉文化创意产业发展报告（2016）
著(编)者：黄永林　陈汉桥　2016年12月出版 / 估价：89.00元

创意城市蓝皮书
重庆创意产业发展报告（2016）
著(编)者：程宇宁　2016年8月出版 / 估价：89.00元

地方法治蓝皮书
南宁法治发展报告（2016）
著(编)者：杨维超　2016年12月出版 / 定价：69.00元

福建妇女发展蓝皮书
福建省妇女发展报告（2016）
著(编)者：刘群英　2016年11月出版 / 估价：88.00元

福建自贸区蓝皮书
中国（福建）自由贸易实验区发展报告（2015~2016）
著(编)者：黄茂兴　2016年4月出版 / 定价：108.00元

甘肃蓝皮书
甘肃经济发展分析与预测（2016）
著(编)者：朱智文　罗哲　2016年1月出版 / 定价：79.00元

甘肃蓝皮书
甘肃社会发展分析与预测（2016）
著(编)者：安义华　包晓霞　谢增虎　2016年1月出版 / 定价：79.00元

甘肃蓝皮书
甘肃文化发展分析与预测（2016）
著(编)者：安文华　周小华　2016年1月出版 / 定价：79.00元

甘肃蓝皮书
甘肃县域和农村发展报告（2016）
著(编)者：刘进军　柳民　王建兵
2016年1月出版 / 定价：79.00元

甘肃蓝皮书
甘肃舆情分析与预测（2016）
著(编)者：陈双梅　张谦元　2016年1月出版 / 定价：79.00元

甘肃蓝皮书
甘肃商贸流通发展报告（2016）
著(编)者：杨志武　王福生　王晓芳
2016年1月出版 / 定价：79.00元

广东蓝皮书
广东全面深化改革发展报告（2016）
著(编)者：周林生　涂成林　2016年11月出版 / 估价：69.00元

广东蓝皮书
广东社会工作发展报告（2016）
著(编)者：罗观翠　2016年8月出版 / 估价：89.00元

广东蓝皮书
广东省电子商务发展报告（2016）
著(编)者：程晓　邓顺国　2016年8月出版 / 估价：79.00元

广东社会建设蓝皮书
广东省社会建设发展报告（2016）
著(编)者：广东省社会工作委员会
2016年12月出版 / 估价：99.00元

广东外经贸蓝皮书
广东对外经济贸易发展研究报告（2015~2016）
著(编)者：陈万灵　2016年8月出版 / 估价：89.00元

广西北部湾经济区蓝皮书
广西北部湾经济区开放开发报告（2016）
著(编)者：广西北部湾经济区规划建设管理委员会办公室
　　　　广西社会科学院 广西北部湾发展研究院
2016年10月出版 / 估价：79.00元

巩义蓝皮书
巩义经济社会发展报告（2016）
著(编)者：丁同民　朱军　2016年4月出版 / 定价：58.00元

广州蓝皮书
2016年中国广州经济形势分析与预测
著(编)者：庾建设　陈浩钿　谢博能　2016年7月出版 / 估价：85.00元

广州蓝皮书
2016年中国广州社会形势分析与预测
著(编)者：张强　陈怡霓　杨秦　2016年6月出版 / 定价：85.00元

广州蓝皮书
广州城市国际化发展报告（2016）
著(编)者：朱名宏　2016年11月出版 / 估价：69.00元

广州蓝皮书
广州创新型城市发展报告（2016）
著(编)者：尹涛　2016年10月出版 / 估价：69.00元

广州蓝皮书
广州经济发展报告（2016）
著(编)者：朱名宏　2016年8月出版 / 估价：69.00元

广州蓝皮书
广州农村发展报告（2016）
著(编)者：朱名宏　2016年8月出版 / 估价：69.00元

广州蓝皮书
广州汽车产业发展报告（2016）
著(编)者：杨再高　冯兴亚　2016年9月出版 / 估价：69.00元

广州蓝皮书
广州青年发展报告（2015～2016）
著(编)者：魏国华　张强　2016年8月出版 / 估价：69.00元

广州蓝皮书
广州商贸业发展报告（2016）
著(编)者：李江涛　肖振宇　荀振英
2016年8月出版 / 估价：69.00元

文化传媒类・地方发展类

皮书系列 2016全品种

文化品牌蓝皮书
中国文化品牌发展报告（2016）
著（编）者：欧阳友权　2016年5月出版 / 估价：98.00元

文化遗产蓝皮书
中国文化遗产事业发展报告（2016）
著（编）者：刘世锦　2016年8月出版 / 估价：89.00元

文学蓝皮书
中国文情报告（2015～2016）
著（编）者：白烨　2016年5月出版 / 定价：49.00元

新媒体蓝皮书
中国新媒体发展报告NO.7（2016）
著（编）者：唐绪军　2016年7月出版 / 定价：79.00元

新媒体社会责任蓝皮书
中国新媒体社会责任研究报告（2016）
著（编）者：钟瑛　2016年10月出版 / 估价：79.00元

移动互联网蓝皮书
中国移动互联网发展报告（2016）
著（编）者：官建文　2016年6月出版 / 定价：79.00元

舆情蓝皮书
中国社会舆情与危机管理报告（2016）
著（编）者：谢耘耕　2016年8月出版 / 估价：98.00元

影视风控蓝皮书
中国影视舆情与风控报告（2016）
著（编）者：司若　2016年4月出版 / 估价：138.00元

地方发展类

安徽经济蓝皮书
芜湖创新型城市发展报告（2016）
著（编）者：张志宏　2016年8月出版 / 估价：69.00元

安徽蓝皮书
安徽社会发展报告（2016）
著（编）者：程桦　2016年4月出版 / 定价：89.00元

安徽社会建设蓝皮书
安徽社会建设分析报告（2015～2016）
著（编）者：黄家海　王开玉　蔡宪　2016年8月出版 / 估价：89.00元

澳门蓝皮书
澳门经济社会发展报告（2015～2016）
著（编）者：吴志良　郝雨凡　2016年6月出版 / 定价：98.00元

北京蓝皮书
北京公共服务发展报告（2015～2016）
著（编）者：施昌奎　2016年2月出版 / 定价：79.00元

北京蓝皮书
北京经济发展报告（2015～2016）
著（编）者：杨松　2016年6月出版 / 定价：79.00元

北京蓝皮书
北京社会发展报告（2015～2016）
著（编）者：李伟东　2016年6月出版 / 定价：79.00元

北京蓝皮书
北京社会治理发展报告（2015～2016）
著（编）者：殷星辰　2016年5月出版 / 定价：79.00元

北京蓝皮书
北京文化发展报告（2015～2016）
著（编）者：李建盛　2016年4月出版 / 定价：79.00元

北京旅游绿皮书
北京旅游发展报告（2016）
著（编）者：北京旅游学会　2016年8月出版 / 估价：88.00元

北京人才蓝皮书
北京人才发展报告（2016）
著（编）者：于淼　2016年12月出版 / 估价：128.00元

北京社会心态蓝皮书
北京社会心态分析报告（2015～2016）
著（编）者：北京社会心理研究所　2016年8月出版 / 估价：79.00元

北京社会组织管理蓝皮书
北京社会组织发展与管理（2015～2016）
著（编）者：黄江松　2016年8月出版 / 估价：78.00元

北京体育蓝皮书
北京体育产业发展报告（2016）
著（编）者：钟秉枢　陈杰　杨铁黎　2016年10月出版 / 估价：79.00元

北京养老产业蓝皮书
北京养老产业发展报告（2016）
著（编）者：周明明　冯喜良　2016年8月出版 / 估价：69.00元

滨海金融蓝皮书
滨海新区金融发展报告（2016）
著（编）者：王爱俭　张锐钢　2016年9月出版 / 估价：79.00元

城乡一体化蓝皮书
中国城乡一体化发展报告·北京卷（2015～2016）
著（编）者：张宝秀　黄序　2016年5月出版 / 定价：79.00元

创意城市蓝皮书
北京文化创意产业发展报告（2016）
著（编）者：张京成　王国华　2016年12月出版 / 估价：69.00元

创意城市蓝皮书
青岛文化创意产业发展报告（2016）
著（编）者：马达　张丹妮　2016年8月出版 / 估价：79.00元

创意城市蓝皮书
青岛文化创意产业发展报告（2016）
著（编）者：马达　张丹妮　2016年8月出版 / 估价：79.00元

皮书系列 2016全品种 | 文化传媒类

文化传媒类

传媒竞争力蓝皮书
中国传媒国际竞争力研究报告（2016）
著(编)者：李本乾 刘强
2016年11月出版 / 估价：148.00元

传媒蓝皮书
中国传媒产业发展报告（2016）
著(编)者：崔保国 2016年5月出版 / 定价：98.00元

传媒投资蓝皮书
中国传媒投资发展报告（2016）
著(编)者：张向东 谭云明
2016年8月出版 / 估价：128.00元

动漫蓝皮书
中国动漫产业发展报告（2016）
著(编)者：卢斌 郑玉明 牛兴侦
2016年8月出版 / 估价：79.00元

非物质文化遗产蓝皮书
中国非物质文化遗产发展报告（2016）
著(编)者：陈平 2016年8月出版 / 估价：98.00元

广电蓝皮书
中国广播电影电视发展报告（2016）
著(编)者：国家新闻出版广电总局发展研究中心
2016年8月出版 / 估价：98.00元

广告主蓝皮书
中国广告主营销传播趋势报告NO.9
著(编)者：黄升民 杜国清 邵华冬 等
2016年10月出版 / 估价：148.00元

国际传播蓝皮书
中国国际传播发展报告（2016）
著(编)者：胡正荣 李继东 姬德强
2016年11月出版 / 估价：89.00元

纪录片蓝皮书
中国纪录片发展报告（2016）
著(编)者：何苏六 2016年10月出版 / 估价：79.00元

科学传播蓝皮书
中国科学传播报告（2016）
著(编)者：詹正茂 2016年8月出版 / 估价：69.00元

两岸创意经济蓝皮书
两岸创意经济研究报告（2016）
著(编)者：罗昌智 董泽平 2016年12月出版 / 估价：98.00元

两岸文化蓝皮书
两岸文化产业合作发展报告（2016）
著(编)者：胡惠林 李保宗 2016年8月出版 / 估价：79.00元

媒介与女性蓝皮书
中国媒介与女性发展报告(2015~2016)
著(编)者：刘利群 2016年8月出版 / 估价：118.00元

媒体融合蓝皮书
中国媒体融合发展报告（2016）
著(编)者：梅宁华 宋建武 2016年8月出版 / 估价：79.00元

全球传媒蓝皮书
全球传媒发展报告（2016）
著(编)者：胡正荣 李继东 唐晓芬
2016年12月出版 / 估价：79.00元

少数民族非遗蓝皮书
中国少数民族非物质文化遗产发展报告（2016）
著(编)者：肖远平（彝） 柴立（满）
2016年8月出版 / 估价：128.00元

视听新媒体蓝皮书
中国视听新媒体发展报告（2016）
著(编)者：国家新闻出版广电总局发展研究中心
2016年8月出版 / 估价：98.00元

文化创新蓝皮书
中国文化创新报告（2016）NO.7
著(编)者：于平 傅才武 2016年8月出版 / 估价：98.00元

文化建设蓝皮书
中国文化发展报告（2015~2016）
著(编)者：江畅 孙伟平 戴茂堂
2016年6月出版 / 定价：116.00元

文化科技蓝皮书
文化科技创新发展报告（2016）
著(编)者：于平 李凤亮 2016年10月出版 / 估价：89.00元

文化蓝皮书
中国公共文化服务发展报告（2016）
著(编)者：刘新成 张永新 张旭 2016年10月出版 / 估价：98.00元

文化蓝皮书
中国公共文化投入增长测评报告（2016）
著(编)者：王亚南 2016年4月出版 / 定价：79.00元

文化蓝皮书
中国少数民族文化发展报告（2016）
著(编)者：武翠英 张晓明 任乌晶
2016年9月出版 / 估价：69.00元

文化蓝皮书
中国文化产业发展报告（2015~2016）
著(编)者：张晓明 王家新 章建刚
2016年2月出版 / 定价：79.00元

文化蓝皮书
中国文化产业供需协调检测报告（2016）
著(编)者：王亚南 2016年8月出版 / 估价：79.00元

文化蓝皮书
中国文化消费需求景气评价报告（2016）
著(编)者：王亚南 2016年4月出版 / 定价：79.00元

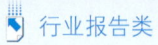 行业报告类

皮书系列 2016全品种

碳市场蓝皮书
中国碳市场报告（2016）
著(编)者：宁金彪　2016年11月出版／估价:69.00元

体育蓝皮书
中国体育产业发展报告（2016）
著(编)者：阮伟　钟秉枢　2016年8月出版／估价:69.00元

土地市场蓝皮书
中国农村土地市场发展报告（2015~2016）
著(编)者：李光荣　2016年3月出版／定价:79.00元

网络空间安全蓝皮书
中国网络空间安全发展报告（2016）
著(编)者：惠志斌　唐涛　2016年8月出版／估价:79.00元

物联网蓝皮书
中国物联网发展报告（2016）
著(编)者：黄桂田　龚六堂　张全升
2016年8月出版／估价:69.00元

西部工业蓝皮书
中国西部工业发展报告（2016）
著(编)者：方行明　甘犁　刘方健　姜凌　等
2016年9月出版／估价:79.00元

西部金融蓝皮书
中国西部金融发展报告（2016）
著(编)者：李忠民　2016年8月出版／估价:75.00元

协会商会蓝皮书
中国行业协会商会发展报告（2016）
著(编)者：景朝阳　李勇　2016年8月出版／估价:99.00元

新能源汽车蓝皮书
中国新能源汽车产业发展报告（2016）
著(编)者：中国汽车技术研究中心
　　　　　日产（中国）投资有限公司　东风汽车有限公司
2016年8月出版／估价:89.00元

新三板蓝皮书
中国新三板市场发展报告（2016）
著(编)者：王力　2016年6月出版／定价:79.00元

信托市场蓝皮书
中国信托业市场报告（2015~2016）
著(编)者：用益信托工作室
2016年1月出版／定价:198.00元

信息安全蓝皮书
中国信息安全发展报告（2016）
著(编)者：张晓东　2016年8月出版／估价:69.00元

信息化蓝皮书
中国信息化形势分析与预测（2016）
著(编)者：周宏仁　2016年8月出版／估价:98.00元

信用蓝皮书
中国信用发展报告（2016）
著(编)者：章政　田侃　2016年8月出版／估价:99.00元

休闲绿皮书
2016年中国休闲发展报告
著(编)者：宋瑞
2016年10月出版／估价:79.00元

药品流通蓝皮书
中国药品流通行业发展报告（2016）
著(编)者：佘鲁林　温再兴
2016年8月出版／估价:158.00元

医院蓝皮书
中国医院竞争力报告（2016）
著(编)者：庄一强　曾益新　2016年3月出版／定价:128.00元

医药蓝皮书
中国中医药产业园战略发展报告（2016）
著(编)者：裴长洪　房书亭　吴滌心
2016年8月出版／估价:89.00元

邮轮绿皮书
中国邮轮产业发展报告（2016）
著(编)者：汪泓　2016年10月出版／估价:79.00元

智能养老蓝皮书
中国智能养老产业发展报告（2016）
著(编)者：朱勇　2016年10月出版／估价:89.00元

中国SUV蓝皮书
中国SUV产业发展报告（2016）
著(编)者：靳军　2016年12月出版／估价:69.00元

中国金融行业蓝皮书
中国债券市场发展报告（2016）
著(编)者：谢多　2016年8月出版／估价:69.00元

中国上市公司蓝皮书
中国上市公司发展报告（2016）
著(编)者：中国社会科学院上市公司研究中心
2016年9月出版／估价:98.00元

中国游戏蓝皮书
中国游戏产业发展报告（2016）
著(编)者：孙立军　刘跃军　牛兴侦
2016年8月出版／估价:69.00元

中国总部经济蓝皮书
中国总部经济发展报告（2015~2016）
著(编)者：赵弘　2016年9月出版／估价:79.00元

资本市场蓝皮书
中国场外交易市场发展报告（2014~2015）
著(编)者：高峦　2016年3月出版／定价:79.00元

资产管理蓝皮书
中国资产管理行业发展报告（2016）
著(编)者：智信资产管理研究院
2016年6月出版／定价:89.00元

21

皮书系列 2016全品种

行业报告类

民营企业社会责任蓝皮书
中国民营企业社会责任年度报告（2016）
著(编)者：中华全国工商业联合会
2016年8月出版 / 估价：69.00元

民营医院蓝皮书
中国民营医院发展报告（2016）
著(编)者：庄一强　2016年10月出版 / 估价：75.00元

能源蓝皮书
中国能源发展报告（2016）
著(编)者：崔民选　王军生　陈义和
2016年8月出版 / 估价：79.00元

农产品流通蓝皮书
中国农产品流通产业发展报告（2016）
著(编)者：贾敬敦　张东科　张玉玺　张鹏毅　周伟
2016年8月出版 / 估价：89.00元

期货蓝皮书
中国期货市场发展报告(2016)
著(编)者：李群　王在荣　2016年11月出版 / 估价：69.00元

企业公益蓝皮书
中国企业公益研究报告（2016）
著(编)者：钟宏武　汪杰　顾一　黄晓娟　等
2016年12月出版 / 估价：69.00元

企业公众透明度蓝皮书
中国企业公众透明度报告(2016) NO.2
著(编)者：黄速建　王晓光　肖红军
2016年8月出版 / 估价：98.00元

企业国际化蓝皮书
中国企业国际化报告（2016）
著(编)者：王辉耀　2016年11月出版 / 估价：98.00元

企业蓝皮书
中国企业绿色发展报告 NO.2（2016）
著(编)者：李红玉　朱光辉　2016年8月出版 / 估价：79.00元

企业社会责任蓝皮书
中国企业社会责任研究报告（2016）
著(编)者：黄群慧　钟宏武　张蒽　等
2016年11月出版 / 估价：79.00元

企业社会责任能力蓝皮书
中国上市公司社会责任能力成熟度报告（2016）
著(编)者：肖红军　王晓光　李伟阳
2016年11月出版 / 估价：69.00元

汽车安全蓝皮书
中国汽车安全发展报告（2016）
著(编)者：中国汽车技术研究中心
2016年8月出版 / 估价：89.00元

汽车电子商务蓝皮书
中国汽车电子商务发展报告（2016）
著(编)者：中华全国工商业联合会汽车经销商商会
　　　　　北京易观智库网络科技有限公司
2016年8月出版 / 估价：128.00元

汽车工业蓝皮书
中国汽车工业发展年度报告（2016）
著(编)者：中国汽车工业协会　中国汽车技术研究中心
　　　　　丰田汽车（中国）投资有限公司
2016年4月出版 / 定价：128.00元

汽车蓝皮书
中国汽车产业发展报告（2016）
著(编)者：国务院发展研究中心产业经济研究部
　　　　　中国汽车工程学会　大众汽车集团（中国）
2016年8月出版 / 估价：158.00元

清洁能源蓝皮书
国际清洁能源发展报告（2016）
著(编)者：苏树辉　袁国林　李玉斋
2016年11月出版 / 估价：99.00元

人力资源蓝皮书
中国人力资源发展报告（2016）
著(编)者：余兴安　2016年12月出版 / 估价：79.00元

融资租赁蓝皮书
中国融资租赁业发展报告（2015～2016）
著(编)者：李光荣　王力　2016年8月出版 / 估价：89.00元

软件和信息服务业蓝皮书
中国软件和信息服务业发展报告（2016）
著(编)者：洪京一　2016年12月出版 / 估价：198.00元

商会蓝皮书
中国商会发展报告NO.5（2016）
著(编)者：王钦敏　2016年8月出版 / 估价：89.00元

上市公司蓝皮书
中国上市公司社会责任信息披露报告（2016）
著(编)者：张旺　张杨　2016年11月出版 / 估价：69.00元

上市公司蓝皮书
中国上市公司质量评价报告（2015～2016）
著(编)者：张跃文　王力　2016年11月出版 / 估价：118.00元

设计产业蓝皮书
中国设计产业发展报告（2016）
著(编)者：陈冬亮　梁昊光　2016年8月出版 / 估价：89.00元

食品药品蓝皮书
食品药品安全与监管政策研究报告（2016）
著(编)者：唐民皓　2016年8月出版 / 估价：69.00元

世界能源蓝皮书
世界能源发展报告（2016）
著(编)者：黄晓勇　2016年6月出版 / 定价：99.00元

水利风景区蓝皮书
中国水利风景区发展报告（2016）
著(编)者：谢婵才　兰思仁　2016年5月出版 / 定价：89.00元

私募市场蓝皮书
中国私募股权市场发展报告（2016）
著(编)者：曹和平　2016年12月出版 / 估价：79.00元

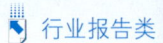

皮书系列 2016全品种 — 行业报告类

产业安全蓝皮书
中国新媒体产业安全报告（2016）
著(编)者：北京印刷学院文化产业安全研究院
2016年8月出版 / 估价：69.00元

大数据蓝皮书
网络空间和大数据发展报告（2016）
著(编)者：杜平　2016年8月出版 / 估价：69.00元

电子商务蓝皮书
中国电子商务服务业发展报告 NO.3
著(编)者：荆林波 梁春晓　2016年8月出版 / 估价：69.00元

电子政务蓝皮书
中国电子政务发展报告（2016）
著(编)者：洪毅 杜平　2016年11月出版 / 估价：79.00元

杜仲产业绿皮书
中国杜仲橡胶资源与产业发展报告（2016）
著(编)者：杜红岩 胡文臻 俞锐
2016年8月出版 / 估价：85.00元

房地产蓝皮书
中国房地产发展报告 NO.13（2016）
著(编)者：李春华 王业强　2016年5月出版 / 定价：89.00元

服务外包蓝皮书
中国服务外包产业发展报告（2016）
著(编)者：王晓红 刘德军
2016年8月出版 / 估价：89.00元

服务外包蓝皮书
中国服务外包竞争力报告（2016）
著(编)者：王力 刘春生 黄育华
2016年11月出版 / 估价：85.00元

工业和信息化蓝皮书
世界网络安全发展报告（2015~2016）
著(编)者：洪京一　2016年4月出版 / 定价：79.00元

工业和信息化蓝皮书
世界信息化发展报告（2015~2016）
著(编)者：洪京一　2016年4月出版 / 定价：79.00元

工业和信息化蓝皮书
世界信息技术产业发展报告（2015~2016）
著(编)者：洪京一　2016年4月出版 / 定价：79.00元

工业和信息化蓝皮书
世界制造业发展报告（2016）
著(编)者：洪京一　2016年8月出版 / 估价：69.00元

工业和信息化蓝皮书
移动互联网产业发展报告（2015~2016）
著(编)者：洪京一　2016年4月出版 / 定价：79.00元

工业和信息化蓝皮书
战略性新兴产业发展报告（2015~2016）
著(编)者：洪京一　2016年4月出版 / 定价：79.00元

工业设计蓝皮书
中国工业设计发展报告（2016）
著(编)者：王晓红 于炜 张立群
2016年9月出版 / 估价：138.00元

黄金市场蓝皮书
中国商业银行黄金业务发展报告（2015~2016）
著(编)者：平安银行　2016年3月出版 / 定价：98.00元

互联网金融蓝皮书
中国互联网金融发展报告（2016）
著(编)者：李东荣　2016年8月出版 / 估价：79.00元

会展蓝皮书
中外会展业动态评估年度报告（2016）
著(编)者：张敏　2016年8月出版 / 估价：78.00元

节能汽车蓝皮书
中国节能汽车产业发展报告（2016）
著(编)者：中国汽车工程研究院股份有限公司
2016年12月出版 / 估价：69.00元

金融监管蓝皮书
中国金融监管报告（2016）
著(编)者：胡滨　2016年6月出版 / 定价：89.00元

金融蓝皮书
中国金融中心发展报告（2016）
著(编)者：王力 黄育华　2017年11月出版 / 估价：75.00元

金融蓝皮书
中国商业银行竞争力报告（2016）
著(编)者：王松奇　2016年8月出版 / 估价：69.00元

经济林产业绿皮书
中国经济林产业发展报告（2016）
著(编)者：李芳东 胡文臻 乌云塔娜 杜红岩
2016年12月出版 / 估价：69.00元

客车蓝皮书
中国客车产业发展报告（2016）
著(编)者：姚蔚　2016年8月出版 / 估价：85.00元

老龄蓝皮书
中国老龄产业发展报告（2016）
著(编)者：吴玉韶 党俊武　2016年9月出版 / 估价：79.00元

流通蓝皮书
中国商业发展报告（2016~2017）
著(编)者：王雪峰 林诗慧　2016年7月出版 / 定价：89.00元

旅游安全蓝皮书
中国旅游安全报告（2016）
著(编)者：郑向敏 谢朝武　2016年5月出版 / 定价：128.00元

旅游绿皮书
2015~2016年中国旅游发展分析与预测
著(编)者：宋瑞　2016年4月出版 / 定价：89.00元

煤炭蓝皮书
中国煤炭工业发展报告（2016）
著(编)者：岳福斌　2016年12月出版 / 估价：79.00元

皮书系列 2016全品种

社会政法类·行业报告类

体育蓝皮书
长三角地区体育产业发展报告（2016）
著（编）者：张林 2016年8月出版 / 估价：79.00元

体育蓝皮书
中国公共体育服务发展报告（2016）
著（编）者：戴健 2016年12月出版 / 估价：79.00元

土地整治蓝皮书
中国土地整治发展研究报告 NO.3
著（编）者：国土资源部土地整治中心
2016年7月出版 / 定价：89.00元

土地政策蓝皮书
中国土地政策发展报告（2016）
著（编）者：高延利 李宪文
2015年12月出版 / 定价：89.00元

危机管理蓝皮书
中国危机管理报告（2016）
著（编）者：文学国 范正青
2016年8月出版 / 估价：89.00元

形象危机应对蓝皮书
形象危机应对研究报告（2016）
著（编）者：唐钧 2016年8月出版 / 估价：149.00元

医改蓝皮书
中国医药卫生体制改革报告（2016）
著（编）者：文学国 房志武 2016年11月出版 / 估价：98.00元

医疗卫生绿皮书
中国医疗卫生发展报告 NO.7（2016）
著（编）者：申宝忠 韩玉珍 2016年8月出版 / 估价：75.00元

政治参与蓝皮书
中国政治参与报告（2016）
著（编）者：房宁 2016年8月出版 / 估价：108.00元

政治发展蓝皮书
中国政治发展报告（2016）
著（编）者：房宁 杨海蛟 2016年8月出版 / 估价：88.00元

智慧社区蓝皮书
中国智慧社区发展报告（2016）
著（编）者：罗昌智 张辉德 2016年8月出版 / 估价：69.00元

中国农村妇女发展蓝皮书
农村流动女性城市生活发展报告（2016）
著（编）者：谢丽华 2016年12月出版 / 估价：79.00元

宗教蓝皮书
中国宗教报告（2015）
著（编）者：邱永辉 2016年4月出版 / 定价：79.00元

行业报告类

保健蓝皮书
中国保健服务产业发展报告 NO.2
著（编）者：中国保健协会 中共中央党校
2016年8月出版 / 估价：198.00元

保健蓝皮书
中国保健食品产业发展报告 NO.2
著（编）者：中国保健协会
　　　　中国社会科学院食品药品产业发展与监管研究中心
2016年8月出版 / 估价：198.00元

保健蓝皮书
中国保健用品产业发展报告 NO.2
著（编）者：中国保健协会
　　　　国务院国有资产监督管理委员会研究中心
2016年8月出版 / 估价：198.00元

保险蓝皮书
中国保险业创新发展报告（2016）
著（编）者：项俊波 2016年12月出版 / 估价：69.00元

保险蓝皮书
中国保险业竞争力报告（2016）
著（编）者：项俊波 2016年12月出版 / 估价：99.00元

采供血蓝皮书
中国采供血管理报告（2016）
著（编）者：朱永明 耿鸿武 2016年8月出版 / 估价：69.00元

彩票蓝皮书
中国彩票发展报告（2016）
著（编）者：益彩基金 2016年8月出版 / 估价：98.00元

餐饮产业蓝皮书
中国餐饮产业发展报告（2016）
著（编）者：邢颖 2016年6月出版 / 定价：98.00元

测绘地理信息蓝皮书
测绘地理信息转型升级研究报告（2016）
著（编）者：库热西·买合苏提 2016年12月出版 / 估价：98.00元

茶业蓝皮书
中国茶产业发展报告（2016）
著（编）者：杨江帆 李闽榕 2016年10月出版 / 估价：78.00元

产权市场蓝皮书
中国产权市场发展报告（2015～2016）
著（编）者：曹和平 2016年8月出版 / 估价：89.00元

产业安全蓝皮书
中国出版传媒产业安全报告（2015~2016）
著（编）者：北京印刷学院文化产业安全研究院
2016年3月出版 / 定价：79.00元

产业安全蓝皮书
中国文化产业安全报告（2016）
著（编）者：北京印刷学院文化产业安全研究院
2016年8月出版 / 估价：89.00元

社会政法类 — 皮书系列 2016全品种

科普蓝皮书
中国科普人才发展报告（2015）
著(编)者：郑念　任嵘嵘　2016年4月出版 / 定价：98.00元

科学教育蓝皮书
中国科学教育发展报告（2016）
著(编)者：罗晖　王康友　2016年10月出版 / 估价：79.00元

劳动保障蓝皮书
中国劳动保障发展报告（2016）
著(编)者：刘燕斌　2016年8月出版 / 估价：158.00元

老龄蓝皮书
中国老年宜居环境发展报告（2015）
著(编)者：党俊武　周燕珉　2016年1月出版 / 定价：79.00元

连片特困区蓝皮书
中国连片特困区发展报告（2016）
著(编)者：游俊　冷志明　丁建军
2016年8月出版 / 估价：98.00元

民间组织蓝皮书
中国民间组织报告（2016）
著(编)者：黄晓勇　2016年12月出版 / 估价：79.00元

民调蓝皮书
中国民生调查报告（2016）
著(编)者：谢耘耕　2016年8月出版 / 估价：128.00元

民族发展蓝皮书
中国民族发展报告（2016）
著(编)者：郝时远　王延中　王希恩
2016年8月出版 / 估价：98.00元

女性生活蓝皮书
中国女性生活状况报告 NO.10（2016）
著(编)者：韩湘景　2016年8月出版 / 估价：79.00元

汽车社会蓝皮书
中国汽车社会发展报告（2016）
著(编)者：王俊秀　2016年8月出版 / 估价：69.00元

青年蓝皮书
中国青年发展报告（2016）NO.4
著(编)者：廉思 等　2016年8月出版 / 估价：69.00元

青少年蓝皮书
中国未成年人互联网运用报告（2016）
著(编)者：李文革　沈杰　季为民
2016年11月出版 / 估价：89.00元

青少年体育蓝皮书
中国青少年体育发展报告（2016）
著(编)者：郭建军　杨桦　2016年9月出版 / 估价：69.00元

区域人才蓝皮书
中国区域人才竞争力报告 NO.2
著(编)者：桂昭明　王辉耀
2016年8月出版 / 估价：69.00元

群众体育蓝皮书
中国群众体育发展报告（2016）
著(编)者：刘国永　杨桦　2016年10月出版 / 估价：69.00元

群众体育蓝皮书
中国社会体育指导员发展报告（1994~2014）
著(编)者：刘国永　王欢　2016年4月出版 / 估价：78.00元

人才蓝皮书
中国人才发展报告（2016）
著(编)者：潘晨光　2016年9月出版 / 估价：85.00元

人权蓝皮书
中国人权事业发展报告 NO.6（2016）
著(编)者：李君如　2016年9月出版 / 估价：128.00元

社会保障绿皮书
中国社会保障发展报告（2016）NO.8
著(编)者：王延中　2016年8月出版 / 估价：99.00元

社会工作蓝皮书
中国社会工作发展报告（2016）
著(编)者：民政部社会工作研究中心
2016年8月出版 / 估价：79.00元

社会管理蓝皮书
中国社会管理创新报告 NO.4
著(编)者：连玉明　2016年11月出版 / 估价：89.00元

社会蓝皮书
2016年中国社会形势分析与预测
著(编)者：李培林　陈光金　张翼
2015年12月出版 / 定价：79.00元

社会体制蓝皮书
中国社会体制改革报告（2016）NO.4
著(编)者：龚维斌　2016年4月出版 / 估价：79.00元

社会心态蓝皮书
中国社会心态研究报告（2016）
著(编)者：王俊秀　杨宜音　2016年10月出版 / 估价：69.00元

社会责任管理蓝皮书
中国企业公众透明度报告（2015~2016）NO.2
著(编)者：黄速建　熊梦　肖红军　2016年1月出版 / 定价：98.00元

社会组织蓝皮书
中国社会组织评估发展报告（2016）
著(编)者：徐家良　廖鸿　2016年12月出版 / 估价：69.00元

生态城市绿皮书
中国生态城市建设发展报告（2016）
著(编)者：刘举科　孙伟平　胡文臻
2016年9月出版 / 估价：148.00元

生态文明绿皮书
中国省域生态文明建设评价报告（ECI 2016）
著(编)者：严耕　2016年12月出版 / 估价：85.00元

世界社会主义黄皮书
世界社会主义跟踪研究报告（2015～2016）
著(编)者：李慎明　2016年3月出版 / 定价：248.00元

水与发展蓝皮书
中国水风险评估报告（2016）
著(编)者：王浩　2016年9月出版 / 估价：69.00元

皮书系列 2016全品种 — 社会政法类

慈善蓝皮书
中国慈善发展报告（2016）
著(编)者:杨团　2016年6月出版 / 定价:79.00元

地方法治蓝皮书
中国地方法治发展报告 NO.2（2016）
著(编)者:李林　田禾　2016年3月出版 / 定价:108.00元

党建蓝皮书
党的建设研究报告 NO.1（2016）
著(编)者:崔建民　陈东平　2016年1月出版 / 定价:89.00元

法治蓝皮书
中国法治发展报告 NO.14（2016）
著(编)者:李林　田禾　2016年3月出版 / 定价:118.00元

反腐倡廉蓝皮书
中国反腐倡廉建设报告 NO.6
著(编)者:李秋芳　张英伟　2017年1月出版 / 估价:79.00元

非传统安全蓝皮书
中国非传统安全研究报告（2015～2016）
著(编)者:余潇枫　魏志江　2016年6月出版 / 定价:89.00元

妇女发展蓝皮书
中国妇女发展报告 NO.6
著(编)者:王金玲　2016年9月出版 / 估价:148.00元

妇女教育蓝皮书
中国妇女教育发展报告 NO.3
著(编)者:张李玺　2016年10月出版 / 估价:78.00元

妇女绿皮书
中国性别平等与妇女发展报告（2016）
著(编)者:谭琳　2016年12月出版 / 估价:99.00元

公共服务蓝皮书
中国城市基本公共服务力评价（2016）
著(编)者:钟君　吴正杲　2016年12月出版 / 估价:79.00元

公共管理蓝皮书
中国公共管理发展报告（2016）
著(编)者:贡森　李国强　杨维富
2016年8月出版 / 估价:69.00元

公共外交蓝皮书
中国公共外交发展报告（2016）
著(编)者:赵启正　雷蔚真　2016年8月出版 / 估价:89.00元

公民科学素质蓝皮书
中国公民科学素质报告（2015～2016）
著(编)者:李群　陈雄　马宗文　2016年1月出版 / 估价:89.00元

公益蓝皮书
中国公益慈善发展报告（2016）
著(编)者:朱健刚　2016年4月出版 / 定价:118.00元

国际人才蓝皮书
海外华侨华人专业人士报告（2016）
著(编)者:王辉耀　苗绿　2016年8月出版 / 估价:69.00元

国际人才蓝皮书
中国国际移民报告（2016）
著(编)者:王辉耀　2016年8月出版 / 估价:79.00元

国际人才蓝皮书
中国海归发展报告（2016）NO.3
著(编)者:王辉耀　苗绿　2016年10月出版 / 估价:69.00元

国际人才蓝皮书
中国留学发展报告（2016）NO.5
著(编)者:王辉耀　苗绿　2016年10月出版 / 估价:79.00元

国家公园蓝皮书
中国国家公园体制建设报告（2016）
著(编)者:苏杨　张玉钧　石金莲　刘锋　等
2016年10月出版 / 估价:69.00元

海洋社会蓝皮书
中国海洋社会发展报告（2016）
著(编)者:崔凤　宋宁而　2016年8月出版 / 估价:89.00元

行政改革蓝皮书
中国行政体制改革报告（2016）NO.5
著(编)者:魏礼群　2016年5月出版 / 定价:98.00元

华侨华人蓝皮书
华侨华人研究报告（2016）
著(编)者:贾益民　2016年12月出版 / 估价:98.00元

环境竞争力绿皮书
中国省域环境竞争力发展报告（2016）
著(编)者:李建平　李闽榕　王金南
2016年11月出版 / 估价:198.00元

环境绿皮书
中国环境发展报告（2016）
著(编)者:刘鉴强　2016年8月出版 / 估价:79.00元

基金会蓝皮书
中国基金会发展报告（2015~2016）
著(编)者:中国基金会发展报告课题组　2016年4月出版 / 定价:75.00元

基金会绿皮书
中国基金会发展独立研究报告（2016）
著(编)者:基金会中心网　中央民族大学基金会研究中心
2016年8月出版 / 估价:88.00元

基金会透明度蓝皮书
中国基金会透明度发展研究报告（2016）
著(编)者:基金会中心网　清华大学廉政与治理研究中心
2016年9月出版 / 估价:85.00元

教师蓝皮书
中国中小学教师发展报告（2016）
著(编)者:曾晓东　鱼霞　2016年8月出版 / 估价:69.00元

教育蓝皮书
中国教育发展报告（2016）
著(编)者:杨东平　2016年4月出版 / 定价:79.00元

科普蓝皮书
中国科普基础设施发展报告（2015）
著(编)者:任福君　2016年8月出版 / 估价:69.00元

经济类·社会政法类

皮书系列 2016全品种

企业公民蓝皮书
中国企业公民报告 NO.4
著(编)者：邹东涛　2016年8月出版 / 估价：79.00元

气候变化绿皮书
应对气候变化报告（2016）
著(编)者：王伟光　郑国光　2016年11月出版 / 估价：98.00元

区域蓝皮书
中国区域经济发展报告（2015～2016）
著(编)者：赵弘　2016年6月出版 / 定价：79.00元

全球环境竞争力绿皮书
全球环境竞争力报告（2016）
著(编)者：李建平　李闽榕　王金南
2016年12月出版 / 估价：198.00元

人口与劳动绿皮书
中国人口与劳动问题报告 NO.17
著(编)者：蔡昉　张车伟　2016年11月出版 / 估价：69.00元

商务中心区蓝皮书
中国商务中心区发展报告 NO.2（2015）
著(编)者：魏后凯　单菁菁　2016年1月出版 / 定价：79.00元

世界经济黄皮书
2016年世界经济形势分析与预测
著(编)者：王洛林　张宇燕　2015年12月出版 / 定价：79.00元

世界旅游城市绿皮书
世界旅游城市发展报告（2015）
著(编)者：宋宇　2016年1月出版 / 定价：128.00元

西北蓝皮书
中国西北发展报告（2016）
著(编)者：孙发平　苏海红　鲁顺元
2016年3月出版 / 定价：79.00元

西部蓝皮书
中国西部发展报告（2016）
著(编)者：姚慧琴　徐璋勇　2016年8月出版 / 估价：89.00元

县域发展蓝皮书
中国县域经济增长能力评估报告（2016）
著(编)者：王力　2016年10月出版 / 估价：69.00元

新型城镇化蓝皮书
新型城镇化发展报告（2016）
著(编)者：李伟　宋敏　沈体雁　2016年11月出版 / 估价：98.00元

新兴经济体蓝皮书
金砖国家发展报告（2016）
著(编)者：林跃勤　周文　2016年8月出版 / 估价：79.00元

长三角蓝皮书
2016年全面深化改革中的长三角
著(编)者：张伟斌　2016年10月出版 / 估价：69.00元

中部竞争力蓝皮书
中国中部经济社会竞争力报告（2016）
著(编)者：教育部人文社会科学重点研究基地
　　　　　南昌大学中国中部经济社会发展研究中心
2016年10月出版 / 估价：79.00元

中部蓝皮书
中国中部地区发展报告（2016）
著(编)者：宋亚平　2016年12月出版 / 估价：78.00元

中国省域竞争力蓝皮书
中国省域经济综合竞争力发展报告（2014～2015）
著(编)者：李建平　李闽榕　高燕京
2016年2月出版 / 定价：198.00元

中三角蓝皮书
长江中游城市群发展报告（2016）
著(编)者：秦尊文　2016年10月出版 / 估价：69.00元

中小城市绿皮书
中国中小城市发展报告（2016）
著(编)者：中国城市经济学会中小城市经济发展委员会
　　　　　中国城镇化促进会中小城市发展委员会
　　　　　《中国中小城市发展报告》编纂委员会
　　　　　中小城市发展战略研究院
2016年10月出版 / 估价：98.00元

中原蓝皮书
中原经济区发展报告（2016）
著(编)者：李英杰　2016年8月出版 / 估价：88.00元

自贸区蓝皮书
中国自贸区发展报告（2016）
著(编)者：王力　王吉培　2016年10月出版 / 估价：69.00元

社会政法类

北京蓝皮书
中国社区发展报告（2016）
著(编)者：于燕燕　2017年2月出版 / 估价：79.00元

殡葬绿皮书
中国殡葬事业发展报告（2016）
著(编)者：李伯森　2016年8月出版 / 估价：158.00元

城市管理蓝皮书
中国城市管理报告（2015~2016）
著(编)者：刘林　刘承水　2016年5月出版 / 定价：158.00元

城市生活质量蓝皮书
中国城市生活质量报告（2016）
著(编)者：张连城　张平　杨春学　郎丽华
2016年8月出版 / 估价：89.00元

城市政府能力蓝皮书
中国城市政府公共服务能力评估报告（2016）
著(编)者：何艳玲　2016年4月出版 / 定价：68.00元

创新蓝皮书
中国创业环境发展报告（2016）
著(编)者：姚凯　曹祎遐　2016年8月出版 / 估价：69.00元

15

经济类

G20国家创新竞争力黄皮书
二十国集团（G20）国家创新竞争力发展报告（2016）
著(编)者：李建平 李闽榕 赵新力
2016年11月出版 / 估价：138.00元

产业蓝皮书
中国产业竞争力报告（2016）NO.6
著(编)者：张其仔 2016年12月出版 / 估价：98.00元

城市创新蓝皮书
中国城市创新报告（2016）
著(编)者：周天勇 旷建伟 2016年8月出版 / 估价：69.00元

城市竞争力蓝皮书
中国城市竞争力报告（1973~2015）
著(编)者：李小林 2016年1月出版 / 定价：128.00元

城市蓝皮书
中国城市发展报告NO.9
著(编)者：潘家华 魏后凯 2016年9月出版 / 估价：69.00元

城市群蓝皮书
中国城市群发展指数报告（2016）
著(编)者：刘士林 刘新静 2016年10月出版 / 估价：69.00元

城乡一体化蓝皮书
中国城乡一体化发展报告（2015~2016）
著(编)者：汝信 付崇兰 2016年8月出版 / 估价：85.00元

城镇化蓝皮书
中国新型城镇化健康发展报告（2016）
著(编)者：张占斌 2016年8月出版 / 估价：79.00元

创新蓝皮书
创新型国家建设报告（2015~2016）
著(编)者：詹正茂 2016年11月出版 / 估价：69.00元

低碳发展蓝皮书
中国低碳发展报告（2015~2016）
著(编)者：齐晔 2016年3月出版 / 定价：98.00元

低碳经济蓝皮书
中国低碳经济发展报告（2016）
著(编)者：薛进军 赵忠秀 2016年8月出版 / 估价：85.00元

东北蓝皮书
中国东北地区发展报告（2016）
著(编)者：马克 黄文艺 2016年8月出版 / 估价：79.00元

发展与改革蓝皮书
中国经济发展和体制改革报告NO.7
著(编)者：邹东涛 王再文
2016年1月出版 / 定价：98.00元

工业化蓝皮书
中国工业化进程报告（2016）
著(编)者：黄群慧 吕铁 李晓华 等
2016年11月出版 / 估价：89.00元

管理蓝皮书
中国管理发展报告（2016）
著(编)者：张晓东 2016年9月出版 / 估价：98.00元

国际城市蓝皮书
国际城市发展报告（2016）
著(编)者：屠启宇 2016年2月出版 / 定价：79.00元

国家创新蓝皮书
中国创新发展报告（2016）
著(编)者：陈劲 2016年9月出版 / 估价：69.00元

金融蓝皮书
中国金融发展报告（2016）
著(编)者：李扬 王国刚 2015年12月出版 / 定价：79.00元

京津冀产业蓝皮书
京津冀产业协同发展报告（2016）
著(编)者：中智科博（北京）产业经济发展研究院
2016年8月出版 / 估价：69.00元

京津冀蓝皮书
京津冀发展报告（2016）
著(编)者：文魁 祝尔娟 2016年4月出版 / 定价：89.00元

经济蓝皮书
2016年中国经济形势分析与预测
著(编)者：李扬 2015年12月出版 / 定价：79.00元

经济蓝皮书·春季号
2016年中国经济前景分析
著(编)者：李扬 2016年6月出版 / 定价：79.00元

经济蓝皮书·夏季号
中国经济增长报告（2015~2016）
著(编)者：李扬 2016年8月出版 / 估价：99.00元

经济信息绿皮书
中国与世界经济发展报告（2016）
著(编)者：杜平 2015年12月出版 / 定价：89.00元

就业蓝皮书
2016年中国本科生就业报告
著(编)者：麦可思研究院 2016年6月出版 / 估价：98.00元

就业蓝皮书
2016年中国高职高专生就业报告
著(编)者：麦可思研究院 2016年6月出版 / 估价：98.00元

临空经济蓝皮书
中国临空经济发展报告（2016）
著(编)者：连玉明 2016年11月出版 / 估价：79.00元

民营经济蓝皮书
中国民营经济发展报告 NO.12（2015~2016）
著(编)者：王钦敏 2016年8月出版 / 估价：75.00元

农村绿皮书
中国农村经济形势分析与预测（2015~2016）
著(编)者：魏后凯 杜志雄 黄秉信
2016年4月出版 / 定价：69.00元

农业应对气候变化蓝皮书
气候变化对中国农业影响评估报告 NO.2
著(编)者：矫梅燕 2016年8月出版 / 估价：98.00元

 文化传媒类

文化传媒类

文化传媒类皮书透视文化领域、文化产业，探索文化大繁荣、大发展的路径

新媒体蓝皮书

中国新媒体发展报告 NO.7（2016）

唐绪军 / 主编　　2016 年 6 月出版　　定价：79.00 元

◆ 本书是由中国社会科学院新闻与传播研究所组织编写的关于新媒体发展的最新年度报告，旨在全面分析中国新媒体的发展现状，解读新媒体的发展趋势，探析新媒体的深刻影响。

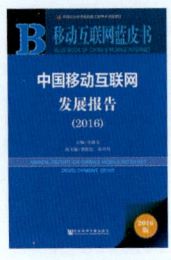

移动互联网蓝皮书

中国移动互联网发展报告（2016）

官建文 / 编著　　2016 年 6 月出版　　定价：79.00 元

◆ 本书着眼于对中国移动互联网 2015 年度的发展情况做深入解析，对未来发展趋势进行预测，力求从不同视角、不同层面全面剖析中国移动互联网发展的现状、年度突破以及热点趋势等。

文化蓝皮书

中国文化产业发展报告（2015~2016）

张晓明　王家新　章建刚 / 主编　　2016 年 2 月出版　　定价：79.00 元

◆ 本书由中国社会科学院文化研究中心编写。从 2012 年开始，中国社会科学院文化研究中心设立了国内首个文化产业的研究类专项资金——"文化产业重大课题研究计划"，开始在全国范围内组织多学科专家学者对我国文化产业发展重大战略问题进行联合攻关研究。本书集中反映了该计划的研究成果。

皮书系列 重点推荐　　地方发展类

地方发展类

地方发展类皮书关注中国各省份、经济区域，提供科学、多元的预判与资政信息

北京蓝皮书
北京公共服务发展报告（2015~2016）

施昌奎 / 主编　　2016年2月出版　　定价：79.00元

◆ 本书是由北京市政府职能部门的领导、首都著名高校的教授、知名研究机构的专家共同完成的关于北京市公共服务发展与创新的研究成果。

河南蓝皮书
河南经济发展报告（2016）

河南省社会科学院 / 编著　　2016年3月出版　　定价：79.00元

◆ 本书以国内外经济发展环境和走向为背景，主要分析当前河南经济形势，预测未来发展趋势，全面反映河南经济发展的最新动态、热点和问题，为地方经济发展和领导决策提供参考。

京津冀蓝皮书
京津冀发展报告（2016）

文　魁　祝尔娟 / 等著　　2016年4月出版　　定价：89.00元

◆ 京津冀协同发展作为重大的国家战略，已进入顶层设计、制度创新和全面推进的新阶段。本书以问题为导向，围绕京津冀发展中的重要领域和重大问题，研究如何推进京津冀协同发展。

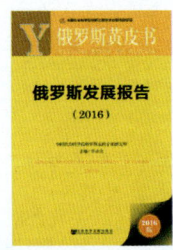

俄罗斯黄皮书
俄罗斯发展报告（2016）
李永全 / 编著　2016年7月出版　定价：89.00元

◆ 本书系统介绍了2015年俄罗斯经济政治情况，并对2015年该地区发生的焦点、热点问题进行了分析与回顾；在此基础上，对该地区2016年的发展前景进行了预测。

国际形势黄皮书
全球政治与安全报告（2016）
李慎明　张宇燕 / 主编　2015年12月出版　定价：69.00元

◆ 本书旨在对本年度全球政治及安全形势的总体情况、热点问题及变化趋势进行回顾与分析，并提出一定的预测及对策建议。作者通过事实梳理、数据分析、政策分析等途径，阐释了本年度国际关系及全球安全形势的基本特点，并在此基础上提出了具有启示意义的前瞻性结论。

德国蓝皮书
德国发展报告（2016）
郑春荣 / 主编　2016年6月出版　定价：79.00元

◆ 本报告由同济大学德国研究所组织编撰，由该领域的专家学者对德国的政治、经济、社会文化、外交等方面的形势发展情况，进行全面的阐述与分析。

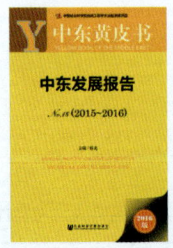

中东黄皮书
中东发展报告 NO.18（2015～2016）
杨光 / 主编　2016年10月出版　估价：89.00元

◆ 报告回顾和分析了一年来多以来中东地区政治经济局势的新发展，为跟踪中东地区的市场变化和中东研究学科的研究前沿，提供了全面扎实的信息。

皮书系列 重点推荐　　国别与地区类

国别与地区类

国别与地区类皮书关注全球重点国家与地区，提供全面、独特的解读与研究

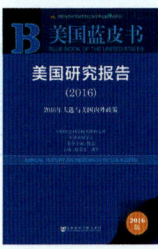

美国蓝皮书
美国研究报告（2016）

郑秉文 黄 平/主编　2016年5月出版　定价:89.00元

◆ 本书是由中国社会科学院美国所主持完成的研究成果，它回顾了美国2015年的经济、政治形势与外交战略，对2016年以来美国内政外交发生的重大事件以及重要政策进行了较为全面的回顾和梳理。

拉美黄皮书
拉丁美洲和加勒比发展报告（2015~2016）

吴白乙/主编　2016年6月出版　定价:89.00元

◆ 本书对2015年拉丁美洲和加勒比地区诸国的政治、经济、社会、外交等方面的发展情况做了系统介绍，对该地区相关国家的热点及焦点问题进行了总结和分析，并在此基础上对该地区各国2016年的发展前景做出预测。

日本经济蓝皮书
日本经济与中日经贸关系研究报告（2016）

张季风/主编　2016年5月出版　定价:89.00元

◆ 本书系统、详细地介绍了2015年日本经济以及中日经贸关系发展情况，在进行了大量数据分析的基础上，对2016年日本经济以及中日经贸关系的大致发展趋势进行了分析与预测。

资产管理蓝皮书

中国资产管理行业发展报告（2016）

智信资产管理研究院 / 编著　　2016年6月出版　　定价：89.00元

◆ 中国资产管理行业刚刚兴起，未来将成为中国金融市场最有看点的行业，也会成为快速发展壮大的行业。本书主要分析了2015年度资产管理行业的发展情况，同时对资产管理行业的未来发展做出科学的预测。

老龄蓝皮书

中国老龄产业发展报告（2016）

吴玉韶　党俊武 / 编著
2016年9月出版　　估价：79.00元

◆ 本书着眼于对中国老龄产业的发展给予系统介绍，深入解析，并对未来发展趋势进行预测和展望，力求从不同视角、不同层面全面剖析中国老龄产业发展的现状、取得的成绩、存在的问题以及重点、难点等。

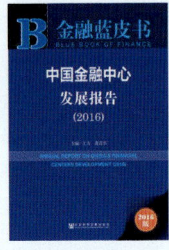

金融蓝皮书

中国金融中心发展报告（2016）

王　力　黄育华 / 编著　　2017年11月出版　　估价：75.00元

◆ 本报告将提升中国金融中心城市的金融竞争力作为研究主线，全面、系统、连续地反映和研究中国金融中心城市发展和改革的最新进展，展示金融中心理论研究的最新成果。

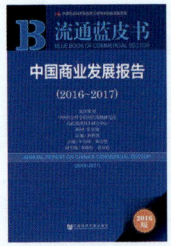

流通蓝皮书

中国商业发展报告（2016~2017）

王雪峰　林诗慧 / 主编　　2016年7月出版　　定价：89.00元

◆ 本书是中国社会科学院财经院与利丰研究中心合作的成果，从关注中国宏观经济出发，突出了中国流通业的宏观背景，详细分析了批发业、零售业、物流业、餐饮产业与电子商务等产业发展状况。

皮书系列
重点推荐

行业报告类

行业报告类

行业报告类皮书立足重点行业、新兴行业领域，提供及时、前瞻的数据与信息

房地产蓝皮书
中国房地产发展报告 NO.13（2016）

李春华　王业强 / 主编　　2016 年 5 月出版　　定价 :89.00 元

◆ 蓝皮书秉承客观公正、科学中立的宗旨和原则，追踪 2015 年我国房地产市场最新资讯，深度分析，剖析因果，谋划对策，并对 2016 年房地产发展趋势进行了展望。

旅游绿皮书
2015～2016 年中国旅游发展分析与预测

宋　瑞 / 主编　　2016 年 4 出版　　定价 :89.00 元

◆ 本书是中国社会科学院旅游研究中心组织相关专家编写的年度研究报告，对 2015 年旅游行业的热点问题进行了全面的综述并提出专业性建议，并对 2016 年中国旅游的发展趋势进行展望。

互联网金融蓝皮书
中国互联网金融发展报告（2016）

李东荣 / 主编　　2016 年 8 月出版　　估价 :79.00 元

◆ 近年来，许多基于互联网的金融服务模式应运而生并对传统金融业产生了深刻的影响和巨大的冲击，"互联网金融"成为社会各界关注的焦点。本书探析了 2015 年互联网金融的特点和 2016 年互联网金融的发展方向和亮点。

生态城市绿皮书

中国生态城市建设发展报告（2016）

刘举科　孙伟平　胡文臻 / 主编　2016 年 9 月出版　估价 :148.00 元

◆　报告以绿色发展、循环经济、低碳生活、民生宜居为理念，以更新民众观念、提供决策咨询、指导工程实践、引领绿色发展为宗旨，试图探索一条具有中国特色的城市生态文明建设新路。

公共服务蓝皮书

中国城市基本公共服务力评价（2016）

钟　君　吴正杲 / 主编　2016 年 12 月出版　估价 :79.00 元

◆　中国社会科学院经济与社会建设研究室与华图政信调查组成联合课题组，从 2010 年开始对基本公共服务力进行研究，研创了基本公共服务力评价指标体系，为政府考核公共服务与社会管理工作提供了理论工具。

教育蓝皮书

中国教育发展报告（2016）

杨东平 / 主编　2016 年 4 月出版　定价 :79.00 元

◆　本书由国内的中青年教育专家合作研究撰写。深度剖析 2015 年中国教育的热点话题，并对当下中国教育中出现的问题提出对策建议。

生态文明绿皮书

中国省域生态文明建设评价报告（ECI 2016）

严耕 / 主编　2016 年 12 月出版　估价 :85.00 元

◆　本书基于国家最新发布的权威数据，对我国的生态文明建设状况进行科学评价，并开展相应的深度分析，结合中央的政策方针和各省的具体情况，为生态文明建设推进，提出针对性的政策建议。

皮书系列 重点推荐   社会政法类

社会政法类

社会政法类皮书聚焦社会发展领域的热点、难点问题，提供权威、原创的资讯与视点

社会蓝皮书

2016年中国社会形势分析与预测

李培林　陈光金　张翼/主编　2015年12月出版　定价：79.00元

◆ 本书由中国社会科学院社会学研究所组织研究机构专家、高校学者和政府研究人员撰写，聚焦当下社会热点，对2015年中国社会发展的各个方面内容进行了权威解读，同时对2016年社会形势发展趋势进行了预测。

法治蓝皮书

中国法治发展报告 NO.14（2016）

李林　田禾/主编　2016年3月出版　定价：118.00元

◆ 本年度法治蓝皮书回顾总结了2015年度中国法治发展取得的成就和存在的不足，并对2016年中国法治发展形势进行了预测和展望。

反腐倡廉蓝皮书

中国反腐倡廉建设报告 NO.6

李秋芳　张英伟/主编　2017年1月出版　估价：79.00元

◆ 本书抓住了若干社会热点和焦点问题，全面反映了新时期新阶段中国反腐倡廉面对的严峻局面，以及中国共产党反腐倡廉建设的新实践新成果。根据实地调研、问卷调查和舆情分析，梳理了当下社会普遍关注的与反腐败密切相关的热点问题。

经济类　　皮书系列 重点推荐

西部蓝皮书
中国西部发展报告（2016）

姚慧琴 徐璋勇 / 主编　2016 年 8 月出版　估价：89.00 元

◆ 本书由西北大学中国西部经济发展研究中心主编，汇集了源自西部本土以及国内研究西部问题的权威专家的第一手资料，对国家实施西部大开发战略进行年度动态跟踪，并对 2016 年西部经济、社会发展态势进行预测和展望。

民营经济蓝皮书
中国民营经济发展报告 NO.12（2015～2016）

王钦敏 / 主编　2016 年 8 月出版　估价：75.00 元

◆ 本书是中国工商联课题组的研究成果，对 2015 年度中国民营经济的发展现状、趋势进行了详细的论述，并提出了合理的建议。是广大民营企业进行政策咨询、科学决策和理论创新的重要参考资料，也是理论工作者进行理论研究的重要参考资料。

经济蓝皮书夏季号
中国经济增长报告（2015～2016）

李扬 / 主编　2016 年 8 月出版　估价：69.00 元

◆ 中国经济增长报告主要探讨 2015~2016 年中国经济增长问题，以专业视角解读中国经济增长，力求将其打造成一个研究中国经济增长、服务宏微观各级决策的周期性、权威性读物。

中三角蓝皮书
长江中游城市群发展报告（2016）

秦尊文 / 主编　2016 年 10 月出版　估价：69.00 元

◆ 本书是湘鄂赣皖四省专家学者共同研究的成果，从不同角度、不同方位记录和研究长江中游城市群一体化，提出对策措施，以期为将"中三角"打造成为继珠三角、长三角、京津冀之后中国经济增长第四极奉献学术界的聪明才智。

经济类

G20国家创新竞争力黄皮书
二十国集团（G20）国家创新竞争力发展报告（2016）

李建平　李闽榕　赵新力/主编　　2016年11月出版　估价:138.00元

◆ 本报告在充分借鉴国内外研究者的相关研究成果的基础上，紧密跟踪技术经济学、竞争力经济学、计量经济学等学科的最新研究动态，深入分析G20国家创新竞争力的发展水平、变化特征、内在动因及未来趋势，同时构建了G20国家创新竞争力指标体系及数学模型。

国际城市蓝皮书
国际城市发展报告（2016）

屠启宇/主编　　2016年2月出版　　定价:79.00元

◆ 本书作者以上海社会科学院从事国际城市研究的学者团队为核心，汇集同济大学、华东师范大学、复旦大学、上海交通大学、南京大学、浙江大学相关城市研究专业学者。立足动态跟踪介绍国际城市发展实践中，最新出现的重大战略、重大理念、重大项目、重大报告和最佳案例。

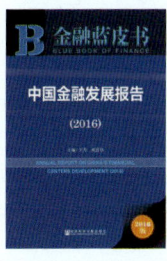

金融蓝皮书
中国金融发展报告（2016）

李扬　王国刚/主编　2015年12月出版　定价:79.00元

◆ 本书由中国社会科学院金融研究所组织编写，概括和分析了2015年中国金融发展和运行中的各方面情况，研讨和评论了2015年发生的主要金融事件。本书由业内专家和青年精英联合编著，有利于读者了解掌握2015年中国的金融状况，把握2016年中国金融的走势。

农村绿皮书
中国农村经济形势分析与预测（2015～2016）

魏后凯　杜志雄　黄秉信/主编　　2016年4月出版　定价:79.00元

◆ 本书描述了2015年中国农业农村经济发展的一些主要指标和变化，以及对2016年中国农业农村经济形势的一些展望和预测。

皮书系列 重点推荐

经济类

经 济 类

经济类皮书涵盖宏观经济、城市经济、大区域经济，提供权威、前沿的分析与预测

经济蓝皮书
2016年中国经济形势分析与预测

李扬 / 主编　　2015年12月出版　　定价：79.00元

◆ 本书为总理基金项目，由著名经济学家李扬领衔，联合中国社会科学院等数十家科研机构、国家部委和高等院校的专家共同撰写，系统分析了2015年的中国经济形势并预测2016年我国经济运行情况。

世界经济黄皮书
2016年世界经济形势分析与预测

王洛林　张宇燕 / 主编　　2015年12月出版　　定价：79.00元

◆ 本书由中国社会科学院世界经济与政治研究所的研究团队撰写，2015年世界经济增长继续放缓，增长格局也继续分化，发达经济体与新兴经济体之间的增长差距进一步收窄。2016年世界经济增长形势不容乐观。

产业蓝皮书
中国产业竞争力报告（2016）NO.6

张其仔 / 主编　　2016年12月出版　　定价：98.00元

◆ 本书由中国社会科学院工业经济研究所研究团队在深入实际、调查研究的基础上完成。通过运用丰富的数据资料和最新的测评指标，从学术性、系统性、预测性上分析了2015年中国产业竞争力，并对未来发展趋势进行了预测。

社会科学文献出版社
SOCIAL SCIENCES ACADEMIC PRESS (CHINA)

社会科学文献出版社成立于1985年，是直属于中国社会科学院的人文社会科学专业学术出版机构。

成立以来，特别是1998年实施第二次创业以来，依托于中国社会科学院丰厚的学术出版和专家学者两大资源，坚持"创社科经典，出传世文献"的出版理念和"权威、前沿、原创"的产品定位，社科文献立足内涵式发展道路，从战略层面推动学术出版五大能力建设，逐步走上了智库产品与专业学术成果系列化、规模化、数字化、国际化、市场化发展的经营道路。

先后策划出版了著名的图书品牌和学术品牌"皮书"系列、"列国志"、"社科文献精品译库"、"全球化译丛"、"全面深化改革研究书系"、"近世中国"、"甲骨文"、"中国史话"等一大批既有学术影响又有市场价值的系列图书，形成了较强的学术出版能力和资源整合能力。2015年社科文献出版社发稿5.5亿字，出版图书约2000种，承印发行中国社科院院属期刊74种，在多项指标上都实现了较大幅度的增长。

凭借着雄厚的出版资源整合能力，社科文献出版社长期以来一直致力于从内容资源和数字平台两个方面实现传统出版的再造，并先后推出了皮书数据库、列国志数据库、"一带一路"数据库、中国田野调查数据库、台湾大陆同乡会数据库等一系列数字产品。数字出版已经初步形成了产品设计、内容开发、编辑标引、产品运营、技术支持、营销推广等全流程体系。

在国内原创著作、国外名家经典著作大量出版，数字出版突飞猛进的同时，社科文献出版社从构建国际话语体系的角度推动学术出版国际化。先后与斯普林格、博睿、牛津、剑桥等十余家国际出版机构合作面向海外推出了"皮书系列""改革开放30年研究书系""中国梦与中国发展道路研究丛书""全面深化改革研究书系"等一系列在世界范围内引起强烈反响的作品；并持续致力于中国学术出版走出去，组织学者和编辑参加国际书展，筹办国际性学术研讨会，向世界展示中国学者的学术水平和研究成果。

此外，社科文献出版社充分利用网络媒体平台，积极与中央和地方各类媒体合作，并联合大型书店、学术书店、机场书店、网络书店、图书馆，逐步构建起了强大的学术图书内容传播平台。学术图书的媒体曝光率居全国之首，图书馆藏率居于全国出版机构前十位。

上述诸多成绩的取得，有赖于一支以年轻的博士、硕士为主体，一批从中国社科院刚退出科研一线的各学科专家为支撑的300多位高素质的编辑、出版和营销队伍，为我们实现学术立社，以学术品位、学术价值来实现经济效益和社会效益这样一个目标的共同努力。

作为已经开启第三次创业梦想的人文社会科学学术出版机构，我们将以改革发展为动力，以学术资源建设为中心，以构建智慧型出版社为主线，以"整合、专业、分类、协同、持续"为各项工作指导原则，全力推进出版社数字化转型，坚定不移地走专业化、数字化、国际化发展道路，全面提升出版社核心竞争力，为实现"社科文献梦"奠定坚实基础。

社长致辞

我们是图书出版者，更是人文社会科学内容资源供应商；

我们背靠中国社会科学院，面向中国与世界人文社会科学界，坚持为人文社会科学的繁荣与发展服务；

我们精心打造权威信息资源整合平台，坚持为中国经济与社会的繁荣与发展提供决策咨询服务；

我们以读者定位自身，立志让爱书人读到好书，让求知者获得知识；

我们精心编辑、设计每一本好书以形成品牌张力，以优秀的品牌形象服务读者，开拓市场；

我们始终坚持"创社科经典，出传世文献"的经营理念，坚持"权威、前沿、原创"的产品特色；

我们"以人为本"，提倡阳光下创业，员工与企业共享发展之成果；

我们立足于现实，认真对待我们的优势、劣势，我们更着眼于未来，以不断的学习与创新适应不断变化的世界，以不断的努力提升自己的实力；

我们愿与社会各界友好合作，共享人文社会科学发展之成果，共同推动中国学术出版乃至内容产业的繁荣与发展。

社会科学文献出版社社长
中国社会学会秘书长

2016 年 1 月